개정판

영유아발달

INFANT AND TODDLER DEVELOPMENT

개정판 영유아발달

신은영 저

동문사

머리말

영유아기는 인생에 있어서 가장 행복하고 아름다운 시기이다. 영유아기에 경험하는 모든 것들은 뇌에 축적되고 무의식에 기록되어 전 생애발달에 영향을 미치게 된다. 그래서 영유아기를 발달의 기초가 되는 시기라고 한다. 영유아기는 성격과 인지, 신체발달의 민감기로 그 중요성은 우리 모두가 인지하고 있다. 지능발달의 결정적 시기이며, 상상력과 창의력을 키우는 중요한 시기이다. 자아통제력을 키워야 하며 습관이 형성되고 도덕성이 발달하기 시작하는 시기이다.

전인적 발달의 기초가 되는 영유아기는 바른 훈육이 필요한 시기이다. 세상의 모든 부모들은 특히 영유아기 자녀에게 넘치는 사랑을 전하고자 한다. 그런데 사랑과 훈육을 별개로 생각하는 젊은 부모를 만난 적이 있다. 좋은 부모, 좋은 교사는 영유아에게 충분한 정서적 지지와 사랑을 주는 것뿐만 아니라 적절한 통제와 훈육을 함께 해야 한다.

사랑과 지지, 통제를 제대로 전달하기 위해서는 영유아발달 특성에 대한 지식을 가지고 있어야 한다. 영유아발달에 대한 기본적인 지식을 함양하고 그들에 대한 이해가 충분할 때 영유아의 행동이나 사고, 정서에 민감하게 반응해 줄 수 있으며, 그들의 발달을 보다 잘 지원해 줄 수 있다.

영유아발달은 수정에서부터 6세까지의 성장과 발달의 모든 측면을 다루는 발달심리학의 한 분야이다. 영유아들의 발달 특성, 발달에 영향을 미치는 요인들 그리고 영유아들의 바람직한 발달을 위한 효과적인 지도 방안에 관련한 지식은 유아교육을 전공하는 학생뿐만 아니라 유아교육기관의 교사, 예비부모와 부모들에게도 필수적인 지식이다.

이 책은 유아교육을 공부하는 학생들, 유아교육현장에 있는 교사, 그 외 영유아발달과 교육에 관심이 있는 분들이 영유아기 발달에 대한 지식을 쉽게 습득할 수 있도

머리말

록 편안하게 기술하였다.

이 책은 크게 4부 10장으로 구성되어 있다. 제1부는 발달의 기초가 되는 일반적인 내용을 다루었다. 발달의 개념과 발달에 대한 쟁점, 연구방법론을 포함하고 있다. 2부는 발달이론을 성숙이론, 정신분석이론, 학습이론, 사회학습이론, 인지발달이론, 뇌과학이론, 동물행동학, 생태체계이론으로 나누어 소개하고 있다. 3부는 태내기에서 신생아기까지의 발달을 다루고 있고, 4부는 영유아기의 신체·운동발달, 인지발달, 언어발달, 정서발달, 사회성발달을 설명하고 있다.

부족한 내용에 대해서는 앞으로 계속 보완하도록 노력할 것이다. 출판을 맡아주신 동문사 사장님과 직원 여러분들께 진심으로 감사를 드린다.

2019년 2월

신은영

Contents

차 례

Part 03 생의 시작

Part 04 영유아기발달

Contents

Part 01

영유아발달의 이해

01 Chapter

발달의 기초

01 발달의 기초

1) 발달의 개념

발달은 연령의 증가에 따라 신체적·심리적 그리고 행동적으로 일어나는 모든 변화를 말한다. 한 인간이 수태되는 순간부터 죽음에 이를 때까지의 전 생애에 걸쳐 일어나는 변화를 발달이라 한다. 변화에는 양적 변화와 질적 변화가 있으며, 긍정적인 변화와 부정적인 변화도 있다. 즉, 발달은 나이가 들어감에 따라 나타나는 모든 변화를 의미한다.

영유아발달은 영유아기 동안 신체적·인지적·감정적·언어적 영역에서 나타나는 양적 변화와 질적 변화를 말한다. 양적 변화는 나이의 증가에 따른 크기나 양으로 측정할 수 있는 변화이다. 영유아의 연령 증가에 따라 키가 자라고, 체중이 증가하는 것, 어휘 수가 늘어나는 것, 지능지수가 높아지는 등의 변화는 양적 변화의 예이다.

질적 변화는 연령 증가에 따라 미분화된 수준에서 분화된 수준으로 구조적인 변화가 일어나거나, 미숙한 상태에서 유능한 상태로 기능적인 변화가 일어나는 것을 의미한다. 즉, 영유아가 환경과 상호작용하면서 신체적 기능이 향상되거나 인지적 도식이 분화되는 것은 질적 변화이다.

단맛과 짠맛만 구분하던 영아가 다양한 맛을 구분할 수 있게 되거나, 손가락의 섬세한 동작이 어려워 손바닥 전체를 이용하여 장난감을 잡던 영아가 손가락을 사용하여 장난감을 잡을 수 있게 되는 것, 연필을 잡고 끄적거리기만 하던 유아가 삼각형과 사각형 등 도형을 그릴 수 있게 되는 것, 겨우 아장아장 걷던 영아가 달리기를 하게 되는 것과 같은 변화는 질적 변화이다.

유아가 새로운 환경을 접하면서 도식의 분화가 일어나고 인지가 발달하게 되는 것, 보존개념을 모르던 유아가 보존개념을 이해하게 되는 것, 감정의 성숙으로 다양한 감정을 표현하게 되는 것도 질적 변화이다.

청년기까지는 나이 증가에 따라 신장이나 체중의 증가와 같은 성장하는 변화가 일어나지만, 성인기가 지나면서 근육의 양이 줄어들고 운동능력이 떨어지며, 기억력이 나빠지거나 사고의 유연성이 감소하는 퇴보의 변화도 일어난다. 전 생애 동안 나타나는 상승하고 발전하는 긍정적인 변화뿐 아니라 감소하고 퇴보하는 부정적인 변화까지 그 모든 변화를 발달이라 한다.

영유아기에는 대체로 성장하거나 긍정적인 변화가 일어난다. 예를 들면, 신체적인 성장뿐만 아니라 시냅스 수가 증가하면서 두뇌가 발달하고, 다양한 정서표현이 가능해지며, 타인을 배려하는 사회성도 발달하게 된다. 하지만 유아기 동안에도 부적인 변화가 있기는 하다. 예를 들면, 체지방이 꾸준히 감소하고(Rallison, 1986), 자아중심적 사고와 물활론적 사고가 감소(Piajet, 1956; Bullock, 1985)하게 된다.

아이가 성장하는 과정에서 병으로 인해 일시적으로 체중이 줄어들거나, 동생의 탄생으로 갑자기 퇴행이 나타나는 현상, 스트레스로 인해 잠시 동안 나타나는 탈모와 같은 변화는 발달로 보지 않는다. 발달은 연령의 증가에 따라 지속되는 양적인 변화이거나 질적인 변화이며, 일시적으로 일어나는 변화는 발달로 보지 않는다.

2) 발달과 관련된 주요 개념

발달과 관련된 개념으로는 성장과 성숙, 학습이 있다. 성장과 성숙, 학습은 발달과 유사 개념으로 사용되기도 하지만, 엄격히 말하면 발달은 성장과 성숙 그리고 학습이라는 세 가지 기제로 이루어지는 변화이다. 영유아의 발달은 성장과 성숙, 학습이 서로 긴밀하게 상호작용하면서 이루어진다.

(1) 성장growth과 성숙maturation

성장은 시간의 흐름에 따라 신체의 크기나 기능이 향상되는 양적 변화를 의미한다. 성장은 유전적 요인에 의해 주로 이루어지며, 키가 자라거나 체중이 증가하는 등 신체적 특성에서 일어나는 긍정적 변화이다. 감소하거나 퇴보하는 변화에 대해 성장한다고 말하지 않는다.

성숙은 유전인자에 의해 미리 계획된 프로그램의 순서에 따라 자연발생적으로 일어나는 생물학적인 변화를 의미한다. 수정란이 세포분열을 하여 태아로 발달해 가는 과정, 기어 다니던 영아가 걷게 되는 것, 옹알이하던 영아가 한 단어, 두 단어로 말하게 되는 것, 가역적 사고를 할 수 없던 유아가 가역적 사고를 하게 되는 것, 자아중심적 사고를 하던 유아가 타인의 관점에서 사고를 할 수 있게 되는 것, 사춘기가 되면 나타나는 2차 성징 등이 성숙의 예이다. 성숙은 질적인 변화로 볼 수 있다.

성숙과 성장은 유전적 또는 생물학적인 요인에 의한 변화이므로 서로 유사한 개념으로 사용되기도 한다. 한편으로는 신장이나 체중의 증가와 같이 양으로 측정할 수 있는 신체적 변화를 성장으로, 신경계의 구조나 기능이 변하면서 일어나는 사고나 행동의 변화를 성숙으로 구분하기도 한다(현정환, 2006).

(2) 학습learning

학습은 영유아가 환경 속에서 직접 또는 간접적으로 경험한 결과를 의미한다. 즉, 훈련이나 연습에 의한 경험으로 점진적인 변화가 일어났거나 새로운 능력을 습득하게 된 것을 학습이라 한다. 유아는 각자 다른 경험을 하게 되고, 다른 훈련을 받는다. 그래서 학습으로 인한 발달은 매우 개별적이고 특수하다고 할 수 있다. 또 같은 경험을 하거나 훈련을 받는다고 해도 똑같은 변화가 일어나는 것은 아니기에 학습의 결과는 개인마다 다르다.

이처럼 발달과 학습은 행동의 변화라는 측면에서는 비슷하다. 그러나 학습이 관찰 가능한 외현적인 행동 변화와 양적으로 나타나는 행동 결과를 강조한다면, 발달은 전 생애를 통해 이루어지는 모든 변화와 과정으로서 성장, 성숙, 학습이 공존할 때 비로소 이루어진다. 영유아기 동안 '성장, 성숙, 학습'으로 이루어지는 변화 과정이 영유아발달이다.

3) 발달영역

영유아발달은 다양하고 복잡하지만 대체로 네 영역으로 구분한다. 발달의 네 영역은 신체적 영역, 인지적 영역, 정서적 영역, 사회적 영역이다.

① 신체적 영역의 발달은 영유아의 신체 내에서 일어나는 변화와 관련된 것이다. 키와 몸무게 증가, 근육의 발달, 대근육 운동과 소근육 운동기술의 발달, 신경체계의 변화 등은 신체적 발달이다.

② 인지적 영역의 발달은 개인의 사고, 지능, 언어에서의 변화이다. 학습능력 향상, 기억력과 창의성의 발달, 지능발달 등은 인지적 발달에 포함된다.

③ 정서적 영역의 발달은 정서표현능력, 정서조절능력의 발달을 의미한다. 유아가 자신의 감정을 숨길 수 있게 되고, 어머니의 감정을 이해하게 되는 것은 정서적 발달이다.

④ 사회적 영역의 발달은 대인관계 기술, 자아존중감, 도덕성 등의 변화가 포함된다. 또래를 돕는 행동을 하게 되는 것, 성 역할 개념이 발달하는 것 등은 사회적 발달이다.

이상의 네 가지 발달영역은 서로 독립적으로 이루어지기보다 상호작용한다. 영아가 걷기 시작하면 활동영역이 넓어지고, 다양한 탐색이 가능해진다. 주변 환경에 대한 탐색으로 많은 정보를 얻게 되면서 인지발달이 촉진된다. 탐색의 결과로 인한 만족감은 영아의 정서에도 영향을 미치게 된다. 이는 동시에 부모를 포함한 주변 사람들의 관심과 상호작용을 유발하기도 한다. 신체활동이 활발한 영아는 주변 사람들에게 적극적으로 상호작용을 시도하여 친밀한 관계를 만들며 사회·정서적 발달을 이루어갈 것이다. 이러한 과정을 통해 다른 사람이 원하는 것이 무엇인지 이해하는 능력이 발달하고, 이는 또 영아의 두뇌발달을 촉진시킨다.

유아의 경우도 마찬가지다. 유아의 인지발달로 인해 타인조망수용능력이 향상되고, 다른 사람의 정서를 이해할 수 있게 되며, 이로 인해 친사회적 행동을 더 많이 할 수 있게 된다. 유아의 신체적 활동이 활발해지면서 또래들과 놀이활동을 더 많이 할 수 있고, 또래들과 친밀한 관계를 만들면서 정서적 안정감을 얻으며,

사회적 발달을 이루어갈 것이다. 이러한 과정을 통해 타인의 욕구를 이해하는 능력이 발달하고, 이로 인해 또 유아의 두뇌발달이 촉진될 수 있다. 이처럼 신체적 영역, 인지적 영역, 정서적 영역, 사회적 영역은 각 영역에서의 발달뿐만 아니라 동시에 다른 영역 간에 영향을 주고받으면서 발달을 촉진한다.

4) 발달단계

발달단계를 구분하는 방법에는 학자들의 분류기준이나 이론에 따라 다양하다. Freud는 성적 에너지의 발달과정을 근거로 인간 발달단계를 5단계로 구분하였다. Erikson은 자아정체감을 형성해가는 과정에서 일생동안 극복해야 하는 여덟 가지 위기를 기준으로 발달단계를 8단계로 나누었다. 또한 Piaget는 인지 구조의 차이를 근거로 발달단계를 4단계로 구분하였다.

성숙이론가들은 연령별로 발달단계를 구분한다. 일반적으로 태내기, 신생아기, 영아기, 유아기, 아동기, 청소년기, 성인기, 노년기로 구분한다. 청소년기까지 각 단계의 발달 과업의 특징을 살펴보면 다음과 같다.

(1) 태내기

태내기는 정자와 난자의 수정에서부터 출생할 때까지 기간이며, 태아가 엄마 뱃속에 있는 기간을 말한다. 하나의 세포에서 한 인간이 형성되는 시기이다. 기본적인 신체구조와 기관이 이 시기에 형성되므로 짧은 기간이지만 인간발달의 초석이 되는 중요한 기간이다

(2) 신생아기

출생에서부터 약 1개월간의 기간을 말한다. 신생아기는 태내환경과 완전히 다른 새로운 환경에 적응해야 한다는 점에서 중요한 의미를 가진다. 엄마 뱃속에서 탯줄을 통해 산소와 영양분을 공급받던 태아가 탄생하는 순간부터 스스로 호흡해야 하는 큰 변화를 경험한다. 신생아기는 신체의 성장과 발달 속도가 다른 시기에 비해 매우 빠르다.

(3) 영아기

영아기는 출생에서 24개월까지의 기간을 말한다. 부모에게 매우 의존적인 시기이다. 신체발달을 비롯하여 여러 영역에서 급속한 성장이 이루어진다. 누워 있던 아기가 걸을 수 있게 되며, 자신의 욕구 충족을 위해 스스로 할 수 있는 것이 아무것도 없던 아기가 스스로 밥을 먹을 수 있고, 간단한 옷을 입을 수 있도록 자조행동이 발달한다. 의사소통을 할 수 있을 만큼 언어가 발달하며, 상징적 사고가 가능하고, 애착을 형성하여 대인관계 발달의 초석을 이루며, 사회적 학습 등이 이루어지기 시작한다.

(4) 유아기

유아기는 아동 초기라고도 하며 2세에서 6세경까지로 흔히 취학 전 시기를 말한다. 인지능력이 발달하고, 상상력과 창의력이 풍부해진다. 정서발달이 중요한 때이며 도덕성이 발달하기 시작하는 시기이다. 또래와 놀이를 많이 하게 되며, 어휘발달이 급성장하여 다른 사람과 의사소통을 활발하게 한다. 자조기술이 발달하며, 취학 준비를 위해 생활기술을 배우는 시기이다.

(5) 아동기

초등학교에 다니는 6세에서 11세까지의 시기로 학령기를 말한다. 읽기, 쓰기, 셈하기 등 세상사는 데 필요한 기본기술을 습득하는 시기다. 또래 집단이 중요한 시기이다.

(6) 청소년기

12세부터 18~22세까지로 아동기에서 성인기로 전환하는 시기이다. 영아기 이후 가장 급격한 신체발달이 이루어진다. 키나 몸무게가 증가하고, 체형이 변하며, 성적 변화가 있는 시기이다.

02 발달의 원리

개인의 유전적 특성이나 문화적 배경에 따라 차이가 있을 수 있으나 대부분의 경우 환경적인 요인과는 무관하게 발달하는 보편적으로 적용되는 몇 가지 원리가 있다. 발달의 원리를 살펴보면 다음과 같다.

① 발달에는 일정한 순서가 있다.

신체, 언어, 인지 등 모든 발달은 일정한 순서로 진행된다. 신체발달에도 순서가 있다. 영아들은 기기부터 하고 다음에 서고, 걷는다. 언어발달에서도 옹알이부터 하고 한 단이 말하기를 할 수 있게 된다.

② 발달은 일정한 방향으로 진행된다.

발달의 순서와 과정은 일정하며 운동발달이 진행되는 방향도 일정한 원칙이 있다.

첫째, 두미발달의 원칙이다. 두미발달의 원칙에 의해 머리에서 발 방향으로 발달이 진행된다. 즉, 머리 부분이 먼저 발달하고 사지가 발달한다.

둘째, 근원발달의 원칙이다. 근원발달의 원칙에 의해 신체는 안쪽에서 바깥쪽으로 발달한다. 중추신경에서 말초신경으로 발달이 진행된다. 대뇌 등이 먼저 발달하고 점진적으로 말초신경이 발달하게 된다. 팔이 먼저 발달하고 손목, 손, 손가락 순으로 발달이 이루어진다.

셋째, 세분화의 원칙이다. 세분화 원칙에 의하면 큰 근육이 먼저 발달하고 이어서 작은 근육이 발달하게 된다. 발달 초기 행동은 몸 전체를 사용하는 거칠고, 분화되지 않은 어설픈 행동이지만 점차적으로 분화되어 정밀한 행동으로 발달한다.

③ 발달은 계속 진행되는 과정이지만 속도는 일정하지 않다.

발달영역에 따라 발달 속도는 다르다. 신체발달은 영유아기와 사춘기에 급격하게 이루어진다. 생식기관은 사춘기에 급속도로 발달한다. 어휘 수는 유아기에 갑자기 늘어나며, 추상적 사고는 청년기에 현저하게 발달한다.

④ 발달에는 개인차가 있다.

인간은 보편적인 순서에 따라 성장하고 발달한다. 그러나 개개인의 발달 속도와 양상은 모두 다 다르다. 모든 영아가 앉고 서고 걷는 보편적인 순서대로 발달하지만, 앉고 서고 걷는 시기는 각기 다르다. 일란성 쌍생아도 출생 시부터 개인차가 나타난다.

⑤ 발달에는 민감기가 있다.

발달이 가장 급격하게 이루어지는 최적의 시기를 결정적 시기라고 한다. 이 시기에 발달이 제대로 이루어지지 않거나 부정적인 영향을 받게 되면, 심각한 결손이 생기고 이후에는 회복이 어렵게 된다. 생후 1년간 어머니와 친밀한 관계를 통해 신뢰감을 형성하지 못한 영아는 이후 성인이 되고서도 신뢰감을 형성하기 어려우며, 사회 전반에 대해 불신감을 가지며 대인관계 형성에 결손을 가지게 된다. 그러나 인간은 생애초기에 받은 부정적인 영향을 극복할 수 있는 가소성을 가지고 있다고 보기에 결정적 시기라는 용어보다 민감기라는 용어를 사용한다. 인간발달에서는 학습이 잘 이루어질 수 있는 최대 가능성이 있는 시기가 있으며, 그 시기 전후에는 학습 가능성이 다소 감소한다. 이렇게 학습이 가장 잘 이루어지는 시기를 민감기라 한다(장휘숙, 1995).

⑥ 발달의 각 영역은 상호 밀접한 관련성이 있다

신체적 발달, 인지적 발달, 사회·정서적 발달은 서로 상호작용을 한다. 신체적 발달에 따라 기거나 걷기능력이 형성되면 영아가 주변 세계를 탐색하면서 학습하게 되어 인지가 발달한다. 양육자에게 적극적으로 다가갈 수 있기 때문에 양육자와 상호작용이 촉진된다. 이를 통해 영아는 친밀감을 형성하고 자율성을 키워간다. 양육자와 상호작용을 많이 하는 영아는 언어발달과 신체발달도 자극받을 수 있다. 반대로 한 영역의 발달지체는 다른 영역의 발달지체를 초래할 수 있다. 사회성 부족으로 또래와 관계맺기가 잘 이루어지지 않으면 언어발달이 지체될 수 있다. 이렇게 발달의 각 영역은 서로 영향을 주고받으며 발달을 촉진한다.

03 발달의 논쟁

영유아의 발달뿐 아니라 인간발달 전반에서 논의가 되고 있는 쟁점 중 하나는 발달이 점진적이고 연속적으로 이루어지는지, 아니면 비연속적이며 단계적으로 이루어지는 지에 대한 것이다. 또 다른 쟁점은 발달에서 초기경험이 중요한지 후기경험이 중요한지에 대한 논의이다. 마지막으로 발달과정에 영향을 미치는 요인이 성숙이냐 학습이냐 또는 유전이냐 아니면 환경이냐는 쟁점으로 논의가 되고 있다. 논쟁이 되고 있는 내용들을 구체적으로 살펴보고자 한다.

1) 연속성과 불연속성

발달은 연속적이면서 점진적인 과정이기도 하며, 다른 한편으로는 질적으로 다른 독립적인 단계로 구성되는 불연속적인 과정이기도 하다. 발달은 연속적이며 비단계적이라는 견해를 보이는 이론은 학습이론이다. 학습이론가들은 반복되는 훈련과 경험으로 인해 조금씩 차이가 있는 점진적이고 누적적인 변화로 발달이 이루어진다고 본다.

뒤뚱거리며 걷기를 하던 아기가 잘 걷게 되고 이후에는 빨리 걸을 수 있게 된다. 걷기라는 대근육 행동이 훈련과 경험에 의해 점진적으로 발달해가는 것은 연속적인 과정이다. 연필을 엉거주춤 잡고 끄적거리기를 하던 유아가 자연스럽게 글씨를 쓸 수 있는 것은 긴 시간 동안 연습과 훈련이 행해졌기에 가능하다. 어떤 변화가 조금씩 일어나면서 발달하고, 그 발달의 결과가 발달전과 질적으로 다르지 않다면, 영유아발달은 연속적 과정으로 본다. 발달을 연속적이고 점진적인 과정으로 보는 학자들은 발달을 수정에서 죽음까지 이르는 동안 이루어지는 연속적이고 점진적인 변화라고 주장한다.

인지발달이론가나 정신분석이론가들은 단계이론을 제시하였다. 단계이론에 의하면 발달은 단계마다 질적으로 차이가 나는 다른 행동을 하게 된다. 즉, 발달은 이전 단계와는 질적으로 다른 변화가 다음 단계에서 일어나는 불연속 과정으로 이루어진다.

정신분석이론에 의하면 구강기에는 성적 에너지인 리비도(libido)가 입에 집중되어 있지만, 남근기가 되면 리비도가 성기로 이동한다. Erikson은 인간발달단계를 8단계로 구분하면서 각 단계마다 다른 위기를 극복해야 한다고 설명하고 있다. 예를 들면 생후 1년 동안은 기본적인 신뢰감을 획득하게 되지만 2, 3세가 되면 자율성을 획득하게 되는 시기라고 했다. 인지발달이론가 Piaget도 역시 단계 이론가이다. Piaget에 의하면 인간은 발달단계마다 다른 인지구조를 가지고 있기 때문에 전조작기 유아는 조작적 사고가 되지 않아 보존개념을 모르지만, 구체적 조작기 아동은 조작적 사고가 가능하며 보존개념을 알게 된다. 이렇듯 갑작스런 변화에 의해 발달이 일어나고, 발달 전후가 질적으로 다르다면 영유아의 발달은 불연속적이라고 본다. 발달의 불연속성을 강조하는 학자들은 발달을 질적인 변화로 본다. 즉, 단계별로 다른 질적인 변화가 일어나는 것이 발달이라고 주장한다.

2) 초기경험과 후기경험

영유아기에 어머니와 오랜 시간 동안 별거를 하는 등의 모성결핍을 경험한 아기가 성장한 후 어머니와 다시 만나 행복한 시간을 보내게 된다면 영유아기의 모성결핍을 극복할 수 있다는 주장과 영유아기의 모성결핍은 너무나 강렬한 결정적 경험이어서 이후의 좋은 환경으로도 절대 회복할 수 없다는 주장이 엇갈린다.

Bowlby(1989)에 의하면 생의 초기에 어머니와 안정애착을 형성하지 못한 영아는 이후 성인이 되어서도 친밀한 대인관계를 형성하기 어렵다. Freud 역시 초기경험을 강조하는 학자이다. 5세까지의 부모자녀관계가 전 생애에 영향을 미치기에 영유아기의 경험은 매우 중요하며 결정적이라는 Freud의 주장은 아직도 많은 이들이 수용하는 편이다. 우리 속담에도 세 살 버릇 여든까지 간다는 말이 있다. 이는 생의 초기경험이 중요하다는 의미이다.

반면 인간의 발달은 영유아기 뿐만 아니라 전 생애 동안 이루어진다고 하는 전생애발달론자들은 생의 초기경험 뿐 아니라 후기경험도 중요하다고 주장한다(Kagan, 1995). Erikson은 전 생애발달을 제시한 대표적인 학자이다. Erikson에 의하면 발달은 전 생애에 걸쳐 이루어지기에 생의 초기경험도 중요하지만 청년기, 성인기에도 주변인들과의 상호작용으로 심리사회적 발달이 이루어진다. 초기경험만을 강조한다면 평생교육은 의미가 없을 수 있다. 초기경험의 중요성도 부정할 수 없지만 인간은 끊임없이 변화할 수 있는 존재이기 때문에 인간발달은 전 생애 동안 이루어진다.

3) 성숙과 학습

발달과 관련된 또 다른 쟁점은 성숙과 학습이다. 성숙은 유전적 요인에 의해 발달적 변화들이 이루어지는 생물학적 과정이다. 영유아기의 아기들의 성장속도가 일생에서 가장 빠르다던가, 사춘기가 되면 2차 성징이 나타나는 현상, 영아가 걷기 전에 서는 현상 등은 생물학적인 과정에 의해 이루어지는 것이다. 즉, 학습이나 훈련의 결과로 이루어지는 변화가 아니라 성숙에 의한 변화이다. 성숙론자들은 기본적으로 성장은 성숙에 의존한다고 믿는다.

반면 학습론자들은 발달에서 경험의 중요성을 강조하고 있다. 훈련이나 연습에서 기인하는 발달적 변화를 학습이라 한다. 학습론자들은 학습을 통해 발달이 이루어진다고 본다. 외국어 습득이나 운전기술의 습득은 많은 훈련과 연습의 의한 학습의 결과다. 그러나 이 논쟁 역시 성숙과 학습은 상호작용하며 발달에 영향을 미친다고 결론지어진다.

성숙과 학습이 상호작용하며 발달에 영향을 주는 예로 영아와 양육자 간의 애착행동을 다룬 Bowlby(1960)와 Ainsworth(1979)의 연구를 들 수 있다. Ainsworth는 생애 초기에 특정인에게 애착을 형성하는 영아들의 발달적 경향을 성숙과정의 일부로 보았다. 애착을 형성하는 기제는 성숙에 기인하는 것이지만 애착대상을 선택하는 것은 매우 특별하며, 경험에 의해 상황적으로 결정된다(정옥분, 2010 재인용). 아기는 누구나 자기를 돌봐주는 이에게 애착을 형성하게 되는데, 어머니가 돌본 아기는 어머니에게 애착을 형성하지만, 할머니에게서 양육된 아기는 할머니에게 애착을 형성하게 된다는 의미이다.

4) 유전과 환경

발달에서 주요 논쟁 중 또 하나는 발달에 대한 유전적인 영향과 환경적인 영향이다. 인간발달은 유전의 힘으로 이루어지는 것일까? 환경의 힘으로 유전적 영향을 극복할 수 있을까? 발달에 있어 어떤 특성은 유전의 영향을 강하게 받는다. 하지만 인간은 유전의 영향을 극복하기 위해 많은 훈련과 연습 등을 시도하기도 하고 풍부한 환경적 자극을 제공받기도 한다. 유전과 환경은 서로 상호작용하며 영유아의 발달에 영향을 미치게 되므로 개인마다 발달 양상은 다르다. 영유아가 성장하기 좋은 최고의 환경적 조건이 갖추어지면 영유아의 유전적인 잠재력이 최대한 발휘될 것이다(Salkind, 1985).

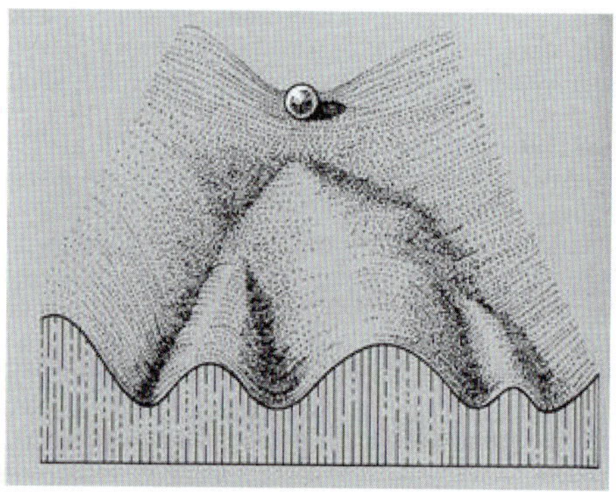

그림 1-1 Waddington의 수로화 모델

출처: Berk(1991). Child Development. Boston: Allyn & Bacon.

발달에서 유전의 영향을 환경으로 극복할 수 있을 지에 대해 Conrad Waddington (1966)은 수로화(canalization) 모델로 설명한다.

수로화는 물길이 나 있는 쪽으로 물이 흐르게 된다는 이치로 설명된다. 물길이 깊게 나 있으면 물은 물길대로 흐르게 되고, 물길이 얕게 나 있으면 바람이나 다른 주변의 영향에 의해 물은 물길대로 흐르지 않고 주변으로 분산되어 흐를 수 있다. 이를 인간발달에 적용하여 강하게 수로화되어 있는 발달적 특성은 환경의 영향을 덜 받고 유전적으로 계획된 대로 발달하게 된다. 약하게 수로화되어 있는 특성은 환경의 영향을 많이 받게 된다. 보다 강하게 수로화되어 있는 특성일수록 환경적인 경험에 의해 변화될 수 있는 가능성이 적으며, 약하게 수로화되어 있는 특성은 환경적 경험에 의해 변화될 수 있는 가능성이 크다는 의미이다.

앉고, 서고, 그 다음 걷기를 하는 대근육 발달이나 언어 이전 단계에 옹알이를 하는 언어적 특성은 강하게 수로화되어 있는 예이다. 서양의 전통육아법 중 하나인 '스와들링'처럼 아기를 꽁꽁 싸서 키워도 아기는 때가 되면 기고 걷게 된다. 청각 장애가 있는 아기도 3~4개월이면 옹알이를 하게 된다.

그림 1-2 스와들링 육아법

출처: Berk(1991). Child Development. Boston: Allyn & Bacon.

이처럼 강하게 수로화되어 있는 특성은 환경의 영향을 그다지 받지 않는다. 환경의 영향과는 무관하게 유전적으로 계획된 대로 발달적 특성이 나타나게 된다. 성격이나 지능, 도덕성과 같이 덜 수로화되어 있는 특성은 유전적 계획을 벗어나 성장과정에서의 다양한 경험과 환경적 자극에 따라 여러 방향으로 발달할 수 있다.

수로화 모델을 정리하면 다음과 같다(Shaffer, 1999). 첫째, 유아의 발달영역별 특성에 따라 수로화가 다르다. 즉, 강하게 수로화되어 있는 특성도 있고, 약하게 수로화되어 있는 특성도 있다. 둘째, 유전과 환경이 상호작용하여 발달의 방향이 결정된다. 강하게 수로화되어 있는 특성은 환경의 영향을 덜 받으며 유전경로에 따라 발달하지만, 약하게 수로화되어 있는 특성은 환경의 힘으로 유전경로를 변경시킬 수 있다. 셋째, 유전과 환경은 서로 다른 한쪽에 영향을 줄 수 있는 범위를 제한한다. 즉, 유전적 영향을 강하게 받는 특성이면 환경이 영향을 미칠 수 있는 범위는 좁아지며, 유전적 영향을 약하게 받는 특성이면 환경이 영향을 미칠 수 있는 범위가 커진다.

결국 유전과 환경의 영향에 대한 논쟁의 결론은 유전과 환경은 상호작용한다는 것이다. 그러므로 유전과 환경이 서로 어떻게 상호작용하는지를 설명하는 것이 더 의미가 있다. 환경의 영향은 유전적 잠재력 범위 내에서 이루어지고, 동시에 같은 유전적 가능성을 가지고 태어났더라도 환경의 영향에 따라 유전적 발달 가능성은 달라진다(박성연·도현심, 2006). 키와 같은 생리적 특성, 지능과 같은 인지적 특성은 유전으로 대략 한계 내에서 결정된다. 그러나 영양섭취와 건강관리, 환경적 자극에 따라 키는 유전적 한계 내에서 더 자랄 수 있고 덜 자랄 수도 있다. 개인의 유전적인 잠재력이 최대한 발휘될 수 있는 최적의 환경적 조건과 상황을 조성해 주는 것으로 발달의 극대화를 이룰 수 있다.

04 영유아기 개념에 대한 역사적 고찰

영유아에 대한 개념 및 인식들을 시대적으로 고찰해보는 것은 영유아발달을 공부하는 데 중요한 철학적 근거를 마련할 수 있다.

영유아를 포함한 아동이라는 개념은 비교적 최근에 많이 사용되는 개념이며 영유아기, 아동기에 대한 연구도 최근에 많이 이루어졌다. 중세시대 이전까지 아동은 성인의 축소판으로 여겨졌다. DeMause(1974)는 "아동기에 관한 역사는 악몽과 같다. 최근에 와서야 그 악몽에서 깨어나고 있다. 역사를 거슬러 올라가면 갈수록 아동양육의 수준은 낮다. 많은 아동들이 살해되거나, 유기 되고, 학대와 억압을 받으며, 성적으로 농락당했을 확률이 높다"고 말했다(Suransky, 1992).

고대에는 유아 살해 풍속이 있었다. 건강하지 않은 아기, 장애를 가진 아기는 죽도록 내버리기도 하고, 심지어 죽이기도 했다. 전쟁의 인질과 노예로 자녀를 파는 일이 공공연히 성행하기도 했다. 빈민층은 물론이고 부유층조차도 유모가 영아를 유기하는 것이 제도적으로 허용되었다. 아기의 손발을 움직이지 못하도록 그리고 기어 다니지 못하도록 천으로 꽁꽁 묶어 놓는 일이 일반적인 관행이었다. 많은 아동이 문헌에 기록되지 않을 정도로 아이라는 존재는 무시되었다. 아동에 대한 생각들은 성인들의 회상이나 기억 또는 속담을 통하거나 아니면 단편적인 기록을 통해서 파악할 수 있다(Suransky, 1992).

그러한 실정이다 보니, 고대에는 영유아들을 대상으로 한 연구가 그다지 없다. 몇몇 철학자들의 저서에서 인간발달에 대해 부분적으로 설명하고 있는 것이 전부인 듯하다. 17세기가 되어서야 아동에 대한 언급을 구체적으로 하게 되고 아동기라는 개념이 생성된다. 19세기 말에 Stanley Hall 등에 의해 아동에 대한 과학적인 연구가 이루어지기 시작하였고, 아동에 관한 자료와 정보가 축적되었다. 21세기가 되면서 아동에 대한 생각이 새롭게 변하며, 아동권리를 중요하게 인식하게 되었다.

1) 고대

고대의 영유아발달이나 교육에 대한 설명은 그리스 철학자 Platon과 Aristoteles의 저서에서 찾을 수 있다. Platon이나 Aristoteles가 영유아에 대해 설명을 하고는 있지만, 영유아에 대해 관찰하거나 자료를 수집하여 분석한 것이 아니다. 성인교육을 위해 영유아 교육이 행해져야 할 방향에 대해 제시하고 있는 정도이다. 하지만 Platon과 Aristoteles의 영유아에 대한 견해는 중세기를 거쳐 오늘날까지 인간발달과 교육 분야에 영향을 미치고 있다.

(1) Platon

Platon은 『국가론』에서 인간발달을 욕구, 정신, 이성의 세 단계로 설명하고 있다. 가장 낮은 수준의 욕구(appetite)단계는 욕망, 본능, 충동만이 존재하는 단계이다. 욕구는 Freud가 말하는 원초아(id)의 개념과 유사하다. 욕구단계는 주로 배고픔, 피부접촉, 졸림 등 신체적인 욕구 충족과 관련되어 있다.

다음은 정신(spirit)단계이다. 정신은 용기, 절제, 인내, 중용과 같은 개념이다. 이는 인간이 가진 원초적인 본능을 조절하고 인간과 사물의 관계를 판단하고 행동할 수 있는 근거이다(정석환, 2011). Freud 이론의 자아(ego)와 유사하다.

마지막 단계인 이성(reason)은 인간발달의 궁극적인 목표이며, 지혜를 의미한다. 즉, 초자연적이고 영원하며 우주의 본질을 이루는 이성에 이르는 단계이다. Platon은 한 인간이 태어나서 낮은 수준의 욕구단계에서 높은 수준의 이성의 단계로 성장해가는 과정을 발달로 보았다.

Platon은 저서 『국가론』과 『법률』에서 영유아와 청년의 교육에 대해서 언급하고 있다. 저서에서 Platon은 3세까지의 유아는 고통, 슬픔, 공포와 같은 부정적 정서를 경험하면 안 된다고 했다. 또 유아는 쾌락을 느끼고 즐겨도 안 된다고 주장했다. 부모가 유아에게 쾌락을 제공하는 것은 아이를 망가뜨리는 일로 보았다.

Platon에 의하면 유아기는 습관을 형성하는 중요한 시기이며 습관에 의해 성격의 기초가 만들어지는 시기이다. 이는 '세 살 버릇 여든까지 간다'는 우리나라 속담과 일맥상통하는 주장이다. 또한 아동기는 아직 이성이 발달하지 않은 시기이므로 음악이나 스포츠 등을 제공하고 또래와 어울리게 하여 사회성을 발달시켜야 한다. 또 성의 분리를 주장하여 6세가 되면 남자아이와 여자아이를 분리시켜 따로 놀게 해야 한다. 청년기가 되면 비로소 이성적 사고를 할 수 있게 되며, 이때 과학이나 수학을 가르쳐야 한다고 주장했다.

이런 Platon의 주장은 오늘날 뇌과학이론에서 주장하는 바와 일치하고 있다. 뇌과학이론에 의하면 유아기에는 정서의 뇌라고 하는 대뇌변연계가 발달해 있고 고등사고를 할 수 있는 전두엽 대뇌피질은 덜 발달되어 있다. 그래서 유아기에는 인지교육보다 정서교육이 더 적절하다.

Platon의 영유아기 교육에 대한 사상을 정리해보면 다음과 같다. 첫째, 생의 초기경험을 중요하게 여기고, 조기교육, 정서교육을 강조했다. Platon은 유아기동안 유아가 부정적이거나 저속한 경험을 하지 못하도록 했고, 유아의 정서적 욕구에 대한 즉각적인 충족이나 쾌락을 반대하였다. 이는 유아기에는 좋은 습관을 길들이기 위한 교육을 해야 하며, 유아기의 경험이 전 생애 발달에 영향을 미치는 결정적 요인으로 보고 있다는 의미이다.

둘째, 놀이를 기반으로 한 음악과 체육활동 중심의 교육을 강조하였다. 고대의 음악교육은 음악 고유의 활동과 문학, 서사, 여타 예술 활동을 함께 포괄하는 종합교양교육이었다. 음악교육은 영혼과 육체를 건전하게 한다. 체육교육은 아동기 동안 교육활동의 중점이 되었다. Platon은 놀이와 체육을 중요한 교육요소로 보았다.

셋째, Platon은 6세 이하 유아들에게 적합한 교육은 동화와 신화를 통해 상상력을 키우는 것으로 보았다. 그리스시대 유아들은 신화 속에 등장하는 다양한 인물들의 사고나 행동, 태도, 가치관 등을 배우며 성장하였다. 신화 속의 인물들은 유아들의 삶의 모델이 되었다(정석환, 2011).

넷째, 인간은 각자 다른 능력을 가지고 있으며 이러한 개인차를 고려한 교육을 강조하였다. Platon의 이상국가는 계급사회이다. 이성이 발달한 지혜로운 철인이 통치할 때 이상국가가 가능하다고 했다. 이상국가가 되려면 지혜를 가진 철인은 통치자가 되고, 용기 있는 자는 군인이 되고, 절제의 덕을 가진 이는 생산자가 되어 국가에 기여하여야 한다. 개인은 각자 적성에 맞는 일에 종사해야 하고 그리할 때 이상국가가 가능하다는 주장은 인간의 다양한 능력을 인정하고 개인차를 존중하였다고 해석할 수 있다.

(2) Aristoteles

Aristoteles에 의하면 인간은 동물과 달리 이성적 사고를 할 수 있으며, 이성을 통해 자아실현을 할 수 있다. 인간이 이성을 발현하기 위해서는 세 단계의 발달과정을 거쳐야 한다. 첫째 단계는 영양공급과 생식기능만이 중요한 단계이며, 신체적 성장이 이루어지는 시기이다. 둘째 단계는 동물과 유사한 감각과 지각을 가진 단계로, 욕망이나 열정이 나타나는 시기이다. 셋째 단계는 인간과 동물이 명확히 구분되는 단계이며, 이성적 사고를 할 수 있는 시기이다. Aristoteles는 인간발달의 궁극적인 목적은 사고할 수 있는 능력과 이성을 활용할 수 있는 힘을 가지는 것으로 보았다.

또한 Aristoteles는 인간발달단계를 3단계로 나누어 출생에서 7세까지를 유년기, 7세부터 사춘기까지를 소년기, 사춘기부터 21세까지를 청년기라 했다. 유년기의 유아는 동물과 다르지 않다고 보았다. 쾌락을 추구한다는 점에서 유아와 동물은 유사하지만, 유아가 동물과 구분되는 것은 유아가 동물보다 높은 수준의 발달을 할 수 있는 잠재력이 있다는 점이다.

Aristoteles는 소년기는 참을성과 안정감이 없으며 자제력도 부족하다고 보았으며, 청년기가 되어서야 자기통제력과 자기결정력이 발달한다고 하였다. 청년기의 가장 중요한 발달과업을 자기결정력으로 보았는데, 이는 Erikson이 말하는 자아정체감과 비슷한 개념이다.

2) 중세

중세에는 오늘날의 유아를 포함한 아동이라는 의미를 가진 아동기의 개념은 존재하지 않았다. 생의 첫 단계인 영아기는 오늘날의 영아기와 같은 의미로 사용된 것으로 보인다. 영아는 양육자가 돌봐야 하는 어린 존재로 여겼다. 그러나 영아기 이후 유아기는 성인기와 구분되지 않았다.

그림 1-3 중세의 가족화

출처: 곽노의 외(2007). 영유아발달. 경기: 양서원.

중세는 아동을 성인의 축소판으로 생각하였다. 유아가 서너 살쯤 되어 젖을 떼면 유모나 어머니의 보호가 필요 없는 작은 성인으로 보고, 바로 성인사회의 구성원처럼 대우하였다. 성인과 아이의 차이는 사고나 신체적 능력에서 차이가 있는 것이 아니다. 아이는 성인보다 그저 신체적 크기만 작은 존재였다. 아동을 성인의 축소판으로 보고 있다는 증거는 중세 초상화들을 보면 잘 알 수 있다. 그림을 보면 유아의 몸은 성인과 같은 신체비율로 그려져 있으며, 유아가 입은 옷도 유아복이 아닌 성인복과 유사한 옷을 입고 있다. 뿐만 아니라 유아가 성인과 함께 체스 놀이를 하고 있는 것을 묘사한 그림도 있다.

그림에서뿐만 아니라 실제로 중세에는 유아의 의복이 성인의 의복과 같은 디자인이었다. 영아기에는 아기가 움직이지 못하도록 천으로 꽁꽁 싸매어 묶어두다가 그 천을 푸는 시기가 되면 유아에게 바로 성인복과 같은 옷을 입혔다. 유아의 신체적 특성을 고려한 유아복이 아니라, 유아가 감당하기에 불편한 성인 드레스를 사이즈만 작게 만들어서 어린 유아에게 입혔다.

17세기가 되어서야 귀족과 중산층 자녀들이 연령에 맞는 의복을 입게 되었다. 하지만 연령에 맞는 의복을 입을 수 있는 대상은 소년뿐이었다. 소녀는 그 대상에서 제외되었다. 중세의 남성우월주의 사상은 귀족과 중산층의 아들에 대한 선망의식을 반들었다. 그러다 보니 아들을 특별하게 키우고자 하었다. 이로 인해 아동기라는 개념도 생기게 되었다. 귀족과 중산층의 남아만 학교교육을 받을 수 있었고, 그들만 아동복을 입었다. 이러한 사실로 미루어 보아 아동기라는 개념은 귀족과 중산층의 아동에게만 적용되었다(Suransky, 1992).

이렇듯 중세에는 아동을 성인과는 질적으로 다른 존재로 보지 않았고, 오늘날과 같은 아동기에 대한 특별한 대우가 없었다. 그러다 보니 아동에게 성인처럼 행동하기를 요구하고 엄격한 체벌과 훈련을 부과하였다.

3) 근대

17세기가 되면서 영유아에 대한 인식이 조금씩 변화하기 시작했다. 일부 성직자나 철학자들은 유아교육을 강조하면서, 영유아는 성인과 다르다는 견해를 제시하였다. 귀족과 중산층 자녀들이 직업교육을 위한 준비로 학교교육을 받기 시작하면서 유아기에 대한 개념이 생기기 시작하였다.

17세기 말 영국의 철학자 Locke는 영아는 태어날 때부터 선악의 구분 없이 아무것도 그려지지 않은 하얀 '백지상태(tabula rasa)'라고 주장하였다. 모든 영아는 백지상태로 태어나 그들이 성장하는 환경에서 많은 경험을 하게 되고, 그러한 경험을 통해 각자의 성격과 태도를 지닌 개성 있는 성인으로 성장하게 된다.

Locke는 인간발달의 궁극적인 목표는 이성적 사고의 발달로 보고 있다. 영유아는 이성적 사고를 하지 못하는 수동적인 존재이며 환경의 영향을 받는다고 보았다. 수동적 존재인 영유아가 교육을 통해 능동적인 청년으로 점진적으로 발달해 간다. Locke의 견해는 발달에서 환경을 중요한 요인으로 보는 경험주의 이론이며, 오늘날 학습이론의 근거가 되고 있다.

18세기 프랑스의 철학자 Rousseau는 Locke의 영향을 받았지만, Locke와는 다른 아동에 대한 견해를 밝혔다. 자연주의 사상을 가진 Rousseau는 인간의 본성을 선한 것으로 보고, 가장 자연스런 환경에서 자유롭게 성장할 수 있을 때 바르고 건강한 발달이 이루어진다고 주장하였다. 성인의 간섭이나 통제 그리고 교육은 아이에게 부정적인 영향을 미칠 뿐이라고 했다. 아이의 자발적인 흥미와 욕구가 이끄는 대로 자유롭게 성장하는 것이 진정한 유아교육이라고 한다.

Rousseau는 『에밀』이라는 저서에서 한 남자아이의 성장과정에 따라 인간발달 단계를 유아기, 아동기, 소년기, 청년기, 성인기 5단계로 나누고 있다. 유아기는 신체발육단계로 자연 질서에 따른 양육방법이 가장 바람직하며, 이는 부모가 담당하여야 한다고 제시하고 있다.

19세기 초 Darwin은 그의 아들을 관찰하여 『아동전기』라는 책을 발간하였다. 자신의 자녀를 관찰한 결과를 기록한 아동전기는 초기 아동발달 연구에 중요한 자료가 되고 있지만 아동발달에 대한 직접적인 언급은 하지 않았다.

19세기 말에서 20세기로 넘어오면서 과학적인 유아발달 연구가 시작되었다. 이 시기에 등장한 Stanley Hall은 발달심리학의 기초를 구축한 20세 초 가장 영향력 있는 미국 학자였다. 그는 유치원생을 대상으로 질문지법을 사용하여 자료를 수집하였고, 집단 간 비교분석을 통해 유아들의 특성들을 비교하였다. 그의 주장에 의하면 유아기는 출생 후 4년까지이며, 이 시기의 유아는 감각이 발달하며, 자기생존에 필요한 감각운동기술을 습득한다고 보았다.

02 Chapter

영유아 연구방법론

01 연구의 기초

1) 연구의 개념과 목적

(1) 연구의 개념

연구는 어떤 학문 분야의 이론에 관련된 새로운 지식을 탐색하는 과정이다. 학문은 탐색과 발견에 관심을 가지고 있으며, 이는 연구에서 '무엇(what)'에 해당한다. 예를 들면, 유아발달 연구의 경우 2~6세 유아들의 심리적·신체적 변화와 관련된 것을 발견하고 탐색하는 것이라 할 수 있다.

연구에서의 탐색이 일상적인 탐색과 구별되는 것은 과학적 방법을 적용하는 것이다. 즉, 연구에서 '어떻게(how)'에 해당하는 것은 연구방법이다. 연구방법은 다양한 연구문제에 대한 해답을 찾기 위해 적용하는 과학적 절차이다(Adams & Schvaneveldt, 1991).

과학적 연구는 자연현상에 대한 체계적이고 통제된, 공적이고 비판적인 탐구로 정의된다(Kerlinger & Lee, 2000). 이 정의를 토대로 한 과학적 연구의 특성은 다음과 같다.

첫째, 연구는 체계적이고 통제되어 있어야 한다. 이는 연구의 전체 과정이 단계별로 명료해야 하며, 현상 간의 관계를 논리적으로 설명해야 한다는 의미이다.

둘째, 과학적 연구는 경험적인 것이다. 이는 연구가설을 실증적으로 검증해야 한다는 의미이다. 또한 연구자가 세운 주관적이고 논리적인 가설은 객관적 현실,

즉, 자료를 근거로 검증되어야 한다. 수집된 자료는 접근하는 관점에 따라 다를 수 있으므로 여러 번의 연구를 통한 누적된 경험적 자료가 있어야 한다.

셋째, 과학적으로 얻어진 지식에 대해 도덕적 잣대로 평가하려 해서는 안 된다. 연구결과에 대해서는 원칙적으로 '옳다', '그르다'라고 평가할 수 없다. 하지만 연구결과의 타당도와 신뢰도는 평가할 수 있다. 연구자들이 윤리적으로 적합한 방법을 사용하여 연구를 수행하였는지에 대해서는 판단할 수 있고 논의할 수 있다.

넷째, 연구는 비판적 탐구이며, 연구방법과 연구결과는 공적인 특성을 지닌다. 연구자들은 자신의 연구는 물론 다른 연구자의 결과에 대해서 비판할 수 있다. 그리고 과학적 정보와 연구방법은 다른 연구자들에게 공개해야 한다. 이와 같이 연구자의 연구는 다른 연구자로부터 비판받을 수도 있고, 의문을 제기 받을 수도 있다. 동일한 연구주제를 다른 연구방법이나 경험적 자료로 언제든지 검증할 수도 있고 수정할 수 있다. 그러한 검증과 수정과정을 거치면서 연구는 발전하게 된다.

(2) 과학적 연구의 목적

과학적 연구의 궁극적 목적은 이론을 수립하는 것이다(Kerlinger & Lee, 2000). 이론(theory)이란 행동이나 현상을 기술, 설명, 예측하는 진술문을 질서 있게 논리적으로 일반화한 체계를 말한다. 과학적 연구의 목적은 기술하고 설명하며 예측하고 통제하는 것이다. 영유아발달 연구의 목적은 영유아의 신체적 변화, 지능발달, 사회성발달 등을 기술하고 설명하며, 예측 및 통제하는 것이다.

① 기술description

과학의 첫째 목적은 관심 있는 현상이나 행동에 대해 상세하게 기술하는 것이다. 즉, 기술은 실제 있는 그대로를 정확하고 구체적으로 서술하는 과정을 말한다. 이러한 과정을 통해 주요 변인들을 발견해 내고 추후 변인 간의 관련성도 추측할 수 있다. 예를 들어, 영아의 애착행동을 알아보기 위해서는 부모와 영아 간의 정서적 상호작용 행동에 대한 상세한 기술이 필요하다. 관찰시기와 관찰대상을 정하여 그 내용을 있는 그대로 기술한다. '영아가 어머니의 눈을 30초 동안 주시했다', '영아가 30분 간격으로 잠에서 깨어나 울었고 어머니는 2.1초 만에 아기를 안아

주었다'등은 기술이다. 이와 같은 기록은 영아발달에 관한 귀중한 자료가 된다.

'우리나라 보육시설의 수급 및 운영 현황 진단'이란 연구는 보육시설 유형별 실태, 보육예산 증가추세, 보육시설에 대한 재정적 지원 실태를 조사하여 현황을 기술하는 연구다. 다른 예로는 유아가 선호하는 바깥놀이를 조사한 연구를 들 수 있다. 관찰시기와 관찰대상을 정하여 그 내용을 있는 그대로 기술한다. '미끄럼틀에서 5명의 유아가 4분간 머물렀다', '모래놀이를 하는 유아는 남아 3명, 여아 2명이었다', '바깥놀이 시간 중 여아 58%는 그네, 남아 62%는 시소에서 대부분의 시간을 보냈다' 등으로 바깥놀이에서 일어나는 유아들의 행동에 대한 상세한 기술을 한다. 부산시 유아들을 대상으로 평균 키와 체중, 지능 등을 조사하였다면 이 또한 기술의 목적으로 이루어진 연구이다. 이와 같은 기록은 영유아발달에 관한 귀중한 자료가 된다.

따라서 잘 기술된 기록은 다음 연구를 위한 기초자료가 되기도 하고, 나아가 이론을 만드는 초석이 될 수 있다. 예를 들어, Piaget는 자녀들의 성장을 기술하여 그 자료를 근거로 이후 Piaget 이론을 구축했다.

② 설명explanation

설명은 기술한 사실을 근거로 '왜(why)'에 해당하는 이유를 찾는 과정이다. 어떤 현상의 원인 또는 선행조건에 대해 밝히는 것이 설명이다. 즉, 어떤 현상이 왜 생기게 되었는지, 무엇에 의해 그런 현상이 발생되었는지 기술하는 것이다. 즉, 현상의 원인이 무엇이고 그 결과는 어떠했는지 인과관계를 밝혀서 기술하는 것이다. 설명의 목적으로 이루어진 연구들은 연령에 따른 발달의 변화와 개인차를 설명할 수 있다.

예를 들면, 어떤 영아는 언어발달이 빠르고 어떤 영아는 언어발달이 느린데 그 개인차의 이유가 무엇인지 설명한다. 취업모의 자녀와 비취업모의 자녀 간의 언어발달에 차이가 있는지를 설명할 수도 있다. 모유수유를 한 영아들과 분유수유를 한 영아들 간의 부모와 애착관계에 차이가 있는지를 설명할 수도 있다. 어떤 유아는 친구들과 잘 어울리는데 어떤 유아는 그렇지 못할 경우 그 개인차의 이유가 무엇인지 설명한다. 또한 유치원에서 공격적인 행동을 많이 하는 유아가 있다면 그 유아와 부모 간의 상호작용 유형을 알아보고, 그 외 개인적·환경적 요인들을 찾아내어 그 자료들을 근거로 유아의 공격적 행동의 원인을 설명한다.

연구자들은 이러한 개개의 현상들을 설명하는 것에 그치지 않고 궁극적으로는 더 많은 현상이나 사건들은 한꺼번에 설명할 수 있는 이론들을 구축하고자 한다. 따라서 설명은 과학의 궁극적인 목표가 될 수 있다. 가장 이상적인 형태의 설명은 연구하는 현상에 대한 이론을 구축하는 것이다.

③ 예측prediction

과학의 목적은 사전에 얻어진 여러 가지 정보를 기초로 이후에 발생할 현상을 예측하는 것이다. 예를 들면, 영아기의 기본적 신뢰감 형성이 성장 후 대인관계까지 영향을 준다는 이론에 근거해서 영아의 요구에 따뜻하고 민감한 반응을 하는 부모의 자녀들은 자기 자신뿐만 아니라 타인과 세상에 대한 신뢰감을 얻게 될 것이고, 그것을 토대로 사회·정서적 발달이 긍정적으로 이루어질 것으로 예측할 수 있다. 부모의 양육태도가 유아의 창의성 발달에 영향을 미친다는 연구결과를 얻었다면, 부모의 양육태도와 유아의 창의성 간의 인과적 관련성을 설명할 수 있다. 그렇다면 공감적인 양육태도를 가진 부모에게서 자라는 유아는 창의적일 것이라고 예측할 수 있으며, 권위적인 부모에게서 자라는 유아는 덜 창의적일 것으로 예측할 수 있다. 유아의 감성지능발달이 성장 후 대인관계까지 영향을 준다는 이론에 근거해서 유아의 감정을 잘 받아주고 공감하며, 감정 코칭을 잘 하는 부모의 자녀들은 사회·정서적 발달이 긍정적으로 이루어질 것이며, 이후 학교생활이나 사회생활을 잘 할 것으로 예견할 수 있다. 과학적 이해나 지식이 축적될수록 여러 가지 현상을 비교적 정확하게 예측할 수 있다. 발달에 관련한 많은 이론들을 근거로 우리는 영유아들의 성장을 예측할 수 있다.

④ 통제control

발달의 변화를 기술하고 설명하고 예측하는 것이 연구의 목적이지만, 과학의 궁극적인 목적은 연구결과를 현장에 적용하고 통제하는 것이다. 영유아발달에 대한 연구결과를 영유아 복지증진과 삶의 질을 높이는 데 적용할 수 있어야 한다. 연구결과를 적용하는 과정을 통제라 한다. 예를 들어, 영아기 자녀를 둔 부모가 자녀의 신체적, 정서적 욕구를 민감하게 채워주지 못하면 영아가 신뢰감을 형성하지 못할 것이고, 이는 성장 이후의 대인관계에도 문제가 생길 수 있다고 예측할 수 있다. 학자나 교육전문가들은 이러한 사실을 알고 있으므로 미래 일어날 사태에 대해 미리 대비를 할 수 있게 된다. 즉, 예비부모들을 대상으로 부모교육 프로그램을 만들어 영유아기 부모양육행동의 중요성에 대해 교육을 시킬 수 있다. 보호받지 못하는 영유아들을 위한 영유아 정책도 마련할 수 있다.

유아기의 문화결핍 환경은 학교생활이나 이후 사회생활에서 적응문제를 유발할 수 있다는 연구결과가 나왔다. 이후 이 연구결과를 근거로 교육전문가들은 문화결핍환경에 있는 유아들을 위한 정책이나 프로그램을 만들 수 있다. 헤드스타트(Head Start)가 그 예가 될 수 있다. 헤드스타트는 빈부격차로 인한 문화 교육의 격차를 해소하기 위해 1964년 미국에서 시작한 프로그램이다. 일반유아에 비해 인지발달 및 건강 상태가 떨어지는 빈곤층 및 이민자, 이혼가정 등 사회취약계층의 3～5세의 유아를 대상으로 다양한 학습과 문화체험이 실시되었다. 문화 결핍이 유아에게 미치는 부정적 영향을 극복하도록 다양한 복지 프로그램 등을 제공하는 것은 통제의 한 사례이다.

2) 과학적 연구과정

과학적 연구의 과정은 연구자마다 조금씩 다른 단계를 제시하고 있다. Salkind는 연구과정의 각 단계는 순차적으로 진행되며, 상호연결되어 있을 뿐 아니라 전체 과정이 순환적이라는 점을 강조했다. Salkind(2003)가 제안한 모형을 기초로 연구과정의 각 단계를 설명하면 다음과 같다.

(1) 문제 제기

연구를 진행할 때 첫 번째 과제가 바로 연구할 문제를 찾는 것이다. 연구문제란 연구자의 호기심에서 시작될 수 있다. 즉, 연구문제란 '만약 ～라면 어떻게 될 것인가?'와 같은 의문이나 '～이 될 수 있는 방법을 찾아낼 필요가 있다'와 같은 필요성의 인식이다. 예를 들면, '유아의 창의성은 어떻게 하면 잘 발달할까?'와 같은 의문이나 '감성지능을 발달시킬 수 있는 양육법을 찾아낼 필요가 있다'와 같은 연구 필요성에 의해 연구문제가 만들어진다. 영유아발달이나 특성에 관한 의문이나 호기심은 연구자의 경험과 교육배경에서 시작되며, 세상을 보는 새로운 관점이나 풍부한 상상력에서 비롯될 수 있다. 연구문제는 영유아발달에 대한 연구자들의 관심과 호기심, 문제의식에 의해 만들어진다.

(2) 주요 변인의 발견

연구문제가 정해지면 연구문제와 관련하여 과거에 이루어진 연구들을 찾아보고, 관련된 주요 변인들이 무엇인지 발견하는 일이 두 번째 단계의 과제이다. 예를 들어, '만약 유아가 만들기 놀이를 많이 한다면 창의성이 발달할까?', '부모의 인지양식은 유아의 창의성에 영향을 미칠까?' 등 유아의 창의성에 영향을 미치는 변인들을 생각해 볼 수 있다. 결과가 되는 변인을 종속변인이라 하고, 종속변인의 원인이 되거나 종속변인에 영향을 미치는 변인을 독립변인이라 한다. 앞의 예에서 유아의 창의성은 종속변인이 되고, 만들기 놀이나 부모의 인지양식은 독립변인이 된다.

연구문제와 관련된 변인들이 많이 탐색될 수 있고, 그렇지 않을 수도 있다. 이때 연구자는 선행 연구자들이 찾은 모든 변인들 중에서 어떤 독립변인과 종속변인을 선택해서 연구할지 심사숙고하게 된다. 즉, 연구변인을 선택할 때에는 연구진행이 가능한지, 영유아발달 분야에 공헌할 수 있는지, 창의적인 주제인지, 연구자가 흥미를 가지고 있는 주제인지, 연구할 수 있는 역량이 있는지 그리고 후속연구에 기여할 수 있는지 등을 고려하여야 한다.

(3) 가설 설정

가설(hypothesis)은 변인 간의 관계를 잠정적으로 예측해서 진술한 것이다. '만일 이러한 일이 있다면, ~ 결과가 생길 것이다'의 형태로 진술된다. 예를 들면, '만일 하루 1시간씩 동화책을 읽어 주면, 어휘 수가 증가할 것이다', 또는 '폭력물영상을 많이 보면, 공격성이 높아질 것이다'로 가설을 진술할 수 있다. 모든 연구과제에서 가설이 도출될 수 있는 것은 아니다. 새로운 분야의 연구를 할 때 또는 선행연구가 부족한 연구과제이거나 질적 연구를 할 때는 가설 없이도 연구가 진행될 수 있다. 즉, 선행연구가 충분히 축적된 영역에서 결과예측이 가능할 때 가설을 세울 수 있다. 가설은 검증되지 않은 답을 예측하기 때문에 검증 가능성을 전제로 한다는 점에서 연구문제보다는 구체적이며, 연구의 방향을 결정짓는 특성이 있다.

(4) 적절한 정보의 수집

가설을 검증하기 위해서는 경험적 증거를 수집해야 한다. 예를 들어, '어머니의 양육행동이 영아의 애착발달과 관련이 있을 것이다'라는 가설을 검증하기 위해서는 어머니의 양육행동과 영아의 애착행동에 대한 자료를 수집해야 한다. '아버지와의 상호작용 시간이 유아의 사회성발달과 관련이 있을 것이다'라는 가설을 검증하기 위해서는 아버지와 유아 간의 상호작용 시간, 유아의 사회성 등에 대한 자료를 수집해야 한다. 연구를 위한 정보나 자료를 수집하기 위해서는 타당도와 신뢰도가 높은 측정도구를 사용하는 것이 중요하다.

(5) 가설의 검증 및 검토

가설 검증을 위해 적절한 정보나 자료가 수집되면 통계적 분석 절차를 통해 체계적으로 가설 검증이 이루어져야 한다. 연구자가 설정한 가설이나 연구문제에 대한 답을 구하기 위해 수집한 자료의 속성에 따라 통계적 분석과 검증방법은 다양할 수 있다.

가설에 대한 통계적 분석이 끝나면 연구결과를 검토하여 가설을 지지하거나 부정하게 된다. 가설이 지지되면 가설을 생성한 이론적 체계에 경험적 증거를 추가하는 것이 되지만, 가설이 기각되면 두 변인 간의 관계에 다른 변인이 작용했을 가능성이 있음을 시사한다. 이를 통해 또 다른 연구문제를 제기할 수 있고, 이는 후속연구에 반영되기도 한다.

(6) 이론의 재고

연구자가 세운 가설에 대한 검증이 끝나면 연구의 근거가 된 이론적 체계 내에서 현재 연구결과가 갖는 의미를 생각해 볼 수 있다. 이론은 경험적 증거에 의해 더욱 공고해지기도 하지만 수정되거나 확장될 수도 있다. 연구자의 가설이 지지되지 못했다면 여러 가지 가능한 해석들이 논의되고, 새로운 의문이 제기될 수 있다.

(7) 새로운 문제의 제기

과학적 연구과정의 마지막 단계는 항상 새로운 의문과 과제를 제시하는 것이다. 어떤 연구의 가설이 지지 혹은 기각되든지 간에 본래의 연구문제가 추구하는 주제와 관련된 많은 의문과 증거를 추가할 수 있을 때 좋은 연구가 된다. 이러한 과정을 통해 누적된 지식은 특정 분야의 이론으로 정립될 것이고, 새로운 연구과제의 원천을 제공하게 된다.

02 발달연구설계

연구주제에 대한 접근방식과 연구문제를 해결하는 방법은 다양하다. 연구의 접근방법은 논리적 형태에 따라 또는 시간차원에 따라 달라진다. 또한 통계법을 사용하여 양적 연구를 할 수도 있고, 사례연구와 같은 질적 연구를 할 수도 있다. 이론의 발전이 연구목적일 때는 기초연구를 할 수도 있고, 현실적 문제를 해결하기 위한 목적으로는 응용연구를 할 수 있다. 연구설계는 연구자가 자료를 수집하고 분석하고 해석하기 위한 구체적인 방법이다. 영유아의 행동을 연구하는데 사용되는 연구설계에는 실험연구와 비실험연구로 구분할 수 있다.

1) 연구의 접근방법

연구자들이 연구에 접근해 가는 기본적인 방식은 논리적 형태, 시간차원 그리고 자료의 분석과 해석 측면으로 나눌 수 있다. 논리적 형태에 따라서는 귀납적 접근과 연역적 접근으로 구분된다. 시간차원에 따라서는 횡단적 접근과 종단적 접근, 단기종단적 접근으로 구분된다. 자료의 분석과 해석에 따라서는 양적 접근과 질적 접근으로 구분된다.

(1) 논리적 형태에 따른 접근법

① 귀납적 접근법inductive approach

귀납적 접근법은 구체적인 관찰과 경험을 모두 모아 공통된 성질을 찾아내어 그것을 일반적인 원리나 이론으로 확립하는 추리방법을 말한다. 예를 들어, 어린이집에서 유아들 간의 상호작용을 주의 깊게 관찰해보면 일관된 패턴을 발견할 수 있다. 즉, 어떤 유아는 또래와 활발하게 장난감을 가지고 놀며, 어떤 유아는 교사만 따라다니며 또래들과 어울리지 못하고, 또 다른 유아는 교사나 또래 모두에게 거의 상호작용을 시도하지 않는 것이 발견된다. 이러한 관찰 결과로 유아들의 행동 차이의 원인을 찾아 하나의 원리를 발견할 수 있다. 이러한 개개의 관찰로부터 얻어진 행동이나 사건과 관련된 일관성 있는 패턴을 발견하는 것이 귀납적 추론에서는 중요하다.

② 연역적 접근법deductive approach

연역적 접근법은 일반적인 원리 또는 이론에서부터 특수한 법칙이나 주장을 끌어내는 방법이다. 예를 들어, 유아의 성공경험과 자기효능감을 설명하기 위해 귀인이론을 근거로 연구할 수 있다. 귀인이론에 의해 성공경험을 한 유아가 자기효능감이 높을 것이라는 가설을 세울 수 있다. 그리고 성공을 경험한 유아가 그 성공의 원인을 어디에 두는지, 자기효능감과의 관련성이 어떠한지 관찰할 수 있다. 생태학적 이론을 근거로 유치원 공간구성이 유아들의 정서발달에 영향을 미칠 것이라는 가설을 세워 자료를 수집할 수 있다. 이와 같이 연역적 접근에서는 이론적 설명을 근거로 가설을 설정하고, 실제 생활에서 경험적 자료를 구하기 위해 관찰하는 행위로 진행된다. 하지만 연구자들이 연구를 실행하는 과정에서는 연역법과 귀납법을 번갈아 가면서 적용하게 된다.

(2) 시간차원에 따른 접근법

① 종단적 접근법longitudinal approach

종단적 접근법은 동일한 대상을 오랜 기간에 걸쳐 반복해서 관찰하여 자료를 수집하는 연구방법이며, 연령의 증가에 따른 연구대상의 변화를 알아보고자 할 때 적용한다. 예를 들면, 연령별 지능발달을 알아보기 위해 2012년에 출생한 유아 400명을 대상으로 2015년, 2016년, 2017년, 2018년까지 4년 동안 매년 지능검사를 해서 3세부터 6세까지의 지능발달을 관찰하는 것이다.

이 연구법은 횡단적 접근법과는 달리 연령 변화에 따른 발달과정을 추적하여 관찰할 수 있으며, 개인 내 변화까지도 상세히 파악할 수 있다. 따라서 종단적 접근법은 연령에 따른 발달현상을 연구하는 데 적합하다. 그러나 횡단적 접근법에 비해 연구기간이 길고 비용과 노력이 많이 들며, 연구대상자가 탈락할 가능성이 있다는 단점이 있다. 또한 반복되는 검사로 인한 연습효과가 일어날 수 있다. 즉, 매년 지능검사를 하면 검사에 익숙해져 지능지수가 높게 나올 수 있다는 이야기이다.

② 횡단적 접근법cross-sectional approach

횡단적 접근법은 서로 다른 연령의 유아들을 동시에 비교 관찰하는 방법을 말한다(Baltes, 1968). 예를 들어, 연령별 지능발달을 알아보고자 할 때 출생 연도가 다른 네 집단의 유아를 동시에 한번 관찰하는 것이다. 즉, 출생연도가 2012년(6세), 2013년(5세), 2014년(4세), 2015년(3세)인 유아를 각 출생연도별로 100명씩 모아 400명을 대상으로 2018년 9월에 한번 지능검사를 하는 것이다. 종단적 연구에서는 4년이 소요되는 연구를 횡단적 연구에서는 단 한 번의 검사로 연구를 실시할 수 있다. 한 번의 검사로 수집된 지능검사 자료를 통해 3세에서 6세에 이르는 연령별 지능발달을 기술할 수 있다.

횡단적 접근법의 장점은 짧은 기간 내에 자료를 수집하여 연구를 수행할 수 있으므로 연구 수행이 효율적이라는 점이다. 하지만 집단 간 지능의 차이를 연령에 따른 발달적 변화로 해석하는 데는 한계가 있다. 지금 3세 유아가 6세가 되었을 때 연구집단 6세의 지능으로 변화할 것이라고 가정하고 이루어지는 연구이다. 하지만 3세 유아가 4세가 될 때, 또 6세가 되었을 때 어떻게 변화할지는 알 수 없다.

또한 연령의 효과가 연령 그 자체의 영향이라기보다 집단 효과(cohort effect)에 의한 영향일 수 있다. 이는 2012년도에 태어나서 자란 시대적 배경과 2015년에 태어나서 자란 시대적 배경이 만들어낸 차이일 수 있다는 의미이다. 즉, 횡단적 접근법으로 얻은 연령의 차이는 특정한 시기의 사회적·역사적 요인이 반영되어 만들어낸 차이일 수 있기에 항상 연령의 증가로 인해 나타난 효과라고는 할 수 없다는 것이다.

③ 단기종단적 접근법cross-sectional approach

Warner Schaie(1965)는 종단적 접근법과 횡단적 접근법의 장점을 활용하고 단점을 최소화하는 방안으로 횡단적·종단적 설계를 고안하였다. 이 설계법을 단기종단적 접근법으로 부르고 있다. 앞의 지능연구를 단기종단적 접근법으로 연구한다고 하면, 3세 유아와 5세 유아를 대상으로 1차 지능검사를 한다. 1년이 지나 3세 유아가 4세가 되고, 5세 유아가 6세가 되었을 때 재검사를 실시한다면, 2개 연령의 집단을 동시에 연구하였을 뿐 아니라 1년 후 재검사를 실시하였기 때문에 횡단 접근법과 종단 접근법이 혼합되어 있다.

단기종단적 접근법은 유아를 종단으로 연구하되 2개의 연령집단을 동시에 표집하였기 때문에 종단적 접근법에서 소요되는 기간을 1/2로 줄일 수 있고, 출생동시집단효과를 밝힐 수 있는 장점을 가지고 있다. 단기종단적 접근법은 출생연도에 따른 영향을 배제하고 순수한 연령 변인의 효과를 밝힐 수 있도록 설계되었기 때문에 인간발달을 연구하는 유용한 접근법이라 할 수 있다(장휘숙, 1992).

(3) 자료분석에 따른 접근법

① 양적 접근법

양적 접근법은 수집한 자료를 숫자로 점수화하여 평균이나 백분율로 나타내거나 상관계수를 구하여 비교하는 수량화된 연구를 말한다. 즉, 연구하고자 한 내용을 검사를 통해 숫자로 변환하여 분석하는 연구이다. 예를 들어, 유아의 연령에 따른 지능의 발달을 알아보고 싶을 경우 유아들을 대상으로 표준화된 지능검사지로 지능을 측정하여 점수를 수집한다. 유아들의 지능검사 점수 평균을 얻고, 백분율도 구할 수 있다. 이것들을 유아의 연령과 관련지어 비교 분석하는 것이다. 유아들의 키와 몸무게를 측정하여 연령차를 알아보는 것도 양적 접근법이다.

② 질적 접근법

질적 접근법은 연구자의 직관력과 통찰력을 활용하여 자연적 상황에서 관찰하고 자료를 수집, 분석하는 연구방법이다. Strang(1949)은 개인과 그의 환경과의 관계에 대해 다양한 방법으로 수집된 정보를 종합하고 해석하는 것으로 정의하고 있다(장휘숙, 1992). 질적 접근법은 양적 접근법과 달리 수집된 자료를 수량화하지 않으며, 특정한 이론적 가정 없이 자료를 수집하기도 하고, 연구과정 중 처음에 세웠던 가설이 부정확하면 다시 가설을 세우고 연구를 진행하기도 한다. 연구의 마지막까지 의문점에 대해 계속 질문하고 수집된 자료를 분석하여 결론에 도달한다(곽노의 외, 2007).

질적 연구는 방법론적으로 미숙하고, 자칫 잘못하면 의미 없는 연대기로 될 수 있지만, 적절하게 사용하면 개인연구에 대한 효과적인 연구방법이 된다. 질적 접근법의 한 예로 Freud의 연구를 들 수 있다. Freud는 신경증 환자를 대상으로 한 사례연구결과로 정신분석이론을 확립하였다(장휘숙, 1992).

유아교육기관에서 행해질 수 있는 질적 접근법의 예는 대인관계에 부적응을 보이는 유아를 대상으로 한 연구이다. 또래와 상호작용을 관찰하기도 하고, 가정에 방문하여 생활 속에서 부모와 유아의 상호작용을 관찰하고, 부모를 심층면담하기도 한다. 또한 유아의 놀이행동을 관찰하기도 한다. 그 모든 내용을 기록하고, 사진으로 찍기도 하고 캠코더로 촬영하기도 한다. 육아일기와 유아의 활동자료를 모을 수도 있다. 그러한 자료를 모아 분석하고 해석하는 과정을 거쳐 연구결과를 도출하게 된다. 따라서 질적 접근법은 연구자의 능력과 역할이 매우 중요하다.

2) 연구설계research design

연구설계란 연구문제에 대한 해답을 얻기 위한 계획이다. 연구 전체를 수행하고 통제하기 위한 하나의 청사진 또는 윤곽이라고 할 수 있다. 연구설계 활동에는 연구문제와 연구모형 및 가설에 대한 검토, 연구에 적용될 연구방법 제시, 전반적인 연구 틀 수립, 자료수집 방법 및 자료분석 방법의 결정 등과 같은 실질적인 연구 활동뿐 아니라 연구일정이나 예산편성과 같은 연구의 관리활동까지 포함된다(채서일, 2006).

연구설계의 첫 번째 목적은 연구문제에 대한 해답을 가능한 타당하고 객관적이며 정확하게 얻기 위함이다. 그리고 경제적으로 연구를 수행하기 위함이다. 연구결과가 타당하려면 연구의 과정이 체계적이고 과학적이어야 하므로 연구설계가 필요하다.

두 번째 목적은 변인을 통제하기 위한 것이다. 변인통제는 세 가지의 원리에 의해 설명된다(Kerlinger & Lee, 2000). 첫째, 연구문제에 관련된 독립변인의 효과를 극대화하는 것을 의미한다. 실험설계에서는 처치에 따른 효과가 최대로 발생하도록 실험설계를 해야 한다. 예를 들어, 발레가 유아의 균형감각에 미치는 영향을 알아보고자 하는 연구를 설계할 때, 발레 이외의 활동을 하지 않도록 하는 것이 처치에 따른 효과를 극대화할 수 있다. 둘째, 측정의 오차를 최소화하는 것이다. 오차는 우연히 생기는 측정치를 의미한다. 잘못 만들어진 측정 도구가 오차를 발생시키는 원인 중의 하나이다. 이를 극소화하기 위해서는 타당도와 신뢰도가 높은 측정도구를 사용하는 것이다. 셋째, 가외변인의 통제이다. 즉, 연구결과에 영향을 미치는 독립변인의 효과를 알아보기 위해서는 독립변인 이외의 변인이 개입하는 것을 차단해야 한다. 가외변인을 통제하기 위해서 연구 참여자를 무작위로 배정하는 것 그리고 통계적으로 통제하는 방법이 있다.

3) 연구의 유형

연구의 유형을 분류하는 기준으로는 연구의 목적, 연구설계 및 연구접근 방식을 들 수 있다. 연구의 접근 방식에 따른 연구유형 분류는 앞에서 언급한 연구의 접근방법을 참조하고, 연구목적과 연구설계를 기준으로 분류한 연구의 유형을 살펴보면 다음과 같다.

(1) 연구의 목적에 따른 분류

연구는 목적에 따라 기초연구와 응용연구로 구분할 수 있다. 기초연구는 이론적 체계를 발전시키고 지식의 탐구 그 자체를 목적으로 한다. 따라서 기초연구는 현실상황에 적용하기보다는 이론의 발전에 비중을 두고 수행하는 연구로서, 영유아 발달의 이해를 넓힐 수 있는 정보를 제공하는 것이다.

한편 응용연구는 현실적 문제를 해결하는 방안을 찾기 위한 연구이다. 즉, 이론으로부터 얻은 새로운 지식을 현장에 적용하는 것이 일차적 목적이라고 할 수 있다. 기초연구는 현실적인 문제를 해결하기 위해 사용되는 기본원리를 제공해주고, 응용연구는 기초연구가 다룰 만한 주제에 관한 아이디어를 제공해주므로, 기초연구와 응용연구는 서로 정보를 주고받는다.

(2) 연구설계에 의한 분류

연구설계에 따른 연구의 유형은 크게 실험연구와 비실험연구로 구분할 수 있다.

① 실험연구

실험연구는 실험실에서 특정상황을 만들어 실험 또는 검사하는 연구이다. 영유아를 대상으로 하는 실험연구는 반드시 실험실에서만 이루어지는 것은 아니다. 교실이나 현장에서도 실험실연구와 유사하게 실험연구를 할 수 있다. 이때는 실험조건을 충족할 수 있도록 통제된 상황에서 이루어진다. 이러한 연구를 현장실험연구라 한다(곽노의 외, 2006). 즉, 실험이 이루어지는 장소의 상황에 따라 실험실실험연구와 현장실험연구로 구분할 수 있다.

실험연구는 인과관계 규명을 목적으로 독립변인을 조작하여 종속변인에 대한 효과를 살펴보고자 하는 방법이다. 변인에는 독립변인과 종속변인이 있는데 독립변인은 원인이 되는 변인이고, 종속변인은 결과가 되는 변인이다. 실험연구는 독립변인이 종속변인에 미치는 영향력을 알아보는 것이다. 실험연구는 연구자가 독립변인의 수준을 체계적으로 변화시키는 조작이 가능해야 하고, 연구대상을 각 집단에 무작위로 할당할 수 있어야 한다.

예를 들어, 연령과 사회경제적 환경이 유사한 두 집단의 유아를 선정한다. 한 집단(실험집단)의 유아에게는 이야기 구성놀이를 하게하고, 다른 집단(통제집단)은 일상적인 생활 속에서 지내게 했다. 한 달이 지난 후 두 집단 유아들의 어휘력을 비교해보는 것이 실험연구이다.

또 다른 예로 '현대미술을 활용한 예술 활동이 유아의 창의성에 미치는 영향'이라는 연구의 경우, 현대미술을 이용한 다양한 활동을 한 유아집단과 그러한 활동을 한 적이 없는 유아집단의 창의성을 비교할 수 있다. 실험연구의 장점은 변인들 간의 인과관계를 알 수 있기 때문에 원인과 결과에 대한 예측이 가능하다. 하지만 모든 변인을 모두 조작할 수는 없다.

② 비실험연구

연구변인이나 현상을 연구자가 의도적으로 변화시키지 않고 자연 그대로의 상황에서 현상을 기술하거나 변인 간의 관계를 설명하는 연구이다. 여기에는 현상의 특징을 기술하기 위한 목적에서 수행되는 기술연구, 변인 간 관계를 알아내기 위한 상관연구 그리고 변인 간 관계에 기초한 인과관계를 탐색하기 위한 인과비교연구 등이 있다.

먼저 기술연구(descriptive research)는 어떤 현상의 특징과 상태를 있는 그대로 정확하고 상세하게 기술하기 위한 연구이다. 발달연구에서도 영유아의 신체, 인지 및 사회정서발달은 연령 증가에 따라 어떤 변화를 보이는지 기술할 수 있다. 기술연구의 예로 한국아동청소년발달백서(한국아동학회, 2009)가 있는데, 이는 영아부터 초등학생을 둔 부모와 중·고등학생으로부터 자료를 수집하여 아동발달단계에 따른 발달영역의 특성이나 세부적 사항에 대한 기술통계 자료를 제시하고 있다. 이러한 기술연구는 어떤 한 가지 현상에 대해 상세한 기술을 제공하기 때문에, 현재 일어나고 있는 일에 대한 이해를 돕는다. 그리고 다른 유형의 연구에 기초자료를 제공한다는 점에서 유용하다.

다음으로 상관연구(correlational research)는 변인 간의 상호 관련성을 발견하기 위한 연구 유형이다. 가령, 텔레비전 시청과 친사회적 행동 간의 관련성을 파악하고자 할 때, 이 두 변인 간의 상관계수를 산출하고 해석하게 된다. 텔레비전 시청 시간이 긴 유아가 친사회적 행동을 더 많이 하거나 더 적게 한다면, 텔레비전 시청 시간과 친사회적 행동은 관련성이 있는 것이다. 상관관계는 관계성만을 설명할 뿐 원인과 결과를 설명하지는 않는다. 상관연구에서 발견된 변인 간의 관련성은 두 변인 외 제3의 변인에 의해 생길 수도 있으며, 어떤 변인이 원인인지 확실히 결론내릴 수 없는 점을 유의해서 결과를 해석해야 할 것이다. 상관연구는 변인들 간에 예상되는 관계를 검증하고 예측할 수 있다. 현재의 정보로 미래를 예측할 수 있는 장점이 있다. 변인들 간의 인과관계를 알 수 없기에 인과관계에 대한 추론을 할 수 없다는 것이 단점이다.

마지막으로 인과비교연구(causal-comparative research)는 변인 간의 관계에 기초하여 인과관계를 탐색할 때 사용하는 연구이다. 실험이 아니라도 연구자들의 궁극적인 관심은 원인과 결과의 관계를 설명하는 데 있다. 발달연구의 예를 들면, 유아의 성별에 따른 공격성의 차이를 비교할 수 있다. 또 유아의 연령에 따른 지능의 차이를 비교할 수도 있다. 이때 독립변인은 차이가 분명해야 하는데, 성별이나 연령과 같이 범주화된 변인뿐 아니라 어머니의 취업여부 및 유아의 학대경험에 따른 분류 등 인위적인 범주화도 가능하다. 이와 같이 인과비교연구는 인과관계를 탐색하기 위해서 수행되지만 독립변인의 조작이 없다는 점에서 실험연구와 다르다.

03 연구의 윤리적 문제

사람을 대상으로 한 연구에는 윤리적인 문제가 따른다. 특히 영유아를 대상으로 한 연구는 윤리적인 문제가 더욱 강조된다. 영유아는 낯선 연구자나, 낯선 실험적 환경을 이해하는 능력이 부족하여 검사를 받는 동안 스트레스를 많이 받을 수 있다. 성인들보다 더 많은 정신적·신체적 상처를 받을 수 있으며, 상처의 회복도 더딜 수 있다. 따라서 영유아를 대상으로 연구를 수행하는 연구자들은 성인연구와는 다른 많은 제한점을 가지게 된다.

연구자들은 연구대상인 영유아들의 바른 성장과 인권을 위해 책임감을 가져야 한다. 미국이나 유럽 등 선진국의 경우에는 미성년자를 대상으로 하는 연구에는 엄격한 연구윤리지침을 마련하고 있다. 한국에서는 영유아뿐 아니라 아동과 청소년을 대상으로 하는 연구에서 윤리강령준수를 위한 법적 장치가 아직 없다(한국아동권리학회, 2005). 이에 대한 개선책으로 최근 마련된 제도적 방법은 기관생명윤리위원회(IRB: Institutional Review Board)라는 제도적 기구가 연구자가 제출한 연구계획서(protocal)를 통하여 '인간'과 '연구'에 대한 문제를 심의하고 판정하여 연구의 승인 여부를 결정하는 것이다(최병인, 2014).

연구대상자의 인권보호 관련 강령과 지침서들의 효시가 되는 것은 뉴렘버그 코드(Nurember Code)이다. 뉴렘버그 코드 제정이후 세계의학협회는 인간 대상 의학 연구 윤리원칙을 1964년 발표하였다(배상률, 2015). 연구대상이 되는 아동의 권리를 보호하고 연구에 참여함으로써 얻게 되는 위해로부터 아동을 보호하기 위해 미국심리학회 발달심리 분과회는 1968년에 발달심리학자들을 위한 윤리적 지침을 발표하였다. 그리고 미국 아동발달연구회는 아동연구를 위한 윤리적인 표준을 제시하였다.

아동연구를 위한 윤리적인 표준에는 22개 지침이 마련되어 있다(Glen & Elder, 1998). 그중 일부를 살펴보면 다음과 같다.

첫째, 연구자는 아동 스스로 연구에 참여하거나 참여를 거부할 자유를 보장해 주어야 한다.

둘째, 아동을 연구에 참여시킬 때, 연구자는 부모나 보호자로부터 동의를 받아야 하며, 서면형식의 동의가 바람직하다. 이때 부모나 보호자는 연구 참여를 거절할 권리가 있고, 거절할 기회를 가질 수 있어야 한다. 영유아일 경우에는 부모의 동의만으로도 충분하지만 나이가 든 유아나 아동의 경우에는 부모의 동의와 자녀의 동의가 동시에 요구된다. 동의를 구한 후 연구자는 유아와 아동에게 연구에 대해서 협조와 도움이 필요하다는 것을 설명할 필요가 있다. 연구자는 자신의 직업과 소속기관을 밝히고 연구목적과 실시방법에 대해서도 설명해야만 한다.

셋째, 연구자는 아동에게 신체적 혹은 심리적 손상을 주는 연구설계를 할 수 없다. 만약 연구 도중 아동에게 해를 줄지도 모른다는 의심이 들면 전문가에게 자문을 구하고, 그 결과에 따라 연구를 포기하거나 연구방법을 변경해야 한다.

넷째, 연구과정 동안 얻은 정보는 비밀을 보장해야 한다. 연구가 진행되는 동안 아동에 관해 수집된 정보나 자료는 비밀이 보장되고 익명이 유지되어야 한다. 아동의 사생활 침해를 막기 위해 연구자 외에는 자료에 접근하는 것이 불가능하도록 방안을 강구해야 한다.

다섯째, 연구자는 연구 도중이나 연구의 결과, 아동에게 심각한 영향을 줄 수 있는 사실을 발견하게 되면 부모나 보호자에게 알리고, 그 분야 전문가와 상의해서 대책을 마련해야 한다.

여섯째, 실험집단 아동에게 적용된 동일한 윤리적 표준이 통제집단 아동과 부모에게도 적용되어야 한다. 실험 처치가 아동에게 유익하다고 판단되면 통제집단의 아동에게도 거기에 상응하는 대안적인 처치를 제공해주어야 한다.

일곱째, 아동발달연구회와 그 회원들은 윤리적인 표준에 대해 계속해서 의문을 제기하며 수정하고, 개정해야 할 책임을 지닌다(장휘숙, 1992).

1974년 미 의회는 보건교육복지부로 하여금 인간을 대상으로 한 연구에서 인권보호를 위한 윤리적인 검토와 규제를 엄격히 할 것을 요구하였다. 이에 대한 결과물이 벨몬트 보고서이다. 벨몬트 보고서는 사회과학 및 행동과학 분야 내에서 인간을 대상으로 하는 모든 연구의 피험자에 대한 보호윤리 원칙을 제시한 최초의 보고서이다. 벨몬트 보고서에 의하면 연구대상자에게 연구에 대한 충분한 정보를 제공한 뒤 자발적 동의를 받고 연구를 시작하는 것이 윤리적 연구의 시발점이다.

2013년 유엔 산하 유니세프의 주도로 아동 및 청소년을 대상으로 하는 연구에서 연구자들이 지켜야 할 윤리지침서인 ERIC 헌장이 발간되었다. ERIC 헌장에서 윤리적인 연구는 아동의 존엄성 존중이 핵심이라고 강조하고 있다. ERIC(아동 및 청소년을 대상으로 하는 윤리적인 연구) 헌장의 내용 중 중요한 세 부분의 윤리지침은 다음과 같다.

첫째 윤리지침은 피해와 혜택부분이다. ① 연구자들은 아동이 연구에 참여하는 경우 잠재적 피해와 혜택을 평가해야 한다. ② 연구자는 자료 수집을 윤리적으로 해야 한다. ③ 연구 전에 연구의 위험평가를 하고 연구계획을 수립해야 한다. ④ 연구대상 아동을 개인적 사회적 특성에 의거하여 차별 없이 표집 해야 한다. ⑤ 아동이나 기타 참여자가 위험에 처해 있는 경우 연구자는 기민한 대응과 적절한 서비스에 대한 후속 조치를 취해야 한다.

둘째 윤리지침은 사전 동의이다. ① 부모·보호자 및 아동으로부터 동의를 구하는 것은 연구 참여자의 존엄성과 권리를 존중한다는 의미이다. ② 아동에게는 연령, 역량, 상황 및 발달 수준에 적합한 정보를 제공해야 한다. 연구자는 매우 쉬운 용어로 전환하여 연구에 관해 이해할 수 있도록 해주어야 한다. ③ 동의는 연구 활동 전반에 걸쳐 이루어져야 하며, 정보에 근거한 동의인 만큼 거부할 권리도 있어야 한다. ④ 아동 집단을 대상으로 하는 연구일 경우에는 개개인의 참여 거부 또는 동의 철회 결정이 중요하다. ⑤ 연구자의 정보를 공개하지 않거나 연구를 위장하는 것은 존중, 공정성 및 정직의 윤리규범에 어긋나는 일이다.

셋째 윤리지침은 개인정보 보호와 비밀유지이다. ① 연구계획 수립 및 데이터 수집 단계에서 개인정보 보호와 비밀유지가 보장되어야 한다. ② 개인정보 보호는 연구 보고서, 프레젠테이션 및 기타 조사결과의 발표 수단에서도 연구 참여자의 익명성이 보장되어야 한다. ③ 여러 가지 장비와 기술매체를 이용하여 연구를 수행할 때 프라이버시와 비밀유지는 더욱 중요한 고려사항이 된다.

Part 02

발달이론

Chapter 03. 영유아발달이론

03 Chapter 영유아발달이론

01 성숙이론

성숙이론이란 타고난 유전적인 요인에 의해 인간의 성장과 발달이 결정된다고 보는 이론이다. 성숙이론에서 발달의 가장 중요한 요인은 유전이며, 환경적 요인의 중요성은 미미하다. 인간은 연령의 증가에 따라 성장할 수 있는 자질과 능력을 가지고 태어났으며, 환경은 보완적 역할을 할 뿐이다. 성숙이론의 대표적인 학자는 Stanley Hall과 Gesell이 있다.

Stanley Hall은 Darwin의 진화론과 Rousseau의 자연주의 철학을 접목한 성숙이론을 제안했다. 성숙이론은 Stanley Hall이 질문지라는 도구를 사용하여 유아의 발달 특성을 연구하게 되면서 과학적인 이론으로 인정받게 되었다. 이후 Stanley Hall의 제자인 Gesell에 의해 성숙이론은 체계화되었다.

1) Stanley Hall

Stanley Hall(1844~1924)은 과학적인 아동연구방법을 이용한 최초의 심리학자이며, 발달 심리학의 토대를 구축한 20세기 초 가장 영향력 있는 미국 학자이다. 그가 고안한 새로운 연구방법론은 질문지법이었다. 질문지법은 이전의 철학적 접근법보다 한 단계 나아간 객관적인 연구방법이다. 그는 유치원생을 대상으로 질문지법을 사용하여 "소를 본 적이 있느냐?", "벽돌은 무엇으로 이루어졌느냐?" 등의 질문을 했다. 소년과 소녀, 도시아이와 시골아이 그리고 다양한 종족들 간의 반응의 분포를 표로 만들어 비교하였다.

또한 Stanley Hall의 연구는 유아들을 대상으로 자료를 모아 유아집단 간 비교를 하였다는 점에서 한 어린이의 세부적인 특성을 조사하였던 이전의 Darwin의 전기식 연구보다는 진일보한 것이다. 그리고 유아발달 연구에서 양적 연구방법의 토대를 만들었다고 볼 수 있다.

그는 인간발달을 유아기, 아동기, 전청년기, 청년기 등 4단계로 구분하였다, 유아기는 출생 후 4년까지이며, 이 시기의 유아는 감각이 발달하며, 자기생존에 필요한 감각운동기술을 습득한다. 아동기는 4세에서 8세까지이며, 이 시기의 아동은 숨바꼭질 놀이를 하고, 총 놀이, 활쏘기 놀이를 하게 되는데, 이는 고기잡이와 사냥을 주로 하던 시대적 특성이 반영된 것이다. 전청년기는 8세에서 12세까지이며 읽기, 쓰기, 셈하기 그리고 일상에 필요한 여러 가지 기술을 습득한다. 그리고 청년기는 12세에서 25세까지이며 질풍노도의 시기로 묘사된다. 이처럼 Stanley Hall은 인간의 발달과정을 끝없이 계속되는 과정으로 보았다(정옥분, 2006).

2) Arnold Lucious Gesell

미국의 대표 아동심리학자이며 소아청소년과 의사인 Gesell(1880~1961)은 Stanley Hall의 제자로 성숙이론을 체계화시켰다. 유전에 의한 발달단계와 발달적 순서에 의해 성장한다는 유전결정론을 제시하였다. 그는 3년 동안 영유아들을 대상으로 관찰도 하고 사진도 찍으며 자료를 수집하였다. 영유아들의 운동능력, 적응행동, 언어행동, 사회적 행동, 성격 등을 상세히 분석하여 영유아발달을 평가할 수 있는 발달 순서와 규준을 만들었다. 연령별 발달 규준은 영유아발달의 정상여부를 판단할 수 있는 지침이 되었다. Gesell의 연구결과는 영유아발달이 환경이나 경험에 의한 것이 아니라, 내적으로 이미 정해져 있는 선천적인 계획에 따라 이루어짐을 보여준다.

(1) 발달의 의미

Gesell의 성숙이론에 의하면 모든 유기체는 성장의 방향이 이미 결정된 '성장 모형(growth matrix)'을 가지고 있으며, 환경이나 경험과 관계없이 내적인 생물학적 시간표에 따라 발달한다.

그는 유기체의 발달 과정을 방향 짓는 유전적 기제를 성숙이라 하였다. 성숙은 이미 결정되어 있는 내적인 생물학적 시간표에 따라 진행되므로, 발달의 순서는 바뀌지 않으며 따라서 예측도 할 수 있다. Gesell은 환경적 요인을 그다지 중요하게 보지 않았다. 환경적 요인은 발달을 지지할 뿐이지 발달을 유발하지는 못한다. 하지만 정상적인 발달을 위해서 환경적 요인이 필요하다는 것은 인정하였다.

(2) 성숙의 기본원리

Gesell은 성숙의 기본원리로 발달 방향과 순서의 원리, 상호교류의 원리, 자기 규제의 원리, 개인차의 원리를 제시하였다.

① 발달 방향과 순서의 원리

성숙의 가장 큰 특징은 언제나 정해진 방향과 순서대로 발달한다는 것이다. 발달 방향의 원리로 두미원리와 근원원리를 들 수 있다. 두미원리에 의해 머리, 목, 어깨, 몸통, 다리, 발 순으로 신체발달이 이루어진다. 근원원리에 의해 몸통이 먼저 발달하고 사지가 발달하게 된다. 또한 발달 순서의 원리에 의해 앉고, 서고, 걷는 순서로 운동기술이 발달한다. 언어도 옹알이, 한 단어, 두 단어 그리고 긴 문장으로 발달해 간다.

② 상호교류의 원리

상호교류의 원리는 대칭되는 두 부분이 서로 한 부분씩 발달한 뒤 함께 통합되어 균형적으로 발달해 가는 것을 말한다. 예를 들어, 양손 사용을 익힐 때 처음부터 양손을 동시에 사용하는 것이 아니라 한 손 사용이 익숙해지고 나면 다른 한 손을 사용하고, 그 뒤 양손을 능숙하게 사용하게 된다. 두뇌발달에서도 우뇌가 먼저 발달하고 다음 좌뇌가 발달하며 이후 좌우뇌가 효율성 있게 조직화되어 간다.

성격 형성에 있어서도 3세경에는 약간 소심한 내향적인 성격 특성을 보이다 4세경이 되면 외향적인 특성을 보이고, 5세가 되면 두 성격이 통합되어 균형 잡힌 성격으로 발달해간다.

③ 자기규제의 원리

생의 초기에는 수유와 수면 등의 생리적 리듬이 불규칙하지만, 차츰 영아 스스로 수유 시간과 수면을 규칙적으로 조절해나간다. Gesell은 이를 자기규제의 원리라고 했다. 자기규제의 원리는 영아가 자신의 능력 이상의 행동을 하지 않도록 해준다. 즉, 영아가 자신의 능력 이상으로 새로운 행동을 너무 많이 배우도록 강요받을 때 영아 내부에서 이를 거부하고 저항하게 되는 것을 의미한다. 예를 들면, 부모가 영아에게 걷기 훈련을 시키는데 훈련이 영아의 수준에 과하다 싶으면 영아는 주저앉아 걷지 않으려 한다. 걷기를 하다가 다시 기어 다니기도 한다. 이는 영아 스스로 자신의 수준에 맞도록 발달을 조절하고 이끄는 것이다.

④ 개인차의 원리

영유아는 출생 이전부터 개인 고유의 특성이 있으며 신체적 성숙, 지적능력의 발달, 성격적인 특성에서 개성이 있다. 영유아의 내적인 유전기제에 의해 성장 속도에도 개인차가 있다. 따라서 양육과 교육은 영유아의 성숙도에 따라 이루어져야 한다. 부모가 미리 계획한 틀에 영유아를 맞춘다거나 문화적인 관습에 영유아들을 맞추려고 강요해서는 안 된다. 성숙이론에 의하면 영유아의 신체적 성숙이 준비되기 전에는 어떤 훈련이나 학습도 성과가 없다고 본다. 부모나 교사들은 영유아의 성장과정을 지켜보고 이해하며 기다려야 한다.

3) 성숙이론에 대한 평가

Gesell의 성숙이론에 의하면 영유아의 발달은 유전적 성숙에 의해 이루어지므로, 부모와 교사는 영유아의 발달과정을 이해하고 지원해주는 수동적인 역할을 해야 한다. 영유아의 행동이 미성숙하다면 그것은 유전적인 발달 특성이므로, 부모는 개입하지 않고 영유아 스스로 자연스럽게 극복해나가도록 기다리는 것이 바람직하다. 영유아는 미성숙한 행동을 성숙한 행동으로 수정시켜 나가는 자기조절능력을 갖추고 있기 때문에 자신의 속도대로 발달해 간다. 따라서 부모는 인내하면서 지켜보는 태도를 가지는 것이 적절하다. 성숙이론에 의하면 학습이 영유아의 발달보다 우선하여 이루어져서는 안 되며, 영유아의 발달에 맞게 학습이 따라가야 한다.

Gesell의 성숙이론에 비판적인 학자들은 발달에서 성숙의 역할보다 환경이나 학습의 효과가 훨씬 크다고 주장한다. 그들은 훈련이나 학습에 의해 유전적인 특성을 극복할 수 있다고 본다.

02 정신분석이론

정신분석이론은 Freud에 의해 창시된 것이며, 정신분석이란 용어는 1896년에 처음 사용되었다. 정신분석이론은 성격이론이나 심리치료이론들의 기초가 되는 이론이라고 할 만큼 중요한 이론이다. 정신분석이론은 정신이 어떻게 행동을 자극하고 유발하는지 설명한다. 정신분석이론에 의하면 행동은 표면상 나타나는 특성일 뿐 그 이면에는 무의식이 지배하고 있다. 발달은 무의식에 의해 이루어지므로 발달을 이해하려면 행동의 상징적인 의미를 분석해야 하고, 마음속에서 무슨 일이 일어나는지 이해해야 한다. 정신분석이론에서는 생애 초기 경험, 특히 부모와의 관계가 발달에 지대하게 영향을 미친다고 한다. 정신분석이론에는 Freud의 심리성적 이론(psychosexual theory)과 Erikson의 심리사회적 이론(psychosocial theory)이 있다.

1) Freud의 심리성적 이론

정신분석학의 창시자인 Sigmund Freud(1856~1939)는 체코슬로바키아의 모라비아에서 태어났으나 일생 대부분은 비엔나에서 보냈다. 1873년 비엔나 의과대학에서 신경학을 공부하였다. Freud는 신경증 환자를 치료하면서 의학적으로는 문제가 없는데도 고통을 호소하는 신경증 환자에게 최면술을 이용하였다. 최면술에서 힌트를 얻어 신경증 환자의 억압된 감정과 생각을 의식으로 떠올리는 자유연상법을 창안하였다. 억압된 경험을 자유연상법이나 꿈의 해석을 통해 의식의 수준으로 끌어올림으로써 신체적 증상이나 히스테리를 치료하였다. 그리하여 신경증은 부적절한 성적(性的)발달의 문제라고 생각하게 되었다. 이러한 치료과정에서 Freud는 무의식을 분석하는 정신분석이론을 정립하였다.

Freud에 의하면 인간은 이성적이고 논리적이면서 지적인 존재가 아니고, 비이성적이고 때로는 자신도 알지 못하는 숨겨진 무의식적 동기에 의해 영향을 받는 존재이다. 고대 철학자 Platon과 Aristoteles를 비롯하여 이후 학자들은 인간이 높은 수준의 이성을 찾아가는 것이 발달의 목적이고 교육의 목적이라 했다. 인간만이 이성적 사고를 할 수 있고, 이성적 사고를 할 수 있도록 가르치는 것이 교육의 목적이라고 생각하던 시절에 인간은 비이성적이며, 무의식의 지배를 받는다고 주장하는 Freud의 이론은 새롭고 획기적인 주장이었다. Freud는 Copernicus나 Darwin의 영향력에 견줄 만한 20세기의 가장 중요한 사상가 중 1인으로 손꼽힌다(정옥분, 2010).

(1) 성격의 구조

Freud는 정신세계를 빙산에 비유하여 물 위에 떠 있는 부분은 의식, 파도에 의해 물 표면에 나타나기도 하고 잠기기도 하는 경계선에 있는 부분을 전의식, 물속에 잠겨 있는 많은 부분을 무의식이라 하였다. 의식은 깨어 있는 정신세계로, 우리가 인지하고 생각하는 정신영역이다. 전의식은 평소에는 무의식에 존재하며 의식하지 못하지만 주의를 집중하고 애써 노력하면 의식할 수 있는 정신영역이다. 무의식은 자신이 전혀 의식하지 못하는 정신영역으로, 영유아기의 모든 성장 경험들, 즉 부모로부터 받은 사랑과 행복한 기억뿐 아니라 잊고 싶은 충격적이거나 부정적인 많은 경험들까지 기록되어 있다. 무의식은 잠재력이 될 수 있다.

Freud에 의하면 성격은 원초아(id), 자아(ego), 초자아(superego)로 구성되어 있다고 한다.

① 원초아 id

원초아는 성격의 가장 원초적인 부분으로 태어날 때부터 존재하는 성적이거나 공격적인 생물학적 본능으로 구성되어 있다. 원초아는 전적으로 무의식 세계에 존재하며, 현실세계와의 접촉은 전혀 없다. 따라서 현실적으로 할 수 있는 일과 할 수 없는 일을 구분하지 못하기에 합리적인 판단을 하지 못한다.

원초아는 '쾌락원리'에 따르기 때문에 항상 비이성적이고 이기적이며, 즉각적인 만족을 추구하려 한다. '쾌락원리'는 쾌를 최대로 추구하고 고통을 최소화하려 한다. 즉, 인간은 본능적으로 유쾌하고 즐겁고 편안하려는 욕구가 있으며, 불안하거나 긴장되거나 공포의 감정은 회피하고자 하는 욕구가 있다. 영아나 유아가 때로는 현실적인 고려 없이 자신의 욕구만을 충족하기 위해 떼를 쓰며 부모를 곤혹스럽게 만들 때가 있다. 예를 들면, 상황에 대한 고려 없이 배고프면 울어댄다. 또는 장소 불문하고 상황에 대한 고려 없이 잠이 오면 잔다. 이는 원초아의 의해 발생되는 행동으로 볼 수 있다.

② 초자아 superego

초자아는 도덕적 사고와 같은 부분으로 옳고 그름에 대한 판단을 한다. 초자아는 생후 3～4년이 되는 유아기에 경험한 부모나 교사의 보상과 벌을 통해서 발달한다. 부모로부터 '하면 안 되는 것', '해야만 하는 것', '해도 되는 것'들을 배우면서 발달하게 된다. 초자아는 양심과 자아 이상으로 구성된다. 자신의 잘못한 행동에 대해 죄책감을 느끼는 것은 양심이고, 자신이 잘한 행동에 대해 자부심을 느끼는 것은 자아 이상이다(정옥분, 2010). 장난감 가게 앞에서 로봇장난감을 바라보며 '가지고 싶다'는 충동을 느끼는 유아에게 남의 것이니까 만지면 안 된다고 명령하는 것이 초자아의 역할이다. 가지고 싶은 충동을 억제할 수 있었다면 유아는 자신의 행동에 대해 자부심을 느낄 것이다. 가게의 로봇장난감을 들고 나오게 된다면 유아는 죄책감을 느낄 것이다. 이는 초자아가 발달했다는 증거가 될 수 있다.

Freud에 따르면 남근기의 남아는 거세불안을 극복하기 위해 아버지를 동일시하게 된다. 동일시는 동경하는 이의 태도, 신념, 가치 등을 자신의 것으로 내면화하여 자신의 불안을 감소시키려는 방어기제이다. 남아는 아버지를 동일시하면서 아버지의 도덕적 가치나 사회적 규범, 신념 등을 내면화하게 된다. 그 과정에서 초자아가 발달된다고 했다. 즉, 남아는 아버지에 대한 두려움을 극복하고 아버지의 안정된 사랑을 얻기 위해 아버지를 동일시하게 되고, 그 과정에서 도덕적 가치까지 내면화하게 되어 초자아가 발달한다.

③ 자아ego

자아는 출생 후 발달하기 시작하며, 성격의 논리적이고 현실적인 부분이다. 원초아가 요구하는 욕구에 대한 충족이 현실적인 여건 때문에 지연되는 경험을 할 때 자아가 발달하게 된다. 원초아의 즉각적인 충동을 억제하고 현실을 고려하도록 하는 것이 자아이다. 자아는 '현실원리'에 의해 지배받는다. '현실원리'에 의해 현실세계의 여건을 고려하여 이성적으로 판단하고 원초아의 욕구를 합리적으로 충족시키려 한다.

유아가 넘어졌는데 주변에 아무도 없으면 울어도 소용없다는 현실을 알고 참을 수 있는 것은 자아의 발달로 가능하다. 유아가 동생에게 질투를 느끼지만 엄마의 사랑을 얻기 위해 동생을 돌봐주는 것도 자아의 판단이다. 유아가 즉각적인 욕구충족을 하고 싶지만 현실적으로 수용 가능한 방법을 선택하는 것은 자아의 역할 때문이다.

원초아와 초자아가 지나치게 작동하지 않고 균형을 잘 이룰 수 있도록 조정역할을 하는 것이 자아이다. 쾌락원리를 따르는 원초아와 도덕적 가치나 사회적 규범을 지키고자 하는 초자아가 갈등관계에 놓이게 될 때, 현실적 여건을 고려해서 이 갈등을 이성적이고 합리적으로 중재해주는 것이 자아이다. 자아가 원초아의 욕구 충족을 지연시키거나 초자아의 지나친 규제를 완화해 욕구를 해결해주는 중재 역할을 할 때, 세 가지 성격구조가 잘 기능하게 된다.

그런데 자아가 약해서 조절기능을 제대로 수행하지 못하게 되면 갈등이 생기는데, 이것이 불쾌 감정이다. 불쾌 감정은 매우 고통스럽기 때문에 누구나 방어하고자 하며, 이때 사용하는 기제가 방어기제이다. 방어기제를 적절하게 사용하는 것은 정신 건강에 도움이 되며 삶을 윤택하게 해준다.

하지만 방어기제 사용이 오래 지속되거나 주변상황에 부적합하다면 정신건강에 문제가 있는 것으로 볼 수 있다. **표 3-1**은 이러한 방어기제의 종류를 설명하고 있다.

표 3-1 방어기제

구분	설명
합리화 (rationalization)	하고 싶은 일이나 해야 할 일을 못 했을 때 또는 정당하지 않은 행동을 했을 때 불편한 마음이 생긴다. 이때 불편함을 해소하고 편안해지기 위해 진짜 이유나 동기는 숨기고 그럴듯한 다른 이유를 드는 것을 합리화라 한다. 친구의 원피스가 부럽지만 그런 원피스가 없는 유아가 '저런 옷은 놀이 활동에 불편해'라고 생각하는 것이 합리화이다.
억압 (repression)	불안한 생각과 경험을 의식으로부터 밀어내어 전의식이나 무의식에 감추는 상태를 말한다. 예를 들면, 충격적인 경험, 스트레스를 유발했던 사건을 전혀 기억 못 하는 경우가 있는데, 이는 억압이라는 방어기제를 사용하여 나쁜 기억을 의식에서 지워버린 것이다.
퇴행 (egression)	불안하거나 괴로울 때 거의 어떤 제재도 받지 않았던 어린 시절의 행동을 함으로써 안정을 찾으려 한다. 농생이 생긴 유아가 손가락을 빨거나 이불에 오줌을 싸는 것 등이 퇴행의 예이다.
동일시 (identification)	동경하는 이의 태도, 신념, 가치 등을 자신의 것으로 내면화하여 자신의 좌절된 동기나 결핍, 심리적 좌절을 감소시키려는 방어기제이다.
반동형성 (reaction formation)	사회적으로 용납되기 어려운 감정이나 충동을 억압하고 그와 정반대되는 행동을 표현하는 것을 말한다. 예를 들면, 싫어하는 친구에게 과자를 더 준다거나, 원하지 않은 임신으로 태어난 자녀에 대한 적개심을 과잉보호로 표현하는 경우이다. 공격성향이 강한 사람이 경찰이 되는 경우도 이에 해당된다.
투사 (projection)	불안을 일으키는 생각이나 상황을 다른 사물이나 다른 사람 탓으로 돌림으로써 불안에서 벗어나려 하는 것이다. 엄마가 자기를 사랑하지 않는다고 불평하는 딸은 사실은 딸 자신이 엄마를 포함한 어느 누구도 좋아하지 않는 것이다.
부정 (denial)	가장 원초적인 방어기제이다. 현실 자체를 인정하지 않는 것이다. 억압은 내적 감정을 무의식에 감추지만 반대로 부정은 외부세계의 현실을 차단하는 것이다 부정은 무의식적이기 때문에 거짓말과는 다르다. 예를 들면, 아빠가 사고로 돌아가셨지만 이를 믿지 않고 아빠가 곧 돌아올 것이라 믿는 것이다.
승화 (sublimation)	부적절한 성적, 공격적 충동을 공부, 일, 운동, 예술 등 사회적으로 용납되는 행동으로 표현하는 것이다. 훌륭한 권투선수는 강한 공격적 충동을 승화시킨 결과이고, 아름다운 누드화는 강한 성적 충동이 승화되어 얻어진 결과이다. Freud는 문명의 발달도 성적욕구가 승화의 형태로 나타난 결과라고 주장한다.

출처: 정옥분(2010); 박성연(2006).

(2) 성격발달단계

Freud에 의하면 인간은 기본적으로 두 가지 욕구를 가지고 있다. 하나는 공격 욕구인 타나토스(thanatos)이고, 또 하나는 성욕구인 리비도(libido)이다. 리비도는 성적 본능의 에너지이며, 욕구 충족을 위해 동원되는 에너지 전체를 지칭하기도 한다.

성 에너지인 리비도는 사춘기에 갑자기 발달하는 것이 아니라, 태어나면서부터 발달하는 것으로 정해진 순서에 따라 신체부위에 집중된다. 리비도가 집중되는 부위에 따라 발달단계를 구강기, 항문기, 남근기, 잠복기, 생식기로 나누었다. 각 단계마다의 욕구가 적절하게 충족되면 다음 단계로 발달한다. 만일 욕구가 충족되지 않거나 과잉 충족되면 성장 후에도 욕구 충족이 되지 않았거나 과잉 충족된 그 단계로 퇴행하여 머물려는 고착현상을 나타내게 된다. 고착으로 인해 나타나는 특유의 성격유형을 고착성격이라 한다.

① 구강기oral stage

구강기는 출생에서 1세까지의 기간으로 성적 본능의 에너지인 리비도가 입에 집중되어 있다. 구강기에는 입을 통해 모든 욕구를 충족시키고자 한다. 입을 통해 배고픔을 해소하며 동시에 만족감을 느끼게 된다. 구강기에는 자아는 발달하지 않고, 원초아만이 쾌락을 추구한다. 구강기의 수유과정, 부모와의 관계 등의 경험은 대부분 언어로 표현되지 못하므로 무의식 속에 기록되어 아동기를 거쳐 성인이 된 이후의 삶에도 영향을 미치게 된다.

구강기 욕구가 충족되지 않거나 과도하게 충족되면, 이러한 경험이 무의식에 기록되어 성장한 이후에도 구강기에 고착하게 된다. 어머니의 수유 태도가 좋지 않았거나, 수유에 문제가 있었거나, 이유를 너무 일찍 시작했다면 구강기 욕구 충족이 제대로 되지 않았을 것이다. 또 모유수유를 너무 오래 하면 구강기 욕구가 과도하게 충족된 경우이다. 구강기 욕구 충족에 문제가 있는 아동이 구강기 고착성격을 보이는 경우 손가락 빨기, 손톱 물어뜯기, 깨물기 등의 행동을 하며, 성인이 되면 과식, 과음, 과도한 흡연, 과도한 수다 등의 행동을 보인다.

② 항문기anal stage

항문기는 1세에서 3세까지의 시기로 성 에너지인 리비도가 항문 부위에 있어 배설물을 보유하거나 방출함으로써 쾌감을 경험하게 된다. 이 시기에 영아들은 부모의 통제 하에 대소변 훈련을 시작하게 된다. 영아의 입장에서는 생애 최초의 외부 통제를 경험하게 되는 것이다. 영아는 배설 욕구를 느낄 때 적당한 때와 장소에 배설하도록 부모로부터 통제 받는다. 때로는 배설을 강요당할 때도 있다. 배설하기에 적절한 때와 장소가 허용될 때까지 불편함을 감수하고 견딘 영아는 부모로부터 칭찬을 받게 되고 이로 인하여 사회적 만족감을 얻게 된다. 배설을 통한 쾌감으로 생리적 만족을 얻는다. 배설 때까지의 긴장이 해소되면서 정신적 만족감도 경험하게 된다.

이때 배변훈련은 자연스럽게 이루어져야 한다. 영아는 배설을 통한 긴장과 불편함을 세거하는 쾌감을 느끼기 위해 적절한 때와 장소가 허용될 때까지 배설을 지연시키는 법을 배워야 한다. 배설과정이 쾌감과 즐거움을 주기도 하지만 배설물을 보유하면서도 쾌감을 느낄 수 있다. 이것은 참았다가 배설을 하면 쾌감도 더 커지는 동시에 사회적 승인 역시 커지기 때문이다(정옥분, 2010).

배변훈련이 지나치게 엄격하여 영아에게 스트레스를 주었거나 또는 배변훈련이 전혀 이루어지지 않았을 경우 항문기 고착성격이 형성될 수 있다. 배변훈련 시 적절한 칭찬은 창의적이고 생산적인 사람으로 되게 하지만, 지나치게 청결을 강조하고 엄격하면 완고하거나 인색한 사람이 된다. 또 지나치게 관대하면 지저분하고 무절제하고 낭비벽이 심한 사람이 될 수 있다.

③ 남근기phallic stage

남근기는 3세에서 5세까지의 시기로 성 에너지인 리비도가 성기로 이동한다. 이 시기 유아는 성기에 관심을 보이며 성별에 따른 신체적 차이와 출산에도 관심을 보인다. 남근기에 남아는 오이디푸스 콤플렉스를 여아는 엘렉스라 콤플렉스를 경험한나. 여기서 오이디푸스 콤플렉스와 엘렉트라 콤플렉스는 그리스 신화에서 가져온 이름과 내용이다.

오이디푸스 콤플렉스는 남아가 어머니에 대해 애정을 가지고 소유하려는 반면 아버지를 경쟁자로 생각하여 아버지에 대해 적대감을 가지는 현상이다. 남아는 어머니에 대한 애정으로 아버지와 경쟁하려 하지만, 아버지가 자신보다 훨씬 우월하고 힘이 세다는 것을 알게 된다. 아버지와 성기를 비교해도 열등하다고 느낀다. 남아는 아버지가 근친에 대한 분노로 자신의 성기를 거세할지도 모른다고 두려워하게 되는데, 이를 '거세불안'이라 한다. Freud에 의하면 인간은 불안 등의 불쾌한 감정은 회피하고 쾌락을 추구하려는 경향이 있다. 따라서 거세불안을 해결하기 위해 남아는 방어기제를 사용하게 된다. 이때 사용하는 방어기제는 동일시이다.

남아는 거세불안을 감소하기 위해 어머니에 대한 애정과 아버지에 대한 적대감을 억압하고, 아버지를 '동일시'하게 된다. 동일시는 아버지의 태도, 신념, 가치 등을 유아 자신의 것으로 내면화하는 것이다. 아버지를 동일시하게 되면 유아는 아버지처럼 힘도 있고 멋있는 사람으로 여겨질 것이며, 따라서 거세불안을 감소시킬 수 있다. 남아가 아버지의 넥타이를 매본다거나 아버지처럼 뒷짐을 지고 걷는 것은 아버지를 동일시해서 하게 되는 무의식적인 행동이다. 이러한 동일시 과정을 통해 남아는 불안을 감소시킬 뿐만 아니라, 아버지의 가치관과 규범을 내면화하게 된다. 그러면서 초자아를 형성하게 된다.

엘렉트라 콤플렉스는 여아가 아버지에게 애정을 가지며 어머니를 적대시하는 현상이다. 자신에게 남근이 없다는 사실을 안 여아는 이를 어머니 탓으로 여기며 어머니를 원망한다. 그리고 남근에 대한 부러운 감정, 즉 '남근선망'을 하게 된다. 남근선망은 아버지에 대한 애착을 강화하고 어머니를 거부하게 한다. 하지만 이러한 상황을 극복할 수 없다는 것을 깨닫게 되면서 여아는 아버지에 대한 사랑을 억제하고 어머니를 동일시하게 된다.

Freud는 남아의 오이디푸스 콤플렉스의 해결과정은 상세하게 설명하였으나 여아의 엘렉트라 콤플렉스의 해결과정은 상세히 설명하지 않았다. 그리고 여아의 초자아 발달과정도 설명하지 않고 있다. 이는 남성중심사회에 살았던 Freud가 여성에 대한 많은 편견을 가지고 있었다는 것을 보여준다.

남근기에 이성 부모에 대한 애정적 욕구가 충족되지 않거나 지나치게 충족되면 남근기 고착성격을 형성하게 된다. 남근기 고착성격은 겸손하면서도 지나치게 오만하거나, 거만하고, 과시적이고, 공격적이다.

④ 잠복기latency stage

잠복기는 6세에서 12세까지의 시기로, 성적 에너지인 리비도의 힘은 잠복 상태가 된다. 부모와의 동일시가 강력해지고, 그로 인해 초자아가 계속 발달하는 시기이다. 리비도는 동성 친구들과 사회적 유대관계를 형성하는 데 집중하게 한다. 이 시기의 아동은 학교생활에 몰두하며 가족 이외에 성인과 동성 친구들을 통해 사회생활에 필요한 사회적·도덕적 가치를 습득한다.

⑤ 생식기genital stage

생식기는 12세 이후에 시작된다. 호르몬과 생식기관의 변화로 리비도는 이성에 대한 흥미와 관심으로 나타나게 된다. 생식기를 원만하게 지낼 경우 성숙하고 책임 있는 사회적·성적 관계를 유지할 수 있게 된다. 그렇지 못한 경우 이성과 관계 맺기가 어렵거나 청소년 비행을 일으킬 수도 있다.

(3) Freud 이론에 대한 평가

Freud는 현대심리학에 가장 위대한 공헌을 한 학자인 동시에 가장 비판을 많이 받는 심리학자이다. 이전 학자들은 인간이 동물과 다른 점은 이성이 있고 인간의 행동은 이성의 지배를 받는 우월한 존재라고 생각했다. 그러나 Freud는 인간의 행동과 발달이 무의식에 의해 지배받는다고 주장했다. 이러한 주장은 이후 정신의학과 심리학뿐만 아니라 인간에 대한 전반적인 사상에 지대한 영향을 미쳤다. 또한 그는 영유아기에 부모와의 경험이 성인기 성격뿐 아니라, 전 생애발달에 영향을 미친다고 주장했다. 그의 주장은 부모의 양육행동과 유아교육의 중요성에 대한 관심을 불러일으켰다. 하지만 Freud 이론에는 현대사회에 적용하기 어려운 문화적 편견도 많다. Freud 이론에 대한 비판을 간략하게 요약하면 다음과 같다.

첫째, Freud 이론은 영유아를 대상으로 관찰하고 분석하여 만든 이론이 아니다. 신경증을 가진 성인을 대상으로 신경증 원인을 규명하고 치료를 하던 과정에서 만든 이론이다. 따라서 성인의 기억이나 회상에 근거한 자료로 만든 이론을 영유아발달에 적용하는 것이 타당한지, 일반화할 수 있는지에 대해서 아직도 논란이 많다.

둘째, Freud 이론은 과학적 근거가 부족하고 검증하기도 어렵다. 남근선망, 거세불안, 오이디푸스 콤플렉스에 대한 설명은 검증하기 어렵다. 그리고 최면술이나 자유연상법은 객관성이 부족한 연구방법이다.

셋째, Freud 이론은 문화적 편견과 성적 편견이 많다. 그의 이론은 지나치게 남성 우월적인 사회의 편견이 반영되어 있어 현대 사회에서는 설명이 어려운 부분이 있다. 많은 여성학자들은 여성이 선망하는 것은 남성들이 이 사회에서 누리고 있는 우월한 지위이지 남근이 아니며, 남녀불평등 의식이 없는 원시사회에서는 남근선망이라는 개념이 없었을 것이라고 주장한다. 그리고 여아는 어머니를 동일시하여 초자아를 발달시키지 못하고 따라서 여성은 남성보다 덜 도덕적이라는 Freud의 주장도 남성우월적인 사회에서 살았던 그의 성적 편견에서 나온 생각이라고 비판한다.

넷째, Freud 이론은 영유아발달에서 성적인 면을 지나치게 강조하고 있다. 무의식 세계에서 일어나는 과정이라고는 하지만, 순수한 영유아기를 설명하기에 과한 면이 있다는 비판을 받기도 한다.

2) Erikson의 심리사회적 이론

Eric Erikson(1902~1994)은 독일 프랑크푸르트에서 덴마크인 아버지와 유태인 어머니 사이에서 태어났다. Erikson의 부모는 Erikson이 태어나기 전에 이혼 하였다. 이후 어머니가 유태인과 재혼을 하였기에 Erikson은 유태인 어머니와 유태인 계부 밑에서 성장하였다. Erikson은 덴마크인인 친부를 많이 닮아 유태인과는 전혀 다른 외모였고, 그런 이유로 또래 유태인 친구들로부터 이방인이라는 놀림을 받으며 자랐다. 이러한 남다른 성장과정으로 인해 자신의 자아정체감에 대한 의문과 회의를 가지게 되었다.

1927년부터 5년 동안 Freud의 딸 Anna가 설립한 어린이 연구소에 참여하여 정신분석학 공부를 하였다. 이를 계기로 정신분석학을 근거로 한 자아심리학을 연구하게 되었다. Erikson 이론은 Freud의 정신분석이론에 기초하고 있으나, 몇 가지 측면에서 차이가 있다.

Freud는 성적 에너지 리비도를 강조하여 심리성적 이론이라 하지만, Erikson은 사회문화적 환경의 중요성을 강조하고 있어 심리사회적 이론이라 한다. 또한 Freud가 무의식을 강조하고 있지만, Erikson은 자아정체감 형성을 강조하고 있다. Freud는 5세까지의 경험을 아주 중요하게 보고 있지만, Erikson은 출생 이후 노년기까지 전 생애를 통해 성격이 발달한다고 보고 있다.

(1) Erikson 이론의 기본 개념

Freud는 인간행동을 지배하는 것이 무의식이라고 보았지만, Erikson은 자아가 인간행동의 기초가 된다고 보았다. Erikson 이론의 주요개념은 자아정체감의 발달이다. 그는 한 개인이 자아정체감을 확립하기 위해서는 출생 이후 일생동안 내적·외적 갈등을 겪으며, 그 갈등을 잘 극복해야 한다고 주장했다. Erikson은 그 갈등상황을 '위기(crisis)'로 표현한다.

Erikson은 성격발달을 자아발달에 따라 8단계로 구분하고 있는데, 각 단계마다 대립 개념의 위기가 있다. 이 위기를 어떻게 극복하느냐에 따라 성격이 형성되며, 다음 단계의 위기 극복방식에 영향을 준다. 즉, 위기는 개인의 내적 욕구와 사회문화적 요구에 의해 발생되는 것으로, 이 위기를 어떻게 해결해 가느냐에 따라 성격이 다르게 형성된다.

위기를 만족스럽게 잘 해결하게 되면 긍정적 성격과 건전한 자아발달이 이루어지고, 위기를 극복하지 못하거나 불만족스럽게 해결하게 되면 자아발달은 손상 받는다. 그리고 부정적 성격이 형성되어 이후 발달단계에까지 영향을 미치게 된다. 위기의 성공적인 해결은 긍정적인 측면과 부정적인 측면이 균형을 잘 이루는 것이다.

(2) 성격발달단계

Erikson은 사회구성원과의 관계 속에서 자아를 어떻게 형성해 나가는지에 대해 관심을 가지고 연구하였다. Freud의 성격발달은 성 에너지에 초점을 두고 있지만, Erikson의 성격발달은 사회적 에너지에 초점을 두고 있다. Freud는 성격발달을 청년기까지 5단계로 구분하였지만 Erikson은 성격발달을 전 생애로 확대하여 8단계로 나누었으며, 각 단계별로 극복해야 할 위기와 발달 과업을 제시하였다. 각 단계마다 관계 맺는 사회구성들이 있으며, 이들과 상호작용 속에서 위기를 극복해 나가며 자아정체감을 형성하게 된다.

① 기본적 신뢰감 대 불신감basic trust vs. mistrust

1단계는 출생부터 1세까지이며, 기본적인 신뢰감과 불신감이 대립하는 단계이다. Freud의 구강기에 해당하는 시기이다. 이 시기에 영아가 형성하는 긍정적 자아는 기본적 신뢰감이며, 부정적 자아는 불신감이다. 양육자가 영아의 신체적·심리적 욕구를 잘 충족시켜주면 영아는 세상을 안전하고 의지할 수 있는 곳으로 믿게 되어 신뢰감을 형성하게 된다. 양육자가 아이의 욕구를 잘 충족시켜 주지 않거나 아이의 욕구를 무시하면 영아는 불신감을 형성하게 된다.

영아의 발달은 양육자인 어머니와의 관계가 어떠한가에 따라 달라진다. 어머니가 영아의 요구에 민감하고 일관성 있게 반응하고, 충분히 욕구를 충족시켜 주며 애정적일 때, 아기는 자신이 뭔가를 원할 때 누군가가 자신을 돌봐주고 욕구를 충족시켜 주리라고 믿게 된다. 아기의 요구와는 관계없이 양육자의 기분이나 상황에 따라 아이에게 반응하기도 하고 무시하기도 하면, 아기는 양육자가 자신을 보살펴 주리라는 확실성과 믿음을 가질 수가 없다.

민감하고 일관성 있는 양육을 받은 영아는 기본적인 신뢰감을 형성한다. 기본적인 신뢰감을 형성한 영아는 성장 이후에도 모든 대인관계를 원만하게 가질 수 있으며 긍정적인 자아정체감을 형성할 수 있다. 양육자에게 불신감을 형성한 영아는 어머니와 잠시 동안 떨어져도 심한 불안을 보인다. 뿐만 아니라 성장 이후 대인관계와 사회적 적응에도 어려움을 보인다.

Erikson은 건강한 성장을 위해서 언제나 신뢰감을 가질 수 있는 경험만 해야 하는 것은 아니고 가끔은 불신감을 경험해도 나쁜 것은 아니라고 했다. 이는 상황에 따라 아기의 요구를 제때 들어주지 못한 것에 대해 부모가 괴로워할 필요는 없다는 의미로 볼 수 있다. 물론 신뢰의 경험을 불신의 경험보다 훨씬 더 많이 해야 함은 말할 필요도 없다

② 자율성 대 수치심autonomy vs. shame and doubt

2단계는 1세에서 3세까지로 자율성과 수치심이 대립되는 개념이 갈등하는 시기이다. Freud의 항문기에 해당하는 시기이다. 이 시기의 영아는 신체운동능력이 발달하여 스스로 이동하며 독립적으로 행동하는 것이 가능하고, 근육과 신경이 발달하여 대소변 통제가 가능해진다. 또한 언어를 사용하여 자기주장을 할 수 있게 된다.

이뿐만 아니라, 신체·운동발달로 인해 스스로 수저질도 시도하고, 옷 입기도 해보려 한다. 신발도 스스로 신으려 한다. 무엇이든 혼자 해보려 시도하면서 자율성을 경험하기 시작한다. 무엇이든 혼자 해보려 할 때 해보도록 허용해주고, 능력을 발휘하도록 도와주면 독립심이 발달한다. 새로운 것을 탐색할 기회를 부여해주고, 독립심을 격려해주면 건전한 자율감이 발달하게 된다.

자율성을 향한 투쟁은 완강한 거부나 떼쓰기로 표현된다. 자신의 한계를 시험해 볼 기회가 주어지지 않고 과잉보호나 과잉통제를 받으면 아이는 자신의 능력에 회의를 느끼고 수치심을 가지게 된다.

이 시기가 되면 언어가 발달하면서 아이는 "내가", "내가 할 거야"라는 말을 많이 하게 된다. 이때 "그래 넌 할 수 있어", "네가 해봐"라고 격려해주는 것이 자율성 발달에 도움이 된다. 청결과 위생이 염려가 된다던지, 아이의 서툰 행동을 지켜 봐주기가 힘들어 "안 돼", "그만 해", "엄마가 해줄게" 등의 말로 아이를 제재하거나 과잉보호하면 아이는 자신의 능력에 회의를 가지게 된다. 그리고 양육자가 "안 돼"라는 금지어를 많이 쓸수록 아이는 "싫어", "아니야"라는 부정어를 더 많이 사용하면서 떼를 쓰게 된다.

이 시기 유아의 주요 과업은 자기통제인데 Freud는 대소변 훈련을 통해 유아의 자기통제를 설명한다. 반면 Erikson은 괄약근 통제뿐 아니라 신체 전반의 근육조직에 관한 통제를 포함해서 자기통제를 설명하고 있다. 자율성 발달을 위해 스스로 하고자 하는 것을 할 수 있도록 기회를 부여하는 것이 바람직하나 동시에 자기통제도 함께 배워가야 한다. 유아가 하고자 하는 것은 할 수 있도록 기회를 부여하지만, 하면 안 되는 일도 있고, 하면 안 되는 일은 절대 할 수 없다는 것도 가르쳐야 자기통제력을 키워갈 수 있다. 자기통제력은 성장 이후 경쟁적인 사회에 적응하려면 꼭 필요한 힘이다.

③ 주도성 대 죄책감initiative vs. guilt

3단계는 3세에서 6세까지 주도성과 죄책감이 갈등하는 시기로, Freud의 남근기에 해당한다. 이 시기의 유아는 신체운동능력이 능숙해지고 활발해지며, 언어능력이 일취월장 발달하여 주변 환경을 적극적으로 탐색한다.

이 시기 유아들의 관심은 자신에게만 머무르지 않고 주위 사람에게로 확대된다. 또래들과 사회적 놀이에 참가하기 시작하며 상징적 놀이를 통해 주변인물을 경험해 보기도 한다. 이러한 놀이를 통해 주도성을 발달시켜 나간다. 유아는 놀이를 적극적으로 할 수 있게 되면서 스스로 놀이 목표를 설정하고, 계획을 세워 성공하고자 노력한다. 새로운 것에 대한 호기심도 많아 여러 가지를 시도해보기도 한다. 이처럼 스스로 하고자 하는 의욕과 성공적으로 수행하려는 노력을 통해 주도성이 발달하게 된다. 유아가 자기주도적인 활동을 할 때 부모나 교사가 이해해주고 격려해주면 주도성이 확립되며, 부모가 과잉통제하거나 지나치게 비난을 하면 아이는 자신감을 잃고 죄책감을 가지게 된다.

④ 근면성 대 열등감industry vs. inferiority

4단계는 6세부터 11세 사이에 근면성과 열등감이 대립하여 갈등하는 시기로, Freud의 잠복기에 해당한다. Erikson은 이 단계를 아동이 속한 사회에서 기능하고 경쟁하는 데 필요한 기술이나 지식을 습득하는 역동적이고 활동적인 시기로 보았다. 학교 교육이 시작되는 시기로 읽기, 쓰기, 셈하기 등 주요한 인지적 기술과 사회적 기술을 습득한다. 자신의 노력으로 기술과 지식을 획득하여 인정받거나 칭찬받으면 근면성을 획득하게 되고, 기술과 지식 획득에 실패하거나 그러한 실패로 비난을 받으면 열등감을 형성하게 된다.

⑤ 자아정체감 대 정체감 혼미identity vs. identity confusion

5단계는 12세에서 18세까지이며, 자아정체감을 형성하거나 그렇지 못하면 정체감 혼미에 빠지는 위기의 시기이다. Freud의 생식기에 해당한다. Erikson은 기본적인 신뢰감을 형성하는 1단계와 자아정체감을 형성하는 5단계를 가장 중요한 시기로 보고 있다.

이 시기 청소년들은 급격한 신체적 변화를 경험하며 사회적 요구와 압력에도 민감하여 많은 정신적인 어려움을 겪게 된다. 그리고 '나는 누구인가', '나는 무엇을 할 것인가', '미래 나는 어떻게 될 것인가' 등과 같은 자신에 대한 답을 찾고자 노력하며, 자신의 정체성과 관련된 질문을 많이 하면서 그에 대한 답을 찾고자 노력한다. 자신에 대한 통찰을 통해 해답을 찾게 되면 자아정체감을 형성하게 되고, 자기 존재에 대한 해답을 얻지 못하면 정체감 혼미에 빠지게 된다.

⑥ 친밀감 대 고립감intimacy vs. isolation

6단계는 18세에서 25세 사이의 시기로, 성인기가 시작되는 단계이다. 타인과의 관계에서 친밀감을 이룩하는 일이 중요한 발달 과업이다. Erikson은 친밀감을 자신의 정체감과 다른 사람의 정체감을 융합시키는 능력이라고 보았다. 타인과 친밀한 관계를 이루려면 우선 타인을 이해하고 공감할 수 있어야 하며, 양보와 희생도 감수할 수 있어야 한다. 이러한 능력은 전 단계에서 형성된 자아정체감에 의해 좌우된다. 이전 단계에서 자아정체감이 잘 확립된 사람은 타인과 친밀감을 쉽게 형성할 수 있다. 타인과 친밀한 관계를 맺지 못하게 되면 고립감에 빠지게 된다. 이 시기에는 자기 자신에 대한 관심보다 직업이나 배우자 선택 등에 관심을 가지게 된다. 그러나 자아정체감이 확립되지 않은 사람은 위축되어 타인과 원만한 관계를 맺지 못하고 자신에게만 몰두하여 고독, 절망 등의 고립감을 느끼게 된다.

⑦ 생산감 대 침체감generativity vs. stagnation

7단계는 25세에서 65세 사이인 성인기이다. 생산감이란 성숙한 성인이 다음 세대를 위해 문화를 유지, 개선, 발전시켜 나가는 데 관심을 가지는 것을 말한다. 자녀 출산과 양육으로 생산감을 획득하게 된다. 그뿐만 아니라 직장에서 성과를 내거나 승진하는 등의 직업적인 성취로 생산감을 획득하게 한다. 논문을 쓴다거나 중요한 이론이나 원리의 발견 등 학문적 업적이나, 그림을 그리거나 공예품을 만들거나 공연을 하는 등의 예술적 업적도 생산감을 얻게 한다. 사회봉사활동 등을 통해서도 생산감은 획득될 수 있다. 자신의 욕구에만 몰두하고 타인을 위한 봉사나 배려가 결여되었거나, 사회에 기여한 바가 없거나, 다음 세대를 위해 자신이 한 일이 아무것도 없다고 생각하면 침체감이 형성된다.

⑧ 자아통합감 대 절망감integrity vs. despair

8단계는 노년기에 해당한다. 이 단계에는 지금까지 살아온 자신의 삶을 되돌아보고 노력과 성취에 대하여 반성하게 된다. 자신과 자신의 생활에 대해 돌이켜 볼 때 삶이 의미 있고 만족스러운 것으로 인식되면 자아통합감을 얻게 된다. 반면 자신의 삶이 무의미한 것이었다고 후회되고, 다시 새롭게 시작하기에 늦었다고 생각되면 절망감을 느끼게 된다.

(3) Erikson 이론에 대한 평가

Erikson 이론은 일반적인 성인과 아동을 대상으로 연구를 하였다는 점에서 Freud의 이론과 방법론에서 차이가 있다. Freud는 각 발달단계에서 실패는 회복이 어렵다고 보며, 이를 고착으로 설명한다. 반면 Erikson은 인간을 심리사회적 위기를 극복할 수 있는 잠재력과 적응력이 있는 존재로 본다. 위기극복을 통해 성장하고 발달한다는 면에서 인간의 긍정적인 측면을 강조하고 있다.

또한 Freud는 5세까지의 발달을 아주 중요하게 보고 부모자녀관계를 강조하였다. 반면 Erikson은 인간발달을 전 생애 발달적으로 접근하였다는 점과 사회문화적 요인의 영향력을 강조한 점에서 인정받고 있다. Erikson 이론은 사람들이 살아가면서 겪게 되는 사회적 갈등, 개인적인 딜레마 등을 다루고 있어 쉽게 이해할 수 있다. 그리고 사회적 관계 속에서 자아정체감을 확립해 가는 과정에 대해 잘 설명하고 있다.

그러나 Erikson 이론은 자율성, 주도성, 근면성 등에 대한 개념 정의가 명확하지 않다. 대립되는 위기 개념에 대해서도 설명이 명확하지 않다. 그리고 8단계 이론에서 각 단계의 위기에 대한 근거나 원인에 대한 설명이 없다. 예를 들면, 유아기에 주도성이 발달하게 되는 근거가 명확하지 않다. 그리고 유아기에 주도성을 획득하지 못하면 왜 죄책감을 가져야 하는지에 대한 설명이 없다. Erikson의 이론은 Freud 이론을 근거로 만들어졌기에 남근기의 도덕성발달과 관련하여 죄책감이라는 용어를 사용하였을 것으로 추정할 수 있다.

03 학습이론

학습이론가들은 인간발달이 환경의 영향에 의해 결정된다고 보았다. 반복된 경험은 조건화를 형성하게 되는데, 이를 학습이라 한다. 조건화는 학습의 원동력이다. 인간행동을 변화시키는 것은 학습이다. 인간의 모든 행동은 경험과 학습의 결과에 의해 형성된 것이라 보고, 학습과 경험에 의해 비교적 영속적인 행동의 변화가 일어날 때 발달이 이루어졌다고 본다. 행동의 변화는 학습에 의해 나타나는 결과이므로 학습과 발달은 거의 동시에 일어난다고 볼 수 있다.

정신분석이론가들은 관찰할 수 없는 무의식 등의 정신세계에 관심을 가졌지만, 학습이론가들은 객관적으로 관찰가능하고 측정할 수 있는 외현적인 행동만을 중요시하였다. 이들은 관찰할 수 없는 행동은 과학의 대상이 아니라고 생각했다. 대표적인 학습이론가로는 Pavlov, Watson, Skinner, Bandura 등이 있다.

1) Pavlov의 고전적 조건형성이론

러시아 생리학자 Ivan Petrovich Pavlov(1849~1936)는 조건형성에 대한 개념을 확립하였으며, 인간의 행동을 신경계와 관련시켜 연구한 유명한 학자이다. 1870년 Pavlov는 상트페테르부르크대학교로 가서 화학과 생리학을 공부했다. 상트페테르부르크의 임피리얼 의학아카데미에서 의사자격을 취득하였고, 1890년 임피리얼 의학아카데미의 생리학교수가 되어 1924년 사임할 때까지 그곳에서 일했다. Pavlov는 소화액 분비와 관련한 연구로 1904년 노벨의학상을 받았다.

Pavlov는 소화액 분비에 관한 연구를 수행하기 위해 개를 대상으로 타액 분비 실험을 하였다. 개의 타액 분비 실험과정에서 먹이를 들고 오는 연구자의 발자국 소리만 듣고도 개가 타액을 분비하는 것을 보고, 그 과정을 규명하고자 노력한 덕분에 고전적 조건형성의 원리를 확립하게 되었다.

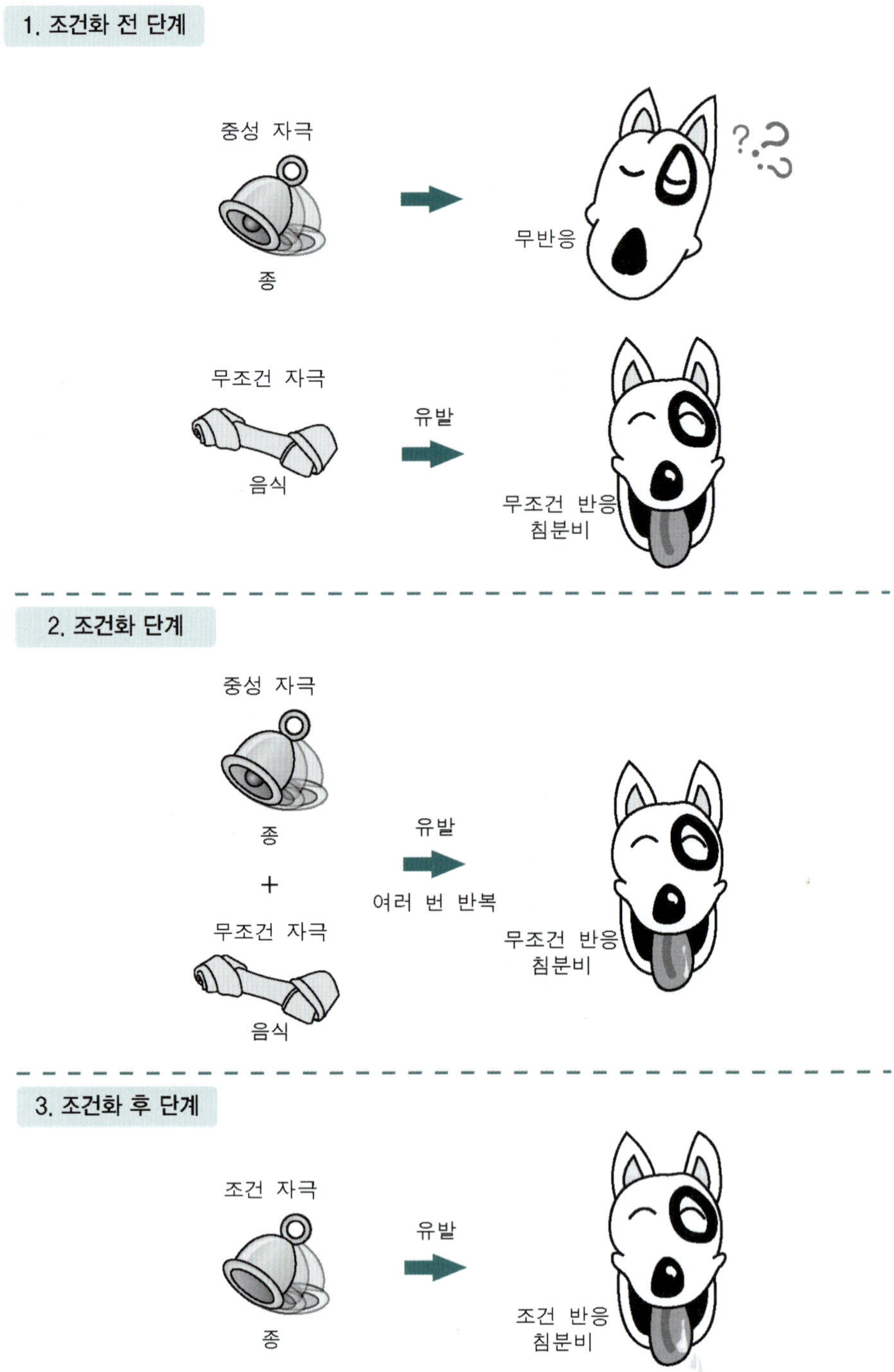

그림 3-1 Pavlov의 고전적 조건형성

(1) 고전적 조건형성

파블로프의 타액 분비에 관한 실험은 개가 음식을 보거나 냄새를 맡으면 침을 흘리는 것에 착안하여 시작되었다. 개에게 먹이를 주기 전에 종을 울렸다. 이 과정을 몇 차례 반복하자 이후에는 종소리만 듣고도 개는 침을 흘렸다. 이런 학습과정을 고전적 조건형성이라 한다.

이 과정을 구체적으로 설명하면, 1단계에서 종소리를 들려주면 개는 반응이 없다. 아무런 반응을 유발하지 않는 종소리는 '중성 자극'이다. 개의 입안에 음식이 들어가면 무조건 타액이 분비된다. 음식으로 인해 무조건 분비되는 타액을 '무조건 반응'이라 한다. 이때 음식은 '무조건 자극'이 된다. 음식이 입안으로 들어오면 타액이 분비되는 것은 학습된 것이 아니고 선천적인 것이다. 종소리(중성 자극)에는 반응을 보이지 않는 개를 확인하고, 음식(무조건 자극)이 입에 들어가면 타액은 분비(무조건 반응)하는 것을 확인했다. 2단계(조건형성 과정 중)에서 종소리(중성 자극)를 30초 동안 들려준 다음, 음식(무조건 자극)을 주었다. 이 과정을 5~10분 간격으로 10회 정도 매일 실시하였다. 이런 과정을 반복한 후 3단계(조건형성 후)에서는 개에게 음식을 주지 않고 종소리(조건 자극)만 들려주었더니 개가 타액(조건 반응)을 분비하였다. 2단계 조건형성 과정에서 중성 자극인 종소리와 무조건 자극인 음식을 연합하여 조건형성이 되면, 3단계(조건형성 후)에서는 중성 자극인 종소리가 조건 자극이 되어 조건반사를 유발하게 되는 것이다.

이와 같이 개가 타액을 분비하지 않던 중성 자극에 의해서도 타액을 분비하게 되는 학습과정을 조건형성이라고 한다. 고전적이라는 의미는 이후 Skinner의 조건형성과 구분하기 위해 붙여진 이름이다.

Pavlov의 고전적 조건형성의 원리를 인간에게 적용한 학자는 Watson이다. Watson은 Pavlov의 고전적 조건형성 과정을 11개월 된 아기에 적용하여, 아기의 정서반응이 고전적 조건형성을 통한 학습임을 입증하였다.

Watson은 아기들이 큰소리에 두려움을 느끼지만 흰쥐에 대해서는 두려움이 없다는 것을 관찰하고 난 후 실험을 시작했다. 아기에게 흰쥐를 보여줄 때마다 큰 소리를 함께 들려주었더니 아기는 공포 반응을 보였다. 이러한 과정이 반복되자 이전에 흰쥐에게 공포반응을 보이지 않던 아기가 흰쥐에게 공포반응을 나타냈다.

이 실험에서 흰쥐는 본래 중성 자극이었지만 공포 반응(무조건 반응)을 유발하는 무조건 자극인 큰소리와 연합되어 조건형성이 이루어지고 나면, 흰쥐가 공포반응을 유발하는 조건 자극이 되는 것이다.

그림 3-2 Watson의 조건형성

흰쥐에 공포반응을 보이게 된 아기는 흰쥐와 유사한 흰 토끼, 흰 수염, 흰 강아지에도 공포반응을 보이게 되는데 이것을 자극일반화 현상이라 한다. Watson은 이렇게 만들어진 공포를 '탈조건형성'하여 제거할 수도 있다고 주장했다. 흰쥐를 볼 때마다 아이가 좋아하는 솜사탕을 주게 되면 흰쥐에 대한 공포가 점차 감소한다는 것이다. Watson의 실험에 의하면 유아가 가지고 있는 공포, 불안과 같은 많은 정서나 편견이 고전적 조건형성 과정을 통해 학습된 것임을 알 수 있다.

(2) 고전적 조건형성의 관련 요인

① 소거

조건형성이 이루어진 후에 무조건 자극은 주지 않고 조건 자극만 제시하면 한동안 조건 반응이 나타나지만, 반복될수록 반응이 미약해지고 마침내 조건 반응이 나타나지 않게 되는데, 이런 현상을 소거라 한다. Pavlov의 실험에서 무조건 자극인 음식물 없이 종소리만 계속 제시하면 종소리가 조건 자극의 효과를 잃게 되는데, 이것을 소거라 한다.

② 자극일반화

자극일반화는 조건 자극과 유사한 자극에 대해 반응하는 것을 의미한다. 즉, 댕댕하는 종소리에 침을 분비하도록 조건이 형성된 개가 유사한 종소리인 '딩딩'에도 침을 분비하는 것은 자극일반화에 의한 것이다. '자라보고 놀란 가슴 솥뚜껑보고도 놀란다'는 속담은 자극일반화에 해당된다. 어두운 극장에서 무서운 영화를 본 유아는 이후 어두운 곳을 무서워하게 된다. 그런 유아가 깜깜한 방에 들어가는 것도 무서워한다면 자극일반화가 일어난 것이다.

③ 자극변별화

조건형성 된 자극과 다른 자극에는 반응하지 않는 것을 자극변별화라 한다. 댕댕하는 종소리에 침을 분비하도록 조건형성된 개가 다른 '댕그랑댕그랑'하는 종소리에는 침을 분비하지 않는다면 이는 자극변별화가 일어난 것이다. 아빠 승용차에서 사고를 경험한 유아는 아빠 차에 공포심이 생겨서 아빠 차를 타지 않으려 한다. 그런데 이 유아가 버스를 타는 것에는 공포심을 보이지 않는다면 승용차와 버스를 다른 자극으로 받아들인다는 의미이다. 즉, 자극변별화가 일어난 것이다.

2) Skinner의 조작적 조건형성이론

Burrhus Frederic Skinner(1904~1990)는 미국 펜실베이니아 주의 조그만 마을에서 태어나 학부에서 영문학을 전공하고, 심리학으로 박사학위를 받았다. 1948년 많은 논쟁을 불러일으켰던 저서 『월든 투(Walden Two)』를 출간했는데, 이 책은 자신의 사회공학 원리를 모델로 한 이상사회의 생활을 그린 소설이다. 1948년부터 하버드대학교 심리학 교수로 재직하면서 이후 30여 년 동안 심리학에 많은 공헌을 했다.

Skinner는 인간의 행동은 외적 자극에 의해 동기화된다고 주장했다. 우연히 하게 된 어떤 행동이 강화를 받으면 그 행동을 다시 하게 될 확률이 높아지고, 우연히 하게 된 행동이 처벌을 받게 되면 그 행동을 다시 하지 않게 된다. 강화는 행동을 유발시키게 된다. 조작적 조건형성에서는 행동을 유발시키는 데 있어 보상과 처벌의 역할이 중요하다.

(1) 조작적 조건형성

앞에서 설명한 고전적 조건형성은 반응적 행동의 학습을 설명해주는 이론이다. Pavlov의 실험을 상기해보면 개가 음식을 보고 침을 흘리는 반응을 보이는데, 이는 음식이라는 자극에 의해 침이라는 반응이 유발된 것이다. 자극이 없으면 반응은 유발되지 않는다. Pavlov는 자극에 의한 무조건 반응에 초점을 맞추고 설명하는 이론이다.

반면 조작적 조건형성은 사람이나 동물이 먼저 조작적 행동을 해야 하고 행동 이후 주어지는 보상이나 처벌, 즉 결과에 의해 그 행동을 다시 할지 여부가 결정된다는 이론이다. 조작적 행동이란 어떤 결과를 유발하도록 유기체가 스스로 조작하는 행동을 말한다. 조작적 행동을 함으로써 강화인이 주어지고, 그 과정이 반복되어 형성되는 조건형성을 조작적 조건형성이라 한다. 조작적 조건형성에서는 행동과 그 행동의 결과 간의 관계에 초점을 맞추고 있다.

Skinner는 쥐를 대상으로 조작적 조건형성에 대한 연구를 실시하였다. Skinner는 실험에서 필요한 모든 도구를 직접 제작하였는데, 그것을 'Skinner 상자'라고 한다. 이 Skinner 상자에는 지렛대와 먹이통이 있고, 지렛대를 누르면 먹이가 나오도록 구성되어 있다. 먼저 상자 안에 배고픈 쥐를 넣어두면, 처음에는 쥐가 상자 속에서 돌아다니다가 우연히 지렛대를 눌러 먹이를 얻게 된다. 이런 일이 몇 번 반복되고 나면, 쥐는 지렛대 누르는 행동을 의도적으로 자주 하게 된다. 쥐가 스스로 지렛대를 누르는 행동을 한 결과, 먹이라는 긍정적 보상을 얻게 되고, 이런 경험을 반복하게 되면 지렛대 누르는 행동과 먹이는 조건형성이 된다. 그러면 먹이가 주어지지 않아도 지렛대 누르는 행동을 하게 된다. 지렛대 누르는 행동이 학습된 것이다.

조작적 조건형성은 인간의 행동에도 적용할 수 있다. 인간의 행동은 보상이나 처벌과 같은 외부자극에 의해 형성되기도 하고 제거되기도 한다. 유아가 어떤 행동을 우연히 했는데 그 행동에 대해 보상을 받게 되면, 그 행동을 다시 하게 될 확률이 높아진다. 반면 유아가 우연히 어떤 행동을 했는데 그 행동 때문에 처벌받게 되었다면, 그 행동을 다시 하지 않을 가능성이 높아진다. 보상이나 강화를 받은 행동은 다시 하게 될 가능성이 많아지며, 처벌받은 행동을 다시 할 가능성은 적어진다. 우연히 하게 된 어떤 행동에 보상이 주어지고 그것이 반복되면 그 행동과 보상은 조건형성이 이루어진다. 보상이 행동을 유발시키게 된다. 조작적 조건형성에서는 보상과 처벌이 행동의 동기화에 중요한 역할을 한다. 우연한 행동의 결과로 주어지는 보상을 조작적 조건형성이론에서는 강화인이라고 한다.

조작적 조건형성은 유아가 새로운 행동을 학습해가는 과정을 설명할 수 있는 이론이다. 조작적 행동은 어떤 행동 뒤에 이어지는 결과에 의해 다시 일어날 수도 있고, 일어나지 않을 수도 있다. 유아는 우연히 어떤 행동을 하였는데 행동 뒤에 만족스러운 결과가 주어지면 그 행동을 의도적으로 더 자주 하게 되고, 고통스러운 결과가 주어지면 그 행동을 다시 하지 않게 된다. 행동 뒤에 이어지는 결과에 의해서 그 행동이 학습될 수 있다는 이론이다.

예를 들면, 유아가 길에서 만난 할머니에게 우연히 인사를 했는데 할머니께서 무척 좋아하시며 칭찬을 하셨다. 그 칭찬에 기분이 좋았던 유아는 다음에 또 길에서 만난 사람에게 인사를 하게 된다. 그 분 역시 미소를 지으며 선물까지 주셨다. 유아가 자발적으로 인사라는 행동을 시도하였고, 그 때마다 칭찬과 선물이라는 보상이 주어졌다. 그 보상이 만족스러우면 유아는 인사를 계속하게 될 것이다. 이러한 과정을 통해 유아는 인사하는 행동을 학습하게 된다.

(2) 조작적 조건형성의 관련 요인

① 강화인

조작적 조건형성에서 어떤 행동이 다시 일어나도록 하는 과정을 '강화'라 하고, 어떤 행동이 다시 일어날 가능성을 증가시키는 자극, 즉 보상을 '강화인'이라 한다. 강화인에는 '정적 강화인'과 '부적 강화인'이 있다.

정적 강화인은 좋아하는 보상을 제공함으로써 특정 행동이 일어날 확률을 높여 주는 강화인이다. 예를 들면, 친구와 과자를 나눠먹는 유아에게 선생님이 칭찬을 했더니 그 유아는 이후에도 친구들에게 과자를 잘 나누어 주었다. 이때 칭찬은 정적 강화인이 된다. 유아가 밥 먹을 때마다 먹기 싫다고 투정을 부리면 어머니가 떠먹여 주었다. 이때 어머니의 떠먹이는 행동은 정적 강화인이 되며, 정적 강화인으로 인해 유아는 계속 밥투정을 하게 된다.

부적 강화인은 불쾌한 자극을 제거해줌으로써 특정한 행동의 빈도를 증가시켜 주는 강화인이다. 예를 들어, 아이가 책을 열심히 읽을 때는 어머니가 잔소리를 하지 않는다. 어머니의 잔소리는 아이에게 불쾌한 자극이다. 잔소리를 듣지 않는 것은 아이에게 부적 강화인이 된다. 어머니의 잔소리를 듣고 싶지 않은 아이는 책을 열심히 읽게 된다.

② 소거

소거는 바람직하지 않는 행동 또는 원하지 않는 행동에 대해 강화를 중지시킴으로써 그 행동을 점차 감소시켜 가는 방법이다. 쥐가 지렛대를 누르면 먹이가 나온다는 것을 알고 지렛대를 누르지만, 계속 먹이가 나오지 않으면 쥐는 지렛대 누르는 행동을 점차 하지 않게 된다. 이를 소거라 한다. 유아가 밥투정을 할 때 어머니는 모른 척을 한다. 밥투정을 매번 무시하면 아이의 밥투정은 없어지게 된다.

③ 벌

벌은 혐오스럽거나 불쾌한 자극을 제공하여 행동을 감소시키는 것을 말한다. 체벌, 꾸중, 고통 등의 혐오자극을 주는 것은 벌이다. 좋아하는 자극을 뺏어버림으로써 행동의 빈도를 감소시키는 방법도 벌이다. 쥐가 지렛대를 눌렀을 때 전기 쇼크를 주면 이후 쥐는 지렛대를 누르지 않게 되는데 이때 전기쇼크는 벌이다.

예를 들어, 친구를 괴롭히는 유아에게 생각하는 의자에 앉게 하는 것은 벌이다. 바깥놀이를 좋아하는 유아가 수업 시간에 돌아다닌 대가로 바깥놀이를 못하게 된다면 이도 벌이 될 수 있다. 착한 행동을 한 유아의 노트에 선생님이 스티커를 붙여주기로 했을 때, 친구를 도와 준 유아에게 별 스티커를 붙여주는 것은 정적 강화인이며, 친구를 때린 유아의 스티커를 뺏는 것은 벌이 된다.

3) 학습이론에 대한 평가

학습이론은 인간발달에서 환경의 중요성을 일깨워주었으며 심리학을 과학적 학문으로 이끄는 데 많은 기여를 하였다. 고전적 조건형성의 원리는 부정적인 경험으로 인해 형성된 유아들의 공포나 불안 정서를 제거할 수 있다. 조작적 조건형성 원리는 유아들의 문제행동을 감소시키고, 바람직한 행동을 형성시키는 데 활용할 수 있다. 조건형성을 이용한 행동수정원리는 유아교육현장에서 유아의 문제행동을 교정하는데 많이 활용되고 있다.

학습이론에 대한 비판은 첫째, 인간발달에 대한 환경의 중요성만 강조하고, 유전적인 영향력을 간과하고 있다는 점이다. 둘째, 인간을 지나치게 수동적으로 보고 있다는 점이다. 개인의 의지와는 상관없이 원하는 인간상을 형성할 수 있다고 본다. 셋째, 인간은 동물과 달리 복잡한 인지능력을 가지고 있음에도 불구하고, 동물을 대상으로 한 연구결과를 인간에게 적용하고 있다는 것이다. 넷째, 인간의 외현적인 행동에만 관심을 가짐으로써 사고력, 문제해결력, 감정 등의 고차원적인 인간행동을 설명하는 데는 한계가 있다는 점이다.

04 사회학습이론

Albert Bandura(1925~)는 캐나다의 작은 시골마을에서 태어나 브리티시 컬럼비아 대학에서 심리학을 전공, 미국 아이오와대학에서 박사학위를 받고 스탠퍼드 대학에서 교수로 재직하였다. 아동의 공격성 연구를 위한 Bandura의 보브인형 실험은 매우 유명하다.

Bandura의 사회학습이론은 전통적인 학습이론에 인지이론을 접목한 이론이다. Bandura는 인간의 행동이 조건형성의 원리를 통해서만 학습되는 것이 아니라 다른 사람의 행동을 관찰하는 것만으로도 학습된다고 주장한다. 이를 관찰학습이라 한다. 관찰학습은 영유아가 일상생활을 하는 환경 속에서 타인의 행동과 그 행동의 결과를 보고 배우는 것이다. 관찰학습에는 환경과 영유아의 행동이 중요한 요인이며, 이는 일상적인 사회생활에서 흔하게 발생하는 것이기에 사회학습이론이라 불린다.

Bandura는 사회학습이론을 발표한 이후에도 지속적인 연구를 통해 이론을 보완 수정하게 된다. 그 결과 사회학습이론을 인지사회학습이론으로 발전시켰다. 인지사회학습이론에서는 영유아의 인지능력이 관찰학습에 미치는 영향을 강조하고 있다. 즉, 영유아가 생활하는 환경 내에서 단순히 관찰학습이 일어나는 것이 아니고, 영유아 개인의 내적 특성과 인지적 능력에 따라 관찰학습이 다르게 일어난다는 것이다(Bandura, 1971).

1) 인지사회학습이론

Bandura의 인지사회학습이론은 환경의 중요성을 강조하면서 아울러 영유아의 인지능력까지 고려한 이론이다(Bandura, 1981). 인지사회학습이론의 관찰학습에는 두 가지 형태가 있다. 모방과 모델링이다. 모방은 다른 사람의 행동을 그대로 따라하거나 베끼는 것이다. 무엇을 배운다는 의식 없이 그냥 따라할 뿐이다. 예를 들면, 영아가 어머니의 말을 그대로 따라하는 언어학습이 모방이다.

모델링은 유아가 다른 사람의 행동과 행동의 결과를 관찰하여 그들의 행동과 특성을 학습하는 것이다. 즉, 유아가 타인의 여러 행동 중 특정 행동을 선택해서 보고 배우는 것이다. 모델링의 예를 들면, 교구를 정리하는 친구에게 선생님이 칭찬하는 것을 본 유아는 자기도 선생님의 칭찬을 받기 위해 교구를 정리하게 된다. 친구의 행동에 강화가 주어지는 것을 본 유아가 자신도 강화를 받고 싶어 그 행동을 재현하는 것이 모델링이다. 모방과 비교하면 모델링은 목적지향적인 면이 있다. 모델링을 관찰학습 또는 대리학습이라고도 한다.

조건형성이론에서는 강화가 행동을 형성하는 중요요인이지만, 관찰학습에서는 대리강화와 자기강화가 중요 요인이다. 대리강화는 모델행동의 결과를 관찰해서 학습이 일어나는 간접강화를 의미한다. 모델의 행동이 보상을 받는지 또는 처벌을 받는지 관찰하여 간접적으로 상이나 벌을 경험하게 되는 것을 대리강화 또는 대리처벌이라 한다. 모델의 행동이 보상받는 것을 관찰하면 그 행동을 학습할 가능성이 커지며, 모델행동이 처벌받는 것을 관찰하게 되면 그 행동을 학습할 가능성이 작아진다.

자기강화는 모델의 행동을 관찰하면서 자신이 모델과 같은 행동을 하면 보상을 받을지 또는 처벌을 받을지 스스로 판단하고 평가해서 자기행동을 조절하는 것을 말한다. 이러한 자기강화는 모델행동의 결과까지 관찰하는 것이 아니라 모델행동만 보고 결과를 스스로 유추해서 판단하는 것이다. 어머니가 먹지 말라고 숨겨둔 사탕을 형이 꺼내 먹는 것을 본 동생은 나중에 형이 어머니께 벌을 받을 것이라 판단하고 자신은 형과 같은 행동을 하지 않는다. 동생이 형의 행동을 보고 따라하지 않는 것은 자기강화에 의한 것이다.

2) 관찰학습의 네 가지 구성요소

관찰학습은 네 가지 요소, 즉 주의집중, 기억, 운동재생, 동기유발로 구성된다 (Bandura et al., 1959).

첫째, 모델의 행동을 관찰하여 학습하려면 우선 모델의 행동에 관심을 가져야 한다. 모델이 매력적이거나 능력이 있으면 유아가 주의 집중할 가능성이 많아진다. 모델의 행동에 주의를 집중해야 학습이 일어날 수 있다.

둘째, 모델의 행동을 관찰하여 모방할 수 있을 때까지 그 행동을 기억 속에 유지하고 있어야 한다.

셋째, 모방하고자 하는 행동의 운동재생 과정이다. 관찰한 행동을 기억했다가 그 행동을 수행할 수 있어야 한다.

넷째, 모델행동을 모방하더라도 강화와 동기유발이 있어야 자신의 행동으로 학습된다. 모델의 행동을 따라 했을 때 강화가 주어지면 그 행동을 자신의 행동으로 형성하게 된다. 동기유발은 자기강화와 같은 것이다. 즉, 모델의 행동을 따라하면 자신도 강화를 받을 것이라는 기대가 있을 때 관찰학습을 하게 된다.

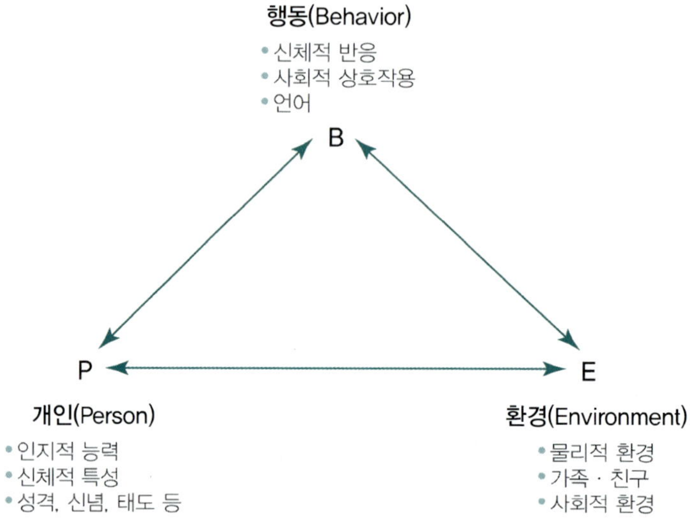

그림 3-3 Bandura의 상호결정론

출처: Bandura(1981).

3) 상호결정론

Bandura는 인지사회학습이론에서 관찰보다는 관찰과정에서 일어나는 개인의 인지와 사고과정에 더 가치를 두고 있다. Bandura는 영유아와 환경 간의 지속적인 상호작용을 통해 발달이 이루어진다고 보고 이를 상호결정론이라 명명했다(Bandura, 1981). 조건형성이론에서는 환경이 행동을 형성하지만 상호결정론에 의하면 행동 형성에는 개인, 행동 그리고 환경이 관여하며, 개인, 행동, 환경 간의 관계는 양방향적이다. 상호결정론에서 개인은 영유아의 인지능력, 신체적 특성, 성격, 태도, 신념 등을 포함한다. 행동은 신체적 반응, 사회적 상호작용, 언어를 포함하며, 환경은 물리적 환경, 가족·친구, 사회적 환경을 말한다.

영유아가 생활하는 환경은 영유아에게 영향을 미치고, 반대로 영유아도 환경에 영향을 미친다. 상호결정론에 따르면, 영유아는 자신의 발달에 영향을 미치는 환경 조성에 적극적으로 참여한다고 볼 수 있다.

4) 사회학습이론에 대한 평가

Bandura의 사회학습이론은 Skinner의 조작적 조건형성이론과 Piaget의 인지발달이론을 접목한 이론이다. 사회적 환경뿐 아니라 영유아의 인지능력도 발달에 영향을 미친다고 보기 때문에 초기 학습이론에 비하면 진전된 이론이라 할 수 있다. 그리고 학습이론의 조건형성 원리만으로는 설명되지 않는 행동형성 과정을 설명해주고 있다.

그러나 영유아의 인지체계가 어떻게 발달하는지, 연령이 관찰학습에 어떻게 영향을 미치는지에 대해서는 설명하지 않았다는 지적을 받고 있다.

05 인지발달이론

인지발달이론은 1960년대 이후 학습이론이 주류를 이루고 있던 심리학계에 새로운 반향을 불러 일으켰다. 학습이론에서는 인간을 환경의 지배를 받는 수동적인 존재로 보았다. 이와 달리 인지발달이론가들은 인간을 스스로 사고하고 정보를 처리하며 지식을 구성해나가는 능동적인 존재로 보았다. 정신분석이론이 인간의 무의식적인 사고를 중요시하였다면, 인지발달이론은 인간의 의식적인 사고 그리고 객관적이고 관찰 가능한 외현적 행동을 중요시하였다.

영유아의 인지적 능력이 어떻게 변화하는지를 Piaget이 인지발달이론, Vygotsky의 사회문화적 이론, 정보처리이론, Case의 Neo-piagetian 이론을 중심으로 살펴보고자 한다.

1) Piaget의 인지발달이론

Jean Piaget(1896~1980)는 인지발달이론가로 알려져 있지만 본래 동물학을 전공한 생물학자였다. 그래서 Piaget의 인지발달이론에는 생물학적 특성이 뚜렷하게 나타난다. Piaget는 생물학적 관점에서 유기체가 환경에 적응하는 방식에 관심을 두고 이론을 정립하였다. Piaget의 인지발달이론은 발생학적 인식론이라고도 하는데, 이는 지식이 무엇이며, 어떻게 지식을 생성시키는지 밝히고자하였기 때문이다.

Piaget에 의하면 인지발달은 유기체와 환경과의 상호작용으로 이루어지는 적응과정이다. 영유아들은 새로운 환경들을 경험하면서 심리적 구조, 즉 지식을 구성하고 발달시킨다. 영유아들은 아주 능동적으로 지식을 발달시켜 간다. 또한 Piaget의 인지발달이론은 영유아들이 환경과 능동적인 상호작용을 통해 세상에 관한 지식을 발견하거나 구성한다고 보기 때문에 구성주의적 접근(constructivist approach)으로도 불린다.

(1) Piaget 이론의 기본 개념

영아들은 주변 환경을 탐색하면서 자신의 인지구조를 발달시켜 나간다. 유아들은 영아에 비해 신체활동이 활발해지면서 주변 환경을 좀 더 적극적으로 탐색할 수 있게 된다. 환경과 더 많은 상호작용을 하면서 자신의 인지구조를 발달시킬 수 있게 된다. 유아기 동안 나타나는 직관적 사고와 상상력은 아동기가 되어 구체적인 사고로 변화한다. 청소년기와 성인기가 되면 추상적이고 논리적인 지능으로 변화된다.

Piaget는 이러한 인지발달과정을 4단계로 구성하였다. 인지발달의 4단계는 감각운동기, 전조작기, 구체적 조작기, 형식적 조작기로 구성되어 있다. Piaget가 제시한 인지발달단계는 세 가지 특성을 갖고 있다.

첫째, 각 단계마다 고유한 발달 특징이 있다. 단계마다 지식이 누적되는 것이 아니고, 각 단계는 다음 단계와는 질적으로 다른 지식 구조를 가지고 있다.

둘째, 단계들의 순서는 불변적이다. 항상 정해진 순서대로 발달한다.

셋째, Piaget 인지발달단계는 세계 모든 문화권의 아동들에게 적용 가능하다. 이러한 Piaget 이론의 기본 개념은 인지구조와 인지과정으로 나누어 볼 수 있다.

① 인지구조cognitive structure

Piaget는 심리적인 인지구조를 도식(schemes)이라고 불렀다. 도식은 영유아가 자신이 경험하는 환경을 이해하기 위해 사용하는 인지의 틀 또는 경험을 이해하는 조직화된 방식이다. Piaget에 의하면 인지발달은 인지구조의 발달을 의미하며, 결국 도식의 발달이라 할 수 있다. 영유아는 세상의 경험을 이해하기 위해 자신의 기존 인지구조를 이용하기도 하고, 새로운 인지구조를 구성하기도 한다. 세상에 적응하기 위한 사고방식, 행동 유형, 문제해결 전략의 유형이 도식된다. 도식은 연령에 따라 변화한다. 실제로 빨기나 잡기 반사가 최초의 도식인데, 이러한 도식은 출생 시 가지고 태어나지만, 대부분의 도식은 경험을 통해서 만들어진다.

도식에는 행동적 도식, 상징적 도식, 조작적 도식이 있다.

- **행동적 도식**

  영아기 행동적 도식은 감각운동의 기본양식이다. 사물에 반응하거나 경험할 때 사용하는 조직화된 행동양식으로, 영아기 동안 외현적 행동을 통해서만 표현된다. 2, 3개월 된 아기는 손에 닿는 물건을 잡는 행동 도식을 보인다. 6개월 된 아기는 물체를 쳐다보고(도식) 잡아서(도식) 다시 놓는다(도식). 18개월 된 영아는 물체를 벽에 던지거나 아래로 내던지는 등 떨어뜨리는 행동 도식을 보인다. 이렇게 행동적 도식은 계획적이고 창의적으로 변한다. 유아기 행동적 도식은 사물과 상호작용하거나 새로운 환경을 접했을 때 사용하는 조직화된 행동양식이다. 유아가 선생님을 만나면 배꼽 인사하는 것, 놀이터에서 줄서기를 하는 것 등은 유아기 행동적 도식의 예이다.

- **상징적 도식**

  상징적 도식은 머릿속에 있는 경험의 표상이다. 걸음마기가 되면 감각운동에서 정신적 표상에 기초한 인지적 행동으로 전환하게 된다. 영아는 실제 행동을 하지 않고서도 머릿속에 심상이나 언어와 같은 정신적 상징으로 생각하거나 문제를 해결할 수 있게 된다. 상징적 도식은 2세경에 나타나는데, 이때 영아는 막대기를 칼로, 베개를 아기로 간주할 수 있게 된다. 유아기가 되면 상상력이 풍부해지고 언어가 유창해진다. 언어는 상징적 도식의 대표적인 예이다. 유아기에 다양한 상징적 놀이가 가능한 것은 상징적 도식이 발달하기 때문이다.

- **조작적 도식**

조작적 도식은 사고의 내적 정신적 활동으로, 논리적 결론에 도달하는 인지적 조작이 특징이다. 가장 흔한 인지적 조작은 사칙연산(+, −, ×, ÷)과 같은 수학적 상징에 의해 행해진다. 7세 이후 아동들의 사고에서 나타나며, 추상적이고 가설적인 도식을 구성할 수 있게 한다.

② 인지과정

영유아들은 환경과 상호작용하는 과정에서 적응과 조직화를 통해 기존의 도식을 변화시키고 새로운 도식을 개발하기도 한다. 즉, Piaget 인지발달이론에서는 적응과 조직화라는 두 가지 과정을 통해 인지가 발달하는 과정을 설명한다.

- **적응**

적응은 환경과의 직접적인 상호작용을 통해 도식이 만들어지는 과정이다. 적응은 동화와 조절이라는 두 가지 상호보완적인 활동으로 이루어진다.

동화(assimilation)는 영유아가 외부 세계를 해석하고 이해하기 위해 기존에 가지고 있는 도식을 사용하는 것이다. 즉, 낯선 환경을 접했을 때 자신이 가지고 있는 도식으로 환경을 이해하려는 것이다. 예를 들면, 빨기 도식을 가지고 있는 영아에게 딸랑이를 쥐여 주면 입으로 가져간다. 이는 딸랑이를 빨기 도식에 동화시킨 것이다. 또 물건을 떨어뜨리는 도식을 가지고 있는 영아에게 장난감을 쥐여 주면 반복적으로 떨어뜨린다. 이는 영아가 기존에 가지고 있던 감각운동 도식에 동화하는 것이다. '하늘을 나는 것은 새'라는 도식을 가지고 있는 아이가 비행기를 처음 봤을 때 비행기를 새라고 이해하는 것은 동화의 과정이다. 황금빛 털에 긴 꼬리 그리고 네 발 가진 동물은 여우라는 도식을 가지고 있는 유아가 동물원에 가서 늑대를 처음 봤다. 유아는 늑대를 보고 자기가 알고 있는 동물, 즉 여우라고 생각한다. 이는 동화의 과정이다.

조절(accommodation)은 새로운 환경을 접했을 때 기존의 도식으로 새로운 환경을 완전히 이해할 수 없을 때, 기존에 가지고 있던 도식을 변경시키거나 새로운 도식을 만드는 것이다. 영아가 딸랑이를 입으로 가져가려 할 때 어머니가 딸랑이를 흔들게 도와주었다. 영아는 딸랑이를 흔들 수 있다는 것을 알게 되었다. 딸랑이에 대한 영아의 행동 도식은 빨기 도식에서 흔들기라는 행동 도식이 추가 되었다. 영아가 비행기를 보고 새라고 했을 때 "아니야, 저것은 비행기란다"라고 말해 줌으로써 하늘을 나는 것은 새도 있지만 비행기도 있다는 것을 알게 된다. 이때 비행기라는 새로운 도식이 형성된다. 유아가 처음 보는 늑대를 여우라고 생각할 때, 엄마가 늑대와 여우의 차이점을 이야기 해 준다. 그러면 유아는 꼬리가 있고 네 발 가진 동물에는 여우 말고 늑대라는 동물이 있다는 것을 알게 되고, 늑대라는 새로운 도식을 만들게 된다. 새로운 자극이나 환경에 적응하기 위해 이렇게 도식이 생성되거나 분화되는 것을 조절이라 한다. 영유아가 조절하는 동안에 도식의 형태에 질적인 변화가 발생한다. 이때 인지가 발달한다고 할 수 있다.

Piaget는 유아가 기존에 가지고 있는 인지구조로 세상을 이해하는 데 아무런 문제가 없는 상태를 인지적 균형이 이루어진 것으로 보고 이를 '평형화'라 했다. 평형화란 동화와 조절 중 어느 하나가 우세하지 않은 상태, 즉 균형을 이루는 상태를 의미한다. 즉, 평형화는 영유아가 환경과 상호작용하면서 동화와 조절에 의해 인지구조의 균형이 이루어진 상태이다. 영유아가 새로운 환경이나 사물을 만나면 자신이 가지고 있는 기존의 사고 틀(도식)로 이해하려 한다. 즉, 동화하려 한다. 기존의 도식으로 새로운 사물이 이해되면 적응이 된다. 그런데 자신의 기존 사고 틀에서는 사물을 이해하지 못하게 될 때 인지적 갈등이 일어나고 불균형을 겪게 된다. 이때 영유아는 자신의 도식을 수정하여 사물을 이해하려 한다. 즉, 조절하게 되는 것이다. 도식의 수정으로 새로운 사물이 이해되면 인지적으로 균형을 이루게 된다. 영유아가 이해할 수 없는 완전히 낯선 환경보다 영유아가 경험하던 환경과 약간 차이가 나는 환경에서 인지적 불균형을 경험하기 쉽다. 이와 같이 불균형과 균형을 통해 평형화(equilibration)를 이루게 될 때 인지가 발달하게 된다.

- 조직화

Piaget 이론에서 조직화는 인지구조와 인지과정을 보다 체계화하는 타고난 성향이다. 조직화는 환경과 직접 상호작용하는 과정에서 일어나기도 하며, 정신적인 사고체계 내에서도 발생한다. 영유아는 자신의 생각이나 행동을 어떤 체계로 조직화하려는 경향이 있다. 도식은 조직화를 통해 변화한다. 즉, 두 가지 이상의 도식을 통합하여 더 높은 수준의 지식체계가 만들어진다. 예를 들어 영아가 자신이 보고 있는 물체를 잡으려고 하는 행동은 보는 행동(보기 도식)과 잡는 행동(잡기 도식)을 결합하는 일종의 조직화 행동이다. 영아들은 조직화를 통해 운동 기능을 발휘하게 된다. 가령, 젖병을 잡는 행위와 젖꼭지를 빠는 행동 각각은 조직화 과정에 의해 젖병을 잡고 빠는 행동으로 순조롭게 우유를 먹게 되는 것이다. 유아가 공 던지기를 할 때 처음에는 두발과 몸을 움직이지 않고 팔로만 공을 던진다. 하지만 발을 앞으로 내미는 행동, 팔을 쭉 뻗는 행동, 던지는 행동이 결합되는 조직화 과정에 의해 능숙한 공 던지기가 가능해진다. 유아가 '움직이는 것은 살아 있다'는 도식을 가지고 있다. 그러다 '스스로 움직이는 것이 살아있는 것'이라는 것을 알게 되면, '움직이는 것 가운데서도 스스로 움직이는 것이 살아있는 것'이라는 도식을 만들게 된다. 기존의 도식에 새로운 도식이 결합되는 조직화에 의해 한 차원 발전한 지식체계가 형성되게 된다.

(2) Piaget의 인지발달단계

Piaget는 인지구조가 질적으로 변화하는 과정에 따라 인지발달단계를 4단계로 제시하였다. 앞 단계에서 다음 단계로 이행하는 것은 인지구조의 질적 변화를 의미한다. 각 단계는 하나의 통합된 구조를 가지고, 이전 단계는 다음 단계의 구조로 통합된다. 각 단계 간의 가장 큰 차이는 조작(operation)수준이다. Piaget 이론에서 조작이란 주변 환경에 적응하기 위해 일어나는 정신활동 등의 인지적 조작을 말한다. 즉, 사건들을 연관 지어 논리적으로 생각해보는 과정을 의미한다. 각 단계에 도달하는 연령은 개인의 경험, 동기 및 사회문화적 환경에 따라 다를 수 있다.

① 감각운동기(출생에서 2세까지)

감각운동기는 주로 감각기관을 통한 감각적 정보와 초보적인 운동기능을 통해 세상을 이해하는 시기이다. 영아의 운동들은 도식과 도식 간의 협응 속에서 일어나는 조직화 과정이다. 이는 감각운동적 지능이 되며, 이후 인지구조의 기초를 이루게 되고 개념적 지능으로 발전한다. Piaget는 이 시기 동안 영아가 눈, 귀, 손 등의 감각수용기를 통해 외부세계를 알게 된다고 믿었다. 감각운동기 영아들의 활동은 내면화된 인지적 사고를 나타내는 것이 아니므로 조작이라 할 수 없다.

감각운동기에는 영아가 태어날 때 가지고 있는 반사행동으로 활동이 시작된다. Piaget는 영아의 반복적인 활동을 순환반응이라 한다. 순환반응은 변화하는데, 처음에는 영아들의 신체에 집중하여 반복된 활동을 하다가, 점차 주변 환경 및 사물의 조작으로 이동한다. 영아의 운동은 도식과 도식 간의 협응 속에서 일어나는 과정이다. 영아가 경험한 감각과 운동은 감각운동적 지능이 되며, 이것은 이후 인지구조의 기초를 이루게 되고 개념적 지능이 된다. 이 단계에서 영아들의 활동은 내면화된 인지적 사고 형태를 나타내는 것이 아니므로 조작이라 할 수 없다. Piaget는 감각운동기를 여섯 개의 하위 단계로 나누고 있다. 감각운동기의 하위 단계에 대해서는 영아의 인지발달에서 상세하게 설명하고 있다.

② 전조작기(2세에서 7세까지)

감각운동기에서 전조작기로 넘어가는 유아들에게 나타나는 가장 현저한 변화는 정신적 표상능력의 향상이다. 이 시기는 상징적 수준에서 사고할 수는 있지만, 아직 조작(operation)할 수는 없다. 조작은 과거에 일어났던 사건들을 내면화하여 서로 관계 지을 수 있는 것, 즉 논리적인 관계를 지을 수 있는 것을 말한다.

전조작기에는 상징적 사고가 가능하다. 따라서 유아들은 눈앞에 없는 사물을 표상할 수 있게 되어 상징놀이와 지연모방이 가능하고, 이는 연령에 따라 급격히 증가한다. 전조작기의 또 다른 사고의 특징은 자아중심적 사고와 물활론적 사고, 직관적 사고 등이다.

Piaget는 학령 전기 유아들이 조작적 사고를 할 수 없는 이유를 유아기의 자아중심적 사고와 물활론적 사고와 같은 인지적 능력의 한계 때문으로 보고 있다. 그리고 전조작기 유아들의 자기중심성과 비가역적 사고의 특성 때문에 보존개념이 결여되어 있다고 한다. 보존개념은 외형이 변해도 대상이나 물질의 특성은 변하지 않는다는 것을 이해하는 능력이다. 유아가 보존개념을 획득하지 못하는 것은 가역적 조작이 어렵고, 사물의 한 측면에만 주의를 기울이는 직관적 사고 때문이다(Piaget, 1960).

③ 구체적 조작기(7세에서 11세까지)

구체적 조작기 아동은 전조작기 유아들이 할 수 없는 가역적 사고를 할 수 있다. 조작할 수 있는 사고능력을 획득하므로 논리적인 사고를 할 수 있다. 이 시기 아동은 자기중심성이 감소하는 반면 융통성이 있고 객관적인 사고를 한다(Piaget & Inhelder, 1956).

하지만 이 시기에는 관찰할 수 있는 구체적 사물을 다루는 데에는 논리적이지만, 가설적이고 추상적 또는 언어적인 문제를 다루는 데에는 아직 미숙한 인지구조를 형성하고 있다. 이 시기 아동의 조작적 사고가 대부분 관찰 가능한 구체적인 사물이나 사건에 한정되어 있기 때문에 구체적 조작기라 한다.

이 시기 아동이 조작을 할 수 있다는 명확한 증거는 보존개념의 습득이다. 이외에도 분류화, 서열화가 가능하고, 공간추론능력을 획득한다. 하지만 구체적 조작기 아동들은 추상적 개념에 대한 추리는 할 수 없다.

④ 형식적 조작기(11세 이후)

형식적 조작기가 되면 추상적이고 과학적인 사고 능력이 발달한다. 구체적 조작기 아동들은 구체적인 사물이나 상황에 대해서 논리적으로 사고할 수 있으나, 형식적 조작기에는 추상적인 상황에 대해서도 논리적인 사고가 가능하다. 즉, 구체적 조작기 아동은 '현실에 대한 조작'이 가능한 반면, 형식적 조작기 청소년들은 '조작에 대한 조작'이 가능해진다. 즉, 사춘기에 접어드는 청소년들은 구체적 사물이나 사건을 직접 경험하지 않아도 상상할 수 있고, 가정하여 판단할 수 있다(Piaget & Inhelder, 1971).

(3) Piaget 이론에 대한 평가

Piaget 이론의 가장 큰 공헌은 인간발달에서 인지를 강조한 점이다. Piaget는 영유아에게는 성인과는 질적으로 다른 영유아만의 사고 특징이 있다고 주장한다.

그리고 영유아와 아동 그리고 성인이 어떻게 다르게 사고하는지에 대해 체계적으로 설명할 수 있는 이론적 근거를 제시하였다. Piaget에 따르면 영유아는 환경으로부터 일방적으로 영향을 받는 수동적인 존재가 아니라 자발적으로 환경을 탐색함으로써 지적발달을 이루어가는 능동적인 존재이다.

Piaget 이론은 유아교육 현장에도 많은 기여를 하고 있다. 예를 들면, 발견학습, 학습준비도에 대한 민감성 등의 교육원리가 교육현장에서 활용되고 있다. 영유아의 사고력은 바른 지식이 누적되어 발달해가는 것이 아니고, 영유아가 환경과 상호작용하면서 자기 생각이 잘못된 것을 깨닫고 스스로 수정해가는 과정을 통해서 발달한다. 부모나 교사가 주는 지식은 아무리 외워도 영유아의 인지발달과 연결되지 않는다. 영유아를 위한 학습은 아이들 발달 수준에 맞게 실시되어야 한다. 보존개념이 없는 유아에게 아무리 보존개념을 설명해도 유아는 이해할 수가 없다.

Piaget 이론이 인지발달에 대해 많은 설명을 하고 있지만, 연구방법과 해석 면에서는 몇 가지 비판도 받고 있다.

첫째, 유아의 능력을 과소평가하고 있다는 점이다. 전조작기 유아들이 자기중심적이지만은 않다는 사례가 많이 보고되고 있으며, 유아에게 제시된 실험이 연령에 비해 지나치게 어렵다는 비난도 받고 있다.

둘째, 현대의 연구자들은 유아의 인지적 달성이 Piaget가 제시한 것처럼 일관적이지 않다고 주장한다(Bjorklund, 2012). Piaget 이론은 사회문화적 영향을 과소평가했다는 비판도 받고 있다. 저개발 국가의 아동들은 각 발달단계에 도달하는 시기가 늦으며, 모든 청년들이 형식적 조작기 사고를 하지 않는다.

셋째, Piaget는 동화, 조절, 적응, 조직화와 평형화 같은 기제로 인지변화를 설명하고 있지만, 인지변화가 인지발달단계의 전환에 어떤 역할을 하는지에 대한 설명은 명확히 제공하고 있지 않다(Siegler & Ellis, 1996).

2) Vygotsky의 사회문화적 이론

러시아 심리학자 Lev Semenovich Vygotsky(1896~1934)는 어려서부터 폐결핵

을 앓아 건강하지 못했으며, 결국 오래 살지 못하고 38세에 세상을 떠났다. 그는 180편이 넘는 논문과 저서 및 연구물을 남겼다. 짧은 생과 시대적 상황에 의해 Vygotsky 연구는 오랫동안 빛을 보지 못했다. 1960년대에 인지심리학에 대한 관심이 Vygotsky의 이론을 부활시켰으며 교육심리학에 적용되게 되었다.

Vygotsky의 관심은 인지발달 및 언어발달부터 특수교육에 이르기까지 다양하였다. Vygotsky는 영유아가 성장하고 있는 사회·문화적 배경을 고려하지 않고는 영유아발달을 이해할 수 없다고 주장했다.

환경과의 상호작용에 관심을 가진 Piaget의 상호작용론에서는 사물과 인간을 특별히 구분하지 않는다. 사물과 인간 모두를 환경으로 보고 환경과의 상호작용을 설명한다. 즉, Piaget의 주장에 의하면 영유아는 환경과 상호작용하면서 나름 세상에 대한 이해를 구성해간다.

Vygotsky는 Piaget와는 달리 사람과의 상호작용을 강조한다. Vygotsky의 주장에 따르면 영유아는 부모를 비롯한 주위 어른 또는 자기보다 나은 또래와의 상호작용을 통해 지식을 구성해간다. 즉, 인간의 지식은 대인 간의 상호작용을 통해 이루어진다. 영유아가 속해 있는 집단의 문화와 사회적 관계 속에서 발달이 이루어진다고 강조하고 있기 때문에 Vygotsky 이론을 사회문화적 인지이론이라 한다.

(1) 기본 가정과 발달단계

Vygotsky는 인지발달의 결정적인 요인으로 사회문화를 강조하였다. 문화로부터 대부분 지식을 습득하고 사고의 과정과 사고의 수단을 습득한다. 즉, 문화는 영유아가 무엇을 생각하고 어떻게 생각할 것인가를 가르친다.

이는 사회문화에 따라 개인의 발달이 달라진다는 것을 의미한다. 영유아는 성장해가는 과정에서 많은 다양한 사람들과 상호작용하면서, 사고가 성숙하게 되고 인지가 발달하게 된다. 작곡가의 딸은 어릴 때부터 부모로부터 다양한 음악과 작곡가에 대한 이야기를 듣고 자랐기에 음악적 지식이 풍부할 것이며, 건축가의 딸은 공간과 건축물 그리고 디자인에 대한 지식이 많을 것이다. 우주비행사의 아들은 과학과 컴퓨터에 대한 지식이 풍부할 것이다. 산속에서 생활하는 심마니의 딸은 약초에 대한 지식이 많을 것이다.

Vygotsky에 의하면 사회적 상호작용, 특히 성인과의 대화가 영유아가 사고하고 행동하는 법을 습득하는 데 필수적이라고 한다(Vygotsky, 1962). 언어가 사고를 발달시켜주는 매개도구이다. 영유아는 언어를 통하여 한 차원 더 높은 인지발달을 이룰 수 있다. Vygotsky에 따르면 영유아는 기본적인 인지능력을 가지고 태어나며, 성장하면서 사회문화적 환경 속에서 만나는 성인들에 의해 새롭고 더욱 정교한 인지능력으로 변화시켜 간다. 인지능력을 변화시켜주는 도구가 언어이다. 2세 이전에는 타고난 인지기술로 환경과 직접적인 접촉으로 발달하지만, 2세 이후부터는 언어를 매개로 고차원적인 인지기술을 함양하게 된다.

(2) Vygotsky 이론의 주요 개념

① 혼잣말

Vygotsky는 대화를 위해서뿐만 아니라 자신의 사고과정과 행동을 이끌기 위해 언어를 사용한다고 주장했다(Vygotsky, 1962). 유아가 놀이를 하거나 환경을 탐색하는 동안 자기 자신에게 이야기하는 것을 관찰할 수 있다. "이건 어떻게 하지, 그래 두 번 더 접어야 해", "아, 요건 아래에 끼워야 해" 등 자기지시 또는 자기조절을 위해 사용되는 언어가 혼잣말이다. Vygotsky의 혼잣말은 Piaget(1983)의 자기중심적 언어와는 다른 의미의 혼잣말이다.

Vygotsky는 유아가 자기지도(self-guidance)를 위해 혼잣말을 하는 것으로 보았다. 혼자 과제를 수행할 때 혼잣말을 하면서 자기 스스로에게 지시를 내린다. 유아는 어려운 과제를 해결할 때 혼잣말을 더 많이 사용한다. 혼잣말은 타인들과 상호작용의 기회가 많았던 유아가 더 많이 사용한다. 실수한 후 수습이 어려울 때도 사용한다. 어려운 과제를 수행하는 동안에 혼잣말을 사용하는 유아가 혼잣말을 사용하지 않는 또래보다 더욱 주의집중하고 과제에 몰입하며 수행성과도 좋다. 이러한 결과는 Vygotsky의 혼잣말이 의사소통을 위한 것이 아니라, 자기조절을 위한 것임을 말해 준다.

혼잣말은 3～5세에 대부분 나타난다. 연령이 증가하고 과제를 좀 더 쉽게 해결할 수 있게 되면 혼잣말은 내적언어로 내재화된다. 내적언어는 속삭이거나 입술을 조용하게 움직이는 모양으로 나타난다. Vygotsky는 유아의 행동과 사고를 통제하는데 언어가 중요한 역할을 한다고 강조하였다.

② 근접발달 영역Zone of Proximal Development: ZPD

Vygotsky는 학습이 근접발달 영역 내에서 일어난다고 믿었다. 근접발달 영역은 유아가 혼자 해결하기에는 어렵지만 성인이나 유능한 또래들의 도움으로 성공할 수 있는 영역을 의미한다. 유아 자신의 힘으로 문제를 해결할 수 있는 실제적 발달수준과 성인이나 유능한 또래로부터 도움을 받아 문제를 해결할 수 있는 잠재적 발달 수준 사이의 영역이다. 즉, 유아 스스로 할 수 있는 것보다 도움을 받아서 더 잘하게 된 그만큼의 영역이 근접발달 영역이다.

③ 상호주관성Intersubjectivity

Vygotsky 이론에 따르면 인지발달은 사회적 상호작용 과정에서 이루어진다. 어떤 과제에 대해 서로 다르게 이해하고 있던 두 사람이 상호작용을 통해 같은 견해에 도달하는 과정이 상호주관성이다. 서로 상호작용하는 사람들은 상호주관성에 의해 상대방의 관점을 이해하며 서로 생각들을 맞추어 가게 된다. 이러한 상호주관성 능력은 생의 초기에도 존재한다. 즉, 부모와 영아가 서로 응시하며 정서적인 신호를 교환하고 모방할 때부터 상호주관성은 존재한다. 영아의 옹알이에 부모가 반응을 해주면 영아는 더 많은 옹알이를 하게 되는데, 이 역시 상호주관성이라 볼 수 있다.

3~5세 유아는 놀이를 통해 상호주관성을 유지시키고 발달시킨다. 유아가 놀이하는 과정에서 또래들의 메시지를 확인하고 자신의 새로운 생각을 추가하면서 서로 의견을 일치시켜 간다. 그러는 과정에서 상호주관성을 발달시키게 된다. 한 유아가 장난감을 이용해서 새로운 놀이를 하는 또래를 관찰하고 있다가 함께 어울리게 된다면, 이는 유아가 친구의 새로운 놀이를 이해했다는 의미이며 이도 상호주관성이라 할 수 있다. 또래 간 대화에서 "나는 이렇게 하려고 하는데, 너 생각은 어떠니?"라고 말하는 것처럼 아이들은 서로의 관점을 공유하려 한다(Berk, 2001). 이러한 상호주관성을 통해 유아들은 서로 근접발달 영역을 만들어 간다.

④ 비계Scaffolding

비계는 유아가 자신의 힘으로 해결하기 어려운 문제를 해결할 수 있도록 성인이나 유능한 또래가 도움을 제공하는 것이다. 근접발달 영역은 혼자 해결할 수 있는 영역과 도움을 받아 더 잘 해결할 수 있게 된 영역의 차이를 말하는 것이다. 비계는 도움 그 자체를 의미한다. 성인은 유아가 독립적으로 과제를 수행할 수 있도록 유아의 수준에 맞추어 도움의 양을 조절하기도 하고, 유아 스스로 문제를 해결하게 되면 도움을 철회하기도 한다. 유아가 학습하는 것이 새로운 내용일 때 성인은 직접적으로 지시하는 방법을 사용한다. 유아가 잘 따라하게 되면 직접적인 지시 대신 단서를 주게 된다. 때로는 과제를 처리 가능한 단위로 세분화하여 도와주기도 하고, 유아의 주의를 환기시킬 수 있는 힌트를 제공하기도 한다. 이러한 도움들이 비계이다.

효과적인 비계 설정은 처음에는 직접적인 도움을 주다가 점차 도움을 줄이고 단서를 제공해주는 식으로 변화시켜가는 것이다. 예를 들어, 유아에게 더하기를 가르칠 때 처음에는 손가락을 사용하여 가르친다. 유아가 곧잘 문제를 풀게 되면 스스로 해결하도록 하는 것이다. 만약 유아가 어려워하면 살짝 힌트를 준다. 이때 손가락을 이용하여 가르치는 것과 살짝 힌트를 주는 것이 비계이다.

(3) Vygotsky 이론의 평가

Vygotsky 이론은 인지발달과정에서 사회문화적 경험을 중요하게 여긴다. 사회문화적 경험에 따라 유아의 인지발달은 다르게 된다. 문화적 상대성을 인정하여 유아의 사고나 행동은 문화권마다 다르다고 본다.

Vygotsky는 학습이 발달을 유도하는 것으로 발달과 학습과의 관계를 설명한다. 유아가 부모나 교사와 상호작용을 함으로써 학습이 일어나며, 이러한 학습에 의해 인지발달이 이루어진다. Vygotsky는 부모와 교사는 유아의 사고를 향상시킬 수 있다고 주장함으로써 인지발달에서 교수(teaching)의 역할을 강조하였다. 교수는 언어를 매개체로 이루어지므로 언어가 인지발달에 중요한 역할을 한다고 보고 있다.

인지발달에 대한 문화적 접근이라는 공헌에도 불구하고, Vygotsky 이론은 인지발달에 대한 생물학적 기여를 무시하고 있다고 비판받는다. 그리고 유아가 그들의 사고를 증진시키기 위해 사회적 경험을 어떻게 내면화하는지에 대해서는 설명을 하지 않았기 때문에 인지변화에 대한 설명이 모호하다는 비판을 받고 있다.

3) 정보처리이론

인지발달에 대한 정보처리적 접근은 1970년대 이후 컴퓨터의 개발과 더불어 발전되었다. 정보처리이론은 이전 Piaget 인지이론에서 설명하기 어려웠던 인간의 사고과정을 컴퓨터의 정보처리 과정을 이용하여 체계적으로 설명하고 있다. 인간의 사고체계를 컴퓨터가 정보를 처리하는 과정과 비교해 보면 인간은 모두 동일한 정보처리 체계를 가지고 있고, 컴퓨터처럼 논리적 규칙과 전략을 적용하여 정보를 처리한다고 본다.

(1) 기본 개념

정보처리이론은 외부세계로부터 획득한 다양한 종류의 정보를 어떻게 탐지하고, 기억하고, 인출하고, 문제해결에 적용하는가에 관심을 두고 있다. 정보처리이론가들은 인간의 인지과정을 컴퓨터의 정보처리 과정과 비교하여 설명하고자 했다. 즉, 컴퓨터 하드웨어를 뇌와 신경계로 간주하고, 문제해결을 위한 계획이나 책략은 소프트웨어로 간주한다(Newell & Simon, 1972).

정보처리이론은 유아의 연령 증가에 따라 문제해결을 위한 정보탐색능력이 어떻게 발달하는지, 기억용량이 얼마나 증가하는지에 관심을 가지고 있다. 정보처리이론에서 유아와 아동 그리고 성인 간의 발달적 차이는 기억해야 할 정보들을 조작하는 능력, 기억하고 있는 정보들을 회상해내는 능력에 있다고 본다.

정보처리이론은 연령의 증가에 따라 기억용량이 증가하거나 기억하는 항목의 수가 증가하는 등 기억에서 양적인 변화가 일어난다고 본다. 이뿐만 아니라 기억전략의 수준이 향상되는 질적인 변화도 일어난다고 본다. 정보처리이론에 의하면 발달은 연령 증가에 따른 연속적 과정이다. 정보처리이론에서는 유아가 정보를 받아들이고 저장하고 다시 인출해내는 과정을 기억모형으로 제시하고 있다(Atkinson & Shiffrin, 1968).

(2) 정보처리의 모형

정보처리의 모형은 부호화(encording), 저장(storage), 인출(retrieval)이라는 세 가지 구성요소로 되어 있다. 저장은 다시 감각기억, 단기기억, 장기기억으로 구성된다.

① 부호화

세상의 많은 정보들이 시각, 청각, 후각, 미각, 촉각 등 감각기관을 통해 우리의 인지체계로 투입된다. 외부세계의 많은 정보들을 모두 인지체계로 받아들일 수는 없다. 따라서 필요하거나 또는 원하는 정보를 선택적으로 받아들인다. 이때 정보들은 부호화되어 투입된다. 정보를 기억하기 쉽도록 부호화하는 과정에서 감각을 사용한다. 눈으로 보는 정보는 시각적 부호화를, 귀로 듣는 정보는 청각적 부호화, 코로 냄새를 맡을 때는 후각적 부호화를 한다. 부호화 과정은 책정리나 서류정리를 할 때 찾기 쉽도록 분류체계를 사용하는 것과 비슷하다.

② 저장

- **감각기억** sensory register

  정보를 받아들이는 첫 관문은 감각기억이다. 이는 기억의 일시적인 기억 저장소로서 감각등록기라고도 한다. 주위 환경으로부터 광범위한 정보가 감각기관을 통해 들어오면 아주 잠깐 2~3초 동안 저장된다. 감각기억의 저장용량은 제한되어있지 않다. 감각기관에 잠시 동안 정보가 남아있지만, 특별한 정신적 전략을 사용하지 않는 한 금방 희미해지거나 사라진다. 하지만 특별한 주의를 기울이는 정보는 단기기억으로 전달된다.

• **단기기억** short-term memory

감각기억에서 선택적 주의를 기울인 정보는 단기기억에 보관된다. 이곳에서는 소량의 정보만 기억할 수 있으며, 약 30초 정도 지나면 잊히든지 아니면 장기기억으로 넘어가게 된다. 단기기억의 저장용량은 제한되어 있기 때문에 정보를 오래 저장할 수 없다. 단기기억 내의 정보들은 감각기억 내의 정보처럼 감각적 형태로 머물지는 않는다. 단기기억에서는 제한된 양의 정보를 기억하기 위해 정보를 효율적으로 조작할 수 있고, 기억전략을 적극적으로 적용하게 된다. 정보를 반복해서 외우거나, 익숙한 범주로 조직화하는 등 여러 가지 기억전략을 사용할 수 있다. 기억전략을 사용하는 이유는 제한된 용량에 많은 정보를 수용하기 위해서이다.

단기기억의 용량은 기억폭검사에 의해 측정될 수 있다. 기억폭검사는 많은 단어를 읽어 준 후에 회상해낼 수 있는 단어의 수를 측정하는 것이다(Baddeley, 1986). 단기기억의 용량은 보통 성인이 약 7±2개 정보를 수용할 정도이다. 7±2는 Miller(1956)의 실험에 의해 단기기억체계의 저장능력, 즉 한순간에 단기저장고에 들어갈 수 있는 항목의 수를 나타낸 마법의 숫자이다. 2세 유아의 기억폭은 2개 정도, 5세 유아는 4.5개이다.

단기기억은 작업기억이라고도 한다. 용량이 제한되어 있는 저장고에 정보를 저장하기 위해 정보를 조직하거나 다른 정보와 연결하기도 하며, 중요한 정보인지의 여부, 정보를 외울지 말지 그리고 외우기 위해 어떤 기억전략을 사용할 것인지를 결정하는 작업을 한다. 작업기억에 정보를 담아두기 위해서는 반복해서 암기하는 방법이 있다. 반복해서 암기하지 않으면 소멸하게 되고, 암기하게 되면 장기기억으로 옮겨갈 수도 있다(Siegler, 1983).

• **장기기억**

장기기억은 오랫동안 정보를 유지하는 일반적으로 기억이라 말하는 기억체계이다. 단기기억의 정보들이 반복연습, 조직화, 정교화 등의 기억전략을 통해 장기기억에 저장된다. 장기기억에 저장된 정보는 쉽게 지워지지 않고 오랫동안 남아있다. 장기기억에서 새로운 정보를 저장하는 용량은 거의 무제한적이다.

③ 인출

인출은 장기기억에 저장된 정보를 필요할 때 꺼내는 것을 말한다. 기억된 정보를 쉽게 인출할 수 있느냐는 정보들이 얼마나 체계적으로 잘 저장되어 있는 가에 달려있다.

(3) 정보처리이론의 평가

정보처리이론은 인간의 인지과정을 컴퓨터와 비교함으로써 인간의 복잡한 사고과정을 도식화하여 쉽게 설명하고 있다. 지각, 주의, 기억, 언어, 추상적 정신작용이 어떻게 관련되어 있는지 설명해주고 있다. 그리고 사고과정에서 개인차를 조직적으로 설명한다. 그리고 이를 활용하여 유아 개개인의 수준에 맞는 교육 자료를 만들 수 있으므로 교육현장에서 유용하다.

그러나 정보처리이론은 비판도 많이 받고 있다. 정보처리이론은 우선 실생활에서의 풍부한 학습경험을 설명하지 못한다는 제한점이 있다. 유아기의 인지적 특성인 상상력이나 창의성 같이 비논리적인 인지적 측면에 대해서는 간과하고 있다. 둘째, 정보처리의 기제나 과정에 대해서만 설명할 뿐, 정보처리 과정이 일어나는 환경적 맥락이나 개인의 욕구, 능력 및 이들 간의 관계에 대해서는 설명이 없어 이들을 소홀히 다루고 있는 것으로 보인다.

4) Case의 Neo-piagetian 이론

Neo-piagetian 이론은 Piaget의 이론을 정보처리적 관점에서 재해석한 이론이다. Piaget의 인지발달이론은 가장 영향력 있는 동시에 많은 비판을 받은 이론이기도 하다. 여러 학자들이 Piaget 이론의 수정을 제시해 왔다. Piaget의 인지발달의 틀을 유지하면서 그의 이론에 수정을 가한 접근을 통칭하여 Neo-piagetian 이론이라 한다.

스탠퍼드 대학 교수였던 Robie Case(1945~2000)는 가장 널리 알려진 Neo-Piagetian 학파 중 한 명이다. Case(1985)는 Piaget와 같이 인지발달이 단계적으로 이루어진다고 보았다. 하지만 인지발달의 근본기제를 Piaget는 평형화로 보지만, Case는 작업기억 용량의 증가로 설명하고 있다. 즉, Case의 인지발달은 작업기억을 얼마나 효율적으로 사용할 수 있는지, 그리하여 작업기억 용량이 증가하였는지의 여부로 결정한다.

작업기억은 단기기억 내에서 이루어진다. 단기기억에서 어떤 정보가 가장 중요한지, 어떤 정보는 무시해도 되는지, 또 어떻게 하는 것이 기억을 가장 잘 처리하는지 등을 결정하는 의식적 작업을 한다. 이러한 작업을 하는 부분이 실행통제구조(executive control structures)이다.

실행통제구조는 정보의 흐름을 지시하고 적절한 처리 절차와 다양한 전략을 실행 관리하게 된다. 즉, 어떤 정보에 주의를 집중할지 결정하고, 기존 정보에 새로운 정보를 연결하고, 기억하기 위해서 어떤 전략을 선택하고 적용할 것인지 관리한다. 실행통제구조가 잘 작동되면 정보를 좀 더 효율적으로 처리할 수 있다. 정보처리가 효율적으로 된다는 것은 정보를 조작하는 공간을 덜 차지하게 된다. 정보 조작공간이 작아지면 정보 저장공간이 증가하게 된다.

Case(1985)는 이를 조작효율성가설이라 하였다. 정보처리가 효율적으로 되면 저장공간이 확보되어 단기기억 내의 정보가 장기기억으로 이동할 가능성이 더 커진다. Neo-Piagetian 이론은 인지발달을 작업기억 용량의 증가로 설명한다. 작업기억용량을 증가시켜주는 방법은 세 가지가 있다.

그림 3-4 정보저장공간

출처: Case(1985).

첫째, 대뇌발달로 인해 사고의 효율성이 개선되면 기억용량이 증가된다. 대뇌신경계의 수초화가 증가하고, 불필요한 신경세포와 시냅스가 제거되면 정보처리를 좀 더 효율적으로 할 수 있다. 정보처리가 효율적으로 되면 정보의 저장공간이 확보된다.

둘째, 정보처리의 자동화로 정보저장공간을 확장할 수 있다. 정보처리의 자동화는 Piaget의 동화라는 적응기제로 설명할 수 있다. 새로운 정보를 이해하기 위해 기존 도식을 활용하는 동화는 정보처리의 자동화를 가능하게 한다. 자동화란 의식적으로 처리되거나 통제되었던 행동이 무의식화되어 자동적으로 처리되는 것을 말한다. 동화 기제는 새로운 환경에서 낯선 정보를 접하게 되면 기존의 도식으로 해석하거나 기존의 도식으로 결합하게 된다. 이렇게 동화 기제에 의해 정보처리가 자동화되므로 조작공간을 덜 사용하게 되고, 따라서 저장공간이 확보되는 것이다.

셋째, 중심개념구조(central conceptual structures)를 형성하는 것도 일종의 정보처리의 자동화 과정이며, 단기기억용량을 확대시킨다. 중심개념구조란 수학, 물리, 사회적 관계, 공간지각 등의 인지적 영역에서 중심이 되는 의미들의 관계망(network)이다(Case, 1992). 새롭게 직면하는 복잡한 문제를 이해하거나 해결하기 위해 만들어진 개념이나 관계의 연결망이라 할 수 있다(Case, 1985; Case & Okamoto, 1996). 중심개념구조는 다양한 문제를 처리하는 데 효과적으로 이용되며, 결과적으로 정보처리용량이 증가된다. 유아가 새로운 중심개념구조를 형성할 때 인지발달은 더 높은 다음 단계로 나아갈 수 있다.

(1) Case의 Neo-piagetian 이론의 평가

Neo-piagetian 이론은 Piaget의 인지발달이론과 정보처리이론이 결합된 이론이다. Neo-piagetian 이론은 Piaget의 인지발달이론에서 설명하기 어려운 부분을 설명해 줄 수 있다. Piaget 이론에서 누락이 되는 부분이 수, 공간, 언어 등 선 영역에서 인지발달이 단계별로 진행되는지의 여부이다. 예를 들면, 수학에서 형식적 조작기 사고가 가능한 아동이 체스게임이나 공간개념에서도 형식적 조작기 사고를 하느냐의 여부이다. 수학에서는 형식적 조작기 사고를 하는 아동이지만 체스게임에서는 구체적 조작기 사고를 할 수 있다. 또 언어 영역에서는 높은 수행을 보이는 아이가 사회적 지능에서는 그렇지 않을 수 있다. 구체적 조작기 아동은 구체적 조작기 인지능력으로, 전조작기 유아는 전조작기 인지능력으로 수, 언어, 공간을 이해한다고 보는 Piaget 이론으로는 이 부분을 설명하기 어렵다.

그러나 Case의 관점으로는 이에 대한 설명이 가능하다. 전조작기 유아가 수영역에서는 전조작기의 인지 수행을 보이지만 공간영역에서 구체적 조작기 수행 수준을 보이는 것은 인지영역마다 다른 실행통제구조를 가지고 있기 때문이다. 공간영역에서는 주어진 정보들에 선택적으로 주의 집중할 줄 알고, 새로운 정보를 분석하고, 정보를 잘 기억하기 위해서 적절한 기억전략을 적용하지만, 수영역에서는 그러하지 못하기 때문이다.

또한 숫자 개념이 발달한 유아가 범주화 개념도 빨리 이해하는 이유에 대해서도 Piaget 이론으로는 설명하기 어렵지만, Case의 관점으로 보면 이해가 가능하다. 수와 범주화 개념 사이에 공유하는 중심개념구조를 형성하면 수 개념 발달과 아울러 범주화 개념도 쉽게 이해할 수 있게 된다. 이러한 예를 근거로 Case 이론은 Piaget 이론의 단점을 보완해주고 있다고 평가된다.

06 동물행동학이론

동물행동학(Ethology)은 동물의 행동이나 의미, 진화 등을 비교 및 분석하여 연구하는 생물학의 한 분야로서, 그 기원은 Darwin의 진화론이다. 동물행동학자들은 다양한 종 특유의 행동들이 그 종의 생존 가능성을 높이기 위해 진화되어 온 것이라고 주장한다. 동물행동학의 기본 가정은 모든 종은 진화의 산물이며, 생물학적으로 프로그램화된 생존기제의 행동을 가지고 태어난다는 것이다.

1) Lorenz의 각인이론

Lorenz(1903~1989)는 오스트리아에서 의사의 아들로 태어났다. 어려서부터 동물에 관심이 많아 어류, 조류, 개, 고양이, 토끼 등을 집으로 데려와 키웠다. 자라서는 조류의 행동을 관찰하여 일기 형태로 기록하기도 했다. 아버지의 뜻에 따라 의사자격증을 취득하였지만, 동물학에 대한 미련을 버리지 못해 1933년 빈 대학에서 동물학 박사학위를 받았다. 말년에 동물의 행동을 인간행동연구에 적용시켜 철학적, 사회학적인 논쟁을 불러일으켰다.

(1) 각인imprinting

Lorenz는 동물이 가지고 있는 특정 행동을 연구해오다가 단순히 본능이라 생각했던 종 특유의 행동이 환경 내의 특정 자극에 의해 유발되는 반응임을 밝혔다. Lorenz는 어미 오리가 낳은 알을 두 집단으로 나눠 한 집단은 알을 낳은 어미가 부화하게 하고, 다른 집단은 Lorenz 자신이 부화시키는 실험을 했다. 그 결과 어미 오리가 부화시킨 새끼 오리는 어머 오리를 따라다니고, Lorenz가 부화시킨 오리는 Lorenz만 따라다녔다.

이와 같이 새끼가 부하한 직후부터 어미를 추종하는 행동과 같이 동물이 테어난 직후 학습하는 행동양식을 각인이라 한다. 새끼가 어미를 따라다녀야 먹이를 얻을 수 있고, 위험으로부터 보호받을 수 있기 때문에 각인은 생존 가능성을 증진시키는 행동양식이다. 각인은 생후 초기 일정 시간 내에서만 일어나며, 어미가 아닌 다른 종에게도 각인이 일어날 수 있다.

(2) 결정적 시기critical period

각인이론에 의하면 동물의 어떤 특정 행동은 생의 초기에 결정적으로 이루어지며, 그 결과 이후의 사회적 행동에도 영향을 미친다는 것을 보여준다. 결정적 시기란 각인이 이루어지는 특별한 민감기가 있다는 개념이다. 새끼오리가 어미를 인식하는 각인현상은 부화 직후에 이루어지며, 그 시기가 지나면 동일한 자극이 제공되어도 각인되지 않는다. 각인되는 제한된 시기를 결정적 시기라 한다. 결정적 시기에 각인된 행동은 수정이 되지 않기 때문에 학습과 구별된다.

각인이론의 결정적 시기는 영아발달에도 적용된다. 결정적 시기는 영아가 애착행동을 획득하기 위해 생물학적으로 준비되어 있을 때, 양육자가 사랑과 보살핌이라는 적절한 환경을 제공해야 하는 제한된 기간을 의미한다. 결정적 시기동안 애착이 형성되지 않았다면 이후에는 그 애착을 형성하기가 불가능하다고 본다. 이와 같은 결정적 시기의 개념은 각인과 같은 발달의 특정 측면을 설명하고 범위도 엄격한 편이다. 그러나 인간발달은 가소성이 있기에 결정적 시기라는 엄격한 용어보다 민감기라는 다소 유연한 용어를 사용하자는 데에 많은 학자의 의견이 일치되고 있다.

2) Bowlby의 애착이론

Bowlby(1907~1990)는 런던에서 태어나 의사인 아버지를 따라 의과대학에 입학하였으나 발달심리학의 중요성을 깨닫고 정신분석학 훈련을 받았다. 제2차 세계대전 후 고아원에서 성장한 아이들이 다른 사람과 친밀한 관계를 형성하지 못하고 여러 가지 정서적인 문제가 있음을 발견한 Bowlby는 어머니와 아기 간의 애착관계에 주목했다. 영아를 대상으로 하는 연구에는 윤리적인 문제 등 여러 제한이 있어, 양육자와 영아의 애착관계를 이해하기 위해 동물행동학이론을 적용하여 양육자와 영아의 애착관계를 설명하고자 하였다.

(1) 애착

영아는 생존뿐 아니라 정상적인 발달에 유용한 다양한 행동을 선천적으로 가지고 태어난다. 영아의 울음은 어머니의 주의를 집중시키는 생물학적 신호이며, 아기의 울음뿐 아니라 이에 어머니가 반응하는 것도 생물학적으로 프로그램화된 반응이다.

영아가 태어나서 자신을 돌보는 사람, 특히 어머니와 강한 정서적 유대관계를 맺게 되는데, 이것을 애착(attachment)이라 한다. 영아의 미소, 울음, 붙잡는 행동, 매달리기 등의 행동이 애착행동의 예이다. 영아가 미소나 울음으로 양육자를 불러들이거나 매달리는 행동으로 양육자 가까이 머물게 됨으로써 영아는 먹을 수 있고, 위험으로부터 보호받게 되며, 건강한 성장을 위한 자극과 애정을 제공받게 된다. 영아와 양육자 간의 애착형성은 생존을 유지할 수 있도록 진화되어 왔다.

(2) 민감기sensitive period

일부 학자들은 동물행동학에서 사용한 결정적 시기라는 용어를 인간발달에 적용하기에는 적절치 않으며, 대신 민감기라는 용어를 사용함이 적절하다고 제안한다(Bornstein, 1989). 민감기는 특정 능력이 형성되기 위한 최적의 시간으로, 발달이 가장 잘 이루어지는 시기이다. 그래서 민감기 동안 발달을 위한 적절한 환경을 제공해주는 일은 중요하다. 예를 들면, 언어발달의 민감기에는 언어적 자극을 많이 제공하는 등의 교육적 환경을 제공해주어야 한다. 민감기의 범위는 결정적 시기에 비해 제한적이지는 않다. 발달은 민감기 이후에도 일어날 수 있으나 발달의 시간이 더 걸리거나 훨씬 어렵게 이루어진다.

Bowlby는 영아의 사회정서적 발달 민감기를 생후 3년 이내로 본다. 만약 이 기간 동안 부모와 친밀한 정서적 유대 경험을 갖지 못한다면, 이후 발달단계에서 친밀한 인간관계를 형성하는 것이 어렵다고 한다.

3) 동물행동학이론의 평가

각인이론은 결정적 시기라는 흥미로운 개념을 제안했다. 이 개념은 발달의 여러 영역에서 적절한 환경적 자극이 필요한 제한된 기간을 제시하였다. 언어나 지능과 같은 영역에서 최적의 발달을 위해서는 결정적 시기에 적절한 교육적 지원이 있어야 함을 시사한다. 그리고 Bowlby는 어린 시절 초기경험의 중요성을 강조하면서 아동의 사회정서발달연구 분야에 많은 영향을 미친 것으로 평가받고 있다.

하지만 동물행동학은 자연관찰법에 의해 연구가 이루어지므로 연구에 제한이 있다. 그리고 동물을 대상으로 한 연구결과를 인간발달에 적용한다는 한계점도 있다. 언어나 지능과 같은 인지영역의 발달에 대해서는 관심을 두지 않고 있다. Bowlby 애착이론은 연구대상을 영아에만 한정하여 설명하고 있고, 유아기 이후 발달에 대해서는 설명이 없다는 한계가 있다.

07 뇌과학이론

뇌과학(brain science)이론은 뇌의 구조와 기능 및 뇌에서 발현되는 사고 작용의 성격을 규명하고자 최근 새롭게 정립되고 있는 학문분야이다(조주연, 2001). 1990년대 들어서면서 신경과학의 집중적인 발달과 뇌 영상 촬영 기술의 발달로 복잡한 뇌구조에 대한 많은 비밀들이 밝혀졌다.

하지만 10여 년 전까지만 해도 인지과학의 일부로 뇌 연구가 진행되어 왔고, 그 외에는 의학적 목적에 의해 뇌 연구가 이루어지고 그 결과가 활용되었다. 복잡한 뇌 구조를 제대로 파악한다는 것이 몇십 년 전까지는 쉽지 않은 일이었기 때문에 교육자들은 학습자들이 학습하고 기억할 때 뇌의 어떤 과정에 의해 또는 뇌에서 어떤 작용이 이루어지는지 구체적으로 파악하기 어려웠다. 그리하여 뇌 발달의 원리를 교육에 적극적으로 활용하지 못했다. 그 대신 학습자의 내적 사고활동에 대한 간접 증거로서 학습자가 보여주는 외현적인 행동을 관찰하여 평가하고 변화시켜 왔다.

그러다 최근에서야 의학적 분야에서 축적된 뇌 발달 연구를 교육적 관점에서 재조명할 수 있게 되었다. 주의집중, 기억, 정서 등과 학습을 관련시켜 교육의 개념을 재정립하게 되었다. 그리고 교육에서의 문제를 뇌과학이론으로 해결하고자 하는 시도가 활발해지기 시작했다. 이러한 노력은 신경교육과학이라는 융합 학문을 탄생시키게 된다. 신경교육과학은 교육과 뇌 발달을 접목하여 학습에 대한 연구를 시작하게 되었고, 이는 뇌과학이론 또는 뇌 기반 학습으로 알려지게 되었다(Jensen, 2010).

뇌과학이론은 청소년과 아동뿐만 아니라 유아들의 학습과 교육에도 적용하면 교육적 효과를 높일 수 있다. 우리나라에서는 입시 위주의 교육을 위해 두뇌의 작용과는 무관하게 인지영역만을 중시하며, 정의적 영역과 운동기능영역을 소홀히 하고 있다. 때문에 뇌 기반 학습에 대한 관심이 더욱 절실히 요구된다(김유미, 2002).

영유아기는 두뇌발달의 민감기이다. 뇌 발달에 근거한 활동과 양육환경 제공은 영유아의 전인적 발달에 중요하다. 영유아기 동안 좌뇌와 우뇌가 어떻게 발달하며, 환경과 상호작용 과정에서 두뇌가 어떻게 작용하는지에 대한 구체적이고 직접적인 기제를 파악하여 교육에 활용한다면 유아교육의 질적 개선이 이루어질 것이다. 뇌과학이론은 뇌의 구조와 기능이 학습과 정서 등에 어떻게 영향을 미치는지 제시하고, 두뇌의 잠재력을 최대한 개발하여 학습효과를 증진시킬 수 있는 방법을 제안한다.

1) 뇌 구조와 기능

최근 새로운 뇌 영상 기술과 유전자 분석법으로 신비에 싸여 있던 뇌의 비밀들이 밝혀지고 있다. 신경해부학자들은 뇌구조를 여러 다른 방식으로 설명한다(Byrnes, 2001). 여기에서는 뇌를 대뇌피질, 주요 피질하부, Brodmann 영역으로 나누어 살펴보고자 한다.

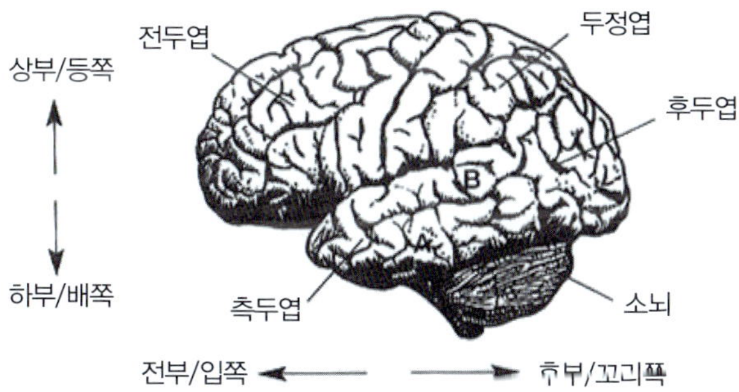

그림 3-5 대뇌피질

출처: Byrnes(2001). Minds, Brains, and Learning. NY: Guilford Publications.

(1) 대뇌피질

대뇌피질은 뇌의 가장 최상층 구조이며, 매우 복잡하게 얽혀있다. 대뇌피질의 표면적은 약 2400cm^{3}로 너무 커서 두개골 내 면적에 적합하지 않아 주름져 있는 것이다(Johnson, 1997). 각 주름의 부풀어 오른 부분은 이랑(gyrus)이라 한고, 이랑 사이에 있는 홈은 대뇌고랑(sulci)이라 한다.

대뇌피질은 가장 고등한 정신 기능을 담당하는 부분이다. 대뇌피질은 뇌 무게의 80%를 차지하며, 뇌 구조 중 가장 많은 수의 신경세포와 시냅스를 가지고 있다. 대뇌피질은 계속해서 성장하기 때문에 뇌의 어떤 부위보다도 환경의 영향에 민감하다. 대뇌피질은 전두엽, 후두엽, 측두엽, 두정엽 네 영역으로 구분된다.

표 3-2 뇌구조와 기능

구조		위치	관련기능
대뇌 피질	전두엽	이마 뒤 피질의 앞부분	특정 언어와 읽기 기술, 기억적 측면, 심한 불면증, 스트레스, 각성, 억제, 감정적인 처리, 추론, 수학적 기술
	측두엽	귀 뒤와 머리 옆 피질의 측면부분	청각 정보처리, 기억적 측면, 감정적 반응, 수학적 기술, 난독증
	두정엽	피질의 상부, 후부	기억적 측면, 주의력 측면, 수학적 기술
	후두엽	머리 뒤 피질의 후부	시각적 처리, 공간 작동기억
피질 하부 구조	시상	뇌의 중앙 안쪽	단순 암기기억, 주의력 측면, 각성, 감정적인 반응
	상부둔덕	시상의 후부, 하부	안구운동, 시각적 주의
	뇌량	시상상부	두 반구 사이의 의사소통을 가능하게 하는 섬유질
	띠이랑	뇌량의 상부	사람들이 많은 인지적 과제를 수행할 때 사용되는 전면부분
	소뇌	측두엽과 후두엽의 하부, 후부	동작 조정, 균형, 조건화, 특정 언어와 시각 과제

출처: Byrnes(2001).

① 전두엽

전두엽은 사고와 운동을 관장한다. 대뇌피질 중 전두엽의 시냅스 형성과 수초화 현상이 가장 늦게 이루어진다. 출생 시 미성숙한 상태에 있던 전두엽은 영아기 후반부터 효율적으로 기능하기 시작하여 성인기까지 성장이 계속된다. 전두엽 가운데서도 이마 앞 눈 위의 부위를 전전두피질이라고 하는데, 이곳에서는 시상과 시상하부에서 전달하는 감각 정보를 종합하고 판단하고 처리한다. 즉, 자기 행동의 결과를 예측하고, 사고하고, 반성하고, 느끼고, 의사결정하고, 감정을 조절하고, 장래의 계획을 세우고, 추상적인 개념을 이해하는 등의 고등정신 작용을 담당한다.

② 측두엽

측두엽은 대뇌반구의 양쪽 가에 있는 부분으로 청각기능과 언어를 관장한다. 좌측두엽에는 브로카영역이 있고, 좌측두엽과 후두엽이 만나는 곳에는 베르니케영역이 있다. 측두엽 손상은 실어증을 초래한다. 언어를 관장하는 측두엽 피질의 시냅스 연결과 미엘린 형성은 영아기 후기에서 학령 전기까지 급속하게 발달한다. 또한 측두엽은 기억과도 관련이 있다.

③ 두정엽

두정엽은 공간적인 지각과 신체감각을 관장한다. 촉각, 통각, 압각 등의 체감각 처리에 관여하며, 내장, 미뢰, 피부, 근골격계, 사지의 위치 등으로부터 오는 감각 신호를 담당하고 있다. 두정엽이 손상되면 촉각과 통각을 인식할 수 없고 공간상에서 자신의 위치도 알 수 없다. 이뿐만 아니라 두정엽이 손상되면 물체를 잘 조작하지 못하게 된다.

④ 후두엽

후두엽은 시각을 통제한다. 후두엽 피질의 시냅스 성장과 미엘린 형성은 출생 후 3~4개월에 시작해서 첫돌까지 계속된다. 눈으로 들어온 시각정보가 시각피질에 도착하면 사물의 위치, 모양, 운동 상태 등을 분석한다. 후두엽에 이상이 생기면 눈의 다른 부위에 장애가 없어도 사물을 볼 수가 없다.

(2) 피질하부 구조

뇌 속에는 수많은 피질하부 구조가 있다. 시상, 상부둔덕, 뇌량, 띠이랑, 소뇌 등이 포함된다.

① 시상thalamus

시상은 뇌간 바로 윗부분에 위치하며, 두뇌의 가운데 깊은 부위에 두 개의 호두 크기만 한 구조로 되어 있다. 뇌의 중앙에 위치한 시상은 감각기관과 피질 간의 정보 흐름을 안내하는 중계소 역할을 한다. 감각기관을 통해 투입된 정보나 자극은 두 가지 경로로 전달된다. 하나는 시상에서 편도로 또 하나는 시상에서 피질로 전달된다. 시상으로 들어온 정보나 자극은 편도와 피질로 동시에 전달된다. 편도에서는 시상을 통해 자극이 들어오면 일차적으로 해석하여 즉각적인 반응을 한다. 자극이 생명에 위협적이라 판단되면 바로 처리하여 생명을 보호하게 된다. 피질에서는 시상을 통해 전달된 자극을 이차적으로 종합 판단하게 된다. 피질에서는 자극을 합리적으로 해석하여 처리하게 된다.

시상 아래에는 엄지손톱 크기의 시상하부가 있다. 시상하부는 자율체계의 중요한 부위로 뇌하수체와 함께 항상성에 필요한 기능을 조절하며 신체의 정상적인 상태를 유지한다. 예를 들어, 체온이 너무 높으면 시상하부는 땀 분비를 증가시키고, 체온이 정상 이하로 떨어지면 모세혈관이 수축되어 열손실이 느려지고 몸을 떨게 해서 열을 발생시킨다. 또한 시상하부는 성욕, 수면, 공격적인 행동, 쾌락 등을 조절한다(김유미, 2002).

② 상부둔덕superior colliculus

상부둔덕은 눈 운동조절에 중요한 뇌의 기저부에 있는 구조로, 중뇌의 상부에 있는 돌출부로 시각계의 일부이다(간호학대사전, 1996). 시신경 내의 신경섬유 중 일부는 상부둔덕에서 시냅스를 형성한다.

③ 뇌량corpus callosum

신경섬유 다발로 대뇌 좌반구와 우반구를 연결한다. 만약 뇌량이 손상되면 좌뇌와 우뇌는 의사소통을 할 수 없다.

④ 띠이랑

대뇌피질의 영역으로 뇌량의 상부에 위치하고 있다. 사람들이 인지적 과제를 수행할 때 활성화된다.

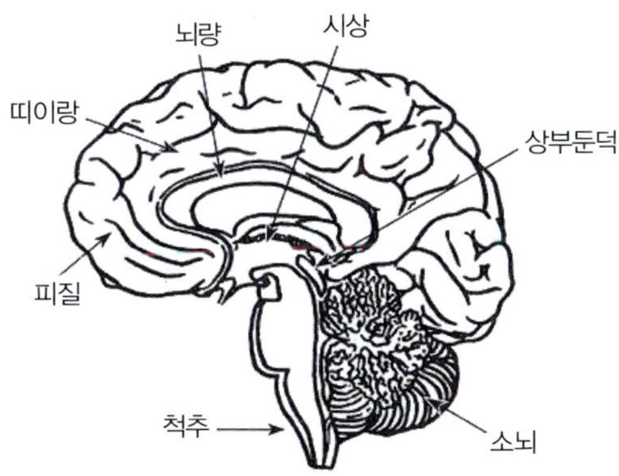

그림 3-6 피질하부 구조

출처: Byrnes(2001). Minds, Brains, and Learning. NY: Guilford Publications.

⑤ 소뇌

뇌간의 꼭대기를 싸고 있는 두 개의 엽이 깊게 접힌 구조로 뇌 하부와 측두의 후두엽 뒤에 위치하고 있으며, 두뇌에서 차지하는 면적비율이 11%정도로 비교적 큰 편이다. 소뇌는 동작, 자세유지, 균형 그리고 몇몇의 인지적 과업을 관장하는 역할을 한다. 소뇌는 출생에서 2세까지의 기간 동안 대뇌피질보다 더 빨리 자라서 2세 정도가 되면 거의 성인 수준에 이르게 된다. 소뇌는 두뇌의 전 영역에 있는 균형기관으로부터도 정보를 받는다. 악기 연주나 자전거 타기, 수영 등을 배운 후 오랫동안 하지 않다가, 어느 날 다시 하게 될 때 자연스럽게 그 동작들이 수행할 수 있는 것은 소뇌의 역할 때문이다.

⑥ 편도

편도는 정서를 조절하는 데 중요한 역할을 한다. 편도에는 여러 개의 세포집단들이 서로 다른 역할을 하는데, 한 집단은 후각구와 연결되어 있고, 다른 집단은 피질 특히 감각연합영역과 연결되어 있다. 또 다른 집단은 뇌간이나 시상하부와 연결된다.

후각을 제외한 감각기관을 통해 투입되는 자극은 우선 시상으로 간다. 시상은 자극을 피질과 편도에 보내는데, 편도는 그 자극이 해로울 수 있다고 판단되는 경우에는 시상하부를 자극하고, 시상하부는 곧 신체에 호르몬 메시지를 보내어 신체가 조치를 취하도록 하여 신체적 변화를 일으킨다. 편도는 정서 중에도 특히 두려움과 공격성에 중요한 역할을 한다. 편도가 손상되면 지능은 정상이지만 두려움을 느끼지 못하는 현상이 나타난다(김유미, 2002).

⑦ 해마

해마는 가까운 과거의 기억을 유지해 줄 뿐 아니라 최종적으로 기억한 내용을 피질에 보내는 기관이다. 만약 해마가 없다면 사람은 새로 경험하거나 학습한 것을 기억할 수 없을 것이다. 해마에서 유지된 기억은 장기기억으로 저장된다. 해마가 손상된 사람들은 새로운 기억을 부호화할 수 없기 때문에 과거의 일들을 회상할 수 없다(김유미, 2002).

해마는 의식의 기억을 담당하는 부위이며 단기기억을 장기기억으로 변환시키는 역할을 한다. 해마는 다른 부위에 비해 늦게 성숙하는데, 약 4세 정도가 되어야 완전히 성숙하여 제 역할을 할 수 있다.

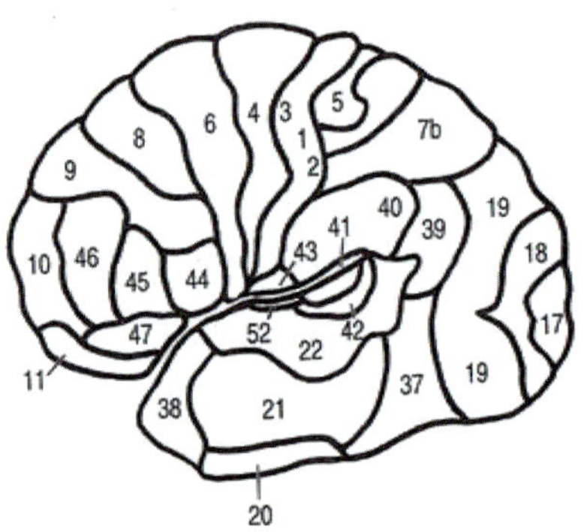

그림 3-7 대뇌피질의 Brodmann 영역

출처: Byrnes(2001). Minds, Brains, and Learning. NY: Guilford Publications.

(3) Brodmann 영역

그림 3-7은 뇌의 지도로 독일의 신경해부학자인 Brodmann에 의해 고안되었다(Moyer, 1980). Brodmann은 특수 인지기능과 뇌의 부분을 관련지어 40개 이상의 영역을 구분하였다. **그림 3-7**에서 전두엽 44번과 46번은 말하기와 언어 작동기억과 관련된 영역이다. 측두엽 22번과 42번 영역은 청각처리와 관련되어 있고,

두정엽 40번과 39번 영역은 공간작동기억, 음성처리와 관련되어 있다. 17번, 18번, 19번은 시각처리와 관련되어 있다.

브로카 영역으로 알려진 44번 영역은 언어의 표현능력과 관련되어 있다. 베르니케 영역으로 알려져 있는 22번과 39번 영역은 언어의 수용능력과 관련되어 있으며, 이 부분이 손상되면 시각적 혹은 청각적 언어를 이해하는 능력을 상실하게 된다. 매우 중요한 영역은 44번과 45번 상부에 있는 이랑을 주로 포함하는 전전두엽피질이다. 전전두엽피질은 작동기억과 행동 억제를 포함한 고등한 정신기능을 담당한다(Byrnes, 2001 재인용).

2) 뇌 기반 학습

(1) 뇌 기반 학습과정

유아가 퍼즐 맞추기와 같은 새로운 학습을 하면 뇌는 자극을 받게 된다. 외부에서 자극이 들어오면 뇌에서 어떤 작용이 일어나며, 어떤 경로로 학습이 이루어지는 지에 대해 두 가지 관점으로 설명할 수 있다.

첫째, 미시적 관점에서 두뇌 활동을 보면, 퍼즐 맞추기라는 새로운 학습이 뇌에 정보로 입력되면 신경세포의 수상돌기를 통해 정보를 받아서 세포체 쪽으로 이동시킨다. 세포체는 중요한 정보인지 여부를 판단해 축색돌기로 정보를 보낸다. 축색돌기는 다른 신경세포의 수상돌기로 정보를 전달하게 되는데 이 과정에서 시냅스 결합이 이루어진다. 결합된 시냅스는 더욱 견고해지며, 결합된 2개의 신경세포는 훨씬 적은 신호로도 정보전달을 할 수 있다. 퍼즐 맞추기를 처음 하는 유아는 퍼즐 맞추기가 쉽지가 않다. 이때는 신경세포가 다른 신경세포와 연결이 잘 되어 있지 않아 헤매는 것과 유사하다. 그러나 다음번 퍼즐 맞추기는 좀 더 쉬워질 것이다. 이때 신경세포 간에는 연결이 이루어져 정보전달이 쉽게 일어나게 된다. 이것이 뇌 기반 학습원리이다.

둘째, 거시적 관점에서 두뇌 활동을 보면, 퍼즐 맞추기 같은 새로운 지적 혹은 운동적 자극은 촉각과 시각영역을 담당하는 뇌의 입력신경세포에 자극을 주게 된다. 입력신경세포가 자극을 받으면 시상으로 정보를 보낸다. 시상은 정보를 잘 처리하기 위해 뇌의 여러 영역에 정보를 보내게 되는데, 시상에서 정보를 보내는 경로를 보면 우선 시상에서 정보를 편도로 보낸다. 편도는 모든 정보를 가장 먼저 접하는 곳이다. 편도에서는 정보가 들어오면 생존과 관계되는지 우선 판단한다. 즉, 위험한 정보인지의 여부를 판단한다. 돌이 날아온다던지, 사이렌소리가 들린다던지 등의 생존과 관련된 정보는 편도에서 즉각 처리된다. 위험이 느껴지면 편도는 경고반응을 일으키는 시상하부의 신호를 활성화시킬 것이다. 퍼즐 맞추기와 같은 게임은 위험하지 않다고 판단할 것이고 그 때 편도는 가만히 있다.

시상에서 정보를 보내는 또 다른 경로는 대뇌피질이다. 시각적 정보는 후두엽으로, 청각적 정보는 측두엽으로 보낸다. 동시에 정보의 표상은 잠시 작업기억으로 보내질 수도 있다. 작업기억에 머물러 있던 퍼즐 맞추기라는 새로운 학습은 가공하지 않은 초보적 정보이다. 즉, 가공하지 않은 초보적 정보는 개요 수준의 일시적인 정보형태이다. 그리고 정보의 중요성이나 가치성은 확인되지 않는 상태이다. 초보적 정보는 일단 해마에 저장된다. 해마는 조그만 C자 모양의 구조로서, 빨리 학습하지만 기억의 용량이 작아서 많은 정보를 저장할 수 없다. 따라서 해마는 초보적 정보를 장기기억에서 저장할 가치가 있는 정보로 다듬을 때까지만 일시적으로 잠시 가지고 있다. 그러다 초보적 정보가 저장의 가치가 있는 정보다발로 만들어지면 이를 피질로 보낸다. 피질은 새로운 학습정보를 저장하게 된다(Jensen, 2007). 이를 도식화하면 **그림 3-8**과 같다.

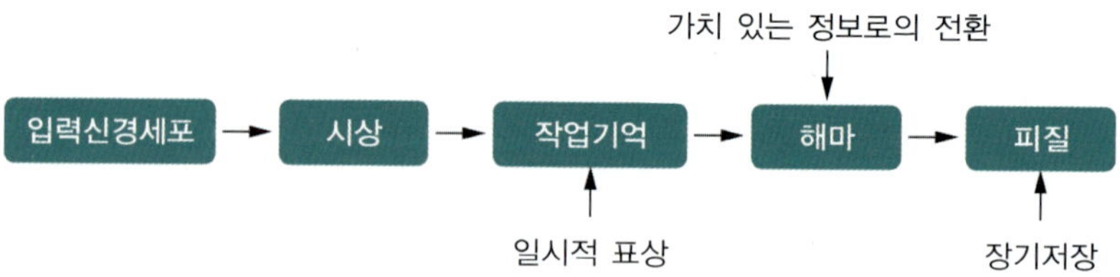

그림 3-8 대뇌에서의 학습과정

(2) 학습장애와 뇌 기반 학습

뇌는 유아들이 경험하는 다양한 상황에 적응하기 위해 노력하고 있다. 유아기의 여러 경험들은 두 가지 측면에서 뇌와 상호교류하고 있다. 하나는 유아의 생각과 행동에 따라 뇌가 변하게 된다. 또 하나는 뇌의 형태에 따라 유아의 생각과 행동이 일어나게 된다(권형규, 2013). 즉, 행동문제를 가진 유아의 뇌파를 변화시켜 유아의 행동을 변하게 할 수 있다.

주의력결핍 과잉행동장애(ADHD)는 유전, 두뇌외상, 손상된 신경회로, 신경전달물질의 불규칙성이 원인이 되어 나타난다. 주의력결핍 과잉행동장애아의 증상을 보면 뇌기능이 둔화되어 있고, 충동적이며, 단기기억을 잘 못하며, 잠시도 가만있지 못하고, 미래를 계획하거나 과거를 회상하는 능력이 약하다.

주의집중이 어려운 주의력결핍 과잉행동장애아의 뇌파를 조절하고 변경하면 산만함이 줄어든다는 연구가 보고 되고 있다. 주의력결핍 과잉행동장애아의 뇌파를 조절하여 변경시키고, 변경된 뇌파에 뇌가 적응하도록 하면 집중력을 키울 수 있다. 변경된 뇌파에 뇌가 적응하려면 지속적으로 반복되는 자극을 주어 뇌를 길들여야 한다.

아스퍼거증후군의 가장 두드러진 특징은 사회적 기능이 부족하고, 행동을 반복해서 하며, 계획이나 절차를 바꾸는데 어려움이 있고, 감각적인 결함을 지니고 있다. 아스퍼거증후군을 가진 아이들은 평균 혹은 평균 이상의 IQ를 나타내기도 한다. 이들 역시 반복된 훈련과 학습을 잘 시키면 뇌의 변화가 일어나 잘 기능할 수 있다(Jensen, 2007).

난독증은 글을 읽을 만큼 뇌가 발달 되지 않아서 생기는 장애이다. 남아는 여아에 비해 읽기 기능과 관련된 좌반구가 늦게 발달한다. 그래서 남아는 여아보다 읽기가 늦다. 난독증은 시각적 문제나 음운 처리의 미숙함이 원인일 때도 있다. 또한 난독증을 가진 아이들 중에는 어휘력, 읽기 이해력, 언어의 유창성이 떨어지는 문제를 지니고 있을 수 있다. 적절한 진단과 중재 교육으로 난독증을 가진 아이들을 도와줄 수 있다.

학습지체는 태아기 때 경험한 스트레스, 독소 노출, 뇌 손상, 학습경험 부족의 결과일 수 있다. 대체로 학습지체아들은 언어손상을 가지고 있고, 인과관계를 잘 파악하지 못하며, 기억력이 약하다. 학습지체아들 뇌의 주요 결함은 신경세포들이 연결되어야 할 때 잘 연결되지 않는다는 것이다. 학습지체아들은 시행착오와 반복학습이 필요하다. 반복되는 학습으로 뇌신경세포들 간의 연결이 이루어지면 자극들이 잘 전달될 것이다.

뇌는 선천적으로 구조화되어 발달하지만 반복적인 훈련으로 재조직하는 기능을 가지고 있다. 반복되는 학습과 훈련으로 시냅스 형성이 이루어지면 뇌에 새로운 길이 만들어질 것이다. 뇌 기반교육은 부족한 부분을 찾아서 계속 경험을 하게하여 뇌를 바꾸어 나가도록 교육하는 것이다.

(3) 뇌 기반 교육의 원리

Jensen(2007)은 뇌 기반 교육의 원리를 7가지로 제시하고 있다. 뇌의 기능과 발달과정을 잘 활용하여 교육에 적용한다면 교육의 효율성을 최대화할 수 있다.

① 변화의 원리: 뇌는 고정적인 것이 아니라 역동적이다.

뇌에 관한 과학적 지식이 부족하던 과거에는 뇌가 변화하지 않고 고정되어 있다고 생각했다. 하지만 최근 뇌에 관한 많은 과학적 정보에 의하면 뇌는 질적으로 끊임없이 변화한다.

유아의 뇌는 새로운 세포를 성장시킬 수 있고, 실제로 성장하며 변한다. 뇌의 변화는 뇌의 세포 양, 크기, 형태, 새로운 시냅스의 수, 뇌의 화학작용 수준, 신경활동의 패턴, 뇌영역의 부피 등의 변화를 의미한다. 성취 수준이 낮고 심지어 행동문제를 가지고 있는 유아의 뇌도 변화하는 능력을 가지고 있다. 앞에서 설명하였듯이 행동문제를 가진 유아의 뇌파를 변화시켜 유아의 행동을 변하게 할 수 있다.

유아가 긍정적인 경험을 지속적으로 하게 되면 뇌에서 긍정적 변화가 일어난다. 부정적인 강렬한 경험도 뇌를 변하게 한다. 어떤 경험을 하느냐에 따라 유아의 뇌는 변화한다. 부모나 주변인들의 사랑을 지속적으로 받는다거나, 또래들과의 많은 상호작용들은 유아의 뇌를 발달시킨다. TV 시청, 독서뿐 아니라 악기 연주, 수영을 배우는 것 등 새로운 기능을 학습하는 것은 뇌의 구조를 증대시킨다(Gaser & Schlaug, 2003). 심지어 비디오게임조차도 뇌의 혈류와 활동을 변화시킨다(Haier et al., 1992). 반면 부모와 안정적인 애착을 형성할 수 없는 가정환경은 유아의 뇌 구조를 부정적으로 변화시킨다(Farber & Olnet, 2003). 유아기에 가정폭력에 노출되는 것은 유아의 두뇌발달에 해가 될 수 있다(Koenen et al., 2003).

② 다양성의 원리: 모든 뇌는 독특하다.

사람마다 지문이 다르듯 그 어느 누구의 뇌도 동일하지 않고 독특하다. 일란성 쌍생아도 다른 뇌구조를 가지고 있다. 정신지체아와 학습장애아 그리고 영재아들은 일반 유아와 다른 뇌구조를 가지고 있다(Baker et al., 1991). 뇌의 독특성은 유전자와 환경의 영향 때문이다. 유전의 영향으로 개인마다 뇌 구조가 독특할 수밖에 없다. 하지만 유전자 자체만으로는 인간의 다양성을 설명하지 못한다.

사회적·문화적·환경적 요인이 인간의 인지와 행동에 간접적으로 영향을 미친다. 환경적 자극은 유전자의 발현과 신경세포의 기능을 수정하도록 뇌에 피드백을 준다. 개인이 경험하는 다양한 환경은 뇌 구조를 독특하게 만든다. 모든 유아들의 뇌가 독특하기 때문에 성별, 나이별, 지역별로 뇌 기능을 비교하는 것은 의미가 없다고 할 수 있다. 따라서 유아들의 뇌의 차별성 혹은 뇌 선호도에 따라 학습 유형, 교재 교구, 과제의 양을 달리 할 필요가 있다(Fox et al., 2005).

③ 발달 민감성의 원리: 유아의 뇌는 취약하다.

출생에서 5세까지의 유아의 뇌는 상당히 취약하다. 유아는 자신이 경험한 정서, 문화 그 모든 것을 그대로 흡수한다. 유아의 전두엽은 정보를 평가, 삭제하고 재구성할 능력이 없기 때문에 투입된 정보가 부정적인 것이라 해도 그대로 흡수한다. 유아의 모든 경험이 유아의 뇌구조를 형성하는 일부가 되기 때문에 애정적인 양육태도, 긍정적 정서의 상호작용, 운동 등의 건전한 경험을 제공해야 한다.

유아의 뇌는 세상에서 생존하는 방법을 파악하기 위해 노력한다. 그래서 뇌는 부정적인 경험조차 모두 받아들인다. 유아기의 부모 학대, 부조화, 외상을 경험하게 되면 유아의 뇌는 그것을 새기게 되고, 평생 트라우마로 남기게 된다(Bunge et al., 2000). 빈곤으로 인한 문화적 결핍, 영양부족, 불안정한 생활, 만성적 스트레스는 뇌에 문제를 야기할 수 있다(Bolger et al., 1995).

낮은 스트레스 수준, 안전한 환경, 풍부한 영양 섭취, 기능 연마, 운동, 도전적인 새로운 학습, 휴식, 정서적 안정, 부모의 적절한 피드백과 애정 등의 요인들은 유아의 뇌를 긍정적으로 변화시키는 데 기여하는 환경적 요인들이다. 결론적으로 풍부한 환경적 자극은 유아의 뇌세포 크기, 즉 수상돌기와 축색돌기가 증가하도록 하고, 시냅스 형성을 활발하게 하여 뇌를 발달시킨다(Jacobs, Schall, & Scheibel, 1993).

④ 상호작용의 원리: 유아는 사회적인 뇌를 가지고 있다.

사회적인 뇌는 사회적 집단의 일원이 되고자 하는 선천적인 욕구를 말한다. 유아가 사회적 집단의 일원이 되기 위해서는 정서지능과 사회적 기술이 필요하다. 유아의 사회적 인지(social cognition)능력은 다른 사람의 생각과 의도를 정확하게 파악하도록 해준다. 사회적인 뇌영역은 전전두엽, 편도, 측두엽의 후부 등이 해당된다. 전두엽 피질을 포함해 인지와 관련 있는 뇌의 영역을 이용해서 사회적 정보를 처리한다.

부모와 좋은 애착관계를 형성하거나 또래와 잘 지내는 등 유아의 건전한 사회적 상호작용은 세로토닌과 코르티솔과 같은 신경전달물질 분비를 촉진하며, 이는 면역 활동을 증가시킨다. 반면 부모와의 관계에 문제가 있거나 또래로부터 따돌림을 받는 등 사회적 관계에서 받는 스트레스는 유아의 면역체계를 약화시킨다(Padgeet & Sheridan, 1999).

사회적 고립은 흡연이나 고혈압만큼이나 위험하다고 한다. 유아기의 사회적 스트레스는 스트레스 반응체계에 영구적인 변화를 일으킬 수 있다(Meaney, Sapolsky, & McEwen, 1985). 가정에서 존중받고 사랑받는 유아와 그렇지 못한 유아의 뇌는 다르게 발달한다. 또한 유치원 교실은 유아에게 사회적 경험의 장이 되며, 유치원에서 또래와의 경험에 따라 유아의 뇌는 변화한다. 또래와 어울리지 못하고 소외받는 유아의 뇌는 발달이 더딜 수 있다.

⑤ 결합성의 원리: 뇌는 통합된 기관이다.

유아의 뇌는 생각보다 훨씬 더 기능적으로 결합되어 있다. 마음, 신체, 정서를 관장하는 뇌가 분리되어 개별적으로 움직이는 것이 아니고 하나로 통합되어 작용한다. 신체는 마음에 따라 움직이게 되어 있다. 그리고 정서의 결핍은 비이성적 행동의 중요한 원인이 될 수 있다. 가장 단순한 인지적 표현에서부터 가장 복잡한 인지적 표현에 이르기까지 유아가 나타내 보이는 모든 것은 그 순간의 독특하고 역동적인 뇌 상태의 산물이다.

정서 상태는 학습에 영향을 준다. 부정적 정서 상태에서는 학습이 이루어지기 어렵다. 부모나 교사가 긍정적인 감정을 가지고 열정을 보일 때 유아들도 호기심을 가지고 열정적으로 탐구하고자 한다. 흥분과 재미는 기억 향상에 도움을 준다. 유아의 몸은 운동을 하거나 재미난 활동을 하는 중에 도파민을 방출한다. 도파민은 장기기억을 도와준다.

⑥ 기억유연성의 원리: 유아의 기억은 불완전하다.

유아의 기억은 조각조각 분리되어 저장되기 때문에 불완전하고 그래서 기억은 만화경을 보는 듯하다. 기억의 조각은 기억의 속성으로서 시각적 정보, 소리, 사람, 냄새, 위치, 자신의 건강, 요일, 시간, 주변 환경 등을 포함한다. 기억의 속성은 다양하며 이런 속성들이 함께 결합되어야 완전하게 기억할 수 있다. 그러나 기억의 속성을 모두 결합하여 완전하게 기억하는 경우는 드물다. 어떤 기억을 회상할 때 기억은 조각조각으로 이루어지며, 대부분 불완전하다. 아주 단편적이고 부정확하고, 엉터리로 기억하기도 한다. 단기기억 또는 작업기억을 강화시키기 위해서는 기억기능의 훈련이 도움 된다. 기억전략을 가르치는 것도 효과적이다. 도파민 수준을 높이면 작업기억을 잘 할 수 있다.

⑦ 자원소모의 원리: 학습은 자원을 소모한다.

유아기에 뇌가 사용하는 에너지의 양은 엄청나다. 4세 유아의 뇌가 소비하는 포도당의 양은 성인이 소비하는 포도당의 양보다 두 배나 많다(Bower, 1999). 음식물 섭취는 여러 가지 방식으로 유아들의 행동에 영향을 준다. 좋은 아침식사를 하는 것, 질 좋은 음식물을 제공하는 것은 뇌 발달에 도움이 된다. 뇌의 78%는 물이다. 탈수가 일어나면 주의집중, 비판적 사고, 학습 및 기억을 제대로 할 수 없다. 탈수상태가 되지 않도록 아이들에게 수시로 물을 마시도록 권해야 한다.

탄수화물을 적절히 먹고, 과식을 하지 않고, 조금씩 잘라 잘 씹어 먹는 식사습관을 가질 때 최상의 학습을 할 수 있다. 학습과 기억에 도움이 되는 음식물은 물, 포도당, 복합 비타민과 미네랄, 저지방의 음식물, 단백질이다. 단백질은 뇌를 각성시키고, 복합 탄수화물은 장기 에너지를 공급하며, 색이 진한 야채는 산화방지 효과가 있다. 비타민 A, B, E는 기억과 회상에 영향을 주는 것으로 밝혀졌으므로 이를 충분히 섭취하도록 해야 한다(Bellisle, 2004).

(4) 환경변화와 영유아의 뇌

오늘날 영유아의 뇌는 과거와 많이 다르다. 뇌는 경험의 결과에 따라 변한다. 이전 세대와 다른 경험을 하는 영유아들의 뇌는 다를 수밖에 없다. 오늘날 영유아들이 과거와 다르게 경험하는 것들은 다음과 같다.

첫째, 일상생활에서의 음식물 섭취이다. 음식물은 뇌의 기능에 영향을 미친다. 오늘날 영유아들은 지방과 당분이 많은 음식물을 섭취한다. 그리고 탄수화물 음식을 많이 섭취한다. 단백질은 뇌기능 활성화에 주요한 영양분이다. 단백질이 장기적으로 부족할 경우 신경세포의 능력에 영향을 미칠 수 있다(Fox et. al., 2004).

둘째, 걷기와 신체활동의 감소를 들 수 있다. 예전에 비해 요즘은 자동차를 많이 이용하고 있다. 영유아들도 자동차로 주로 이동하기에 자연을 탐색하는 기회를 잃게 되었다. 영유아들의 저조한 운동발달은 자동차 이용, TV 시청, 컴퓨터 사용 시간과 상관이 있다. 사회적·경제적 자원의 결핍으로 열악한 환경에서 자라는 경우 특히 유아기의 예술교육과 체육교육의 부재는 뇌를 부정적 방향으로 변화시킬 수 있다(Fiske, 1999).

셋째, 가족과의 접촉 시간 감소이다. 2세대 전에는 영유아 10% 정도가 보육시설에서 보냈지만, 오늘날 영유아들은 80% 이상이 보육시설에서 하루 일과를 보낸다(시사 뉴스라인, 2015.07.30.). 보육시설에서 긴 시간을 보내는 양육환경은 영유아들의 정서적 안정과 부모와의 애착형성에 부정적 영향을 미치고 이는 뇌를 부정적으로 변화시킬 수 있다. 그리고 이런 뇌 변화는 일상적인 사소한 스트레스에도 민감하게 반응하게 된다.

넷째, 오늘날 영유아들은 위협적이고 폭력적인 비디오 게임과 TV에 많이 노출되어 있다. 과도한 TV시청은 사고할 수 있는 기회를 감소시키고, 반사회적 행동을 초래한다. 오늘날 아이들의 주의집중 시간이 짧은 것은 빠르게 움직이는 미디어에 지나치게 집중하기 때문이다(Chistakis et. al., 2004).

08 생태체계이론

생태체계이론에 따르면 영유아는 가족, 친지, 교사, 이웃 등과의 인간관계가 만들어주는 환경 속에서 발달한다. 또한 영유아는 지역사회, 종교, 교육정책, 대중매체 등의 영향을 받는다. 나아가 영유아가 속한 국가 또는 문화권의 영향도 받으며 세계에서 일어나는 사건에 의해서도 영향을 받는다. 이렇듯 영유아는 거대하고 복잡한 생태환경 속에서 성장한다. 영유아발달에 영향을 미치는 환경을 체계화한 이론이 생태체계이론이다. 여기서 발달하는 개인은 단순히 환경의 영향을 받는 수동적 존재가 아니라, 환경을 구성하는 역동적 주체이기도 하다. 즉, 환경이 개인의 발달에 영향을 줄 뿐 아니라 개인도 환경에 영향을 주기도 한다는 것이 이론의 핵심이다.

생태체계이론의 대표적 학자는 Bronfenbrenner(1917~2005)이다. 그는 개인과 환경간의 상호작용뿐만 아니라 환경 간의 상호작용을 강조하였다. 생태학적 관점의 새로운 접근을 시도하기 위해 환경을 러시아 목각인형 마트로시카(matryoshka)에 비유하면서 한 구조가 다음 구조 속에 끼워지게 되어있는 일련의 겹 구조로 설명한다(전남련 외, 2010).

1) 환경체계

Bronfenbrenner는 영유아를 둘러싸고 있는 생태환경을 미시체계, 중간체계, 외체계, 거시체계, 시간체계 등 다섯 가지 체계로 설명하였다.

(1) 미시체계microsystem

미시체계는 영유아와 가장 가까운 환경 내에서 영유아가 직접 상호작용하는 환경적 맥락이다. 미시체계에는 영유아가 살고 있는 집의 크기, 유치원의 시설, 도서관과 같은 물리적 특성뿐 아니라 가족, 친구, 교사, 이웃 등 인적 환경이 포함된다. 또한 부모의 교육 수준, 또래 집단의 사회경제적 지위, 교사의 교육적 신념 등 영유아발달과 관련된 심리·사회적 환경도 포함된다. 영유아발달단계에 따라 미시체계는 변하게 되는데, 영유아기와 아동기에는 미시체계가 매우 중요하지만 청년기에 이르면 그 중요성은 조금 감소한다.

미시체계 내의 모든 관계는 양방향적이다. 부모의 양육태도는 영유아 발달에 큰 영향을 미친다. 또한 영유아의 성격특성이나 출생순위, 성별과 같은 개인적 특성들이 부모의 양육행동에 영향을 미치는데, 이는 개인과 환경 간의 상호작용이 상호 호혜적임을 증명해주는 것이다.

(2) 중간체계mesosystem

중간체계는 둘 이상의 미시체계 간의 상호관계가 만들어 내는 환경을 의미한다. 즉, 중간체계는 생태학 모델에서 미시체계인 가정, 학교, 이웃, 유아교육기관 사이의 연결들로 이루어져 있는 층으로, 부모와 교사 간 관계, 형제관계, 가정과 또래 집단, 가정과 지역사회와의 관계가 포함되며, 체계 간의 관계가 밀접할수록 영유아의 발달도 순조롭게 이루어진다.

중간체계도 유아와 직접 상호작용하는 환경이며, 영유아가 발달하면서 새로운 환경으로 이동할 때 형성되거나 확대될 수 있다. 예를 들면, 영유아가 어린이집 또는 유치원에 입학할 때 부모와 교사 간의 관계 형성이 만들어 내는 환경이 있다. 또한 유치원 학부모운영위원회에 부모 참여 등 가정과 유치원 간의 협력적인 정보 교환 등으로 만들어지는 환경이 유아에게 영향을 미칠 수 있다. 이웃과 교류를 활발히 하는 부모는 그렇지 못한 부모와는 다른 양육환경을 유아에게 제공할 것이다.

(3) 외체계exosystem

영유아가 직접 참여하지는 않지만 영유아에게 영향을 미치는 사회적 환경이 외체계이다. 정부기관, 사회복지기관, 교육위원회, 대중매체, 부모의 직장, 부모의 친구 망, 교통체계, 부모의 직장이나 지역사회 복지기관 등은 가족 간의 상호작용에 영향을 줌으로써 간접적으로 영유아발달에 영향을 미친다.

어머니의 직장 여건으로 인해 영유아의 일상생활이 달라질 수 있다. 예를 들면, 전일제로 일하는 어머니와 시간제로 일하는 어머니는 자녀와 보내는 시간에서 차이가 날 것이다. 연봉이 높은 직장에 다니는 어머니의 자녀와 연봉이 낮은 직장에 다니는 어머니의 자녀는 다른 경험을 하며 성장하게 될 것이다. 시간을 융통성 있게 활용할 수 있는 전문직에 종사하는 아버지나 재택근무가 가능한 프리랜스로 일하는 아버지는 그렇지 않는 아버지에 비해 육아에 더 많이 참여할 수 있다. 국회에서 유아교사 복지를 향상시키는 법안을 마련하게 되면 교사의 직업만족도가 높아지게 되고, 이로 인해 교사와 유아 간 상호작용의 질이 달라질 수 있다. 지역사회의 보육정책이나 다자녀 가정에 대한 경제적 지원, 육아지원 정책은 영유아발달에 간접적으로 영향을 미친다. 지역사회 커뮤니티 발달은 지역의 놀이터나 문화시설 등을 관리하여 영유아의 경험에 영향을 줄 수 있다. 이와 같이 외체계는 영유아가 직접 접하는 환경은 아니지만 영유아가 접하는 미시체계에 영향을 줌으로써 유아에게 간접적으로 영향을 미치는 환경이다.

(4) 거시체계macrosystem

거시체계는 미시체계, 중간체계, 외체계에 영향을 주는 문화적 환경이다. 문화적 환경은 문화권 특유의 가치관, 태도, 신념, 관습, 전통, 법 등을 말한다. 거시체계는 외체계, 중간체계, 미시체계들을 통해 영유아에게 지속적으로 영향을 미칠 수 있다.

거시체계는 다른 체계보다 안정적이지만 때로는 사회변화에 따라 변할 수도 있다. 제2차 세계대전, IMF, 세계금융위기 등의 큰 사건들은 각 나라의 경제적 여건뿐만 아니라 정치적 상황, 국가정책을 변하게 한다. 이는 다시 각 가정의 가치관이나 생활 습관에 영향을 미치게 된다.

거시체계는 영유아의 삶에 직접적으로 개입하지는 않는다. 하지만 간접적이지만 매우 강하게 영유아발달에 영향을 미치게 된다. 예를 들어, 개인주의 성향이 강한 서구사회와 가족중심 성향이 강한 동양사회는 사회문화적으로 많은 차이가 있다. 이런 사회문화적 환경에 따라 부모의 양육태도가 다를 것이고, 이러한 양육태도는 결국 영유아발달에 영향을 주게 된다. 또 다른 예로 영유아들의 인권에 대한 신념은 나라마다 차이가 날 수 있고, 이는 법 제정에 영향을 미칠 것이다. 이는 다시 영유아들의 일상과 양육환경에 영향을 미치게 될 것이다.

(5) 시간체계chronosystem

시간체계는 전 생애에 걸쳐서 일어나는 변화와 사회역사적인 환경을 포함한다. Bronfenbrenner에 따르면 환경은 획일화된 방법으로 영유아에게 영향을 미치는 정적인 힘이 아니라 끊임없이 변화해가는 역동적인 힘을 가지고 있다. 시간체계는 영유아발달에 영향을 미치는 시간적 차원을 말하는데, 환경의 지속적인 변화를 반영한 체계이다.

형제의 출생이나 부모의 이혼과 같은 중요한 생활 사건들은 영유아와 그들이 속해있는 환경 간의 관계를 변화시키고 발달에 영향을 미치는 새로운 조건을 만들어낸다. 또한 환경변화가 발생한 시기가 환경변화의 효과에 영향을 미친다. 예를 들어, 부모의 이혼이 자녀에 미치는 영향은 청소년기 자녀에 비해 유아기 자녀에게 더욱 부정적일 수 있다.

시간체계는 전 생애에 걸쳐 일어나는 변화뿐 아니라 사회역사적인 환경을 포함하고 있다. 즉, 어떤 시대에 출생하고 성장했는지에 따라 아이의 발달과 삶은 달라진다.

2) 생태체계이론의 평가

Bronfenbrenner의 생태체계이론은 영유아를 둘러싼 환경을 가장 근접한 미시체계부터 시간체계까지 겹겹의 구조로 체계화하였으며, 각 환경체계와 영유아발달 간의 관계를 설명했다. 겹겹의 체계환경이 영유아발달에 직·간접적으로 영향을 미친다는 점에서 영유아 주변의 직접적인 환경에만 한정하여 발달을 설명한 다른 이론들과 차별화된다. 그리고 환경이 일방적으로 영유아에게 영향을 미치는 것이 아니고 환경과 영유아가 상호 간에 영향을 미친다고 주장을 하는 것도 특징적이다. 그리하여 생태체계이론은 지역사회 프로그램이나 국가의 유아정책 방향을 위한 실질적인 제언을 하는 데도 기여하고 있다. 하지만 환경적·역사적 영향력을 중시한 반면 영유아의 능동적인 발달 과정이나 생물학적 영향력에 대해서는 간과하고 있다는 비판도 있다(정옥분, 2010).

Part 03

생의 시작

Chapter 04. 태내발달 및 출산

Chapter 05. 신생아

04
Chapter

태내발달 및 출산

01 생명의 시작

인간의 생명은 정자와 난자가 수정되면서 시작된다. 수정란이 모체의 자궁 속에서 약 38주 동안 성장한 후 하나의 생명체로 세상에 태어난다. 수정에서 출산에 이르는 태내기는 전 생애발달에서 가장 극적인 변화가 일어나는 시기이다. 이 기간 동안 형성되는 신체적 구조와 신체적 기능은 출생 후 발달의 기초가 된다는 점에서 중요하다.

1) 수정

인간의 생명은 정자와 난자가 결합하는 순간부터 시작된다. 인간의 생식세포인 정자와 난자는 배우체(gametes) 혹은 성세포(sex cell)라고 하며, 여성의 성세포인 난자와 남성의 성세포인 정자가 만나 하나의 세포인 수정체를 만드는 과정을 수정이라고 한다.

여성의 생식기는 두 개의 난소와 두 개의 나팔관, 자궁으로 구성되어 있다. 난소의 길이는 2.5~3.7cm, 폭이 1.2~1.6cm, 두께 0.6cm~1.0cm이고, 내부는 혈관이 많은 수질(meddulla)로 되어 있고 바깥쪽은 피질로 되어 있다. 난소의 난포상피에는 난자의 모체인 원시난포세포가 무수히 많이 존재한다. 대개 원시난포의 크기는 직경이 약 40~50㎛이고, 그 숫자는 약 20~40만 개에 달한다. 난자는 인체의 세포 중에서 가장 큰 세포로 육안으로도 볼 수 있다. 이는 난자가 핵 이외에 태아를 성장시키는 데 필요한 영양성분인 세포질을 가지고 있기 때문이다.

여아는 출생 시 양쪽 난소에 약 200만 개의 미성숙한 난자들을 가지고 있다. 사춘기 이후 28일 주기로 양쪽 난소에서 교대로 하나씩 난자를 배출하는데 이를 배란이라고 한다. 첫 월경을 시작하여 50세까지 1달에 1개씩 난자가 계속 배출된다 치면, 폐경기까지 35년간 약 400개 정도의 난자만 배출되는 것이다. 나머지는 사용되지 않고 소멸된다. 난자는 혼자의 힘으로 움직이지 못하고 융모의 수축운동에 의해 자궁까지 도달할 수 있다.

성숙한 남성의 경우 하루에 수백만 개의 정자를 생산할 수 있으며 한번 사정 시 약 3억 개의 정자를 배출한다. 정자에는 긴 꼬리가 있어 이를 이용해 나팔관까지 올라가 난소에서 내려오고 있던 난자와 만나게 된다. 배출된 난자의 생존기간은 약 24시간이며, 정자의 생존기간은 72시간이다. 이 기간 내에 수정이 이루어지지 않으면 정자와 난자는 수정능력을 잃게 된다.

1회 사정에 분출된 정자 2～3억 개 중 약 400개만 난자 벽에 도착하게 되고 그중 하나의 정자만 난자와 결합하게 된다. 한 개의 정자가 난자의 세포막을 뚫고 들어가면 정자의 핵과 난자의 핵이 결합하여 하나의 새로운 세포체를 형성하게 된다. 이러한 과정을 수정이라 하고 새로 생긴 세포를 수정란이라 한다.

일반적으로 수정은 하나의 난자와 하나의 정자가 결합하여 하나의 수정란이 만들어진다. 이때 수정란이 첫 번째 세포분열에서 두 개로 독립적으로 분리되면 일란성 쌍생아로 성장하게 된다. 매우 짧은 기간에 두 개의 난자가 방출되어 두 개의 정자를 만나게 되면 이란성 쌍생아가 되기도 한다. 이란성 쌍생아는 각각의 태반을 가지고 성장하여 태어난다. 이란성 쌍생아는 유전적으로는 형제와 같으며, 성이 같을 수도 다를 수도 있다. 이란성 쌍생아 출생이 약 67%의 비율을 차지하여 일란성 쌍생아 출생비율보다 높다. 일란성 쌍생아는 유전인자가 같으므로 이란성 쌍생아에 비해 성격, 외모, 지능 등에서 유사점이 많고 성(性)이 같다.

2) 불임

불임은 정상적인 결혼 생활 중에 피임을 하지 않았는데도 1년이 지나도록 임신이 되지 않는 경우를 말한다. 정자와 난자가 만나 수정되고 임신을 하게 되기까지가 그리 쉬운 것은 아니다. 정자의 생존 시간은 72시간이며, 난자의 생존 시간은 24시간인데 이 기간 내 수정이 이루어져야 한다. 수정이 된다고 다 임신이 되는 것은 아니다. 수정란 중 1/4은 유전자의 결함으로 수정 후 2～3일내 소실되고, 나머지 1/4은 임신기간 중 자연유산하게 되어 수정란의 절반 정도만이 살아남아 출생에 이르게 된다.

최근 전체 가임연령 성인의 15% 정도로 불임 부부가 늘고 있다. 보건복지부에 따르면, 국내에서 난임 진료를 받은 환자는 2004년 12만 7,000명에서 2016년 22만 1,000명으로 10여 년 새 두 배 가까이 늘었다. 2016년 기준 여성 난임 환자가 15만 8,000명, 남성 난임이 6만 3,000명이다(조선일보, 2018.02.13.).

불임에 대한 원인은 다양한데 일반적으로 남성과 여성의 원인은 4대 6 정도이다. 정자의 이상 때문에 생기는 불임이 대략 전체의 40%쯤 된다. 남성 불임은 정자가 아예 생성 또는 배출되지 않거나, 배출된 정자의 모양이 이상하거나, 정자의 활동성이 떨어져 발생한다. 여성 불임은 원인이 훨씬 복잡하다. 30～40%는 배란이상(희소월경, 무월경, 이상 자궁출혈 등)때문에 발생하며, 30～40%는 난관 폐색이나 기타 골반, 자궁 부속 조직 유착 등이 원인이다. 자궁의 해부학적 기능 이상으로 인한 불임은 5～10%, 자궁입구 점액이 정자의 질 내 통과를 막는 것이 원인이 되는 불임도 5%쯤 된다. 부부의 나이, 피임약 등 약물 복용, 흡연, 성병과도 관련이 있다. 그러나 불임부부 열 쌍 중 한 쌍은 부부가 모두 정상인데도 임신이 되지 않는 경우가 있다.

3) 불임에 대한 대안

불임부부를 위한 대안은 수술 요법, 약물치료, 인공수정, 체외수정(시험관수정)이 있다. 수술 요법의 예로는, 남성의 경우 정계정맥류 절제술 같은 외과적 수술로 불임을 해결할 수 있고, 여성의 경우 자궁내막증에 의한 불임을 수술로 해결할 수 있다. 약물 치료의 예는 호르몬 치료로 정자의 수를 증가시키거나 배란을 증진시킬 수 있다.

인공수정은 기구를 이용하여 여성의 자궁 속으로 정자를 직접 넣어 수정이 쉽게 일어나도록 하는 것이다. 시험관수정은 여성의 난소에서 난자를 채취하여 남성의 정자와 체외에서 인공적으로 수정시킨 다음 수정란이나 배아를 여성의 자궁에 이식하는 방법이다. 1978년 영국에서 첫 시험관 아기인 Louise Brown이 탄생했으며, 우리나라에서는 1985년에 시험관 아기가 처음으로 탄생했다.

불임에 대한 또 다른 대안으로 대리모 임신이 있다. 대리모란 자궁에 문제가 있는 여성을 대신하여 아이를 낳아 주는 데 동의한 여성을 말한다. 대리모 임신에 대해서는 생명의 상업화 등 윤리적으로 문제가 있으며, 친자 논란으로 법적 문제가 따른다.

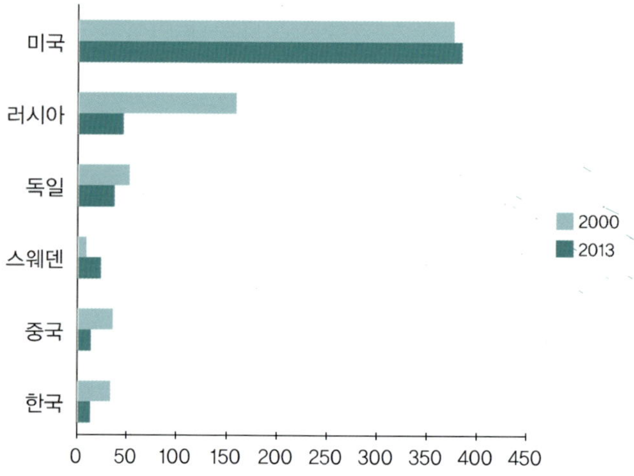

그림 4-1 국가별 인구 100만 명당 국내입양아 수

자료 제공: National Statistics; UN: The Economist
출처: http://www.economist.com/blogs/economist-explains/2015/05/economist-explains-32

가장 오래된 불임의 해결책은 입양이다. 하지만 우리나라는 혈통을 중시했던 유교 사회의 분위기로 인해 국내입양은 많지 않다. 그 때문에 한때 고아수출 1위국이라는 오명도 있었다. 입양에 대한 의식을 변화시키자는 사회전반적인 분위기도 있고, 정책적으로도 2007년 국외입양 쿼터제를 도입해 국외입양 아동 수를 인위적으로 해마다 10%씩 줄이고자 했다. 2007년에 처음으로 국내입양(1,388명, 52.3%)이 국외입양(1,264명, 47.7%)보다 많아졌다(조선일보, 2008.05.04.). 1998년에 국외입양아가 2,443명이었는데, 2012년에는 국내입양아가 1,880명이고 국외입양아는 755명으로 국내입양이 증가하였다(보건복지부, 2013).

하지만 아직도 우리는 국내입양에 대한 인식과 바람직한 입양문화 형성에 노력을 기울여야 할 형편이다. 그림 4-1은 인구 백만 명당 국내 입양된 아기의 수를 국가 별로 비교한 사료이다. 입양이 가장 활발하게 이루어지는 미국은 인구 백만 명당 400명에 조금 미치지 못하는 수의 아기들이 국내입양되고 있다. 이에 비해 우리나라 국내입양은 인구 백만 명당 50명이 채 되지 않는다. 최근 미국무부의 연례국제입양보고서(2011년 회계연도) 발표에 의하면 미국가정에 입양된 아동 총 2,047명 중 한국아동이 743명(36%)로 1위였다(조선일보, 2011.11.21.). 입양은 저출산과 인구감소 문제가 심각한 오늘날 좀 더 심각하게 고민해보아야 할 과제이다.

현재 우리나라에는 23개의 입양기관이 있으며 그중 5개가 입양전문기관이다. 4개는 국외입양과 국내입양을 모두 담당하고 있는 반면 유일하게 성가정입양원만 국내입양 전문기관이다.

02 태내발달단계

수정되는 순간부터 출산에 이르는 태내기는 약 280일로 인간발달단계에서 가장 급격하게 빠른 발달을 보인다. 그리고 발달의 전 과정에서 가장 극적인 변화가 일어나는 시기이다. 그러므로 태내환경이 중요한 것은 말할 나위가 없다. 태내기는 발아기, 배아기, 태아기 3단계로 이루어진다.

1) 발아기

정자와 난자가 결합한 수정란이 자궁벽에 착상하는 2주까지의 기간을 발아기라 한다. 수정란은 0.2mm 정도의 단세포로 급속하게 세포분열을 하게 된다. 수정하고 2일 후에는 4개의 세포로, 3일 후에는 32개의 세포로, 수정 후 1주일이 지나면 약 100～150개의 세포로 분열한다. 세포분열을 하면서 착상되는 동안에는 세포수가 증가할 뿐 아니라 세포의 기능도 세분화된다.

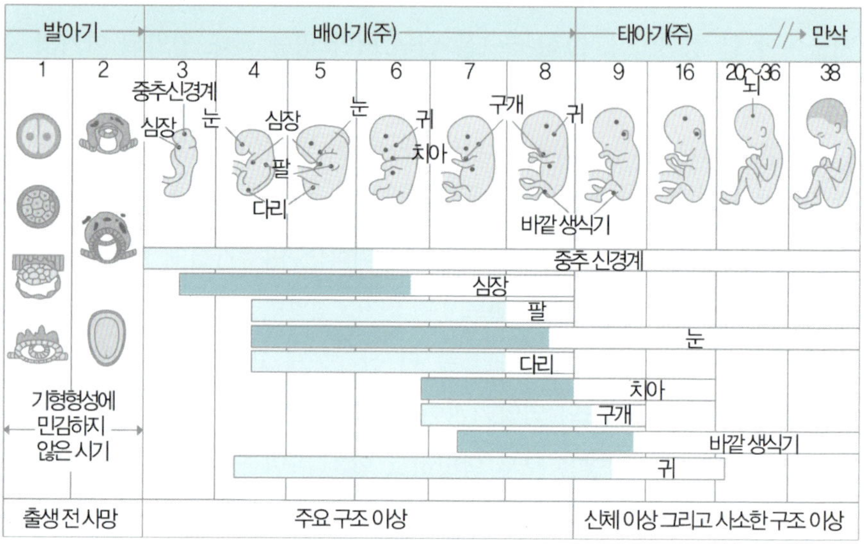

그림 4-2 태내발달단계

수정란은 세포분열을 하는 동안 난관 내부의 섬모운동과 난관의 수축작용으로 자궁에 도착하게 된다. 자궁으로 내려온 수정란은 자궁 속에 정착하게 되는데 이를 착상이라 한다. 수정 후 착상까지는 약 14일 정도 걸리며 모체는 전혀 변화를 느끼지 못한다. 수정란이 자궁 내에서 완전히 착상되면 그 세포 덩어리는 배아라고 불리게 된다. 착상 이후부터 진정한 임신이라 할 수 있다.

발아기 동안 정자와 난자가 부적절하게 결합되거나 혹은 알 수 없는 이유로 세포분열을 시작하지 못해 수정란이 자궁에 착상하지 못하는 경우도 약 30%나 된다. 실제로 이 시기는 인간의 생애 중 가장 사망률이 높은 시기로 알려져 있으며, 모체가 인식하지 못한 채 자연 유산되기도 한다.

경우에 따라서는 수정란이 자궁에 착상하지 못하고 난관, 난소, 자궁경부, 자궁각에 착상하게 된다. 이것을 '자궁 외 임신'이라 한다. 자궁외 임신은 임신초기 유산의 가장 큰 원인이며, 전체 임신의 10～15%정도에서 발생한다. 자궁 내막에 착상되지 않았기 때문에 태아가 제대로 발육하지 못하고 유산되거나, 난관파열이 일어나 복강 내 과다 출혈로 인해 임부의 생명을 위태롭게 만들기도 한다.

2) 배아기

수정 후 세포 분열한 내세포 덩어리는 외배엽, 중배엽, 내배엽으로 분화한다. 외배엽은 피부의 표피, 치아, 손톱, 발톱, 머리카락, 뇌 신경계, 척추 조직으로 발달한다. 중배엽은 근육, 뼈, 혈관, 배설기관으로 발달한다. 내배엽은 폐, 간, 소화기관, 침샘, 호흡기 등으로 발달하게 된다.

또한 외세포 덩어리는 융모막과 양막이라는 두 개의 막을 형성하게 되는데, 자궁벽에서 형성된 막과 함께 태아를 감싸게 된다. 양막 속은 양수로 가득 차게 되며, 양수는 외부의 충격으로부터 태아를 보호하고 적절한 온도를 유지해주는 기능을 한다.

탯줄도 발달하여 태아를 자궁벽의 태반과 연결시켜 준다. 탯줄은 태아의 생명줄이다. 어머니와 태아의 혈류는 모두 태반에 연결되어 있고, 이를 통해 어머니의 혈액 속 영양분이 태반을 통해 태아에게 전달되고, 태아가 만들어내는 배설물도 태반을 통해 어머니에게 전달되어 배출된다.

수정란이 자궁벽에 착상한 후부터 6주까지를 배아기라 한다. 수정 후 3~8주 기간으로 신체기관과 조직이 형성, 분화되며 인간발달과정에서 가장 빠른 속도로 성장한다.

4주경에는 심장이 형성되어 뛰기 시작하며, 뇌와 신경조직이 분화되고, 눈, 코, 입의 기초가 되는 두부와 사지가 발생하고, 손과 손가락이 형성되는 미부가 구분될 만큼 발달한다. 6주가 지나면 귀가 형성되면서 태아의 기본 골격을 갖추고, 사지가 몸 밖으로 나오면서 신체의 모습을 갖춘다.

8주경에는 얼굴에서 입, 눈, 귀가 뚜렷하게 분화되며, 팔, 다리, 손발이 형성된다. 이때 성기가 형성되기 시작하고, 근육이나 연골조직이 발달한다. 내부기관에서도 장, 간, 폐, 신장, 췌장이 뚜렷하게 형성되고, 그 기능이 시작된다. 또한 신경조직이 급속하게 발달한다. 이 시기에 신체기관과 중요 조직이 거의 형성된다. 배아기 말에는 배아의 길이가 2.5cm, 무게는 약 14g이 된다.

배아기는 신체의 주요 기관이 형성되고 빠르게 발달하는 시기이므로 태내환경에 각별히 주의해야 한다. 시각장애, 폐의 결함, 구개파열과 같은 대부분의 선천적 결함은 이 시기에 생길 수 있다. 이 시기에 발달을 저해하는 위험한 상황을 겪게 되면 배아는 영구적인 결함을 입게 된다. 결함의 정도가 심한 배아는 더 이상 발달하지 못하고 자연 유산이 되기도 한다.

배아기에는 여성의 신체가 태아의 존재에 적응하는 시기이다. 호르몬의 변화가 일어나며, 두통, 구토, 피로감 등과 같은 입덧을 경험한다.

3) 태아기

8주 이후부터 출생까지의 시기를 태아기라 한다. 이 시기는 새로운 기관의 형성보다는 성장이 가속화되는 시기이다. 태아기에 태아는 촉각적 자극에 반응하며, 운동기능이 분화되고, 복잡해진다. 태아는 신생아와 유사한 수면과 각성의 사이클을 가지고 있고, 소리를 들을 수 있고, 음악이나 큰소리에 움직임이 활발해진다.

12주가 되면 태아는 7.5cm, 팔다리와 손가락이 형성되어 인간의 형체를 뚜렷하게 보이며 성별구별이 가능해진다. 16주경이 되면 태아는 눈을 뜨고 감을 수 있고, 폐로 숨을 쉬고, 손톱, 머리카락, 땀샘 등이 발달한다. 임산부는 태아의 심장박동 소리를 들을 수 있다. 임산부가 태동을 느끼게 되면서 태아에게 애착을 형성하기 시작한다.

20주경에는 태아의 몸무게가 0.3kg, 키는 약 30cm가 된다. 이때 태아의 움직임이 활발하게 되는데, 태내의 많은 활동은 출생 이후에 사용될 반사능력의 기초가 된다. 태반은 이 시기에 완성되는데 태반이 형성되는 5개월 이후부터는 유산의 위험도 크게 줄어든다.

28주경이면 태아는 키가 40cm, 몸무게 약 1.4～2.3kg으로 되며, 인간으로서 기본 조직이 다 형성된다. 이미 형성된 신경계통이 성숙하고 근육에는 피하지방이 형성되어 인간으로서 모습을 갖추어 출생에 대한 준비를 하게 된다. 스스로 호흡할 수 있는 조건을 갖추고 있기 때문에 이 시기를 생존가능연령이라 한다. 태아는 이때 모체 밖으로 나와도 생존할 수 있는 능력을 가지고 있다.

32주가 되면 태아의 몸무게는 2.3～3.2kg가 되며, 출생 후 체온을 유지할 수 있도록 피부에 지방이 발달하게 된다. 36주가 되면 키는 더 이상 자라지 않으며, 출생 후 모체 밖에서 생존할 수 있도록 지방이 저장되고, 심장박동이 증가하며, 신체 내 기관이 보다 활성화된다.

마지막 3개월 동안 태아의 체중이 급격하게 증가하게 되는데 이는 지방층의 발달 때문이다. 36주 된 태아는 대부분 머리가 자궁경부 쪽 위치에 정착하게 된다. 이는 자궁 내에서 가장 많은 공간을 확보하게 해주고 출산을 용이하게 해 준다.

04 태내발달에 영향을 미치는 요인

유전과 환경은 모두 태내발달에 영향 미친다. 특히 유전적 요인은 수정이 이루어지는 순간에 결정된다. 난자와 정자가 결합하는 순간 어머니와 아버지 양쪽의 특성이 하나의 새 생명체에 병합된다. 피부색, 머리카락 색, 신체크기, 기질 등의 특성이 유전에 의해 결정된다. 환경은 수정이 이루어진 이후부터 영향을 미치기 시작한다. 태내환경이 적절하지 못한 경우 태아에게 치명적인 영향을 미칠 수 있기 때문에 태아에게 좋은 태내환경을 제공해 주는 것은 중요한 일이다.

1) 유전

(1) 유전인자

모든 인간은 인간 특유의 염색체를 가지고 있으며 염색체 속에는 개체의 형질을 나타내는 유전인자가 존재한다. 유전인자는 유전 특성의 전달자로서 DNA라는 화학물질로 구성되어 있다. 이 DNA는 체내 각 세포가 어떤 특수 기능을 수행해야하는지에 대한 정보를 담고 있다. 염색체가 운반하는 유전인자에는 신체크기, 피부색 등을 결정하는 유전적 요소가 있어 부모로부터 자녀에게 그대로 전달된다.

정자와 난자의 첫 결합이 이루어지면 새 생명에 대한 유전적인 결정이 이루어진다. 난자는 인체에서 가장 큰 세포로서 크기가 0.14～0.2mm 정도이다. 정자는 난자의 1/40 정도의 크기이다. 정자와 난자가 결합하는 순간 정자로부터 23개의 염색체, 난자로부터 23개의 염색체가 각각 방출되어 46개의 염색체 배합이 형성된다. 인간의 모든 유전적 잠재성은 46개 염색체에 의해 결정되는 것이다.

23쌍의 염색체 중 22쌍은 상염색체이고, 23번째 쌍이 성염색체이다. 22쌍의 상염색체는 남성이나 여성에게 똑같이 유전되나 한 쌍의 성염색체는 남녀에 따라 다르게 유전되어 성염색체가 XX인 경우 여성이 되며, XY인 경우 남성이 된다. 유전인자를 구성하는 DNA는 부모의 어떤 특성이 자녀에게 전해질 것인가를 결정하며, 일생동안 성장과 발달을 관리하게 된다.

(2) 우성유전과 열성유전

부모는 염색체를 통해 자손에게 유전정보를 전달하지만, 부모가 가진 모든 특성이 자녀에게 그대로 나타나는 것은 아니다. 자손에게 더 자주 표출되는 특성을 우성유전, 그렇지 않은 것을 열성유전이라 한다.

우성유전인자는 염색체 쌍 중 하나만 존재해도 그 특성이 나타나지만 열성유전인자는 반드시 쌍으로 이루어져야만 그 특성이 나타난다. 우성유전인자에 의해 나타나는 특성은 갈색 눈, 갈색 머리, 정상 시력, 곱슬머리, 두꺼운 입술, 짧은 손가락, 혈액형 A, B, Rh+ 등이 있다. 열성유전인자에 의해 나타나는 특성은 회색 눈, 파란색 눈, 근시, 적록색맹, 빨강머리, 얇은 입술, 긴 손가락, 혈액형 O, Rh－ 등이 있다.

① 우성유전인자에 기인한 질병

우성유전인자에 기인한 질병으로는 헌팅턴병(무도병), 결절성경화증, 신경섬유종 등이 있다.

헌팅턴병은 갑작스럽게 신경계의 기능이 저하되고, 무도증, 보행이상, 발음장애 등 이상 운동증을 보이며, 사회규범에 무관심하며, 공격성, 우울증, 불안, 망상, 환각 등을 일으키고, 인지능력을 상실하게 되는 일종의 정신병이다. 염색체 4번에 헌팅턴병 유전인자를 지닌 부모로부터 유전된다.

결절성경화증은 신경계 장애로 지적 장애, 경련, 혈관섬유종의 특징이 있다. 염색체 9번에 원인 유전자가 존재하며, 뇌, 심장, 신장, 폐, 눈 등에 영향을 준다.

신경섬유종은 신경계, 뇌, 피부, 뼈에 다양한 이상 증세가 발생하는 병이다. 신경섬유종에는 2가지 유형이 있으며, 1유형의 환자가 대부분이다. 피부 이상으로는 커피색 반점을 보이며, 뼈 이상으로는 척추측만증 증세를 나타내기도 한다. 뇌 쪽에 문제가 발생할 경우는 뇌종양, 간질, 학습장애 등의 증세를 나타낼 수도 있다.

② 열성유전인자에 기인하는 질병

열성유전인자에 기인하는 질병은 타이삭스병, 페닐케토뇨증, 시클셀빈혈증, 혈우병 등이 있다. 양쪽 부모 모두 열성유전인자를 보유할 경우 그들 자녀는 유전자 결함을 가지고 태어날 가능성이 높다.

티이삭스병은 염색체 15번의 지방대사에 이상이 있는 병이다. 대사장애로 인해 특정 지방을 소화하는데 필요한 효소의 결핍으로 신경계 조절이 불가능해지면서 대뇌세포가 죽는다. 일반적으로 생후 6개월까지는 정상 발달을 하나, 생후 7~8개월에 이르면 무력해지고 생후 1년경에는 시력을 상실하게 되며, 보통 6세 이전에 사망하게 된다.

페닐케토뇨증은 단백질 분해과정에서 페닐알라닌을 분해하는 효소의 결핍으로 일어나는 신진대사장애이다. 페닐알라닌은 유독한 아미노산인데 이것이 분해되지 않고 체내에 축적되면 지적장애, 행동장애, 발달장애 등을 일으킨다. 페닐케토뇨증은 출생 직후 빨리 발견하면 특수 분유 등의 식이요법을 통해 예방할 수 있다.

시클셀빈혈증은 염색체 11번 적혈구 세포의 이상으로 발생하며, 정상적인 헤모글로빈을 만드는 데 필요한 유전인자가 부족하여 생기는 병이다. 적혈구 모양이 초승달 모양으로 유전된다. 적혈구 모양이 비정상적이어서 혈관을 막아 혈액이 신체의 각 부분에 도달하는 것을 방해하게 된다. 즉, 산소공급이 원활하지 못한 장애로 통증과 부종, 기관손상 및 호흡기 질환, 황달 등이 유발되며, 질병에 대한 저항력이 약하다.

혈우병은 혈액을 응고시키는 물질이 부족해서 조그만 상처에도 쉽게 출혈이 일어나고, 일단 출혈이 생기면, 지혈이 곤란한 선천적 장애이다. 질병에 대한 저항력이 약하다. 주로 여아보다 남아에게서 많이 발생한다. 이 병은 출혈을 예방하는 것이 중요하기 때문에 신체관리를 잘해서 다치지 않도록 해야 한다. 출혈이 심한 경우에는 수혈이 필요하다.

(3) 태아의 성

태아의 성은 염색체에 의해 결정된다. 23쌍의 염색체 중 22쌍의 염색체는 상염색체이고 23번째의 염색체가 성을 결정하는 염색체이다. 성 염색체에 의해 태아의 성이 결정되는 것이다. 여자의 난자는 X염색체만 가지고 있고, 남자의 정자는 약 반은 X염색체를 나머지 반은 Y염색체를 가지고 있다. 따라서 난자와 만나는 정자의 종류에 따라 태아의 성이 결정된다.

X염색체를 가진 정자가 난자를 만나면 여아가 태어나는 것이고, Y염색체를 가진 정자가 난자를 만나면 남아가 태어난다. 남성의 23번째 염색체는 둘 중 하나가 매우 작은데, 큰 염색체는 X, 작은 염색체는 Y이다. Y염색체를 가진 정자가 X염색체를 가진 정자보다 난자와의 수정 성공률이 더 높다. Y염색체는 작지만 이동속도가 빠르기 때문이다.

실제로 여아보다 남아 출생비율이 더 높으나, 출생 후 35년 정도 지나면 비율이 역전되어 여성비율이 높아진다. 이는 유전자의 결함이나 자연 유산의 위험이 남아에게 더 많고, 성장과정에서도 남자가 여자보다 여러 질병에 더 취약하기 때문이다.

(4) 염색체 결함

① 다운증후군

다운증후군은 상염색체 결함으로 생기는 증후군이다. 23쌍의 염색체 중 21번째 염색체가 쌍이 아니라 세 개의 염색체가 나타나 전체적으로 47개의 염색체를 가지고 있는 증후군이다. 신체적 장애와 지적 장애를 수반한다.

신체적 장애로 눈이 아몬드형이며, 코가 납작하고, 손발이 두툼하며, 각종 질병에 취약하다. 특히 백혈병에 취약하다. 다운증후군은 지적 장애를 가지는 경우가 많은데 평균 지능 50정도로 심한 정신지체현상을 보이며 발달 속도도 늦다.

다운증후군은 산모의 연령과 관련 있는데 35세 이상인 임산부에게서 출생되는 빈도가 높다. 29세 이하의 산모가 다운증후군을 임신할 확률이 1/1,000정도라면 35～39세는 1/220명, 40～44세는 1/65명, 45～49세는 1/25명으로 급격하게 증가한다.

② 클라인펠터증후군

클라인펠터증후군은 성염색체 결함으로 남아이면서 23번째 성염색체가 X염색체를 하나 더 가지고 있거나(XXY), Y염색체를 하나 더 가지고 있는 경우(XYY)이다. XXY염색체를 가진 경우는 남성과 여성의 혼합된 성격 특성을 보이며, XYY 염색체를 가진 경우는 공격성이 강하다.

클라인펠터증후군 남성은 유방암 발생률이 높고, 정자를 생산하지 못한다. 지능은 낮은데 특히 언어지능이 낮다. 클라인펠터증후군도 산모의 연령이 높을수록 발생률이 높다.

③ 터너증후군

터너증후군은 여아에게 나타나는 증후군으로 23번째 성염색체에 이상이 있다. 성염색체가 X염색체 하나뿐이거나 X염색체가 세 개(XXX)인 경우이다. 신체상 여성 생식기를 가지고 있으나 사춘기 2차 성징이 나타나지 않는다. 언어지능은 정상이나 공간지각능력은 평균 이하이다.

(5) 유전상담

유전적 결함을 가진 아이를 낳을 확률이 높다고 믿는 부부에게 도움을 주고 상담해주는 것을 유전상담이라 한다. 유전에 대한 전문적인 지식을 가진 의사나 생물학사와 같은 유전상담원이 가족의 질병, 사망원인, 유전병 등의 가족내력, 유산이나 결함아 출산 경험 여부 등에 대한 것을 철저히 조사하고 가족의 신체검사 결과까지 검토한다. 검토 결과를 근거로 해서 부부는 건강한 아이를 임신할 수 있을지 상담 받고, 여러 대안들을 고려할 수 있게 된다.

우리나라는 유전상담이 보편화되어 있지는 않다. 하지만 가계에 신경섬유종, 골형성부전증 등의 유전병이 있는 경우에는 유전상담을 하는 것이 좋다. 그러나 유전적 결함이 있는 자녀를 출산한 경험이 있는 경우나 습관성 유산의 경험이 있는 경우도 유전상담을 하는 것이 좋다. 특히 임부의 연령이 많은 경우 유전상담을 꼭 해야 한다.

상담 결과 유전적 결함이 있는 경우 첫째 대안은 임신을 포기하는 것이다. 이는 윤리적인 문제가 따르기는 하지만 법적으로 낙태가 허용되고 있다. 그러나 유전적 결함을 가진 아이를 잉태했다 하더라도 건강한 아기를 출산할 수 있는 방법이 있다.

임신 중 태아를 진단하여 유전적 결함이 발견되면 자궁 내 태아에게 약물치료를 할 수 있다. 골수 이식이나, 호르몬 치료로 유전질환을 치료하는 것이 가능할 만큼 의학적 발전이 이루어져 있다. 외과 수술방법도 있다. 심장, 신경관, 요도, 호흡기 계통의 유전 질환을 수술로 치료할 수 있다. 인공수정이나 체외수정 방법을 이용하여 유전적인 결함을 사전에 극복할 수도 있다.

2) 환경

미성숙한 태아에게 태내환경은 아주 중요하다. 태내기 동안 어머니와 관련된 모든 환경요인들은 태아에게 직접적인 영향을 주게 된다.

(1) 임산부의 연령

여성은 생리를 시작하는 사춘기부터 폐경이 되는 50세 전후까지 출산능력이 있다. 그러나 최적의 출산 연령은 23~28세이다. 임산부의 연령이 35세 이상이면 의학적으로 노산이라고 한다. 노산인 경우 자연유산, 임신중독증, 난산, 미숙아 출산이나 다운증후군의 비율이 급격히 증가하게 된다.

임산부의 연령이 20세 이하의 경우에도 자궁의 미성숙이나 호르몬 분비로 조산아나 다운증후군 아이를 출산할 가능성 높아진다.

임신 횟수도 태아의 발달에 영향 미친다. 자궁의 상태로 인한 태내환경은 첫아이보다 이후 출생하는 아이에게 보다 유리하다. 그러나 출산 간격이 너무 짧거나 출산 횟수가 많아질수록 이런 이점은 상쇄된다. 자궁의 피로에 의해 태내 환경이 태아에게 그다지 유리하지 않게 되는 것이다.

(2) 임산부의 영양

임산부의 영양상태는 태아에게 직접 영향을 준다. 임산부의 영양상태가 좋으면 임신 중에도 불편함이 적고, 출산 시 어려움도 적으며, 건강한 아이를 출산할 수 있다. 태내기의 영양부족은 유산, 조산, 저체중아 출산 및 영아사망률을 증가시킨다. 특히 임신 초기의 영양결핍은 태아의 뇌와 신경계 발달과정에 장애를 초래한다(곽노의 외, 2001).

임산부의 하루 섭취량은 평상시에 비해 15～30%(300~500cal) 정도 증가시키는 것이 바람직하다. 임신 3개월 전부터 임신 10주까지는 철분, 칼슘, 비타민, 무기질 등을 섭취하고, 기형아 방지를 위해 엽산을 섭취해야 한다.

단백질 섭취는 출산 후 질병에 대한 면역력을 증진시키며, 자궁을 크게 만들어 주고, 체내 혈액량을 증가시킨다. 단백질 부족은 태아의 골격, 장기관의 발육을 저해한다.

임신 중기부터는 태아가 모체의 철분을 흡수해 자신의 혈액을 만들기 시작하므로 철분을 공급해야 한다. 철분 부족은 임산부의 빈혈을 유발하고 임신 중독증 원인이 되기도 한다.

칼슘도 태아 성장 발육에 필수적이다. 칼슘공급이 충분히 이루어지지 못할 경우 태아는 성장에 필요한 영양소를 어머니로부터 빼앗아 가므로 어머니의 건강도 나빠지게 된다.

반면 영양분 과잉섭취도 문제가 될 수 있다. 비타민A를 과다 섭취하게 되면 태아의 구개파열, 심장기형 등의 심각한 장애를 가져올 수 있고, 요오드의 과잉섭취는 태아의 갑상선 기능에 장애를 줄 수 있다.

(3) 임산부의 질병

임신초기, 즉 임신 11주 이전에 임산부가 홍역에 걸리면 아기는 시각장애나 청각장애아가 되며, 심장 이상 또는 뇌 손상을 입을 수 있다. 홍역의 영향은 임신 3개월 이전까지가 치명적이다. 수두는 출산 결함을 초래하며, 유행성 이하선염은 유산의 가능성을 증가시킨다. 임신 중 임산부가 당뇨병에 걸렸을 경우, 유산이나 사산을 초래할 가능성이 높아지고, 태어난 아기도 신체 이상이거나 신경학적 결함을 보일 확률이 정상적인 임산부의 세배가 된다.

선천적이고 경증의 심장병은 임신 및 출산에 그다지 무리가 없지만, 류머티즘성 등의 후천성이고 중증인 심장병은 임산부에게 호흡의 문제를 유발시키고, 태아에게도 산소공급이 불충분해 조기사망하거나 장애가 발생할 가능성이 높아진다.

매독 등의 성병에 걸리면 대부분 태아에게 전달되어 유산되거나 사산되고, 출생하더라도 시각장애나 피부 손상, 정신지체 장애를 가질 수 있다.

신장염을 앓는 여성이 임신을 하면 병이 심해지는 경우가 많다. 후천성면역결핍 바이러스를 가지고 있는 여성이 임신 했을 경우 태반의 혈액을 통해 태아에게 바이러스가 전달되거나 출생 시에 어머니의 혈액이나 분비물에 접촉됨으로써 감염될 수 있으며, 모유수유를 통해서도 감염될 수 있다. 태아가 출생 후 에이즈로 진단 받기 전까지는 임산부는 자신이 에이즈 보균자인줄 모를 수도 있다. 감염된 태아는 대부분 1년 이내에 증세를 보이며 감염 여부는 18개월 이후에 진단이 가능하다.

(4) 임산부의 약물복용

임산부에게 안전한 약물도 태반을 통해 태아에게 전달되면 치명적일 수 있다. 약은 일단 임신부의 혈액내로 흡수되어 몸 전체로 전달된다. 임신 중 약물복용이 태아에게 영향을 미친다는 것은 약물이 태반을 통과한다는 의미이다. 물론 임신부가 부득이 복용하는 항생제는 대부분 수용성이어서 태반을 쉽게 통과하지는 못한다고 한다.

그러나 사람의 피부는 살아 숨 쉬는 기관이라서, 피부에 바른 약이나 질에 넣는 약의 화학성분은 피부정맥으로 흡수된다. 피부정맥으로 흡수된 약은 간을 거치지 않고 심장으로 바로 들어가기 때문에 해독작용을 거치지 않고 그대로 전신에 퍼지게 된다. 따라서 임산부는 먹는 약뿐만 아니라 피부에 바르는 약까지 모든 약을 주의해야 한다.

임신초기 약물복용은 더욱 치명적이다. 1960년대 입덧 진정제인 탈리도마이드를 복용한 여성들이 손과 다리의 발달이 거의 이루어지지 않은 기형아를 출산하여 세계적으로 크게 논란이 된 사례가 있다.

마리화나나 코카인은 태아에게 악영향을 준다. 임신 중 마리화나를 복용하면 태아에게 적절한 산소공급이 안 되어 뇌 손상을 입힐 수 있다. 코카인은 태아의 동맥을 강하게 수축시켜 혈액과 산소의 흐름을 심각하게 저해하여 결국 기형이 되게 한다.

아스피린은 태아의 혈관장애를 일으킬 수 있다. 피임약을 장기복용하면 유산의 확률이 증가하거나 출산에 결함이 있을 수 있다.

임신부는 카페인도 자제하는 것이 좋다. 임산부가 커피를 습관적으로 마신 경우 저체중아 출산율이 높았다고 한다.

(5) 임산부의 음주와 흡연

소량의 알코올과 니코틴도 태아발달을 저해한다. 알코올은 쉽게 태반을 통과하기 때문에 태아를 기형으로 만들 수 있다. 태아에 미치는 알코올의 영향은 태반을 통과한 알코올의 양과 알코올 섭취 시 태아의 발육단계에 따라 결정된다. 태아의 알코올 분해능력이 성인의 절반 수준도 안 되기 때문에 태아는 알코올에 상당히 민감하게 반응한다.

임산부가 습관적으로 다량의 알코올을 섭취할 경우 임신 초기와 중기의 출혈, 염증, 태반조기박리가 많아지며 유산의 가능성도 높아진다. 알코올중독 임산부의 태아는 태아알코올증후군을 보인다. 태아알코올증후군을 가지고 태어난 아기는 정신지체나 신체적 결함이 있으며, 주의력결핍과 과잉행동장애를 보인다.

흡연은 저체중아 출산의 원인이 되는 대표적 요인이다. 흡연은 모체 내 혈액의 산소량을 줄이고, 일산화탄소량을 증가시켜 태아에게 산소를 공급하는 것을 저해한다. 임산부의 흡연은 태아의 뇌 결함, 작은 두개골, 구개파열 등의 장애를 초래하고, 조산아가 태어날 확률을 증가시킨다. 흡연을 즐긴 임산부의 아기가 영아돌연사 증후군을 일으킬 위험가능성이 50%나 증가한다는 보고가 있다(전남련 외, 2008).

임산부가 심리적으로 불안하거나 스트레스를 받을 때 흡연을 하는 경우도 있으므로 임산부의 심리적 안정을 도와 흡연을 자제하도록 하는 것이 중요하다. 임산부의 직접흡연뿐 아니라 간접흡연도 태아에게 영향 미친다.

(6) 임산부의 정서

한국 전통육아에서는 태중교육 10개월이 출생 후 10년의 교육보다 더 중요하다고 했다. 전통태교에서도 특히 강조하는 부분은 임산부의 정서이다. 지나치게 말을 많이 하지말고, 웃지 말고, 겁을 먹거나 울지 말고, 성현의 문구를 외우며 시를 읽고, 품위 있는 음악을 듣고, 나쁜 일은 듣지도 보지도 말고, 나쁜 생각도 하지 말라고 했다.

임산부의 심한 공포나 불안은 자율신경계를 자극시켜 아드레날린의 분비를 촉진하고, 이 호르몬은 태반을 통해 태아의 순환계에 영향을 미치게 된다. 스트레스에 반응하기 위해 분비되는 호르몬은 혈관을 수축시키고, 혈액의 흐름을 방해하여 태반 대 혈액량을 감소시킨다. 때문에 태아에게 산소와 영양이 제대로 공급되지 않을 수 있다.

임산부가 스트레스를 받게 되면 흡연을 하거나 술을 마시게 되거나 식사를 거르게 된다. 이는 영양결핍 상태를 초래할 수 있다. 그래서 임산부의 정서안정이 중요하다는 것이다. 임산부는 명상, 음악 감상, 시 읽기 등을 통해 편안하고 안정적인 정서 상태를 가지도록 노력해야 한다. 남편을 포함한 가족들은 임산부가 스트레스를 받지 않도록 협조해야 한다.

(7) 방사선과 환경오염

불안정한 원소의 원자핵이 스스로 붕괴하면서 안정된 상태로 되기 위한 수단으로 에너지를 방출하게 되는데, 이때 방출하는 에너지를 방사선이라 한다. 방사선은 일상 속에 다양한 형태로 존재하고 있다. 예를 들면, 의료 분야의 X선이나 CT 촬영, 인공관절, 산업현장, 생물학적 연구, 해충 방제, 지뢰 탐지 등에서 광범위하게 사용되고 있다. 자연 상태에서도 방사선은 존재한다. 자연 방사선은 태양, 땅, 심지어 음식물에도 존재하기 때문에 우리나라에 사는 사람이라면 연간 평균 3밀리시버트의 자연 방사선을 받게 된다. 1회의 CT촬영으로는 5~25밀리시버트의 방사선을 받게 된다. 방사선은 에너지의 흐름이기 때문에 눈에 보이지 않으며 냄새나 맛도 없다. 그러면서 인체에 장기간에 걸쳐 피해를 줄 수 있기 때문에 위험하다.

방사선이 인체에 미치는 영향은 크게 신체적 영향과 유전적 영향으로 나눌 수 있다. 신체적 영향은 급성종창, 피부 홍반, 백내장, 영구불임, 탈모 등의 급성장애, 암과 백혈병 같은 만성 장애, 기형아와 같은 태아장애이다. 유전적 영향은 방사능에 오염된 공기, 농산물 등을 섭취하여 세포의 DNA가 손상을 입어 선천적 장애가 유발된 경우다.

수은은 땅, 바위, 공기 등 자연에 널리 퍼져있으나 농도가 낮아 인체에 직접 영향을 미치지는 않는다. 그러나 온도계, 혈압계, 치과용 아말감, 살균제, 방부제, 페인트, 건전지, 형광등과 같은 의료용품이나 공산품에 수은이 많이 사용되고 있어 간접적으로 인체에 피해를 줄 수 있다.

메틸수은은 모든 물고기에 존재한다. 먹이 사슬을 통해 상위로 전달되고, 최상위 물고기는 대량의 수은을 축적하고 있다. 수은에 중독된 물고기를 먹으면 3~4일 내에 수은이 체내 확산되어 뇌로 전달된다. 임산부가 수은중독 물고기를 먹은 경우, 수은이 태반을 통과해 태아에게 전달되어 신경학적 장애를 가진 아기를 낳게 된다. 1950년 일본 미나마타에서 그리고 1960년 니가타에서 수은에 오염된 물고기를 섭취한 주민들이 정신장애, 감각장애, 언어장애, 뇌성마비를 일으킨 사례가 있다. 1971년 이라크 농촌마을에서 곡물종자를 메틸수은에 처리하여 농사를 지었는데, 그 곡물로 빵을 만들어 먹은 주민들 6000명 이상이 입원을 하였고, 임산부들은 기형아를 출산한 사례가 있다.

납이 인체에 미치는 영향은 많이 알려져 있다. 납은 장기에 존재하는 물질이지만 흡수율이 높기 때문에 오랫동안 섭취하게 되면 몸에 쌓여 건강을 해친다. 고농도 납에 중독될 경우 식욕부진, 빈혈, 팔다리 근육 약화, 청각장애, 성장지연, 중추 신경계 손상, 뇌장애, 불임 등을 초래한다. 임신 중 산모가 납에 중독되면 태아에까지 영향을 미치는데, 이때 태아는 신경학적 발달장애를 가지게 된다. 납을 취급하는 공장에서 근무하는 여성의 경우 불임, 유산, 조산, 사산, 분만 결함의 비율이 높다.

05 유전과 환경의 상호관계 모델

1) 유전·환경 상호관계 모델

행동유전학자들은 유전인자가 개인이 살아가면서 접하는 다양한 환경 중에서 특정 환경을 선택한다고 주장한다. 유전적으로 유사한 사람, 즉 형제자매들은 멀리 헤어져 다른 상황에 놓여 있어도 유사한 환경을 선택한다는 것이다.

Scarr와 McCartney(1983)의 유전·환경 상호관계 모델은 유전과 환경이 어떻게 상호작용하는지를 다음 세 가지 유형으로 설명한다.

(1) 수동적 유전·환경 상호관계passive genotype-environment correlations

수동적 유전·환경 상호관계는 부모가 제공하는 환경에 자녀가 수동적으로 노출되는 경우에 적용된다. 유아는 자신의 환경을 스스로 선택할 수 있는 능력이 없다. 부모나 교사 등 주위 어른이 제공해 주는 가정환경이나 유치원 환경 등에 그대로 노출된다. 예를 들면, 피아노를 전공한 부모는 자녀에게 풍부한 음악적 환경을 제공해 줄 것이다. 자녀는 가정에서 자연스럽게 부모의 피아노 연습을 듣게 될 것이며, 부모의 피아노 연주회에도 따라갈 것이다. 이러한 가정환경에서 자라는 자녀는 당연히 음악에 관심을 가지게 된다. 또한 자녀는 부모로부터 음악적 재능을 물려받았을 것이다. 때문에 유전적으로도 음악을 좋아하게 된다. 이 경우 유전과 환경의 영향은 서로 관련성이 있다. 유전적으로 음악적 재능이 있는 부모는 자녀에게 음악적 재능을 유전적으로도 제공하고 환경적으로도 제공해 준다.

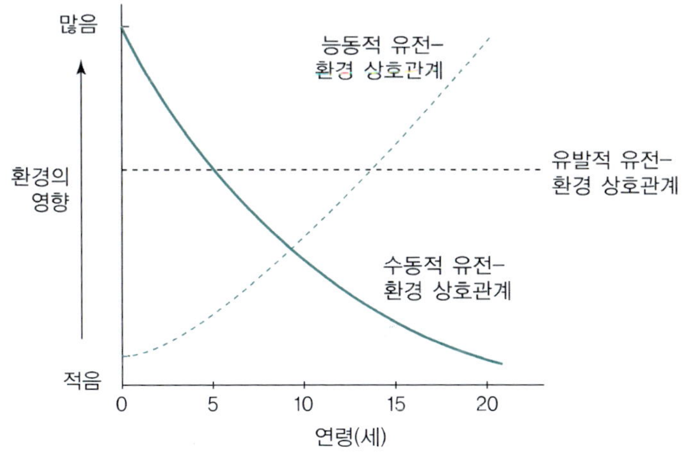

그림 4-3 연령에 따른 수동적·능동적·유발적 유전-환경 상호관계 모델
출처: Shaffer(2009). Social and personality development.

여기서 수동적이라는 의미는 유아가 자신의 환경을 선택하거나, 자신의 주변 환경을 스스로 구성할 수 있는 능력이 없다는 것이다. 유아기 동안 유아는 스스로 집 밖을 돌아다니거나 친구를 선택해서 사귀는 일이 쉽지 않다. 유아기에는 대부분의 시간을 부모와 함께 보낸다. 또는 부모가 선택하거나 제공해주는 환경에서 지내게 된다. 그래서 유아기에는 수동적 유전·환경 상호관계에 해당된다고 할 수 있다.

(2) 능동적 유전·환경 상호관계active genotype-environment correlations

능동적 유전·환경 상호관계는 아동기에 적용된다. 유아기를 벗어난 아동들은 그들의 활동이 가족 이외의 이웃이나 교육기관 그리고 지역사회로 확대됨에 따라 자신의 유전적 성향과 잘 맞는 환경을 능동적으로 선택할 수 있게 된다.

특별활동 시간에 어떤 활동을 할 것인지를 아이들에게 선택하게 하면, 바이올린에 소질이 있는 아동은 음악반에 들어가 연주를 할 것이고, 그림에 소질이 있는 아이는 미술반에 들어가 그림을 그릴 것이다. 운동을 좋아하는 아이는 축구반이나 야구반에 들어가 운동을 열심히 할 것이다. 내향적 성향을 가진 아동은 책읽기를 하던지 그림을 그리던지 혼자서 하는 활동을 선택할 것이고, 외향적 성향을 가진 아동은 친구들과 어울려서 활동을 할 수 있는 야구나 오케스트라 연주반을 선택할 것이다.

유아기에는 부모가 제공해주는 환경에 그대로 노출되는 경향이 있어 수동적 유전·환경 상호관계가 적용되지만, 아동기가 되어 학교에 다니게 되면 자신의 유전적 적성에 맞는 활동이나 친구를 자유롭게 선택할 수 있게 된다. 유아기에서 벗어나 아동기가 되면 점점 능동적 유전·환경 상호관계가 중요해진다.

읽어보기 **한국계 쌍둥이 자매, 25년만에 화상채팅으로 재회**

1987년 11월 19일, 부산에서 쌍둥이 자매로 태어나 생후 3개월 만에 프랑스와 미국에 각각 입양된 아나이스와 사만다는 26년 만에 런던에서 처음 만나 유전자 검사 결과를 기다리고 있다. 지구 반대편 8000km 떨어진 거리를 인터넷과 SNS가 이어준 셈이다. 둘은 입양 기록을 찾아보고 생모의 주민번호가 같다는 사실도 알게 됐다. 헤어져 자란 쌍둥이들을 연구하는 캘리포니아주립대 낸시시걸 교수의 도움으로 유전자 검사도 받았다. 둘은 런던에서 처음으로 만났다. "샘(사만다)은 한 번도 본적이 없는, 입체로 된 나였다. 나는 영혼이 몸을 떠나 자신이 죽는 모습을 지켜보는 것이라는 생각까지 들었다(아나이스).", "내가 아니었지만 마주 쳐다보고 있는 사람은 머리끝부터 발끝까지 나였다. 그 사람은 마치 내가 아는, 꿈속에서 나왔던 사람처럼 느껴졌다(사만다)." 이 쌍둥이들은 지구 반대편에서 살고 있었지만, 유사한 꿈을 가지고 비슷한 인생을 살고 있었다.

출처: 조선일보, 2013.04.02.

아동들은 자신의 유전적 성향에 따라 자신에게 맞는 환경을 선택하게 된다. 실제 사례가 미네소타 대학에서 수행되었던 일란성 쌍둥이 비교연구이다. 이 분석의 대상이었던 일란성 쌍둥이 남자 형제는 생후 4주 만에 서로 다른 가정에 입양되었다가 39세 때 처음으로 만났다. 성장과정이 상당히 달랐고 서로 만난 적도 없었지만, 쌍둥이는 너무도 비슷하게 성장해 있었다. 유사한 취미와 유사한 직업을 가지고 있었다(조선일보, 2003.02.12.). 이 넓은 세상에서 다양한 환경적 자극이 주어져도, 유전자가 같은 형제자매들은 유사한 환경을 추구하고 선택하는 경향이 있다. 즉, 일란성 쌍둥이는 다른 환경에서 자라더라도 같은 환경을 추구하려는 성향이 있어 성장 후 서로 비슷해진다는 것이다.

(3) 유발적 유전·환경 상호관계evocative genotype-environment correlations

유발적 유전·환경 상호관계는 유아의 유전적인 특징이 유아와 상호작용하는 사람들의 행동에 영향을 미쳐 유아의 환경을 만들어내는 경우에 적용된다. 예를 들어, 활발하고 잘 웃으며 사교적인 유아는 다른 사람의 관심을 더 많이 유발시킬 것이며 그들의 사랑도 많이 받게 될 것이다. 반면 무뚝뚝하고 표정이 없는 유아는 타인의 관심과 자극을 덜 받게 될 것이다. 유아의 기질과 행동은 유아 주변 사람들의 행동을 변화시킨다. 또한 유아에 대한 주변사람들의 반응은 유아의 성격을 형성하는 데 많은 영향을 미치게 된다. 이러한 예는 유전과 환경이 밀접하게 상호작용하는 것을 보여준다.

또한 유발적 유전·환경 상호관계는 연령과 관계없이 항상 중요하다. 개인의 유전적 특성으로 인한 행동과 태도는 언제나 다른 사람의 반응과 행동을 유도한다. 외향적이고 사교적이며 애교가 많은 성격은 유아기에나 성인기에나 늘 주변사람들의 관심과 사랑을 유발한다. 주변의 사랑과 관심을 듬뿍 받는 이는 언제나 유쾌하며 원만하게 대인관계를 형성해 갈 것이다. 적극적인 사람은 소극적인 사람에 비해 기회를 더 많이 만들어 간다. 그러한 기회는 그 사람을 더 성장하게 만들 것이다. 그런 의미에서 유발적 유전·환경 상호관계는 일생 동안 중요하다.

2) 폭주설W. Stein

폭주설은 유전으로 규정되는 기질의 힘과 환경의 힘이 합쳐지는 방향으로 발달이 전개된다는 이론이다. 개인의 내적인 특성과 외부 환경 간의 상호작용이 잘 이루어질 때 발달이 폭주하게 되는 것이다. 우수한 유선석 요인을 가지고 태어난 자녀에게 좋은 환경을 제공하면 우수한 재능을 갖춘 청년으로 성장할 수 있다고 본다.

이 이론은 유전과 환경 두 요인 모두가 발달에 미치는 영향력이 크다는 부분에서는 설득력을 갖고 있지만, 유전 요인과 환경 요인을 단지 평면적으로 가산해서 발달의 방향을 생각하고 있기 때문에 인간을 숙명론적으로 빠뜨리기 쉽다는 비판을 받는다.

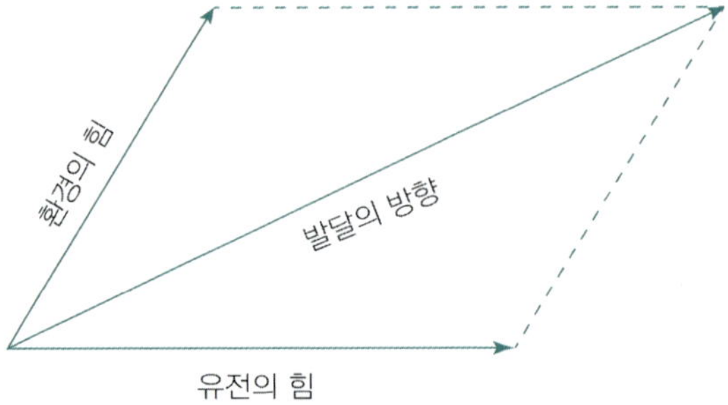

그림 4-4 Stern의 폭주설(현정환, 2005 재인용)

3) 환경역치설 A. R. Jensen

환경역치라는 것은 발달에 필요한 최소한의 환경적 수준을 말한다. 개인의 타고난 유전적 특성이 발현되기 위해서는 각각의 유전적 특성에 필요한 환경 조건의 질이나 양이 다르다는 의미이다. 유전적 영향을 많이 받는 특성은 환경의 영향을 덜 받고, 유전적 영향을 덜 받는 특성은 환경의 영향을 많이 받게 된다.

예를 들면, 키의 성장이나 기억력(특성 A)은 환경 조건이 극단적으로 나쁘지 않으면 거의 유전의 영향으로 발달이 완전하게 이루어진다. 이는 키나 기억력 같은 특성은 환경의 영향을 덜 받기 때문에 환경적 질과 양에 대한 요구 수준, 즉 환경역치는 낮다는 의미이다. 다시 말하면 최소한의 환경적 수준만 갖추어져 있으면 키는 유전적 프로그램대로 자란다는 의미이다.

반면 외국어나 악기를 다루는 능력(특성 D)은 환경 조건이 잘 갖추어져 있을 때만 발달할 수 있다. 외국어나 악기를 다루는 능력은 특별한 교육이나 훈련이 적절하게 제공되지 않으면 발휘될 수 없기에, 외국어나 음악적 재능을 발휘하기 위해서 요구되는 환경역치는 높다고 할 수 있다. 즉, 외국어나 음악적 재능은 최고로 좋은 환경이 제공되어야 최고로 발달할 수 있다는 의미이다.

지능(특성 B)은 환경 조건이 중간 정도 되는 지점이 환경역치에 해당한다. 이는 환경 조건이 보통 정도만 되면 개인의 지능은 100% 가까이 발달된다는 의미이다. 학업 성적(특성 C)은 환경 조건의 차이에 따라 상당히 영향을 받는 특성이기에 환경역치가 높아질수록 성적이 좋아진다(현정한, 2005).

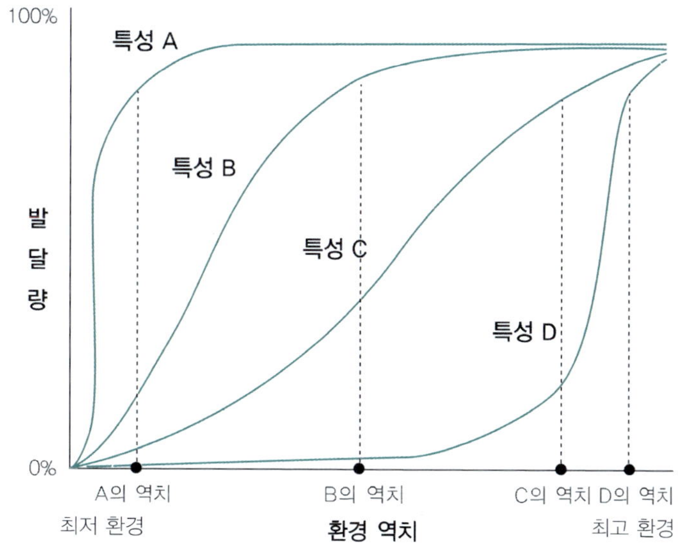

그림 4-5 Jensen의 환경역치설

4) 반응범위 모형Gottesman

Gottesman(1974)은 발달의 가능성 범위는 유전적으로 결정되지만 범위 내에서 개인의 발달 수준은 환경에 의해 결정된다는 반응범위 모형을 제안했다. 어떤 특성의 발달 범위가 넓은지 좁은지는 유전으로 결정되며, 범위 내에서 발달 수준은 환경요인에 의해 결정된다는 것이 반응범위 모형이다. 여기서 반응범위란 표현되는 유전적 특성이 환경조건에 따라 변화될 수 있는 범위를 말하며, 반응범위는 유전의 영향을 받는다.

반응범위는 유전적으로 결정되지만 반응범위 내에서 개인의 발달 수준이 어떠할지는 환경에 의해 결정된다. 즉, 유전적으로 발달 가능성은 있으나 환경이 어떻게 제공되는지에 의해 발달이 제한된다는 것이다. 개인의 키가 얼마나 클 수 있는지의 범위는 유전적으로 영향을 받지만, 운동이나 영양 상태에 따라 개인의 키가 결정된다. 예를 들면, 중간 정도 키의 유전인자를 가진 사람이 영양이 나쁜 환경에서 자라면 중간보다 키가 작을 것이고, 영양이 좋은 환경에서 자라면 중간보다 키가 크게 된다. 그러나 아무리 환경이 좋아도 작은 키의 유전인자를 가진 사람이 큰 키의 유전인자를 가진 사람보다 더 클 수는 없다. 키가 크고 싶은 한 아이가 잘 먹고 운동을 열심히 한다고 해서 무한정으로 키가 클 수 있는 것이 아니고, 유전적인 반응범위 내에서 최고로 클 수 있다는 의미이다.

지능도 이와 유사하다. 지능도 유전의 영향을 많이 받는 특성이 있다. 보통의 지능을 물려받은 아이가 열악한 환경에서 더구나 부모의 무관심 속에서 성장하게 되면 보통 이하의 지능발달을 보일 것이며, 부모의 사랑과 관심을 많이 받고 지적 자극이 풍부한 환경에서 성장하면 보통보다 나은 지능발달을 보일 것이다. 그러나 아무리 지적 자극이 풍부한 환경에서 자란다 하더라도 우수한 지능의 유전인자를 물려받은 이보다 지능이 더 좋을 수는 없다.

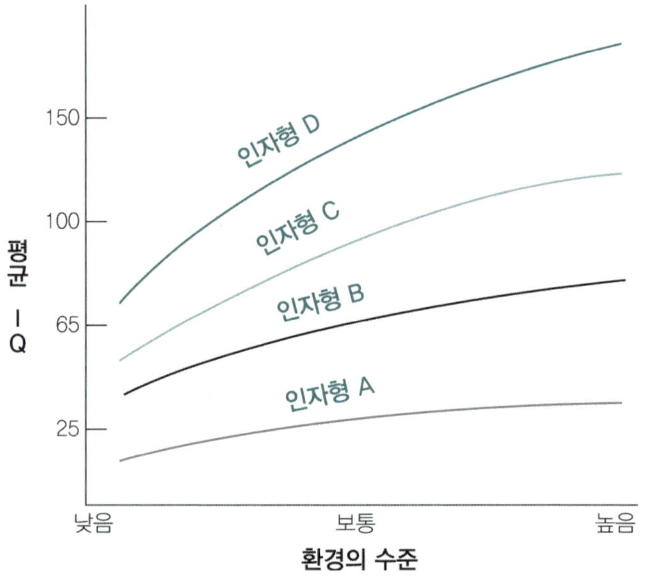

그림 4-6 환경의 영향에 대한 인자형의 반응(정옥분, 2010)

06 출 산

출산은 아기를 낳는 과정을 말하며, 의학적으로 모체의 자궁 속에서 자란 태아와 태반을 모체 밖으로 밀어내는 현상이다. 출산을 분만 또는 해산이라고도 한다. 산모와 아기가 건강하고 그 이외 어떤 이상이 없으면 정상분만이라 하고, 산모나 아기에게 문제가 있거나 출산과정에 어려움이 있으면 난산이라 한다.

1) 분만과정

대부분의 아기는 수정 후 266일 만에 태어나지만, 수정된 날짜를 정확히 모르는 경우가 많다. 그래서 마지막 월경주기의 첫날로부터 280일되는 시점을 분만예정일로 본다. 그러나 분만예정일은 태아의 크기, 호르몬 수준, 임부의 생리적·심리적 영향에 따라 달라진다. 분만예정일에 맞춰 정확하게 분만하는 경우는 드물고, 예정일을 중심으로 전후 2주간은 정상적인 분만기간으로 본다. 분만 시간은 평균적으로 15~20시간 정도 걸리며 초산부는 더 걸릴 수 있고, 경산부의 분만 시간은 더 짧을 수 있다.

분만의 증상으로는 진통, 이슬, 파수가 있다. 분만을 알리는 첫 증상은 진통이다. 진통은 처음에는 불규칙하고 간헐적으로 오다가, 점차 진통의 간격이 짧아지고 강도도 커진다. 5분 이하 간격으로 진통이 오면 분만이 임박했다는 신호이다.

이슬은 자궁경부가 확장되거나 양막의 일부가 자궁벽에서 떨어지면서 배출되는 피가 섞인 분홍색의 점액이다. 먼저 이슬이 보이고 진통이 오거나, 이슬보다 진통이 먼저 시작되는 경우도 있으며, 두 가지가 동시에 오면서 분만이 시작되는 경우도 있다. 사람에 따라서는 이슬이 눈에 띄지 않는 경우도 있다.

양수막이 파열되어 양수가 나오는 것을 파수라고 한다. 파수가 되면 바로 분만이 이루어진다. 진통 전에 파수가 되거나, 진통이 있어도 자궁경부가 완전히 열리기 전에 파수가 되면 출산에 어려움이 따르며 태아가 위험할 수도 있다. 분만과정은 개구기, 출산기, 후산기 3단계로 진행된다.

(1) 개구기

출산의 준비기로 진통이 시작되어 자궁경부가 태아의 머리가 통과할 수 있는 정도(10~12cm)까지 열리는 기간을 개구기라 한다.

진통은 처음에는 30분, 20분 간격으로 비교적 불규칙하게 시작된다. 마지막 무렵에는 5분, 3분 간격으로 규칙적인 진통이 있으며, 진통의 강도도 심해진다. 이 단계가 분만과정에서 가장 시간이 오래 걸리는 단계이며, 초산일 경우 대개 15시간 이상 진행되고 경산부는 4~6시간 정도 진행된다.

진통은 불수의 근육이 작동하는 근육운동 과정이므로 출산에 대한 공포를 없애고 신체 긴장을 풀면 자궁경부를 둘러싼 근육이 이완된다. 공포심 때문에 긴장하면 근육이 이완되지 않아 더 심한 통증을 유발할 수 있다.

자궁수축이 일어나는 이 시기동안 태아는 많은 스트레스 호르몬을 분비하게 되는데, 이 호르몬은 많은 양의 혈액을 뇌와 심장에 보냄으로써 아기가 산소결핍을 견딜 수 있도록 해준다.

임부는 출산 이전에 긴장 완화를 유도할 수 있는 방법을 교육받기도 한다. 그리하여 진통을 하는 동안 몸을 이완시키고 흉식호흡을 하여 태아에게 충분한 산소공급을 할 수 있도록 한다.

(2) 출산기

자궁경부가 열려 태아가 산도를 통해 모체 밖으로 나오는 시기를 출산기라 한다. 시간상으로는 30분 정도 걸린다. 자궁이 열리면서 양막이 터져 양수가 나오게 된다. 강한 진통은 태아를 자궁 밖으로 밀어내도록 힘을 주게 한다.

태아가 오랫동안 산도에 머물면 질식사의 우려가 있으므로 임산부의 적극적인 참여가 필요하다. 분만과정에서 태아는 태반으로부터 산소공급을 일시적으로 받지 못하므로 분만 시간이 길어지면 산소부족으로 뇌손상을 입을 수 있다.

산도를 통해 나오는 동안 태아는 극도의 압력과 산소 부족을 경험한다. 이때 분비되는 부신 호르몬의 양은 일생 중 최고가 된다. 부신 호르몬 중 아드레날린은 태아의 폐를 열어주고, 공기로 호흡하는 것을 도와주고 노르-아드레날린은 심장박동을 느리게 하여 태아가 산소결핍을 견디는 것을 도와준다. 제왕절개 수술로 태어난 태아는 산도를 거치는 경험을 하지 않기 때문에 호르몬 분비가 왕성하지 못하며, 이로 인해 종종 호흡곤란의 문제가 발생하기도 한다.

(3) 후산기

태아 출산 후 자궁이 수축되면서 태반과 양막이 자궁 밖으로 배출되는 과정을 후산기라고 한다. 소요시간은 5～15분 걸리며 이러한 과정으로 분만은 종료된다. 그러나 이후에도 자궁이 예전의 크기로 되돌아가기 위해 수축하면서 다소의 진통이 생긴다. 이를 훗배앓이라고 하며 6주가 소요되는데 이 기간 동안 방광염, 신우염 등 감염의 우려가 있으므로 조심해야 한다.

2) 대안 분만 방법

(1) 라마즈 분만

프랑스 산부인과 의사인 페르낭 라마즈박사에 의해 소개된 분만법이다. 라마즈 분만법은 자연분만을 원칙으로 하며 진통 및 분만 시의 고통을 경감시켜 분만을 수월하게 해주는 방법이다.

고전적 조건화 이론에 토대를 두는 것으로 4～5주 과정의 교육을 받아야 한다. 임신 7～8개월된 임산부와 남편이 같이 매주 2시간씩 방법을 배우고 연습한다. 출산 시 남편의 도움을 받으면 훨씬 안정적인 분위기에서 출산할 수 있다.

라마즈 분만법은 구체적으로 진통 시 연상법, 이완법, 호흡법을 사용하여 진통의 통증을 완화시키는 방법이다.

(2) 수중 분만

양수와 동일한 조건의 물속에서 아기를 낳는 방법이다. 프랑스의 미셸오덩 박사에 의해 1970년대 보급되었던 분만법으로 한국에서는 1999년 9월 한양대학교 부속병원서 처음 시도되었다.

수중 분만은 누운 자세로 분만하는 것이 아니고, 앉아서 하는 좌식 분만법의 하나로 중력을 이용하여 골반이 잘 벌어지고 힘을 주기가 쉽다는 점에 착안한 방법이다. 산모 입장에서는 따뜻한 물이 근육이완을 도와주고, 진통을 덜어주어 편안한 느낌을 가질 수 있다. 일반 분만 때보다 회음 열상이 적다. 태아에게는 탄생의 스트레스를 줄여주는 효과가 있다. 양수 속에 있던 태아가 양수와 같은 따뜻한 물로 이동하기 때문에 환경의 변화에 따른 충격이 적다.

그러나 물의 상태가 청결하지 못하거나 산모가 출산 시 배출하는 각종 분비물로 인해 태아와 산모가 병균에 감염될 위험이 있으며, 수중 진통 시 태아에 대한 지속적인 관찰이 어렵다는 단점이 있다.

(3) 르봐이예 분만

프랑스 의사 르봐이예(Laboyer, 1975)가 『폭력 없는 탄생』이라는 저서를 통해 주장한 분만법이다. 르봐이예는 이 저서에서 출산과정은 산모에게만 큰 고통을 주는 것이 아니고, 산도를 통해 모체 밖으로 나오는 태아의 고통에 대해서도 관심을 가져야 한다고 주장하고 있다. 태아는 태반으로부터 영양과 산소를 공급 받으며, 어머니의 어두운 자궁 내의 따뜻한 양수 속에 조용히 지내다가 갑자기 강렬한 불빛을 받으며 시끄러운 소리와 함께 공기 중에 노출되는 상황을 맞게 된다. 그러면서 스스로 폐로 호흡해야 하며 빨리 호흡하지 않으면 엉덩이를 찰싹 맞기까지 한다. 이러한 상황이 태어나는 아기에게는 폭력적이라는 것이다. 태내환경과 유사한 환경을 만들어 태아가 덜 충격적이고 덜 자극적인 환경 속에서 세상을 만나도록 하자는 것이 르봐이예 분만법이다.

어머니의 양수 속과 같이 약간 어둡고 따뜻한 방에서 태교를 할 때 즐겨듣던 음악을 틀고, 조용하게 아기를 받으면서 탯줄도 즉시 자르지 않는다. 아기의 안정을 위해 어머니의 배 위에 5～6분 정도 올려놓았다가, 아기가 폐호흡에 익숙해지면 탯줄의 혈액순환이 멈추므로 그 때 탯줄 자른다. 탯줄을 자르고 따뜻한 물속에 담가 부드럽게 마사지를 해주어 아기가 긴장을 풀고 새로운 세계를 맞이하도록 해준다. 이 출산 방법을 반대하는 사람들은 어두운 불빛으로 인해 의료진이 출산과정에서 발생할 수 있는 위험요소를 놓칠 수 있다고 비판하고 있다.

(4) 제왕절개

산모의 복부를 절개하여 자궁에서 태아를 꺼내는 분만법이다. 로마의 줄리어스 시저가 이 수술로 태어난 것에서 유래되어 제왕절개라 명명하고 있다. 가능하면 자연분만법을 권하지만 산모와 태아에게 문제가 있을 때 부득이 제왕절개 수술을 해야만 하는 경우가 있다.

산모가 임신중독증, 당뇨, 심장병이 있거나, 출산 전에 양수가 터져 아기가 감염될 우려가 있을 때, 아이의 머리가 너무 크고 산모의 골반은 작아 산모의 골반을 통과하기 어려울 때, 태아를 밀어내는 힘이 약할 때 제왕절개를 실시한다. 또 진통이 미약하거나 진통이 지나치게 오레 지속되어 산모가 지쳐 있을 때도 제왕절개를 한다. 또 쌍생아를 잉태했거나, 산모의 자궁절개술 병력이 있거나, 전치태반인 경우 제왕절개를 실시해야 한다. 양수파열로 탯줄이 탈출한 경우, 유도분만 실패 시에도 실시한다.

태아 쪽에 문제가 있을 때도 제왕절개를 실시한다. 태반의 조기 분리나 태아피로증후군과 같이 태아에게 위험한 상황일 때, 태아가 임신말기에 머리를 아래로 두지 않고 다리가 먼저 나오게 되는 거꾸로 된 자세를 취하고 있을 때 제왕절개를 실시한다.

제왕절개는 수술에 필요한 마취가 산모와 태아의 호흡곤란을 초래할 수 있고, 산후 회복이 느리며, 다음 분만도 제왕절개를 해야 하는 등의 문제가 있다.

(5) 기타 방법

분만을 신속하게 끝내고, 출산과정에서 경험하는 임산부의 고통을 경감시키기 위해 다양한 기술이 개발되고 있다. 무통분만은 출산 시 진통의 공포와 고통을 감소시키기 위해 마취제를 사용하여 통증을 경감시키는 것이다. 분만 시간을 단축시키기 위해 촉진제를 사용하기도 한다.

그네 분만은 앉아서 아기를 낳는 좌식 분만의 일종으로 중력을 이용해서 고통을 경감시킨 분만법이다. 진통 중인 산모는 그네에 앉아 있는 자세로 골반을 전후좌우로 흔들 수 있고, 자기 의지대로 기계를 조작해서 뒤로 눕거나 앉는 등 자세 바꾸기가 쉬워 고통을 줄일 수 있다. 자궁과 태반에 혈액이 원활히 공급되며, 출산에 관련된 근육의 이완에도 도움을 준다.

3) 출산 시 문제점

(1) 난산

자연분만으로 아기를 낳고 아기와 산모 모두 이상 증세가 없으면 순산이라 한다. 태아가 산도를 통과하는 과정에서 구조적 또는 기능적 이상이 생겨 분만이 순조롭지 않은 경우를 난산이라 한다.

태아에게 이상이 있어 난산인 경우 자궁 내 태아의 위치 이상, 발육이상으로 기형인 경우, 태아 머리가 너무 큰 경우이다.

산모에게 문제가 있어 난산이 되는 경우는 산도나 골반이 너무 협소한 경우, 자궁기능부전이나 자발적인 복근 수축의 문제가 있거나, 태아를 밀어내는 힘이 부족할 때이다. 전치태반, 태반조기박리, 조기파수 등도 난산의 원인이 된다. 전치태반은 태반의 위치가 정상적인 위치가 아니라 비정상적으로 자궁경부의 안쪽을 완전히 또는 부분적으로 덮고 있거나 자궁경부와 태반이 매우 가까이 위치한 경우를 말한다. 태반조기박리는 착상된 태반의 일부 또는 전체가 태아의 출산 이전에 자궁으로부터 분리되어 떨어지는 것이고, 조기파수는 진통이나 이슬이 비치기도 전에 양수가 먼저 터지는 것을 말한다.

(2) 산소 결핍

분만 시 아기에게 가장 위험한 문제 중 하나는 산소공급이 안 되는 산소결핍증이다. 분만 시 산소결핍은 아기가 자신의 폐를 사용하여 호흡을 시작할 때까지 탯줄이 산소를 공급해야 하는데 그러지 못할 때 발생한다. 산소결핍은 제왕절개를 해야 할 상황에서 자연분만을 시도할 때 가장 빈번하게 일어나며, 난산일 때 발생한다. 대뇌 중추신경계는 산소공급이 안 되면 매우 위험하게 되는데, 난산 시 태아가 산소결핍상태를 몇 분만 겪어도 치명적인 결함이 생기게 된다.

산소결핍 발생원인은 첫째, 탯줄이 꼬이거나 압축되었을 때, 둘째, 태반 조기박리, 셋째, 출산 시 산모의 고통을 감소시키기 위해 많은 양의 안정제를 복용하였거나 심하게 마취되었을 때이다. 넷째, 혈액부조화가 산소 결핍 발생 원인일 수도 있다. 태아의 혈액형이 Rh+이고, 모체가 Rh－인 경우 Rh－인 모체의 혈액이 항체를 만들어 태아의 혈액 속으로 들어가 적혈구를 파괴하여 산소결핍증을 유발할 수 있다. 다섯째 출산 직후 아기의 호흡기가 적절하게 작동하지 않을 때 아기의 뇌에 산소공급이 안될 수 있다.

가벼운 산소결핍증은 유아기의 운동발달이나 지적발달을 더디게 하나, 아동기

발달에는 그다지 영향을 미치지 않는다. 하지만 몇 분간의 산소결핍은 태아의 뇌 신경세포를 죽게 하고 이는 심각한 뇌손상을 초래하며, 심한 경우 사망하게 된다.

(3) 조산과 미숙아

임신기간 37주 이전에 출산하는 것을 조산이라 한다. 체중이 2.5kg 이하인 아기는 저체중아, 1.5kg 미만은 극소저체중아, 1kg 미만은 초극소저체중아라 하며, 조산이면서 체중이 2.5kg 미만인 태아를 미숙아라고 한다. 그러나 임신 40주를 다 채운 아기도 2.5kg 미만이면 미숙아로 간주한다.

미숙아는 모든 장기가 제 기능을 발휘할 수 있을 만큼 성숙되지 않은 상태로 태어난 아기를 말한다. 엄마의 자궁 속에 머문 기간이 짧을수록, 출생 시 몸무게가 적을수록 아기는 여러 합병증의 위험에 노출된다. 미숙아에게 가장 큰 위험은 체중미달, 호흡장애증후군과 뇌출혈이다.

체중은 신생아 발달에 있어 중요한 지표이다. 체중의 증가는 표피에 지방이 축적된다는 것이고, 이는 신생아가 체온조절을 할 수 있음을 의미한다. 미숙아는 피부에 지방이 축적되지 않아 체온조절이 어렵고, 저체온증에 빠지기 쉽다. 저체온증은 폐렴 등 여러 합병증을 일으켜 죽음에 이르게 하는 치명적인 증상이다.

호흡장애증후군은 신체에서 폐를 보호해주는 물질을 생성하지 못한 결과 호흡이 불규칙하거나 호흡이 정지되어 산소공급이 어렵게 되는 현상을 말한다. 체온조절과 호흡의 문제를 해결하기 위해 미숙아는 온도와 산소량이 조절되는 보육기(incubator)에서 자라게 된다. 이때 보육기의 산소농도가 너무 높으면 아기 눈의 망막이 손상되어 시각장애가 될 수 있다.

뇌출혈로 영유아기에 뇌성마비와 정신지체 증상이 유발되기도 한다. 뇌출혈의 대부분은 생후 1주 이내에 발생한다.

조산아와 미숙아들은 정상아보다 신경통제가 불완전하다. 체온조절이 미숙하고, 빨기, 기침하기, 삼키기 등 생존반사 기능이 약하고 불규칙하며, 혈관이 가늘고, 쉽게 출혈하며, 면역기능이 불완전하여 감염위험성이 높다. 대부분의 미숙아는 발달 속도가 정상아보다 느리지만, 출생 후 1년간 발달 지체를 보이다가 점차 회복된다.

정상아에 비해 조산아와 미숙아에게는 모유수유가 더욱 중요하다. 왜냐하면 조산아는 우유에는 없고 모유에만 있는 시스틴이라는 아미노산을 만들 능력이 없기 때문이다.

미성숙의 정도가 크지 않고 몸무게가 아주 적지 않으면 미숙아의 생존가능성은 높다. 의학의 발달로, 출산 시 체중이 500g 안팎의 미숙아도 의료진의 도움으로 치명적인 합병증 발생 위험을 극복하고 정상아로 성장하는 경우가 많다. 조산아 출산은 전체 출산의 10%를 차지하며, 조산아 사망률은 신생아 사망의 약 70%를 차지한다.

임신과 출산은 다양한 요인들이 작용하는 과정이기에 조산의 원인을 정확히 알 수 있는 것은 아니다. 산전 관리를 잘하여 조산을 예방하는 것이 바람직하다.

(4) 과숙아

출산 예정일을 2주 이상이나 지나 태어난 아기를 과숙아라고 한다. 최근에는 태반기능부전 증후군이라고 한다. 출산 예정일이 많이 지나게 되면 태반이 노화하여 기능을 제대로 못해 태아에게 필요한 산소와 영양을 충분히 공급하지 못한다. 즉, 태반을 통해 공급되는 혈액이 태아에게 적절한 영양을 공급할 수 있을 만큼 충분하지 않다는 의미다. 그렇게 되면 태아의 두뇌로 가는 혈액공급이 감소되고, 그 결과 두뇌가 손상될 가능성이 높아진다. 산소가 충분히 공급되지 않아 태아가 가사상태에 빠지기 쉽고 태아가 태변을 먹는 등 임신의 예후가 불량해진다.

또 태아가 너무 크게 성장하여 분만의 어려움을 초래할 수 있다. 양수 양의 감소로 제대압박이 생겨 제왕절개의 가능성도 높아진다.

과숙아는 조산아보다 그 위험성을 쉽게 방지할 수 있다. 과숙아 출산에 대한 원인이 정확히 밝혀지지 않은 만큼 조기에 진단하고 예방하는 것이 매우 중요하다.

과숙아 출산 여부를 알기 위해 무엇보다 정확한 임신 주수를 산정하는 것이 필수이다. 출산예정일이 지나면 규칙적인 태아의 건강검사, 즉 태동감시, 초음파, 전자 태아감시 검사 등을 시행하며, 임신 41주가 지나면 자궁경부의 상태에 따라 유도분만을 결정하는 것이 바람직하다.

05 Chapter

신생아

01 신생아발달

출생 후 약 한 달 동안의 아기를 신생아라 한다. 신생아기간은 한 달이라는 짧은 기간이지만 태내환경과는 전혀 다른 환경에 적응해야 한다는 점에서 중요한 의미를 갖는다.

신생아기 동안 가장 급격한 생리적 변화는 태내기 순환에서 자발적 호흡으로 전환하는 일이다. 출생 후 3～4일이 지날 무렵에는 간의 미성숙으로 황달현상이 나타난다.

생후 2주 동안은 탯줄을 자른 후 배꼽이 아무는 시기이다. 신생아의 15～20%는 늦은 오후나 이른 저녁시간에 이유 없이 심하게 우는 산통을 경험하는데, 이는 생리적 원인으로 호흡조절이 원활하지 못하거나 생체리듬과 수면주기 부조화로 발생하는 것이다. 3, 4개월 지나면 사라진다.

신생아기는 자궁 밖의 새로운 환경에 적응해야 하는 시기이기에 일생 중 가장 취약하며 영아 사망의 2/3가 이 시기에 발생한다. 영아돌연사증후군은 첫돌되기 전의 영아가 특별한 이유 없이 수면 중에 사망하는 현상으로 정확한 원인은 밝혀지지 않았으나, 가장 유력한 가설은 호흡조절규제와 관련된 뇌기능에 이상이 있나는 것이다. 남아, 조산아, 미숙아, 빈곤계층이나 십대미혼모의 아이가 영아돌연사증후군으로 사망하는 경우가 많으며, 어머니가 임신 중에 흡연과 약물을 복용한 경우도 많이 발생한다.

1) 신체 기능

(1) 외모

갓 태어난 아기는 뽀얗고 포동포동한 예쁜 아기얼굴과는 거리가 멀다. 출생 시 아기는 두개골이 크고 얼굴은 작고, 피부는 쭈글쭈글하고 붉은색을 띠며, 끈적이는 태지로 덮여 있다. 태지는 세균 감염을 막기 위한 유성의 보호막으로 샤워 후 없어진다. 눈꺼풀은 통통 부어있고, 몸 전체는 솜털로 덮여 있는데, 몇 주가 지나면 점차 없어진다. 신생아 황달은 대개 생후 3～4일경에 나타났다가 생후 7～10일 정도에 사라지고 아기 원래 모습을 찾는다.

간혹 신생아의 유두에서 마치 젖과 같은 하얀 분비물이 나오기도 하고 일부 여아들의 질에서 핏빛 배설물이 나오기도 하는데 이는 출생 직전 어머니의 태반에서 분비된 높은 수준의 여성호르몬인 에스트로겐의 영향 때문이다. 이는 출생 직후 나타나다가 2～3일 안에 자동적으로 사라진다.

신생아의 키는 평균 약 50cm, 체중은 여아가 평균 3.2kg, 남아가 평균 3.4kg이다. 신생아는 먹는 것에 익숙하지 않고, 태변도 배출하여 생후 3, 4일간은 약 5% 정도 초기 체중 감소가 있는데, 심한 경우는 10% 감소한다. 5일 후부터 체중은 점차 증가하여, 2주경이 되면 출생 시 체중으로 회복한다. 첫돌 무렵에는 출생 시 체중의 약 3배인 10kg, 두 돌이 되면 12kg으로 성장한다.

출생 시 뇌의 무게는 350g 정도이지만 첫돌 무렵에는 800g정도가 된다. 신생아는 출생 시 머리둘레가 약 34cm로 가슴둘레보다 크다. 첫돌 무렵에는 머리둘레와 가슴둘레가 같아지며, 그 이후부터는 점차 가슴둘레가 커지게 된다. 신체비율에서도 출생 시 머리의 크기는 신장의 1/4을 차지한다.

머리모양은 좁은 산도를 통과한 탓에 불균형적으로 고르지 않으나 곧 둥근 모양으로 자리를 잡는다.

(2) 호흡

신생아의 첫 울음은 첫 호흡을 의미한다. 태내에서 탯줄을 통해 산소를 공급받던 태아는 출생 후 2, 30초 안에 첫 울음과 함께 스스로 호흡을 시작한다. 이때 등을 가볍게 문질러 주면 도움이 된다. 호흡기관에 액체와 점액이 차있을 때는 거꾸로 들고 엉덩이를 때리는 것이 필요할 수도 있다. 액체가 빠지게 엎어 놓을 수도 있다. 출생 후 2분 이내에 첫울음이 시작되지 않으면 신생아에게 문제가 생길 수 있고, 3∼5분 경과해도 호흡하지 않으면 산소결핍증으로 두뇌손상이 생길 수 있다.

신생아 호흡은 성인의 2배 정도로 빨라 1분에 약 35∼45회 정도이며, 불규칙적이며 복식호흡을 한다. 신생아의 울음은 폐의 용량을 증가시키며, 심장과 호흡계통의 활동을 조직하고 활성화하는 기능을 돕는다.

(3) 소화, 배설

신생아는 영양섭취를 위한 강한 빨기 반사와 삼키기 반사, 젖을 소화할 수 있는 위 분비액 등 소화에 필요한 기본요소를 가지고 태어난다. 신생아의 위는 수직으로 형성되어 있어 먹은 젖을 잘 토한다. 또한 장이 약해서 과식하면 팽창한다.

태변은 신생아가 처음 보는 변으로, 태아의 장내에서 형성된 노폐물을 배설하는 것이다. 생후 약 8∼24시간 이내 배설하는데, 48시간이 지나도 태변을 보지 않으면 장 폐쇄를 의심해야 한다. 태변의 성분은 주로 섬유질이며 색깔은 암녹색이고, 생후 4일이 지나면 없어진다.

태변을 보고 며칠이 지나면 정상적인 변을 보기 시작하여 하루 4∼7회 정도 배변을 본다. 모유수유를 하는 경우 하루 3∼4회, 인공수유인 경우 하루 1∼2회 변을 본다.

신생아의 신장은 출생 전부터 이미 기능을 하고 있어서, 출생 후 24시간 이내 약 70%이 신생아가 소변을 배설한다. 신생아는 하루 10회 정도 소변을 보지만 수유의 양에 따라 달라진다. 신생아의 소변은 어른에 비해 빛깔도 엷고 냄새도 진하지 않다.

(4) 체온조절

신생아 체온은 성인보다 다소 높은 37∼37.5℃이다. 출생 시 자궁온도(36.5도)

보다 낮은 온도의 환경을 접하기 때문에 체온이 급감하다가 8시간 이내 정상으로 회복한다.

신생아는 체온조절능력이 미흡하다. 땀샘이 잘 발달되지 않았고, 지방층도 완전히 형성되지 않아 외부온도의 영향을 많이 받는다. 임신 마지막 2개월에 피하지방층이 발달하기 때문에 조산아는 지방층이 덜 발달된 채로 태어난다. 때문에 조산아는 체온조절능력이 다소 부족하므로 몸을 따뜻하게 유지해주는 것이 필요하다.

신생아는 지방층이 완전히 형성되지 않아 어른보다 더 빨리 체온을 손실하여 저체온이 문제가 되지만, 고체온도 문제가 된다. 더운 환경에서 열을 발산하는 기능도 부족하기 때문이다. 신생아가 너무 덥거나 너무 추운 환경에 노출되지 않도록 실내온도와 보온에 세심한 주의를 기울여야 한다.

(5) 혈액순환

태내발달 기간 동안 태아의 혈액순환과 심장박동은 모체와 독립된 체계로 이루어져있기 때문에 출생 후 신생아의 혈액순환기가 급격히 변화하지는 않는다. 출생 시 열려있던 심장의 좌심실과 우심실이 출생 후 며칠 사이에 서서히 닫힌다. 심장 조절 기능이 미숙해서 심장 박동이 빠르고 불규칙하며, 1분에 120~160회 정도 뛴다. 신생아기에는 적혈구보다 백혈구가 많아 질병에 대한 저항력이 강하여 병에 걸리지 않는다.

(6) 수면

신생아는 하루 평균 15시간에서 20시간 정도를 잠으로 보낸다. 즉, 하루의 70% 이상을 잠자며 깨어있는 시간은 2~3시간에 불과하다. 보통 2시간마다 깨지만 점차 자는 시간이 길어지게 되는데 24개월경이 되면 12시간 정도 잔다. 그리고 처음에는 밤낮 구분 없이 자다가 깨다가 하지만, 백일 무렵이 되면 차츰 내적 조절기제에 의해 낮에는 깨어있고, 밤에는 잠을 자는 패턴으로 바뀐다.

수면은 눈동자가 움직이는지 움직이지 않는지에 따라 REM과 비REM수면으로 구분한다. REM(rapid eye movement)수면을 하는 동안은 빠른 눈동자의 움직임이 있으며 동시에 몸을 움직이고, 빠르고 불규칙한 호흡과 맥박이 나타난다. 소리를 내거나 꿈을 꾸는 것은 REM수면에서 빈번하게 일어나는 현상이다.

반면 비REM수면은 조용하고 깊은 잠으로 호흡이나 맥박이 규칙적이며 몸의 움직임도 적게 나타난다. 신생아의 수면은 50%가 REM수면인데 이는 뇌의 미성숙 때문이다. 생후 3개월이면 수면 중 REM수면은 40%가 되며, 두 돌에 30%, 성인이 되면 20%로 된다. 많은 양의 REM수면은 뇌 발달을 촉진시킨다.

REM수면을 하는 동안 영아 스스로 신경체계에 자극을 주어 두뇌발달을 촉진하는 것이다. 따라서 뇌가 성숙하면서 REM수면의 비율이 감소하게 되는 것이다. 성인은 REM수면 시 꿈을 꾸지만 영아들은 REM수면 시 중추신경계 성장을 위해 필요한 자극을 받게 된다(Berk, 1996a).

2) 행동기능

(1) 두뇌기능

출생 시 뇌의 무게는 약 350g 정도이다. 대뇌피질은 지각, 기억, 사고와 같은 고도의 정신기능을 관장하며, 피하조직은 불수의 근육과 자아보존적 기능통제를 담당한다. 신생아의 경우 대뇌피질이 미숙한 상태이기에 인지적 기능을 할 수가 없다. 신생아의 대부분 행동은 피하조직에 의해 통제된다.

첫돌이 되면 뇌의 무게는 800g 정도로 성장하게 되는데 이는 출생초기가 두뇌발달의 결정적 시기라는 증거이다.

(2) 감각기능

주위 환경으로부터 주어지는 여러 가지 자극을 오관을 통해 받아들이는 것을 감각이라 한다. 출생 시 신생아의 감각기능은 미성숙한 상태에 있으므로 출생 이후 주위 환경으로부터의 적절한 자극이 감각기능발달에 필수적이다. 만약 자극이 결여된다면 감각기능은 정상적으로 발달할 수 없다.

① 시각

신생아의 시각은 비교적 발달되지 않은 상태에 있다. 눈의 크기가 작고 망막구조가 불완전하며 시신경도 덜 발달되어 있다. 출생 직후 신생아는 물체에 초점을 고정시키지 못하고 가시거리도 극히 제한되어 있다. 생후 1~2주 이내에 신생아는 한 물체에 시선을 고정시키게 되고, 가시거리도 늘어 그들을 안고 있는 사람의 얼굴에 초점을 맞출 수 있어 제법 잘 볼 수 있다. 신생아는 다른 사물에 비해 사람의 얼굴을 좋아하며 사람의 얼굴 가운데서도 흑백의 대비를 이루는 눈을 가장 선호한다(Santrock, 1995). 그리고 신생아는 울 때 눈물을 잘 흘리지 못한다.

② 청각

뇌파측정법을 이용해서 신생아의 청력을 연구한 결과 신생아는 작은 소리를 잘 듣지 못하는 것으로 나타났다(Aslin, Pisoni, & Jusczyk, 1983). 그 이유는 출산과정에서 내이도로 침투된 양수 때문으로 보인다. 그러나 양수가 제거되면 신생아도 소리의 크기나 음조, 지속시간, 소리가 나는 방향, 주파수 등을 구별할 수 있는 것으로 보인다. 높고 강한 소리에 민감하게 반응한다. 신생아가 들을 수 있는 소리의 크기는 성인보다 10~25데시벨 높고, 음의 강도가 강할수록 심장박동률이나 몸동작이 증가한다.

신생아는 단순히 소리의 크기나 음조뿐만 아니라 말소리도 구분할 수 있다. 생후 2주경에는 사람의 목소리와 다른 소리를 구분할 수 있으며, 3주경에는 낯선 사람이나 아버지의 목소리보다 어머니의 목소리에 민감하게 반응한다.

③ 촉각

촉각은 출생 전부터 발달해 있다. 피부접촉, 온도감각, 통각이 촉각에 포함된다. 피부접촉을 통한 자극은 신생아의 생존에 필수적이다. 신생아는 주로 촉각에 의존하여 주변 환경을 인지한다. 촉각의 발달이 잘 이루어질 때 소화기능도 원활하게 이루어지고, 순조롭게 주변 환경에 적응해 나간다.

안아주고 토닥거려주는 신체적인 접촉은 다른 양육행동 못지않게 신생아발달에 도움을 준다. 촉각 경험에 대한 신생아의 기억은 운동능력을 향상시키는 것은 물론 주위 환경을 이해하는 데 도움이 되고 건강과 감정적 행복에도 영향을 미친다. 그리고 두뇌발달에도 도움을 준다.

피부는 제 2의 뇌라고도 한다. 따라서 아이의 두뇌발달을 위해서는 스킨십을 많이 해야 한다. 어머니가 아기를 안고 젖을 주면 아기는 어머니의 심장소리를 듣게 되고 피부접촉 또한 하게 된다. 분유를 먹이게 되더라도 모유수유 시처럼 안고 먹여야 아기의 정서발달에 좋다.

신생아의 온도감각은 어느 정도 민감하나 통각, 즉 아픔에 대한 감각은 조금 둔하다. 그러나 통각은 생후 며칠 이내에 급격히 발달하며 여아가 남아보다 민감한 반응을 보인다(이옥형, 1997; 조복희, 1996; Snow, 1998).

④ 미각

미각은 태내에서도 어느 정도 기능을 한다. 출생 시에도 여러 가지 맛을 구분하는 것이 가능하다. 쓴맛, 신맛, 짠맛보다는 단맛이 나는 액체를 더 오래 빨며, 맹물과 단맛이 나는 포도당액을 구분할 수 있다. 단맛이 나는 액체를 주면 마치 단맛을 즐기는 것처럼 더 천천히 빠는 반응을 보이며, 단순히 빨기만 하는 것이 아니라 웃으면서 윗입술을 날름거리는 반응을 보인다.

⑤ 후각

후각은 다른 동물에 비해서 덜 발달되어 있으나 출생 초기부터 상당히 발달되어 있다. 후각의 발달은 생존과도 관련이 있어 보인다. 생후 며칠이내에 독특한 냄새들 간의 차이를 구별하는 것이 가능하며, 어머니와 다른 여성의 젖 냄새를 구분할 수 있고, 암모니아 같은 독한 냄새에는 고개를 돌리고 얼굴을 씨푸리는 반응을 보인다. 바나나나 초콜릿 같이 달콤한 향을 맡으면 이완되고 유쾌한 얼굴 표정을 짓는다.

3) 반사기능

신생아는 태어날 때 스무 가지 이상의 선천적 반사행동을 가지고 태어난다. 신생아의 반사행동은 생존에 필요하여 지속적으로 유지되는 생존반사와 일정기간 지나면 사라지는 특수반사로 구분된다. 생존반사는 젖 먹기에 관련된 것, 생리적 기능을 유지하는 데 유용한 것, 위험으로부터 보호하는 것으로 방향반사, 빨기반사, 호흡반사, 재채기반사, 하품반사, 눈 깜박임반사, 동공반사, 삼키기반사 등이다.

표 5-1 신생아 반사행동

기능	반사행동	반응	소멸시기
생존 반사	방향반사	볼에 가볍게 닿는 물질을 향해 머리를 돌리는 반응	생후 몇 주내
	빨기반사	입이나 입술을 자극하면 빨기 시작하는 반응, 생존 위해 영양을 섭취할 수 있는 반응	생후 1년
	삼키는 반사	입 속에 음식이 들어오면 삼키는 반응	지속
	호흡반사	반복적인 들숨과 날숨을 쉼으로써 산소를 공급하고 이산화탄소를 배출하는 반응	지속
	기침, 재채기반사	호흡 회로를 맑게 해주는 반응	지속
	하품반사	산소가 갑자기 많이 필요한 경우 다량의 산소를 공급해 주는 반응	지속
	위축반사	혐오자극에 대해 위축 반응	지속
	동공반사	주위환경의 광선강도 여하에 따라 동공이 수축하거나 확장	지속
	눈 깜박임반사	눈에 지나친 자극이 오거나 바람이 불면 나타나는 반응	지속
특수 반사	바빈스키반사	아기 발바닥을 긁으면 발가락을 부챗살처럼 펴는 반응	생후 8~12개월
	모로반사	신생아를 매트에 눕히고 매트를 세게 두드리면 사지를 번쩍 들어 쫙 폈다가 활처럼 구부려 오므리는 반응	생후 3~4개월
	파악반사	신생아가 무엇이든 손에 닿으면 손을 오므려 꽉 쥐는 현상	생후 3~4개월
	수영반사	아기를 물속에 놓으면 물 위에 뜨기 위해 적절히 팔다리를 움직이면서 숨을 멈추는 반사운동	생후 4-6개월
	무릎반사	무릎을 치면 발을 드는 반사	지속

특수 반사는 생존과는 무관하지만, 피하조직에 의해 통제되고, 대뇌피질의 발달이 이루어지면서 점차 사라지기 때문에 아기의 신경학적 발달의 정상여부를 판단하는 지표가 된다. 생후 1년 후에도 사라지지 않으면 아기의 중추신경계 이상 여부를 확인해봐야 한다. 특수반사에는 바빈스키 반사, 모로반사, 파악반사, 수영반사, 무릎반사 등이 있다.

02 신생아 돌보기

1) 수면

신생아는 하루 중 대부분의 시간 동안 잠을 자지만, 성인과는 달리 하루 24시간을 밤낮의 구분 없이 일정한 간격으로 자고 깨고 한다. 6개월이 되면 점차 밤에 자고, 낮에 깨어있는 성인의 수면양상을 보인다. 그래도 하루 3~4회는 낮잠을 잔다. 수면시간의 감소는 출생 시 미성숙했던 뇌가 출생 후 빠른 속도로 성장한 결과이다.

수면 중 아기 스스로 신경체계에 자극을 주어 두뇌발달을 촉진하게 되는데, 아기가 잠을 자지 않고 보챌 때는 공복감, 복통, 질병 또는 기저귀가 젖었을 때와 같이 불편함이 존재할 때이다. 양육자는 원인을 파악해서 대처하도록 해야 한다.

2) 수유

출산 후 1~2일 사이에 나오는 누르스름하고 약간 끈적이는 젖을 초유라 한다. 초유는 무기염류, 비타민A, 단백질, 지방 등 영양이 풍부하고 감염에 대한 면역체를 다량 함유하고 있다. 질병에 대한 저항능력도 지니고 있고 대변을 배설하는데 도움이 되므로 반드시 먹이는 것이 좋다.

모유는 영양학적으로 우수하여 생후 4~6개월까지의 영아에게는 모유만으로도 충분한 영양을 보급할 수 있다. 임산부가 특별한 질병을 가지고 있는 경우가 아니면 모유수유를 하는 것이 좋다. 조제분유수유보다 모유수유를 권하는 이유는 다음과 같다.

첫째, 모유에는 조제분유가 흉내낼 수 없는 특별한 성분이 함유되어 있어 성장발달에 도움이 된다. 즉, 두뇌발달과 신경세포 구성을 위한 성분을 함유하고 있어 시능발달에 도움이 된다. 영양소를 흡수하는데 효과적인 장내 세균군을 만들어 내므로 소화흡수가 쉽다. 소화기 및 호흡기 질병 그리고 발진, 알레르기 반응, 아토피 등을 막아 주는 면역물질이 포함되어 있다(조복희, 1996). 그리고 구토, 설사, 변비 같은 수유장애가 적다.

둘째, 모유수유는 신생아의 정서적 안정을 돕는다. 아기는 어머니의 품에 안겨 수유하는 동안 어머니의 심장소리를 들으며 어머니와 피부접촉을 하고, 어머니의 눈을 쳐다보면서 심리적인 안정감을 얻게 된다. 어머니는 수유하는 동안 아기에 대해 더 강한 애착을 형성하게 된다.

셋째, 모유수유는 수유하기도 편리하고 경제적이다. 모유는 적절한 온도와 농도를 항상 유지하고 있으며 신선하다. 언제 어디서나 특별한 준비 없이도 수유가 가능하다는 장점이 있다. 조제분유를 구입하지 않아도 되므로 매우 경제적이다.

넷째, 모유는 산모의 산후 자궁 수축을 촉진시키며, 산모의 체중이 원상태가 되도록 돕는다. 영국 버밍햄 대학 아다브교수에 의하면 모유수유를 한 여성은 그 경험이 전혀 없는 여성에 비해 류마티스 관절염 발병률이 약 50% 낮았으며 모유 수유 기간이 길수록 류마티스 관절염의 발병률은 더 낮게 나타났다(Hidoc, 2014.01.09.). 모유를 먹인 산모는 유방암과 난소암에 걸릴 확률이 낮아지며, 배란이 억제되어 자연피임의 결과를 가져다준다.

하지만 제대로 된 모유수유는 생각보다 까다롭다. 모유의 질과 양은 산모의 영양상태, 식습관, 체중, 계절, 주변 환경, 스트레스 등에 따라 결정된다. 모유의 질에 따라 아이의 성장 상태, 수유 속도, 대변 등이 달라진다. 좋은 모유를 만들기 위해서는 산모의 심신이 건강해야 하며 좋은 영양소를 섭취해야 한다. 산모는 단백질, 철분, 칼슘, 비타민 등을 골고루 섭취하도록 한다.

수유 시에는 다음과 같은 몇 가지 사항에 유의해야 한다.

첫째, 출산 후 처음에는 젖이 잘 나오지 않으므로 아기가 계속 빨도록 해서 젖의 분비를 돕도록 한다. 산모는 모유가 잘 나오도록 수유에 필요한 음식물과 영양분을 섭취하도록 한다.

둘째, 모유를 먹일 때는 양쪽 유방을 번갈아 조금씩 빨게 하는 것 보다 한쪽의 모유를 다 먹인 후에 다른 쪽 모유를 먹이는 것이 좋다. 유방에 차있는 젖을 다 먹어야 새 젖이 빨리 생성되기 때문이다.

셋째, 수유 간격 시간은 신생아마다 다르다. 신생아의 신체적 조건, 소화능력, 먹고 싶은 욕구 등에 따라 개인차가 있으므로 융통성 있게 수유하는 것이 바람직하다. 생후 몇 주가 지나면 평균 4시간 간격으로 수유하게 되고, 밤에는 수유 간격이 좀 더 길어진다.

넷째, 조제분유를 수유하는 동안에도 모유수유와 마찬가지로 어머니의 사랑이 전달되도록 아기를 품에 안고 즐거운 마음으로 말을 건네면서 피부접촉과 눈 접촉을 하면서 수유해야 한다. 그래야 아기가 심리적으로 안성감을 얻게 된다. 수유하는 어머니가 다른 생각을 하고 있으면 그것은 모성실조와 같은 상황이 된다.

다섯째, 수유가 끝난 후에는 트림을 시킨다. 수유 중에 마신 공기를 제거하기 위해 신생아를 세워 안고 등을 부드럽게 쓰다듬으면서 토닥거리면 트림을 하게 된다.

여섯째, 조제분유를 먹일 시에는 우유병과 젖꼭지 등의 소독을 철저하게 하는 등 위생에 신경을 써야 한다. 그리고 물의 온도와 우유의 농도를 알맞게 하여 아기의 소화기관에 부담을 주지 않도록 해야 한다.

3) 목욕

목욕시키는 시간은 수유하기 전이나 저녁 잠자기 전이 좋다. 신생아의 배꼽이 아물기 전까지는 배꼽에 물이 들어가지 않도록 조심하고, 목욕물의 온도는 38~39℃가 적당한데 이는 어른의 팔꿈치를 물에 넣었을 때 따뜻하게 느껴지는 정도이다. 머리, 목, 팔, 다리 순서로 목욕시키고, 시간은 약 10분 정도로 하며 목욕 중에 눈에 비누가 들어가거나 코와 귀에 물이 들어가지 않도록 조심해야 한다. 목욕 후에는 배꼽을 소독하고 감기에 걸리지 않도록 유의한다.

4) 기타

아기 배꼽은 1~2주면 곱게 아물어 떨어지는데 배꼽이 완전히 떨어질 때까지는 입욕을 피하고 스펀지에 비누를 묻혀 닦아주는 것이 좋다.

여자 아이는 생후 3주일이 지나기 전에 유두를 짜주면 약간의 흰 유즙이 나온다. 이는 성인이 된 후 함몰유두가 되는 것을 막기 위해서이다.

Part 04

영유아기발달

06 Chapter

신체 및 운동발달

영아기는 일생에서 신체적 성장속도가 가장 빠른 시기이며, 스스로 몸을 조절하지 못하는 무기력한 존재에서 걸어 다닐 수 있는 존재로 발달하는 시기이다. 특히 출생 후 첫 1년간은 신체와 뇌가 급격히 성장한다. 유아기의 신체적 성장은 영아기 만큼 급속도로 이루어지지는 않지만 빠르게 성장한다. 유아기는 신체적 성숙으로 힘이 좋아지며 신체기능과 운동기능이 향상된다. 영유아의 건강한 신체·운동발달을 위해서 적절하게 환경을 구성해주고, 공간을 제공해주는 것은 중요한 일이다.

영유아기 신체성장과 운동발달은 인지, 언어, 정서, 사회성발달과 상호 관련되어 있다. 운동능력이 지체되면 또래와 놀이를 통한 관계 형성이 어려우며 의사소통의 기회를 얻지 못한다. 이로 인해 언어발달이 지체되고, 이는 인지발달에 부정적인 영향을 줄 수 있다. 또래랑 어울리지 못하면 사회성발달도 이루어지기 어렵다. 따라서 영유아기의 신체와 운동 발달은 건강한 성장의 기초가 된다. 이 장에서는 영유아기의 신체 및 운동발달, 뇌 발달 그리고 유아기 자조행동발달에 대해 살펴보고자 한다.

01 영아기 신체 및 운동발달

1) 영아기 신체발달

영아기는 일생에서 신체적 성장이 가장 빠른 속도로 이루어지는 시기이다. 생후 2년 동안 영아는 스스로 몸을 조절하지 못하는 무기력한 존재에서 움직이고 이동할 수 있는 독립된 존재로 발달한다. 특히 출생 후 첫 1년간은 신체와 뇌가 급격히 성장한다. 출생 후 몇 개월간은 매일 30g씩 체중이 늘고 매월 2～3cm씩 키가 큰다. 신장과 체중의 급속한 성장 외에도 골격과 근육, 중추신경계 등의 신체 내부적 발달도 급속도로 이루어진다.

(1) 체중과 키

영아기의 체중은 신체성장의 중요한 지표 중의 하나이다. 영아기는 체중이 일생에서 가장 급속하게 늘어나는 시기이다. 출생 시 신생아의 체중은 남아가 평균 3.4kg, 여아는 3.3kg이다(대한소아과학회, 2007). 생후 몇 개월간에 매일 30g씩 증가하여 생후 3개월경에는 출생 시 몸무게의 약 2배가 되고, 생후 1년경에는 출생 시 3배가 된다. 생후 2년이 되면 출생 시 4배가 되어 남아는 평균 13.1kg, 여아는 평균 12.5kg이 된다. 체중 증가는 주로 골격과 근육의 증가 및 신체 기관의 크기 증가에 의한 것이다.

출생 시 신생아의 키는 약 50cm이며, 생후 1년 무렵이면 약 77cm로 출생 시의 1.5배가 되며, 생후 2년경이면 약 89cm로 성인의 약 1/2로 성장한다(대한소아학회, 2007). 2세 이후에는 해마다 평균 5～7cm가 증가하여 5세경에는 출생 시 약 2배인 104cm가 된다. 키의 성장은 몸무게의 증가에 비해 속도가 느리다.

(2) 신체비율

태아기는 머리 부분이 가장 빠르게 성장한다. 신생아 머리 크기는 성인의 70%이다. 출생 후 1년간은 몸통이 가장 빠르게 성장한다. 1세부터 청년기까지는 다리가 빠르게 성장한다. 출생 시 머리가 대단히 커서 신체 크기의 1/4을 차지하지만 2세가 되면 머리는 신체의 1/5이 된다. 근원발달의 원칙에 따라 몸통이 우선 발달하고, 팔다리가 발달하며, 나중에 손발이 발달한다. 신체부위에서 가장 낮은 비율을 차지하는 부위는 발이며, 성인의 발은 출생 시 발의 5배 크기이다.

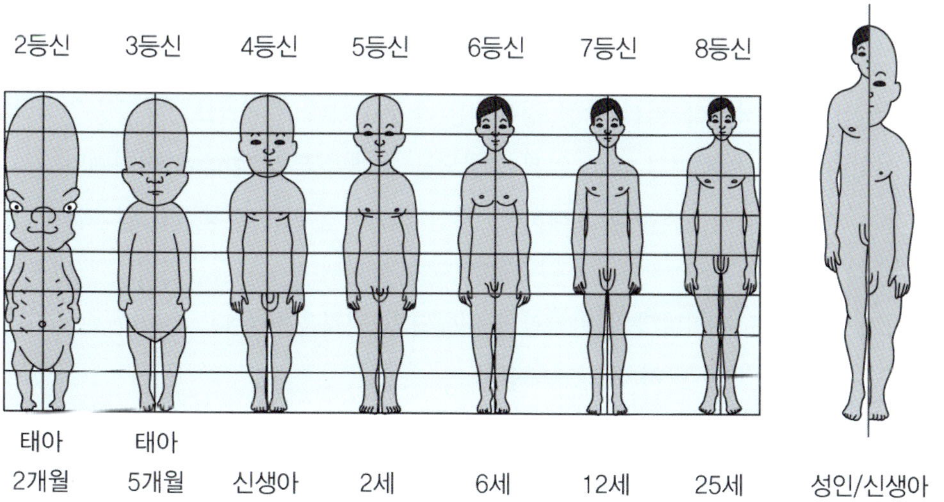

그림 6-1 신체비율

(3) 골격

영아기 골격은 매우 부드러운 연골로 이루어져 있으며 뼈와 뼈 사이의 공간이 매우 크다. 성장하면서 뼈는 계속 만들어지고 점차 경화되어 단단해진다. 그래서 영아의 뼈는 성인의 뼈보다 크기도 작고 수도 적으며 유연하다. 손목뼈의 경우 12개월 영아는 3개이며, 사춘기에 9개로 늘어난다. 영아의 뼈는 유연하기 때문에 크게 손상 입는 경우가 거의 없고, 회복도 빠르다. 부드러운 뼈가 단단해지는 경화는 사춘기가 될 때까지 계속된다.

출생 시 두개골도 연골이어서 압력이 가해지면 모양이 쉽게 변하기도 하나 주의만 하면 원래상태로 복구 또한 쉽다. 출생 시 두개골의 뼈는 완전히 봉합되어 있지 않고, 6개의 숫구멍(천문)이 있다. 대천문과 소천문은 관찰가능한데, 정수리 앞쪽에 위치한 숫구멍을 대천문이라 하고, 그보다 작은 머리 뒤쪽에 있는 숫구멍을 소천문이라 한다.

소천문은 생후 6~8주 정도면 무기질로 채워져 닫히고, 대천문은 1~2년 사이에 닫힌다. 이 숫구멍은 피부막으로 덮여 있어 출산과정에서 머리가 눌려도 상처를 입지 않게 보호해 주고, 출생 후에도 상해로부터 뇌를 보호해 준다. 그러나 아직 봉합되지 않은 두개골에 어떤 외부적인 압력이나 심한 손상을 입게 되면 신체기형이나 장애를 초래할 수 있어 주의가 필요하다.

대천문이 너무 큰 경우 뼈의 성장이 제대로 되고 있는지 살펴볼 필요가 있으며, 대천문이 너무 작거나 일찍 닫힌 경우에는 소두증이나 두개골조기유합증을 의심해 보아야 한다. 머리뼈가 너무 일찍 봉합되는 두개골조기유합증은 머리뼈와 뇌의 성장을 억제하여 지능저하를 초래하고, 시신경압박 등으로 정상적인 발육을 어렵게 한다.

골격의 발달도 두미발달의 원칙과 근원발달의 원칙을 따른다. 손이나 손목뼈가 먼저 자라고 다리나 발뼈가 단단해진다.

(4) 근육

근육은 골격근육, 심장근육, 내장근육으로 구성되어 있다. 근육은 신체의 움직임을 생성하고, 뼈를 움직이게 하는 역할을 한다. 출생 시 근육조직은 수분함량이 많아 부드럽고 유연하다. 근육은 청년기까지 꾸준히 점점 두꺼워지고 단단해진다. 출생 후 1년까지는 근육을 자발적으로 움직이는 기능이 완전히 발달되지 않은 상태이기 때문에 영아가 신체를 많이 움직이는 활동을 한 경우에는 피곤을 빨리 느낀다(정옥분, 2004; 조성연 외, 2005).

근육발달 순서도 두미발달의 원칙, 근원발달의 원칙을 따른다. 머리와 목의 근육이 몸통이나 사지의 근육보다 먼저 발달한다. 다리근육이 발달해서 걷게 되는 것은 생후 1년 이후부터이다.

(5) 치아

치아는 태아기에 이미 형성되기 시작한다. 임신 5주가 되면 치아의 발육이 시작되고, 출생 후 6개월이면 유치가 나기 시작한다. 1년이 되면 6~8개, 2세경이 지나면 유치 20개가 모두 난다. 치아가 나는 시기는 개인차가 있으며, 출생 시 이미이가 나와 있는 경우도 있고, 어떤 아기는 첫돌이 지나서야 이가 나는 경우도 있다. 유치는 음식을 잘 씹어서 소화할 수 있도록 하며 정상적인 성장 발육을 돕는 데 중요한 역할을 한다.

유치가 나오는 순서는 처음 아래 앞니 2개가 먼저 나온다. 가끔 순서가 바뀌어 송곳니가 먼저 나오는 경우도 있으나 심각한 이상이 있는 것은 아니다. 앞니가 나면서 순서대로 양 옆으로 이가 나서 첫 번째 어금니는 생후 12~14개월경, 두 번째 어금니는 생후 20~24개월경에 나타난다. 유치는 크기가 작고 조직이 연할 뿐 아니라 뿌리도 얇아서 충치가 되기 쉽다(정옥분, 2004).

첫 유치가 나면 바로 올바른 구강위생을 시작해야 한다. 처음에는 잇몸이 약해서 젖은 헝겊으로 잇몸을 깨끗하게 닦아준다. 이후 규칙적인 청결에 적응되면 작고 부드러운 칫솔로 칫솔질을 하도록 한다. 아이를 재울 때 우유나 주스가 있는 젖병을 물려 재우는 것은 젖병 충치를 유발할 수도 있다.

유치(PRIMARY TEETH)

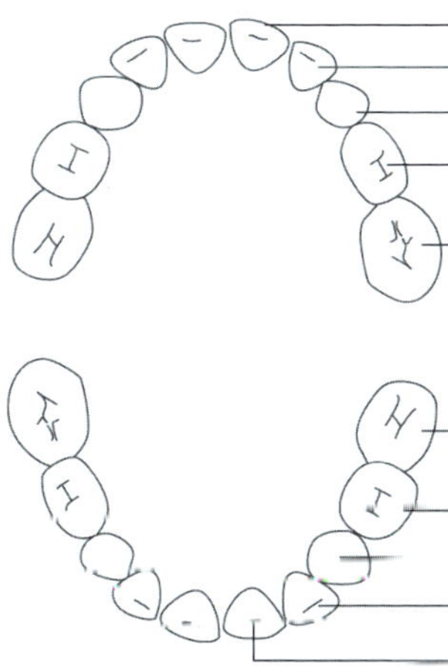

윗니(Upper teeth)	이 나는 시기	이 빠지는 시기
가운데 앞니	8-12개월	6-7세
바깥 앞니	9-13개월	7-8세
송곳니	16-22개월	10-12세
첫번째 어금니	13-19개월	9-11세
두번째 어금니	25-33개월	10-12세

아랫니(Lower teeth)	이 나는 시기	이 빠지는 시기
두번째 어금니	23-31개월	10-12세
첫번째 어금니	14-18개월	9-11세
송곳니	17-23개월	9-12세
바깥 앞니	10-16개월	7-8세
가운데 앞니	6-10개월	6-7세

그림 6-2 치아의 생성시기

2) 영아기 운동발달

고개조차 가누지 못하던 신생아가 스스로 걸어 다닐 수 있게 되는 시기가 영아기이다. 누워있던 아기가 앉게 되고, 서고 걷게 되는 운동기능의 발달은 영아기 신체발달에서 매우 극적인 변화이다. 초기발달학자들은 운동능력이 성숙에 의해 자연스럽게 나타난다고 생각했다.

그러나 최근에는 운동능력발달은 대뇌피질발달과 신경계 그리고 근육의 발달과 병행하여 이루어지는 변화로 보고 있다. 또한 운동발달은 신체적·기질적 차이와 경험에 의해 좌우되기도 한다. 건강하고 체중이 가볍거나 활발하고 적극적인 아기가 그렇지 않은 아기보다 빨리 서고 걷는 경향을 보인다.

영아의 운동발달은 두미발달과 근원발달의 원리에 의해 대근육에서 소근육으로 발달이 이루어진다. 운동능력은 편의상 대근육 운동과 소근육 운동으로 나눈다.

(1) 대근육 운동발달

대근육은 몸통이나 팔다리를 움직이는 큰 근육을 말한다. 영아기 동안 주목할 만한 대근육 운동기능은 고개도 못 가눌 정도로 의존적이던 아기를 걷기까지 하는 기동성 있는 영아로 바꿔놓는다.

출생 후 2세까지 영아는 목을 가누고, 뒤집고, 앉고, 기고, 서고, 걷는 등 대근육 운동기술이 비약적으로 발달한다. 대근육의 발달 순서는 일정하나 그 시기는 영아에 따라 2~4개월가량 개인차가 있다.

① 목가누기

영아의 첫 대근육 운동발달 과제는 목가누기이다. 생후 1개월이면 엎드린 자세에서 고개를 들 수 있다. 2개월이면 가슴을 들 수 있다. 목을 가누고, 몸통과 다리를 통제할 수 있게 된 다음 습득하는 것이 뒤집기이다.

② 뒤집기

3~4개월이면 뒤집기를 할 수 있다. 처음에는 엎어놓으면 뒤집는다. 5개월이 되면 스스로 뒤집게 된다. 처음에는 영아가 운동 자체에 즐거움을 느껴 뒤집기를 하지만, 차차 장난감 잡기 등의 목적을 이루기 위해 뒤집기를 하게 된다. 엎치기나 뒤집기를 통해 영아의 목과 어깨 근육이 더욱 발달하게 된다. 이렇게 영아가 상체를 잘 통제할 수 있게 되면 자연스럽게 혼자 앉게 된다.

그림 6-3 유아의 대근육 운동

③ 앉기

앉기는 머리가누기와 등을 똑바로 펼 수 있어야 가능하기 때문에 4개월이 되어야 할 수 있다. 4개월이 되면 등 뒤에 방석이나 베개를 받쳐주면 잠깐 동안 앉는 자세를 취할 수 있다. 6개월부터 도움 없이 앉을 수 있게 된다. 7개월이 되면 손을 앞으로 짚어 자신의 몸을 지지하고 혼자 앉을 수 있게 된다. 8개월이 되면 손을 짚지 않고도 잘 앉을 수 있으며, 누워서 탐색하는 것에서 벗어나 앉아서 주위를 탐색하게 된다.

④ 기기

7~9개월 사이에 영아는 삶의 중요한 초석이 되는 운동기술, 즉 기는 동작이 가능해진다. 팔과 팔꿈치 그리고 발의 힘을 이용하여 기기 시작한다. 대부분의 영아는 가슴은 들고 배는 바닥에 댄 상태로 손과 팔꿈치에 의지하여 발을 끌거나 밀면서 앞뒤로 이동한다. 어떤 경우는 엎드려 기는 대신 앉은 자세로 엉덩이와 발을 이용하여 기기도 한다. 어떤 영아는 기지 않고 바로 서거나 걷는 경우도 있다.

⑤ 걷기

걷기는 영아가 주위환경을 탐색하고 손을 자유로이 사용할 수 있게 해주는 중요한 운동기술이다. 걷기는 학습을 통해서만이 아니라 근육과 뼈 조직의 성숙과 병행하여 이루어진다. 8개월이면 붙잡고 설 수 있고, 10개월이면 도움 없이 혼자 설 수 있고, 12~14개월 사이에 혼자 걷게 된다. 몸의 균형을 잡기 위해 양손을 어깨 높이로 올린 채 무릎을 구부린 상태로 발을 벌리고 걷는다. 15개월경에는 혼자 걸으며, 18개월에는 달리기를 할 수 있을 정도로 발달한다.

(2) 소근육 운동발달

소근육은 손가락이나 발가락 등 작은 근육을 말한다. 소근육을 이용한 소근육 운동기술은 눈과 손의 협응을 필요로 한다. 소근육 운동도 근원발달의 원칙에 의해 팔과 손, 손가락의 순으로 발달한다.

갓 태어난 신생아는 잡기반사능력이 있지만, 그것을 통제하는 능력이 없다. 신생아는 매달려 있는 물체를 보면서 손발을 움직여 보지만 그 물체를 잡지는 못한다. 생후 2~3개월까지는 손에 잡히는 사물을 쥐고 흔드는 등 손을 많이 움직이는데, 이런 손의 움직임은 반사적인 행동으로 나타난다. 이후 눈과 손의 협응력이 발달하면서 사물을 향해 손을 뻗쳐 잡고, 조작하는 행동이 점차적으로 가능해진다.

4~5개월경 딸랑이 같은 사물을 어설프게 잡는다. 이때는 엄지와 검지를 이용해 잡는 것이 아니고 손바닥을 이용해 물건을 잡는다. 6개월이 되어야 매달려있는 물체를 팔을 뻗어 잡을 수 있다. 6~7개월이면 손으로 조작하는 기술이 더 많이 향상된다. 한 손에서 다른 손으로 사물을 옮겨 쥐기도 한다. 7~11개월에는 손가락을 집게 모양으로 해서 콩과 같은 작은 물체를 잡게 된다. 한 손으로도 물체를 잡을 수 있고 양손으로 동시에 물체를 쥐기도 한다. 10개월 지나야 엄지와 집게손가락 사용해서 작은 물체를 잡을 수 있다.

12개월에는 자기 앞에 있는 물건을 정확히 집을 수 있으며, 2개의 블록으로 탑을 쌓으려고 시도할 수 있다. 18개월에는 2~3개의 블록을 쌓을 수 있으며, 컵을 들고 물을 마시는 것도 가능하다. 24개월이 되면 숟가락을 사용하게 되고, 옷을 벗을 수 있다.

그러나 영아기에는 아직 소근육 운동이 어설프고 미숙한 면이 많다. 소근육 운동기술의 발달 순서는 영아들 간에 비슷하나 발달 시기는 상당히 개인차가 있다.

02 유아기 신체 및 운동발달

유아기의 신체적 성장은 영아기 만큼 급속도로 이루어지지는 않지만, 매우 빠르게 성장한다. 유아기는 신체적 성숙으로 힘이 좋아지며 신체기능과 운동기능이 향상된다. 따라서 움직임이 많고 놀이 활동도 활발하다. 활동량의 증가만큼 활동반경도 넓어진다. 유아의 신체발달이 건강하게 잘 이루어지고 증가한 활동량을 감당하기 위해서는 영양공급이 충분해야 하며, 사고와 질병으로부터 안전하도록 지도관리를 해야 한다. 아울러 유아의 건강한 신체·운동발달을 위해서 적절하게 환경을 구성해주고, 공간을 제공해주는 것도 중요한 일이다.

1) 유아기 신체발달

유아기의 신체변화는 우선 외모의 변화에서 나타난다. 머리의 크기가 신체의 1/5이나 되던 영아 말기에 비해 신체비율이 좋아진다. 배가 나오고, 사지가 짧고, 살이 통통하게 쪄서 뒤뚱거리던 영아의 모습이 없어진다. 6세쯤 되면 배가 들어가고 근육도 많이 늘어 영아기에 비하면 훨씬 늘씬한 모습으로 변한다. 피부색도 점차 짙어지고, 안공이 밝아지며, 머리카락 색과 양, 결 등에도 변화가 생긴다(권민균 외, 2005). 뇌와 신경계의 성숙으로 새로운 운동기술을 습득할 수 있다(Berk, 1991). 어깨와 골반 근육은 아직 발달하지 않아 남성적·여성적 골격의 특성이 나타나지는 않는다.

(1) 체중과 키

유아기동안 체중과 키의 성장은 영아기에 비하면 완만하지만 아주 빠르게 증가한다. 체중 증가는 2세부터 매년 평균적으로 2～3kg 정도씩 증가해 3세가 되면 13～14kg, 5세가 되면 17～18kg, 6세가 되면 20kg 전후가 된다(보건복지부, 2007). 남아가 여아보다 체중이 조금 더 무겁다. 체중의 증가는 주로 골격과 근육이 증가하고, 신체 기관의 크기가 증가하였기 때문이다.

유아의 키는 2세부터 6세까지 매년 평균 5～7cm가 증가하여 5세경에는 출생 시 키의 2배인 약 107cm 정도가 되며, 6세가 되면 평균 114cm 정도가 된다. 남아가 여아보다 키가 조금 더 크다. 출생 시의 신장은 성인이 되었을 때의 키와 상관관계가 없으나 유아의 키는 성인이 되었을 때의 키를 예측할 수 있는 지표가 된다(유효순, 2007).

유아기의 체중과 키에 영향을 미치는 요인들은 유전, 영양섭취, 건강관리이다(Meredith, 1978). 체중과 키는 유전적인 영향을 많이 받기는 하지만 영양과 건강관리로 인해 사회경제적 지위가 낮은 가정보다 높은 가정의 유아가, 시골보다는 도시의 유아가 더 큰 경향을 보인다. 유아기의 건강을 유지하고 골격의 성장을 촉진하기 위해서는 균형 잡힌 식사를 해야 한다. 특히 칼슘과 무기질, 철분, 비타민 C, 단백질 섭취를 늘려야 한다. 이를 위해서는 여러 가지 음식을 골고루 섭취하도록 해야 한다(Johnston, 1980).

표 6-1 한국소아발육표준치: 체중과 키

남아		연령	여아	
체중(kg)	키(cm)		체중(kg)	키(cm)
13.14	89.38	2~2.5세	12.50	88.21
14.04	93.13	2.5~3세	13.42	91.93
14.92	96.70	3~3.5세	14.32	95.56
15.91	100.30	3.5~4세	15.28	99.20
16.97	103.80	4~4.5세	16.30	102.73
18.07	107.20	4.5~5세	17.35	106.14
19.22	110.47	5~5.5세	18.44	109.40
20.39	113.62	5.5~6세	19.57	112.51

출처: 보건복지부(2007).

(2) 신체비율

출생 시 신생아의 머리 크기는 신체 크기의 1/4로 신체에서 머리가 차지하는 비율이 높아 머리만 보일 정도이다. 이후 신체의 다른 부분이 성장해 2세가 되면 머리는 신체의 1/5이 되고, 6세가 되면 1/6이 된다. 성인에 비하면 여전히 머리가 차지하는 비율이 높다. 하지만 유아는 영아기에 비하면 머리가 차지하는 비율이 적어지고, 하체가 길어지고, 체지방도 꾸준히 줄어들면서 몸매가 날씬해진다. 배가 들어가고 근육이 만들어지면서 영아기에 비하면 훨씬 안정적이고 예쁜 몸매가 된다.

(3) 골격

골격발달은 뼈의 길이와 넓이, 조직 등이 변화하는 것이다. 출생 시 신생아의 뼈는 대부분 연골로 구성되어 있으며 뼈와 뼈 사이의 공간도 크다. 자라면서 연골 조직은 점점 단단해지는데, 이를 경화현상이라 한다. 유아의 뼈는 성인에 비해 광물질이 적어 조직이 부드럽고 유연하다.

충격이 가해져 손상이 되었을 때 회복이 빠르기도 하지만 압력에 대한 저항이 적어 뼈가 바로 자라지 않을 수 있으며, 몸의 자세가 틀어질 가능성도 있다. 유아의 뼈는 계속 자라는 과정에 있기 때문에 유아기 골절은 성장판을 손상시킬 우려가 있다. 성장판을 다치게 되면 팔다리의 길이가 짧아지거나 휘는 변형이 일어날 수 있으며, 키 성장에 영향을 미칠 수 있게 되므로 다치지 않도록 안전하게 돌봐야 한다.

유아의 신체적 성숙도를 측정하는 데 가장 좋은 방법은 신체골격의 발달 수준을 나타내는 골격연령을 이용하는 것이다. 골격연령은 골격의 성장 정도를 기준으로 측정한 연령이다. 실제 나이와 골격연령은 항상 일치하지 않으며, 실제 나이보다 골격연령이 어리면 앞으로 키가 더 자랄 가능성이 있는 것이다(Tanner et al., 1983).

(4) 근육

근육은 신체의 움직임을 생성하고, 뼈를 움직이게 하는 역할을 한다. 유아기 근육도 청년기 근육에 비하면 수분함량이 많아 부드럽고 유연하다. 근육보다 지방조직이 먼저 발달하게 된다. 지방조직은 생후 8개월까지 급격히 증가하다가 그 이후에는 증가율이 낮아지는 반면 근육은 서서히 발달하다가 5~6세가 되면 급격하게 증가한다. 근육을 구성하는 근섬유의 굵기가 굵어지며 근력이 강해진다. 일반적으로 여아가 남아보다 빠른 발달을 보인다. 여아의 근육은 남아에 비해 지방이 많고 대신 수분이 적다. 그리고 근육조직이 가볍고 짧다(김미영, 2014).

2) 유아기 운동발달

유아기에는 신체의 성장과 더불어 신체비율이 변화한다. 머리의 크기가 작아지면서 몸의 무게 중심이 아래로 내려간다. 아울러 근육과 골격이 성장하면서 균형을 잘 잡을 수 있게 된다. 그러면서 운동기능이 세분화되고 능숙해진다. 신체 각 부분을 효율적으로 움직일 수 있게 되고, 균형 잡기가 가능하고, 신체를 조작할 수 있게 된다.

유아기는 운동능력을 발달시키는 민감기라고 볼 수 있다. 이 시기의 유아들은 환경 구성에 따라 다양하게 몸을 이동시킬 수 있다. 걷기, 뛰기, 구르기 등의 운동기능이 급속하게 발달하고, 손과 손가락의 조절능력이 발달하면서 구슬 꿰기, 탑 쌓기 등의 정교함을 요구하는 활동도 잘 하게 된다. 또한 친구들과 사회적 관계를 형성하고 규칙을 이해하면서 게임식 운동을 즐기기도 한다(이숙재 외, 2006).

대근육 운동은 기기, 서기, 뛰뛰기, 걷기, 한발로 서기와 같이 팔다리 몸통과 같은 대근육을 사용하는 운동이다. 소근육 운동은 물건잡기, 손가락으로 물건집기, 끼적거리기 등 소근육을 사용하는 운동이다.

(1) 대근육 운동발달

대근육은 몸통과 팔다리를 움직이는 큰 근육을 말하며 대근육 운동은 달리기, 뛰기, 공 던지기, 자전거 타기, 그네 타기 등의 대근육들을 사용하는 운동이다. 유아기에 들어서면 신체 크기에 비해 머리 크기 비중이 작아지면서 체중의 중심이 영아기에 비해 아래로 내려간다(Lowrey, 1978). 그래서 유아는 영아에 비해 넘어지지 않고 잘 달리며, 몸의 움직임도 안정적이다. 유아들의 운동능력은 신체 이미지를 형성하는 중요한 요인이므로 유아기의 운동능력발달은 중요하다. 연령별 대근육발달은 **표 6-2**에 제시되어 있다.

표 6-2 연령별 대근육발달

연령	걷기	달리기	뛰기	페달밟기	오르기	던지기
2~3세	율동적으로 잘 걷는다.	뒤뚱거리는 걸음이 달리는 것으로 변한다.	두 발로 깡충 뛴다.	장난감 자동차에 올라앉아 두 발로 민다.	계단 오를 때 한 발 올리고 또 한 발 올린다.	상체를 고정시키고 두 발을 가만두고 던진다.
3~4세	팔을 앞뒤로 흔들며 걷는다.	잘 달리고 달리다 멈추는 게 가능하다.	상체를 구부리고 뛴다. 한발로 장애물을 넘는다.	세발 자전거를 탄다	발을 교대로 사용하여 계단을 오른다. 내려올 때는 한 발씩 내려온다	상체를 사용하여 공을 던지나. 받을 때는 가슴으로 받는다.
4~5세	곡선 위를 걷는다.	유연하게 달린다.	깡충깡충 뛰면서 나아간다.	세발자전거를 빨리 탄다.	발을 교대로 계단을 내려온다.	발에 체중을 옮겨서 공을 던진다.
5~6세	옆으로 걷기도 하며 성인처럼 걷는다.	속력을 내어 달린다.	멀리 뛰기를 한다.	보조바퀴 달린 두발자전거를 탄다.	성인처럼 계단을 오르내린다.	발을 앞으로 내밀고 온몸을 사용하여 팔을 뻗어 공을 던진다.

출처: Berk(1991).

Gallahue와 Ozmun(2002)는 유아기 운동발달을 4단계로 설명하고 있다. 출생 후 1년까지는 반사운동단계이다. 이 단계의 운동은 자발적인 운동이라고 할 수 없으며 신체 보호와 생존을 위한 본능적인 반사운동이다. 빨기반사, 모로반사, 바빈스키반사, 걷기반사 등이 있다. 이때 반사운동은 신경계 이상 유무를 판단할 수 있는 중요 기제이다. 반사운동은 생후 1년 이내 대부분 사라진다.

1세에서 2세까지는 초보운동단계이다. 자발적 운동이 가능한 단계이다. 앉아서 하는 비이동동작, 걷기와 같은 이동동작, 물건을 잡는 조작적 동작이 급격히 발달하며, 서툴지만 신체 균형을 유지할 수 있다. 초보운동능력을 습득하게 된 영아는 더욱 활동적으로 움직일 수 있게 된다.

2세에서 7세는 기본운동단계로 기본 운동은 걷기, 달리기, 뛰기, 던지기, 공 튀기기, 매달리기, 구르기, 돌리기, 균형 잡기 등이 있다. 마지막 7세 이상은 전문운동단계이다. 일반적인 동작에서 점차 스포츠와 관련된 전문적인 운동기술을 수행할 수 있다. 또래와 경기도 하고 기본적인 축구, 수영, 발레 등을 배울 수 있다.

(2) 소근육 운동발달

소근육은 손가락이나 발가락 등 작은 근육을 말하며, 소근육을 이용한 소근육 운동은 눈과 손의 협응을 필요로 한다. 소근육 운동은 눈과 손을 협응하여 작은 근육들을 정확하게 조작하는 능력을 필요로 하기에 미세 운동이라고도 한다.

소근육 운동은 지각이나 중추신경계 및 대뇌발달이 수반되어야 가능하다. 따라서 대근육 운동기술 보다 소근육 운동기술 습득이 훨씬 더 어렵다. 소근육 운동에는 연필로 쓰기, 크레용으로 그림 그리기, 블록 쌓기, 가위로 오리기, 젓가락질하기, 옷 입고 벗기, 단추 잠그기, 신발 끈 매기 등이 포함된다.

이러한 소근육 운동은 여아가 남아보다 우세한 반면 대근육 운동은 남아가 우세하다. 소근육 운동기술은 유아기의 학습이나 놀이 및 생활에 필요한 기술들이며 자율성 발달에 기초가 되는 것들이다. 소근육 운동 중 젓가락질하기, 옷 입고 벗기, 단추 잠그기, 신발 끈매기는 자조행동 발달에서 설명할 것이다.

표 6-3 연령별 소근육발달

연령	소근육 운동
2세	•종이에 수평선 수직선 흉내를 낸다. •양손을 동시에 사용이 가능하다. •종이 접기가 서툴게 된다.
3세	•블록을 8개 이상 쌓을 수 있으나 비뚤하게 쌓는다. •크레용을 손가락으로 잡는다. •장난감을 밀고 당긴다.
4세	•선 따라 가위질을 해서 자른다. •연필로 수직선, 수평선, 원을 그린다. •네모를 보고 그린다. •블록을 탑을 쌓는다.
5세	•종이를 반으로 또 반으로 접을 수 있다. •삼각형, 사각형을 그린다. •자기 이름을 쓸 수 있다. •블록 쌓기를 잘 한다.

소근육 운동은 잡기반사에서부터 시작된다. 잡기능력은 손가락의 협응력과 정교성에 의해 이루어진다. 손가락 협응은 손가락과 손가락 간의 협응, 손가락을 빨리 반복적으로 움직이는 것, 즉 엄지를 집게에서 다른 손가락까지 연속해서 닿게 하는 능력으로 평가해 볼 수 있다. 이러한 잡기능력은 선천적인 능력에 의해 차이날 수도 있지만 문화적 영향도 크다. 수저를 사용하는 문화권과 포크를 사용하는 문화권에서 사는 유아들의 잡기능력은 차이가 난다.

3) 유아기 자조행동발달

자조행동이란 유아기 기본적인 신변처리 기술을 습득하여 부모나 교사 도움 없이 스스로 일상생활을 해결하는 행동을 의미한다. 혼자 식사하기, 혼자 옷 입기, 혼자 용변 처리하기, 혼자 신발 신기 등이 유아들의 자조행동이다.

유아기는 자조행동발달과 습관을 형성하는 중요 시기이다. 스스로 하고자 하는 유아의 의지와 동기를 격려해주어야 자조행동을 잘 할 수 있게 된다. 부모의 지나친 염려나 애정으로 인한 과잉통제나 과잉보호는 자조행동발달을 저해할 뿐이다. 유아의 자율성을 침해하지 않고 환경적으로 지원해주는 것이 아이의 자조행동을 발달시키는 데 도움이 된다.

(1) 자조행동

유아기의 대표적인 자조행동으로는 대소변가리기, 식사하기, 옷 입고 벗기, 신발 신고 벗기 등이 있다. 유아가 수저를 가지고 놀면 부모는 아이가 스스로 식사를 할 때가 되었다는 것을 인지하여야 한다. 수저 사용, 옷 입기 등의 자조행동과 관련된 신체조절능력은 반복적인 연습으로 점진적으로 능숙해진다. 아이가 스스로 해보고자 하는 욕구를 나타낼 때는 수용해주고, 자발적으로 선택한 행동은 시도해 볼 수 있도록 기회를 제공해야 한다. 부모의 수용적이고 지지적인 양육태도는 유아의 자율성과 독립성을 발달시키는 데 중요한 요인이 될 것이다.

① 대소변 가리기

자조행동 중 가장 대표적인 것은 대소변 가리기이다. 대소변을 통제하는 근육과 신경이 발달했다 하더라도 뇌에서 이를 통제할 수 있는 능력이 발달해야만 대소변 가리기가 가능하다. 대변은 약 13～15개월이 되어야 가리게 되고, 소변은 20개월 정도가 되어야 가릴 수 있다. 3～4세가 되면 화장실에 혼자 갈 수 있다.

대소변 훈련을 시작해야 하는 시기가 정해져 있는 것은 아니다. 건강, 정서 상태 등 유아의 발달 정도에 따라 그리고 문화나 가정환경에 따라 훈련시기도 훈련방법도 다양하다. 중요한 것은 강압적으로 무리해서 훈련하면 안 된다는 것이다. 대소변 훈련은 유아에게 중요한 학습 경험이므로 서두르거나 비판적인 태도를 보이면 안 된다. 유아의 발달 속도에 맞추어 서서히 진행하도록 도와주어야 한다(신은영, 2014).

이때 부모가 할 일은 동화책이나 인형을 이용하여 대소변 훈련에 적응하도록 해준다. 재미있는 변기를 마련해주어 변기에 앉는 것을 즐기도록 해주고, 용변이 끝나면 칭찬을 해준다. 옷을 쉽게 벗고 입을 수 있는 것을 마련하는 것도 부모의 일이다.

② 식사하기

1～2세가 되면 손을 사용하여 밥을 먹는다. 2～3세가 되면 컵으로 물을 마실 수 있다. 3～4세가 되면 수저를 사용하여 식사를 할 수 있다. 엄지와 집게손가락

을 이용해서 숟가락을 잡고 음식을 먹을 수 있다. 컵의 물을 흘리지 않고 마실 수 있다.

젓가락 사용은 손가락의 힘이 생겨야 하고, 손가락 조작능력도 발달해야 가능한 행동이다. 우리나라 유아는 젓가락질을 2세가 지나면서 할 수 있게 된다. 이때 모든 유아가 젓가락질을 할 수 있는 것은 아니고 남아 20%와 여아 30%가 가능하다. 여아가 남아보다 일찍 젓가락질을 시작한다(현온강 외, 2001).

3세경이 되면 막 쥐기 식으로 젓가락을 사용하지만 여전히 일부 유아들만 가능하다. Yamashita(1941)에 의하면 3, 4세 유아에게 젓가락 잡는 훈련을 시킨다고 젓가락질이 능숙해지지 않는다. 5세 이상이 되어야 젓가락잡기 훈련의 효과가 나타난다(곽노의 외, 2007 재인용). 6세 이후라야 능숙하게 젓가락질이 가능해진다.

수저를 처음 사용할 때 수저질이 서툴러서 밥을 흘리거나 식사시간이 길어지는 것을 참지 못하여 떠먹여 주어서는 안 된다. 야단치거나 고치려고 해도 안 된다. 식사를 즐겁게 할 수 있도록 분위기를 만들어 주고 수저질이 서툰 것은 점차적으로 지도하는 것이 바람직하다.

③ 옷 입고 벗기 및 단추 끼우기

유아에게 옷을 입는 동작은 벗기보다 어려운 동작이다. 입는 동작이 더 발달된 운동기술을 필요로 한다. 3세경이 되면 유아는 옷을 벗을 수 있다. 입기는 서툴러서 거꾸로 입는 것이 보통이다. 4세가 되면 옷 입는 것이 부분적으로 가능하다. 간단한 옷은 입을 수 있다. 도움을 받아야 옷을 완전하게 입을 수 있다. 옷을 입고 벗는 것이 가능한 시기는 5~6세경이다(조성연 외, 2005).

단추를 빼고 끼는 동작은 손가락 조작능력, 손과 눈의 협응, 손가락 간의 협응 등이 발달해야 가능하다. 2세경의 유아는 단추를 빼고 끼는 것이 서툴며, 3~4세경이 되어야 자기 옷의 단추를 빼고 낄 수 있다. 지퍼를 올릴 수도 있다. 5~6세가 되면 단추 끼우기가 능숙하게 된다.

또한 2~3세가 되면 유아는 혼자 양말과 장갑을 벗을 수 있으며, 5~6세가 되면 혼자서 신발을 신고 신발 끈도 묶을 수 있다.

표 6-4 연령별 자조행동발달

연령	자조행동
2~3세	• 대변을 가린다. • 소변가리기 훈련을 한다. • 손을 사용하여 밥을 먹는다. • 컵으로 물을 마실 수 있다. • 양말과 장갑을 벗을 수 있다.
3~4세	• 수저를 사용하여 식사를 한다. • 컵의 물을 흘리지 않고 마신다. • 화장실 사용을 혼자 할 수 있다. • 옷을 벗을 수 있다. • 옷 입는 것은 부분적으로 가능하다. • 단추를 빼고 끼는 것을 할 수 있다.
5~6세	• 단추를 빼고 끼우는 것이 능숙하다. • 혼자서 신발을 신고 신발 끈도 묶을 수 있다. • 옷을 입고 벗는 것이 능숙하다. • 젓가락질 훈련이 가능하다.

④ 기타

3세 정도가 되면 손 씻기는 혼자 할 수 있다. 손 씻기는 유아의 위생청결 및 건강과 관련이 있는 자조행동이다. 식사하기 전, 화장실 사용 전후, 바깥에서 실내로 들어왔을 때는 손 씻기를 하도록 지도해야 한다.

4세경이면 혼자 세수와 양치질을 할 수 있고 빗질도 할 수 있다. 매일 아침저녁에 세수와 양치질 하는 습관을 들이도록 부모가 도와주어야 한다.

(2) 자조행동발달을 위한 지도

생후 2개월까지의 영아는 자신의 모든 욕구를 어머니가 즉각적으로 충분히 충족시켜 주기 때문에 어머니와 영아자신을 하나의 공생관계로 인식한다. 이때는 모든 욕구 충족과 일상의 신변처리를 전적으로 어머니에게 의존하는 시기이다. 영아가 기거나 걷게 되면서 어머니와 자신은 분리된 다른 개체라는 것을 인식하게 된다. 하지만 스스로 욕구 충족을 할 수 없기 때문에 이때도 어머니에게 의존할 수밖에 없다.

걷기가 활발해지면 유아는 자유롭게 할 수 있는 행동이 많아지고 행동반경이 넓어진다. 여러 가지 새로운 행동을 시도해보고 성취를 경험하면서 자신감을 가지게 된다. 이때 유아는 부모로부터 독립을 선언하며 자율성을 키워나간다. 유아의 자율성과 자조행동의 발달을 위해서 부모는 유아가 하고자 하는 일을 허용해주어야 한다.

유아가 혼사 걸을 수 있게 된다는 것은 스스로 음식을 먹을 준비도 되었다는 것을 의미한다. 이때부터 유아는 스스로 뭔가를 하고자 한다. 수저질도 옷도 스스로 입고자 한다. 그러면서 자율성을 키워간다. 이러한 과정에서 자조행동이 발달하게 된다.

식탁에 유아의 자리를 마련해서 스스로 수저질 하는 것을 격려해주어야 한다. 수저질이 서툴고, 음식을 흘리고, 시간이 많이 걸린다 해서 부모가 나서서 다해주는 과잉보호는 바람직하지 않다. 유아가 스스로 하고자 하는 의지를 격려하고 지지해주면서 지켜봐줘야 한다. 유아가 혼사 옷을 입겠다고 할 때 양말을 신거나 바지를 입는 등의 단순한 행동은 스스로 할 수 있도록 허용해야 한다. 이때 부모의 역할은 입고 신는 것을 도와주는 것이 아니라, 입고 벗기 편한 옷을 준비해주고, 신고 벗기 수월한 신발을 준비해주는 것이다.

여기서 유의해야 할 것은 유아가 하고자하는 것을 모두 허용해야 한다는 의미는 아니다. 유아가 스스로 해도 되는 것 그리고 언젠가는 스스로 해야 하는 일상적인 일들에 대해서 자율성을 부여하라는 것이다.

또 이 시기 유아는 언어가 발달하면서 자기주장을 하게 된다. "내가 할 거야", "내 꺼야"라는 말을 많이 한다. 아울러 부모에 대한 거절, 거부도 표현할 수 있게 된다. "싫어, 싫어", "안 할 거야", "안 돼" 등의 표현은 유아가 자신의 힘을 과시하려는 것이다.

이때 부모의 애정적이면서 통제적인 양육태도가 중요하다. 유아가 하고 싶은 대로 하고자 하는 대로 무조건 허용해서는 안 된다. 유아가 할 수 있는 일과 해서는 안 되는 일이 있다는 것을 유아에게 가르쳐야 한다. 유아가 할 수 있는 일과 해서는 안 되는 일의 범위를 정해주는 것을 한계설정이라 한다. 한계설정은 유아의 자조행동발달과 더불어 스스로 조절하고 통제할 수 있는 능력을 발달시키는데 필요한 과정이다(이명순 외, 2010).

유아가 할 수 없는 일, 해서는 안 되는 일은 절대 할 수 없다는 것을 인식할 수 있도록 일관되고 엄격한 지도를 해야 한다. 상황에 따라, 부모의 기분에 따라, 시간에 따라 허용되기도 했다가 안 되기도 하는 부모의 비일관적인 태도는 유아를 혼란스럽고 불안하게 할뿐만 아니라 상황에 따라 대처를 어렵게 하여 스트레스를 유발할 수도 있다.

부모의 외적 통제에 의해 유아는 해서는 안 되는 일이 있다는 것을 내면화 시켜 자기통제력을 키워가게 된다. 자기통제력은 유아기부터 발달시켜야 하는 주요 특성이다. 미래 성취를 위해 즉각적인 욕구 충족이나 충동을 억제하는 일은 성숙한 인간으로 성장하는 과정에서 매우 중요한 의미가 있다. 자기통제력은 상당히 안정적인 특성일 뿐만 아니라 청년기 자아존중감을 예측해주는 인지적 능력, 사회적 기술, 자신감 등의 특성과 관련이 있다(Harter, 1990).

유아에게 한계설정과 통제를 시도할 때 유념해야 할 것은 통제와 한계설정이 부모의 편의성을 위한 것인지 유아의 안전과 행복을 위한 것인지를 생각해봐야 한다. 때로는 부모들이 자신의 불안과 편의 때문에 유아를 지나치게 통제할 때가 있다. 부모가 지나치게 유아를 통제하거나 과잉보호하거나 염려하는 것은 유아의 건강한 발달을 저해할 수 있다.

03 영유아기 뇌 발달

뇌는 영아기에 매우 급속도로 발달한다. 출생 시 이미 완전한 기능을 하는 뇌간을 제외하고, 감각정보를 담당하는 시상, 운동기능과 자세조정을 관장하는 소뇌, 기억과 연관된 해마 등은 영아기에 재조직되면서 기능이 계속 확장된다. 사고와 지각, 판단 등 전체적인 인지능력을 관장하는 대뇌피질은 출생 시 가장 적게 발달된 부분이지만 영아기에 가장 크게 발달하는 부분이다(강인숙, 2008).

대뇌학자들은 태아기 마지막 3개월부터 생후 24개월까지를 '뇌 성장의 급등기'라 한다. 유아기도 영아기 만큼이나 중요한 뇌 발달의 민감기라 할 수 있다. 영유아기의 두뇌발달을 지원하려면 뇌가 어떻게 구성되어 있으며, 어떻게 발달해 가는지에 대한 이해가 있어야 한다. 인간의 뇌는 3중 구조로 이루어져 있다.

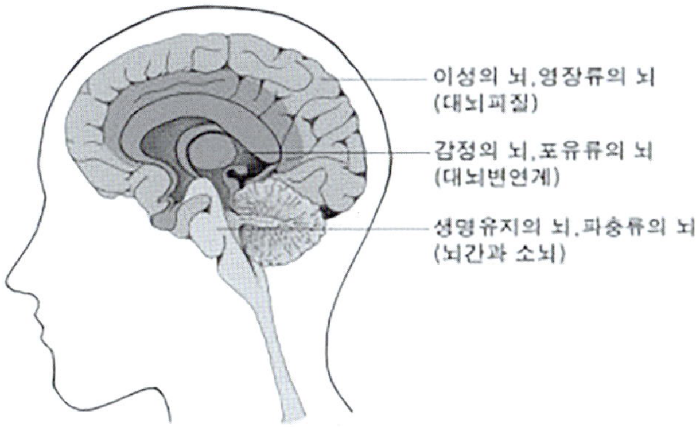

그림 6-4 인간의 뇌 구분

첫 번째 부위는 생명의 뇌라고 하는 부위이다. 후뇌로 뇌간과 소뇌로 구성되어 있으며 뇌의 가장 아랫부분에 있다. 가장 오래된 뇌로 진화가 거의 되지 않았고, 호흡, 심장박동, 혈압과 같은 생명유지에 필요한 기능을 담당하기 때문에 생명의 뇌 또는 파충류의 뇌라고 한다.

두 번째 부위는 감정의 뇌라고 하는 부위이다. 후뇌 바로 위에 있는 중뇌 부위이다. 변연계라고도 하는 중뇌는 감각기관을 통해 얻어진 정보를 대뇌피질로 전달해주는 역할을 하며 감정을 조절한다. 감정은 포유류만 가지고 있기 때문에 감정의 뇌, 포유류의 뇌라고 부른다. 변연계에는 해마와 편도가 있어 학습과 기억을 담당한다. 변연계가 손상되면 학습과 기억의 기능이 사라지게 된다.

세 번째 부위는 이성의 뇌라고 하는 전뇌 부위이다. 전뇌는 가장 고등한 정신기능을 담당하는 대뇌피질부가 있으며 뇌 무게의 80%를 차지하고 있다. 인간만이 가지고 있기에 인간의 뇌이며 이성의 뇌라고 부른다(서유헌, 2014). 대뇌피질은 사고와 지각, 판단 등 전체적인 인지능력을 관장하며, 운동과 감각을 관할하는 뇌부위로 출생 시 가장 적게 발달되어 있다. 영아기에 가장 발달하며 이후 계속 성장한다(김유미, 2002).

1) 신경체계의 발달

인간의 뇌 발달에서 가장 중요한 것은 정보를 저장하고 전달해주는 신경체계의 발달이다. 신경체계는 신경세포와 신경교세포로 구성되어 있다. 이 중 신경세포는 10~15% 정도이며 나머지는 신경교세포이다. 다수를 차지하고 있는 신경교세포는 신경세포를 보호하고 신경세포가 정상적인 기능을 할 수 있도록 돕는 역할을 하고 있다.

신경체계의 기장 기본단위는 신경세포이다. 신경세포(neuron)는 세포체, 수상돌기, 축색돌기로 구성되어 있다. 세포체는 신경세포의 핵이다. 엄청난 양의 뇌 정보 이동은 세포에서 세포로 이어진다. 자극을 받으면 뇌세포들은 나뭇가지처럼 뻗게 되는데 그것을 수상돌기라 한다. 수상돌기는 감각을 수용하는 역할을 한다.

각 세포는 축색돌기라고 하는 쭉 뻗은 하나의 다리를 가지고 있다. 축색돌기는 계속 자라며, 끝 부분은 여러 갈래로 나누어진다. 축색돌기는 두 가지 기능을 한다. 하나는 정보를 전기적 형태로 처리하는 것이고, 다른 하나는 화학적 물질을 수송하는 것이다. 세포체에서 오는 정보를 축색돌기 말단으로 전달해서 다음 세포의 수상돌기로 정보를 전달하는 역할을 한다. 가장 긴 축색돌기 길이는 1m 정도이다. 일단 축색돌기가 수상돌기와 결합하면 그 수상돌기는 다른 축색돌기와 결합하지 않는다(Suomi, 1982).

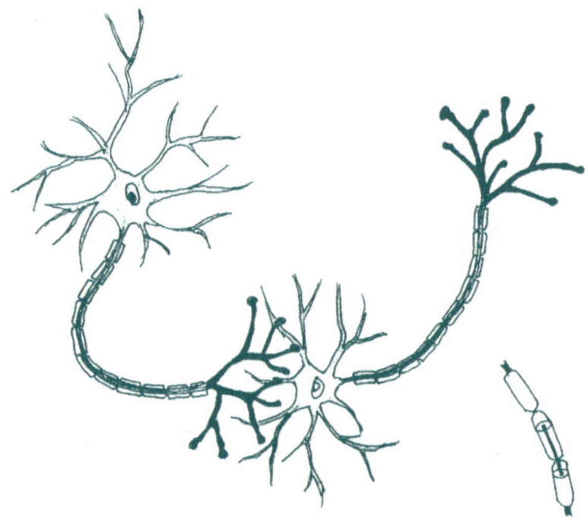

그림 6-5 신경세포 구조와 수초화

신경세포는 수정 후 18~22일경부터 발달하기 시작하여 태내 5~6개월경에는 신경세포의 증식이 거의 완료된다. 신생아는 약 1,000억 개 이상의 신경세포를 가지고 태어난다(Berk, 1991). 신경세포는 출생 후에는 더 생성되지 않는다. 오히려 성장하면서 신경세포의 수는 점차 줄어든다. 출생 전후 가장 많은 신경세포를 가지고 있다가 불필요한 것은 버리면서 뇌의 구조와 기능을 다듬어 가는 것이다(최경숙, 2006). 즉, 다른 신경세포와 연결되는 신경세포는 그렇지 못한 신경세포를 밀쳐내기 때문에 신경세포의 절반이 소멸되는 것이다. 불필요한 신경세포가 제거됨으로써 신경계의 효율성이 증대된다(Jensen, 2009).

2) 두뇌발달

신생아의 두뇌 무게는 성인의 1/4이다. 생후 6개월경이 되면 성인 두뇌 무게의 약 1/2이 되며 2세 무렵이 되면 성인 두뇌 무게의 3/4이 된다. 두뇌 크기가 변하는 것은 세포 수가 증가하기 때문이 아니라 세포의 크기가 변화되고 세포를 보존해주는 보조신경세포가 계속 증가하기 때문이다. 또한 축색돌기의 수초화도 두뇌 크기의 변화를 가져오는데 기여하고 있다. 두뇌가 발달한다는 것은 신경네트워크, 즉 시냅스에 의해 정보전달이 효율적으로 이루어지거나, 축색돌기 길이 증가와 수상돌기 가지 수 증가 또는 수초화 현상으로 정보전달이 효율적으로 이루어지는 것이다.

즉, 뇌가 발달된다는 의미는 첫째, 뇌세포의 크기가 자라야 한다. 둘째, 두 개의 신경세포가 연결되는 시냅스의 형성이다. 셋째, 수초화가 이루어져야 한다. 넷째, 신경세포 간의 신경전류가 잘 전달되어야 한다. 즉, 정보전달이 효율적으로 이루어져야 한다. 좀 더 구체적으로 살펴보면 다음과 같다.

첫째, 뇌 발달의 중요 요소는 신경세포의 성장이다. 정상적으로 기능하는 신경세포는 계속해서 자란다. 수상돌기와 축색돌기의 길이와 폭이 자라는 것이다. 환경적 자극이 변화함에 따라 신경세포의 성장 양상과 상노가 달라진다. 긍정적이고 풍부한 환경적 자극을 많이 받게 되면 수상돌기 가지가 더 많이 뻗어나며, 축색돌기 길이가 길어진다. 수상돌기와 축색돌기들의 추가는 인지발달의 주요한 신경적 기초가 된다. 이러한 신경세포 성장은 정보의 신속한 전달에 중요한 역할을 하게 된다.

둘째, 시냅스의 증가이다. 시냅스는 두 개의 신경세포가 연결되는 지점을 말한다. 즉, 신경세포의 수상돌기가 다른 신경세포의 축색종말과 연결되는 부분이 시냅스이다. 신경세포들은 다른 신경세포와 1,000번 내지 5만 번의 시냅스 형성을 한다. 신경세포들은 효율적인 정보처리를 위해 기능적인 회로를 만들 필요가 있다. 때문에 필요한 숫자보다 더 많은 시냅스를 형성한다. 시냅스로 연결되지 못하는 신경세포는 소멸된다. 시냅스 형성은 3세까지 활발하게 이루어진다(Spreen et al., 1984). 그래서 영유아의 시냅스 수가 성인의 시냅스 수보다 많다. 영유아의 신경세포와 시냅스가 성인보다 훨씬 많은 이유는 영유아기에 뇌가 구성되는 과정에서 발생할 수 있는 문제로부터 보호하기 위한 진화론적 적응 때문이다(Jensen, 2009). 12세까지 대략 시냅스의 반을 잃는다. 나이 들어가면서 시냅스가 감소하는 것은 신경세포의 소멸과 축색돌기의 수축과정 때문이다(Goodman & Tesseier-Lavingne, 1997).

셋째, 뇌 발달에 중요한 또 한 가지의 요소는 수초화 현상이다(Spreen et al., 1984). 수초화는 미엘린이라 불리는 지방성 물질이 수상돌기와 축색돌기 둘레에 막을 형성하는 것이다. 수초화는 신경세포를 보호하며, 자극의 전달 속도도 증가시킨다. 축색돌기에 미엘린이 감겨져 있지 않으면 자극이 잘 전달되지 않으며 지각장애, 운동마비, 언어장애를 초래할 수 있다. 수초화는 뇌의 부피를 많이 증가시킨다. 성인의 뇌 무게는 출생 시의 4배가 된다(Johson, 1997). 다양한 경험과 자극은 수초화 현상에 영향을 주게 된다.

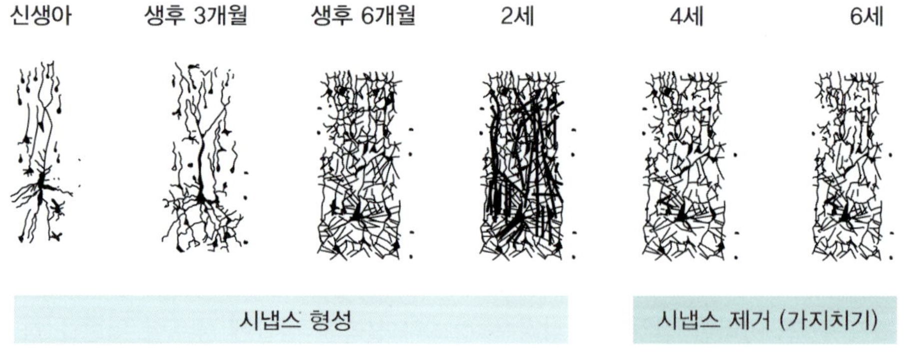

그림 6-6 시냅스 형성단계

넷째, 신경 네트워크, 즉 시냅스에 의해 정보전달이 효율적으로 이루어져야 한다. 수상돌기를 통해 받은 감각정보는 세포체에 전달되고, 이는 축색돌기를 통하여 다른 신경세포의 수상돌기로 전달된다. 수상돌기와 축색돌기들의 성장, 시냅스의 활성화와 생성 그리고 수초화 현상에 의해 신경세포 간의 정보전달이 원활하게 이루어진다.

학습은 시냅스가 형성되는 과정에서 일어난다. 즉, 학습은 신경세포와 신경세포가 효과적으로 연결되는 과정에서 이루어진다. 학습은 곧 두뇌발달을 의미한다. 시냅스가 생성되고 활성화 되도록 돕는 것이 뇌 기반학습의 주요한 목표이다.

3) 뇌의 편측성

대뇌는 좌뇌와 우뇌로 나누어져 있다. 일반적으로 좌뇌는 분석적 사고, 논리적 사고, 언어를 담당하며 우뇌는 통합적 사고, 감각적 운동, 예술적 활동을 담당하는 것으로 알려져 있다. 이렇게 좌뇌와 우뇌가 다른 기능을 하는 것을 뇌의 편측성이라 한다.

뇌의 편측성이 Sperry(1980)에 의해 처음 소개되면서부터 교육자들은 좌뇌와 우뇌의 기능과 발달에 많은 관심을 가지게 되었다. 뇌의 편측성과 관련한 초기 연구에 의하면 좌뇌와 우뇌의 역할이 구분되어 있는 듯하다.

좌뇌는 신체의 오른쪽 부분을 통제하고, 말하기, 듣기, 언어기억 등 언어적 기능을 담당한다. 분석적이고 논리적인 방법으로 정보를 처리한다. 좌뇌는 긍정적 정서를 느낄 때 더 활성화된다.

우뇌는 부정적 정서를 느낄 때 활성화된다. 우뇌는 신체의 왼쪽 부분을 통제하며, 음악과 같은 비언어적인 소리를 담당한다(Crowell et al., 1973). 그리고 시각 및 공간정보 등 감각적인 정보를 정교하게 처리하며, 직관적이고 종합적인 방법으로 정보를 처리한다(Sample, 1975).

이후 많은 다른 연구결과를 통해 좌뇌와 우뇌는 완전히 분리되어 있는 것이 아니고 서로 연결되어 정보를 처리하는 것으로 알려졌다. 좌뇌와 우뇌가 주로 담당하는 영역이 있기는 하지만 서로 연계되어 교류하면서 과제를 수행하게 된다.

Jensen(1998)은 음악초보자들은 우뇌를 이용하지만 음악의 수준이 높아지면 좌뇌를 이용한다고 했다. 그리고 수학 초보자, 바둑초보자들이 활동할 때는 좌뇌의 기능이 활성화되지만, 수학천재, 문제해결사, 장기와 바둑기사들이 활동하는 동안은 우뇌 기능이 더욱 활성화 된다고 한다. Jensen의 주장은 음악과 같은 비언어적 소리는 우뇌가 담당하고 논리적이고 분석적인 과제는 좌뇌가 담당한다는 초기연구와는 차이가 있는 견해다.

Jensen의 견해에 의하면 좌뇌와 우뇌가 서로 균형을 유지하며 상호 활성화될 때 최상의 수행을 할 수 있게 된다. 전신운동의 기능은 우뇌가 조정하지만 미세운동은 좌뇌의 활동이 더 많다. 좌뇌와 우뇌가 각기 지배적인 기능을 가지고 있지만 고차원적인 예술은 분석적 또는 과학적 사고가 필요하며, 고차원적인 인지적 과제나 문제해결은 전체적이고 종합적인 조망을 통해 완성될 수 있다. 즉, 수준 높은 과제에서는 좌뇌와 우뇌가 서로 균형을 유지하며 교류할 때 높은 수행결과를 낼 수 있게 된다.

좌뇌와 우뇌가 서로 연결되어 정보를 처리할 수 있는 것은 좌뇌와 우뇌가 넓은 띠 모양의 신경 섬유다발인 뇌량에 의해 연결되어 있기 때문이다. 신생아의 뇌는 좌우뇌를 연결하는 뇌량이 발달하지 않아 좌뇌와 우뇌의 기능이 분할되어 있다(Gazzangia, 1970). 그리고 신생아는 언어를 쓰지 않기 때문에 언어를 담당하는 좌뇌는 사용하지 않고 우뇌로만 정보를 처리하는 특성을 보인다(Turkewitz, Gordon, Birch, 1963).

뇌량이 발달하면서 좌우뇌 간의 정보교환과 협응이 원활하게 된다. 뇌량의 수초화는 2세에서부터 시작하여 아동기까지 발달한다(Yakovler & Lecours, 1967). 유아기에 뇌량이 발달하면서 좌우뇌의 협응이 가능해지고 여러 가지 정교한 운동기술이 발달하게 된다.

좌뇌가 발달해야 학업성취에 유리하다거나, 음악이나 미술을 잘 하려면 우뇌가 우수해야 한다는 것은 편견이다. 인지적인 과제는 좌뇌 중심으로 이루어지지만 고차원적인 분석이나 평가 그리고 창의적인 과제는 우뇌 기능을 동시에 활용하게 된다. 따라서 좌우뇌를 균형 있게 발달시키는 것은 중요한다. 좌우뇌의 불균형은 심각한 운동능력의 문제와 정신적인 문제를 야기할 수 있다. 좌우뇌가 균형 있게 발달하고 뇌량에 의해 상호교류가 원활하게 잘 이루어지는 것이 바람직하다.

4) 뇌의 가소성

뇌는 발달과정에는 상당한 가소성이 있다. 뇌의 가소성이란 두뇌가 환경적 자극에 의해 변화하는 능력을 의미한다. 영유아들의 뇌 신경세포 가지들은 경험과 학습에 의해 생성되기도 하고 감소하기도 한다. 뇌 가소성의 영향으로 영유아기에 뇌의 특정 부분이 손상된 경우, 뇌가 서서히 제 기능을 회복하거나 손상된 부분의 기능을 다른 영역에서 대신 수행하는 뇌기능의 재구조화가 일어난다. 뇌의 가소성이 없는 성인기에 뇌손상이 일어나면 뇌기능 회복이 어렵다.

뇌의 가소성이 항상 나타나는 것은 아니다. 두뇌발달의 민감기가 지나면 가소성은 사라진다. 두뇌발달의 민감기란 시냅스가 정교화되고 선택적 소멸이 이루어지는 시기로 환경 자극의 영향이 중요하게 작용한다. 두뇌발달의 민감기 동안은 뇌가 유연하여 양육환경에 따라 뇌가 변하게 된다.

풍부한 환경 속에서 자라는 아이들의 경우는 시냅스의 소멸이 방지되고, 오히려 새로운 시냅스가 형성되거나 정교하게 되어 뇌기능이 우수해지며, 문화실조 환경에서 자란 아동은 뇌활동이 부진하게 된다. 대뇌피질의 전두엽은 사춘기까지 수초화 과정이 지속되는데 이는 영유아기 경험뿐만 아니라 이후의 경험과 학습에 의해서도 대뇌피질의 변화를 가져올 수 있음을 의미한다.

5) 영유아기 두뇌발달을 위한 지도

임신 초기동안 신경세포가 증식하고 뇌의 기본 구조가 형성되기 때문에 태아의 뇌 발달을 위해서 충분한 영양분과 산소가 공급되어야 한다. 태아는 태반을 통해 영양을 공급받기 때문에 임산부는 태아의 뇌형성에 필요한 단백질과 식물성 지방을 충분히 섭취해야 한다. 또 뇌의 활동을 촉진하기 위해서는 뉴런의 수용기가 막히는 것을 막아주는 칼슘을 섭취해야 하며, 두뇌의 양반구가 원활하게 상호작용하도록 비타민 C의 섭취도 중요하다(이사라 외, 2013).

영아기에는 뇌의 한 부분이 발달하는 것이 아니라 뇌 전체가 발달하는 시기이다. 대뇌피질을 이루는 전두엽, 두정엽, 후두엽이 골고루 발달하는 시기이므로 오감을 통한 다양한 감각경험을 제공해주어야 한다. 감각경험은 신경세포의 크기와 연결구조에 영향을 미치게 되므로 두뇌발달의 기초가 된다. 그래서 영아기에 언어나 인지교육에만 집중하는 것은 바람직하지 않다. 보여주고 만지게 하고 냄새도 맡고 소리도 듣게 해서 오감을 골고루 자극하는 종합적인 교육이 영아기 두뇌를 발달시킬 수 있다(서유헌, 2014).

지적 자극과 사회적 자극이 풍부한 환경에서 성장한 영아와 자극이 결핍된 환경에서 성장한 영아를 비교하면 뇌의 구조와 무게에서 차이 난다. 풍부한 환경에 자란 영아의 대뇌피질이 두텁고 무거우며 신경세포와 시냅스의 수가 많다. 양육자와 피부접촉을 하며 안정애착을 형성한 영아의 정서 상태는 뇌 발달에 긍정적인 영향을 미친다.

유아기에는 사고와 인성기능을 담당하는 전두엽이 집중적으로 발달하는 시기이다. 아동기에는 공간감각 기능을 담당하는 두정엽과 언어의 표현과 이해 기능을 담당하는 측두엽 발달의 민감기다. 뇌 기반 학습이론에 의하면 뇌 발달에 맞는 적절한 교육을 실시하는 적기교육이 두뇌발달에 도움이 된다.

유아기에 집중적으로 발달하는 전두엽은 주의집중을 가능하게 하고, 창의적으로 구체적인 계획을 세워 실행하게 하고, 종합적인 사고를 하게 한다. 이뿐만 아니라 인성과 도덕성의 기능을 담당한다. 따라서 유아기에는 암기위주의 지식전달보다는 다양한 창의적인 교육을 실시하여 종합적 사고 기능과 인성 그리고 도덕성을 증진시켜야 한다.

유아기의 종합적인 사고기능이란 한 사물을 여러 각도에서 보고 느끼고 생각하는 것을 말한다. 그림책을 통해 '바다는 푸르다', '바나나는 노랗다', '공은 둥글다'라는 단순한 암기식의 교육은 두뇌발달에 그다지 도움이 되지 않는다. '푸른 바나나가 왜 노랗게 되었지?', '바다는 왜 푸르지? 바다 속에는 뭐가 살고 있을까?', '바닷물은 왜 짜지?', '비가 오면 바닷물이 넘치지 않을까?'를 생각해보게 한다. 그리고 바닷가에 유아를 데리고 가서 바닷물에 발을 담가보기도 하고, 바닷물도 맛보게 하고, 바닷바람을 느껴보게 하는 것이 유아기 두뇌발달에 도움 되는 활동들이다.

종합적이고 창의적인 생각을 하려면 직접 경험을 통한 많은 정보의 축적이 필요하다. 직접 보고 느끼고 생각하는 과정에서 정보가 축적되면 그 정보는 종합적인 사고력을 키우는 데 도움이 된다. 단편적인 지식만을 지나치게 암기하게 하여 스스로 생각하는 기회를 갖지 못하면 전두엽 발달에 장애가 생길 수 있다. 전두엽 부위의 장애는 주의집중을 어렵게 하고 행동조절 문제를 유발하여 주의력결핍 과잉행동장애(ADHD)의 원인이 된다.

전두엽의 또 다른 기능은 인성과 도덕성을 관리하는 것이다. 유아기에는 '해서는 안 되는 일'과 '꼭 해야 하는 일'들을 가르쳐야 한다. 남에게 배려하기, 바르게 인사하기, 존댓말 쓰기, 규칙과 질서 지키기, 조용히 말하기 등 생활 속 예절을 가르쳐 몸에 배이게 하여야 한다(서유헌, 2014). 유아기는 생활교육의 민감기라 할 수 있다. 다른 시기보다 유아기에 이러한 인성교육과 도덕성 교육을 시키는 것이 훨씬 효과적이다. 유아기에 인성과 도덕성이 잘 길러지면 성장기 동안 내내 바르게 자란다.

Chapter 07 인지발달

인지(cognition)란 유아가 개념을 이해하고 생각하는 기술을 습득하여 이를 문제해결에 응용하는 능력, 즉 '앎'(knowing)으로 이끄는 정신의 내적 과정과 결과물을 말한다. 인지는 기억, 상상화, 범주화, 계획, 추론, 문제해결, 창조, 상징하기 등의 모든 정신활동을 포함하는 것이다. 인간은 환경에 적응하고 환경을 변화시키기 위해 사고에 의존하는데, 사고와 같은 정신능력은 다른 종들과 구별되는 특별한 능력이다. 이 장에서는 영아기 지각발달과 인지발달 그리고 유아기 인지발달에 대해 알아보고자 한다.

01 영아기 지각발달

감각(sensation)은 주위환경으로부터 오는 여러 가지 자극을 감각기관을 통해 받아들이는 것이다. 반면에 지각(perception)은 감각정보에 의미를 부여하는 과정을 말한다. 감각이 자극에 대한 감각기관의 반응이라면, 지각은 그 자극에 대한 해석이라 할 수 있다. 사람들은 같은 소리를 듣고도 그것을 듣고 있는 상황과 자신들의 과거 경험에 따라 그 소리를 다르게 해석하기도 한다.

예를 들어, 바깥에서 놀고 있는 아이의 비명소리가 났을 때 소리를 듣는 것은 감각과정, 그 소리가 놀라서 지르는 비명소리인지, 기뻐서 지르는 환호 소리인지 알게 되는 것은 지각과정이다.

감각기관을 통해 들어 온 자극을 경험으로 지각하고 해석하여 판단하기까지의 과정이 인지과정이다. 인지(cognition)는 인간이 생각하고 판단하는 사고과정을 말하며 태아기부터 이루어지는 감각능력의 발달과 함께 시작된다. 따라서 출생 후 감각의 발달은 지각능력을 향상시키며 인지 형성의 기초가 된다.

1) 지각 검사법

영아들은 어떻게 자극을 받아들이고 지각할까? 영아들의 감각과 지각능력이 어느 정도인지 측정할 수 있는 여러 방법들이 고안되었다. 선호도측정법, 습관화연구법, 뇌파측정법 등으로 영아의 감각 및 지각능력이 관찰, 측정되고 있다. 영아의 감각 및 지각능력을 확인하는 가장 보편적인 방법은 영아들에게 다양한 여러 자극을 주고 영아의 표정, 심장박동률, 신체움직임 등의 반응을 관찰하고, 그 차이를 비교하여 감각 및 지각능력을 이해하는 것이다.

(1) 선호도측정법

영아에게 두 가지 이상의 자극을 동시에 제시하고, 각 자극에 대한 응시시간을 측정하여, 영아가 두 자극 중 어느 한 자극에 더 오래 주의를 기울이는지 알아보는 방법이다. 영아가 어느 한 자극을 더 오래 응시한다면 그 자극에 대한 선호가 있다고 보는 것이다.

Fantz(1963)는 신문이나 잡지에 그려진 여러 모양을 신생아에게 보여주고 신생아가 어느 모양을 더 오래 쳐다보는지 연구했다. 그 결과 신생아는 사람의 얼굴이나 동심원에 더 관심을 보인다는 사실을 알아냈다. 선호도측정법은 특히 시지각을 이용해서 간편하게 영아의 선호도를 검사할 수 있다는 장점이 있지만, 여러 자극에 대해 유사한 반응을 보일 때는 선호를 구별하는 것이 애매할 수 있다. 즉, 영아가 변별할 수 없어 같은 반응을 보이는지 아니면 흥미가 없어 같은 반응을 보이는지 판단하기 어렵다.

(2) 습관화연구법

습관화연구법은 영아의 기본적이고 본능적인 신체반응을 이용하는 것으로 영아의 지각 연구에 가장 많이 쓰이는 방법이다. 예를 들면, 한곳을 응시하는 시간, 젖을 빠는 횟수, 고개 돌리는 횟수, 심장박동 등을 활용한다. 영아에게 어떤 자극을 반복적으로 제시하면 점차 그 자극에 대한 흥미를 잃게 되어 그 자극을 응시하는 시간이 감소하게 되는 것을 습관화라고 한다.

어떤 자극에 대해 습관화가 일어났다는 것은 그 자극에 대해 익숙해져서 관심이 없어지는 것을 의미한다. 영아가 익숙한 자극에는 흥미를 갖지 않지만, 새로운 자극에는 주의를 기울인다면 두 자극을 구별한다는 것을 의미한다.

습관화연구법의 절차는 먼저 영아에게 두 개의 자극 중 하나를 선택해서 반복적으로 제시한다. 반복적으로 제시된 자극은 영아에게 익숙해져 처음처럼 반응하지 않게 된다. 그러면 나머지 자극을 제시한다. 새로운 자극이 제시되면 반응을 하다가, 그것도 반복해서 제시하면 반응이 없어지게 된다. 자극에 대한 반응이 약해지는 것은 이미 알고 있거나 익숙한 자극이라 볼 수 있다. 습관화연구법은 영아의 시각, 청각, 후각, 촉각 등의 지각 연구에 유용하게 사용되는 연구법이다.

(3) 뇌파측정법

뇌파측정법은 영아의 머리에 전극을 붙인 뒤 자극을 제시하여 영아의 뇌파 변화를 기록, 지각능력이나 정서의 변화, 신체의 움직임 변화 등을 알아보는 방법이다. 시각 자극을 제시하였을 때는 전극을 머리의 뒷면에, 청각 자극을 제시하였을 때에는 머리의 양쪽 관자놀이가 있는 측면에 전극을 붙인다. 이는 서로 다른 감각적 자극을 처리하는 뇌중추의 영역이 다르기 때문이다. 영아의 뇌파를 측정하여 시각적 정보와 청각적 정보를 구별하는지의 여부를 알 수 있다.

(4) 빨기 반응 관찰법

빨기 반응 관찰법은 영아에게 전선으로 연결된 특별한 고무젖꼭지를 빨게 한 후, 빠는 속도나 강도를 기록하여 좋아하는 자극과 싫어하는 자극을 알아보는 방법이다. 검사방법은 먼저 영아에게 전기 장치가 들어 있는 젖꼭지를 제공하여 일상적으로 빠는 속도나 강도를 측정하여 기초선을 정한다. 그런 다음 새로운 자극을 주고 나서 빨기를 관찰한다.

영아가 처음의 기준선보다 더 빠르고 세게 빨면 젖꼭지의 전기 장치가 작동하여 기록하기 시작한다. 새로운 자극이 주어졌을 때 전기장치가 작동하면, 즉 빨기 반응이 달라지면 이전 자극과 새로운 자극을 변별한다고 보는 것이다. 빨기 반응을 통해 새로운 자극을 지각한다는 것과 좋아하는 것과 싫어하는 것이 있다는 것을 알 수 있다.

2) 감각 및 지각발달

(1) 시각

시각은 눈을 통해 들어오는 정보를 수집하는 감각으로, 시력, 시야, 색지각 등을 말한다. 인간은 환경을 탐색하는 데 다른 감각기관보다 시각에 더 의존한다. 감각정보의 80%를 시각을 통해 얻게 된다. 그런데 시각은 뇌의 성숙과 관련되어 있어서 영아의 감각 중 가장 늦게 발달한다.

시력은 물체의 존재 및 형태를 인식하는 능력이다. 출생 시에는 뇌 회로가 충분히 성숙해 있지 않고, 수정체 조절능력이 부족하여 시력이 매우 약하다. 영아초기에는 눈의 각막이 비대칭이기 때문에 생후 1년 동안 난시의 경향이 있다.

신생아의 시력은 매우 약하며, 정상시력 성인의 1/30 정도의 시력이다. 출생 후 몇 달 동안은 심한 근시현상을 보이며 물체를 선명하게 지각하지 못한다. 6개월 정도 되면 성인과 같이 사물을 지각하고, 첫돌 무렵에 성인 수준의 정상 시력을 가지게 된다.

신생아의 대부분은 출생 직후 사시 경향이 있다. 생후 2개월이 지나면 두 눈의 협응이 이루어져 사시가 사라지게 된다. 영아들의 눈 움직임은 성인과는 다르다. 성인은 단 한 번의 움직임으로 목표지점의 약 90% 거리까지 도달하나, 영아들은 눈 움직임을 시작하는데 시간이 오래 걸리고, 목표지점까지의 눈 움직임(추시)도 성인보다 느리고, 여러 번의 눈 움직임으로 목표지점까지 도달하게 된다.

생후 6주경까지는 움직이는 물체를 응시하게 되고, 생후 2, 3개월이면 성인처럼 추적이 가능해지나, 3~4개월은 되어야 물체를 원활하게 추적할 수 있다. 영아들은 정지해 있는 물체보다 움직이는 물체보기를 더 좋아한다.

(2) 청각

인간이 환경을 탐색할 때 시각 다음으로 청각에 의존한다. 보는 것 못지않게 듣는 것도 정보수집과 의사소통에 있어서 아주 중요한 감각이다. 청각은 출생 시 가장 잘 발달된 감각 기관이다. 특히 내이는 태아기에도 잘 발달되어 있다. 태아는 성인 크기의 고막과 와우각을 가지고 있어 자궁 밖의 소리에 반응을 보일 정도이다.

출생 직후에는 출산과정에서 내이도로 침투된 양수 때문에 작은 소리를 듣지 못하지만 양수가 제거되면 소리에 민감해진다. 하지만 영아들의 청각은 성인에 비하면 미숙하며, 성인의 수준까지 청각이 발달하려면 만 2세경이 되어야 한다.

신생아를 대상으로 한 빨기 반응 관찰법의 결과에 의하면 출산 6주 전부터 어머니가 반복해서 듣던 음악을 출생 후 신생아들에게 들려주면 신생아들은 더 빠르게 빨기 반응을 했다. 이는 엄마 뱃속에서 듣던 음악을 기억한다는 증거이다.

생후 3일 된 신생아는 어머니의 음성과 다른 여성의 음성을 구별할 수 있으며, 2주 된 신생아는 어머니의 목소리에 울음을 멈추게 된다. 그리고 4주가 되면 신생아들은 어머니의 음성을 완전히 구별해낸다(강인언 외, 2009 재인용). 생후 2개월이 된 영아는 서로 다른 목소리에 달리 반응하고, 같은 사람이 내는 다른 음조의 목소리도 구분한다.

(3) 미각

영아들의 맛의 구별 여부는 얼굴 표정이나 심장박동, 빨기 반응으로 측정되었다. 신생아도 단맛, 쓴맛, 신맛, 짠맛을 구별할 수 있다. 2~3개월경에는 특정한 맛에 대한 기호가 생기거나 거부현상도 보이기도 한다. 4개월이 되면 신생아기에 싫어했던 짠맛에 대한 선호도가 나타나는데 이는 이유식에 대한 준비를 하는 것으로 보인다. 영아기 말이 되면 미각은 매우 예민하게 된다. 소아과 의사들은 영아들에게 다양한 음식을 제공할 것을 권하는데, 이는 영양학적인 측면 뿐 아니라 영아기에 음식에 대한 선호가 급격히 발달하기 때문이다.

(4) 통각

과거에는 신생아는 아픔에 대한 감각이 발달하지 않았다고 생각하였다. 그래서 남아의 경우 출생 직후 포경 수술을 했으며 수술 시 마취도 하지 않았다. 마취를 하지 않은 이유는 신생아에게 마취를 할 때 올 수 있는 위험 때문이었다. 그러나 오늘날에는 신생아도 통증을 지각한다는 연구결과가 보고되고 있다. 신생아가 통각 반응이 느린 것은 신경체계의 정보 전이가 비교적 늦기 때문이다.

신생아에게 주사바늘을 찌르면 괴롭다는 반응을 보인다. 출생 후 몇 달 지나면 영아는 같은 자극에 즉각적으로 반응을 보인다. 이는 영아의 통각도 성장하면서 증가한다는 것을 의미한다.

(5) 촉각

인간의 감각 중 가장 먼저 발달하는 것이 촉각이다. 수정 후 32주가 되면 태아의 몸 전체가 접촉에 반응할 수 있다. 신생아는 출생 시 여러 반사 반응을 보이는데, 이는 바로 촉각의 작용을 의미한다. 촉각은 영아의 발달에서 중요한 역할을 한다.

피부와 뇌신경계는 외배엽에서 같이 형성된 조직이기에 서로 밀접하게 연관되어 있다. 피부의 자극은 바로 뇌로 전달된다. 영아와 어머니의 피부접촉은 서로의 유대감을 높이며 아이의 정서를 안정시키는데 결정적인 역할을 한다. 부드러운 마사지는 영아의 두뇌에서 특정 화학물질을 방출하도록 자극하여 영아의 성장을 돕는다.

피부 마사지는 사회적 지능과 유대감을 향상시켜주는 효능을 갖고 있을 뿐 아니라 신체를 건강하게 하는 데 도움이 되는 옥시토신 호르몬을 증가시키고, 스트레스 호르몬인 코르티솔 분비를 억제한다. 하루 15분씩 세 번 마사지를 받은 조산아는 마사지를 받지 않은 조산아에 비해 몸무게가 50% 더 증가하고, 활동적이며,

자극에 대한 반응도 활발하다(Field, 1995).

촉각은 영아가 자신의 환경에 대한 지식을 습득하는 주요 수단이 된다. 신생아는 입과 입술의 촉각을 이용하지만, 영아기가 되면 손의 촉각을 통해 주위의 물체를 탐색하게 된다. 그러므로 촉각은 초기 인지발달에서 매우 중요한 감각이다. 생후 1년이면 영아는 손의 감촉만으로도 익숙한 물체를 알아볼 수 있다.

영아는 온도변화에도 민감한 반응을 보인다. 성인에 비해 체지방이 덜 발달되어 외부 온도변화에 대한 적응이 쉽지 않아 보온을 잘 해주어야 한다. 체온보다 높은 온도보다 낮은 온도에 더 민감하다.

(6) 감각의 통합

누르면 소리 나는 오리인형을 가지고 놀 때, 영아가 사용하는 감각은 고무로 만들어진 부드러운 촉각, 오리소리에 대한 청각, 오리모양에 대한 시각이 있다. 즉, 아기는 시각, 청각, 촉각을 통합하여 오리인형을 지각한다. 이렇듯 어떤 사물을 지각할 때는 하나의 감각으로 지각하는 것이 아니고 여러 감각의 통합에 의해 지각하게 된다. 감각의 통합은 어떤 감각(시각)을 통해 익힌 물체를 다른 감각(촉각)에 의해 알아보는 능력이다.

Piaget 통합이론에 의하면 여러 가지 감각은 출생 시 분리되어 있기 때문에, 감각기관이 독립적으로 성숙해야만 여러 감각기관으로부터 정보를 비교해서 통합할 수 있다고 한다. 따라서 물체가 어떤 모습으로 보이고, 어떤 소리가 나며, 만졌을 때 느낌이 어떠한지에 대한 경험이 쌓인 후에라야 통합 감각이 가능하다는 것이다.

Gibson의 분화이론에 의하면 감각은 출생 시 통합되어 있기 때문에 감각의 통합은 출생 시부터 가능하다. 따라서 영아들은 어떤 자극이 제시되었을 때 모든 감각기관을 사용하여 그 자극을 탐색한다는 것이다.

두 이론 중 분화이론이 더 설득력 있다고 할 수 있다. Melzoff와 Borton(1979)의 연구에 의하면 매끄러운 젖꼭지 또는 울퉁불퉁한 젖꼭지를 보여주지 않고 그 중 하나를 빨게 한 후, 두 개의 젖꼭지를 보여주면 영아는 자신이 빨았던 젖꼭지를 더 오래 바라본다. 이 연구결과는 영아기에 감각의 통합이 가능하다는 것을 의미한다.

02 영아기 인지발달

Piaget(1960)에 의하면 영아기 인지발달은 자극에 집중하고 선택적으로 수용하는 것에서 시작한다. 영아는 감각운동을 통한 지각적 경험으로 주변 환경을 이해하면서 인지발달이 이루어진다. 학습이론에 의하면 영아도 학습이 가능하다. 뿐만 아니라 영아들도 기억능력이 있다는 연구결과들이 보고되고 있다. Piaget가 제시한 감각운동기의 사고, 영아기 초기학습 그리고 기억발달로 영아기 인지발달 특성을 살펴보고자 한다.

1) 감각운동기의 사고

출생에서 2세까지 영아는 주로 감각기관과 운동기능을 통해 세상을 이해한다. 따라서 이 시기를 Piaget(1960)는 감각운동기라고 명명하였다. 감각운동기는 영아가 가지고 태어나는 반사행동으로 시작되며, 영아들은 출생 시 자신의 주변세계에 대해 아는 것이 없기 때문에 의도적인 탐색은 불가능하다.

영아들은 우연히 자신의 운동 활동으로 새로운 경험을 하게 되며, 이런 활동을 반복하면서 환경에 적응하는 초기 인지적 도식을 형성해 나간다. 감각운동기가 끝나갈 때쯤 머릿속으로 사물을 떠올리는 정신적 표상능력이 발달하게 된다.

Piaget는 감각운동기를 6개의 하위 단계로 나누고 있다. 한 단계에서 다음 단계로 이행하는 시기는 영아의 개인차에 따라 다를 수 있다.

(1) 반사운동기(출생~1개월)

신생아는 손에 닿는 물건이면 무엇이든 입으로 가져간다. 신생아는 빨고, 잡고, 흔드는 행동을 반복하는데, 이는 반사행동에 의한 것이다. 반사행동은 특별한 형태의 자극에 대한 선천적이고 자동적인 반응이다. 신생아는 반사행동을 통해 외부세계를 이해하게 되며, 내적 도식을 만들어 간다. 이렇게 형성된 내적 도식은 이후 인지발달의 기초가 된다.

신생아는 반사행동으로 사물을 접하게 되며 세상에 대한 지식을 습득하게 된다. 예를 들면, 신생아의 빨기 행동은 입술에 닿는 자극에 대한 무의식적인 반사행동이며, 젖꼭지의 크기나 위치에 따라 입모양을 달리하며 초보적인 내적 도식을 형성해 나가게 된다. 장난감을 쥐게 되면 또 입으로 가져가고 그 장난감에 대한 도식을 형성하게 될 것이다. 이렇게 도식이 축적되면 자신의 주변세계를 이해하게 된다.

(2) 1차 순환 반응기(1~4개월)

생후 1개월이 되면 반사행동은 감각운동적 도식으로 변화한다. 순환 반응이란 하나의 행동이 반복해서 나타나는 것을 의미한다. 영아는 우연히 행한 행동이 재미있어 그 행동을 계속 반복하게 된다. 예를 들면, 아기가 우연히 한 엄지손가락을 입에 넣게 되고 빨게 된다. 손가락이 입에서 빠지면 또 입에 넣고 빨기 행동을 반복한다. 빨기 행동이 자신에게 즐거움이나 좋은 느낌을 준다면 그 행동을 계속 반복하게 된다.

여기서 1차적이란 영아의 행동이 기본적인 반사행동이거나 기본적인 운동기능이기 때문에 붙여진 것으로 자신의 신체에만 관심이 국한되어 있다는 의미이다. 1차 순환 반응은 뚜렷한 목적을 가지고 행해지는 것은 아니다. 하지만 빨기 도식과 같은 어떤 도식을 연습하는 것이 목적이 될 수 있다(전남련 외, 2010).

이 시기의 또 다른 특징은 감각과 운동의 협응이 일어난다. 예를 들어, 영아는 눈으로 물체를 추적하면서 그 물체를 잡으려고 팔을 뻗치기 시작하는데 이는 보기－잡기 협응이다. 물체를 잡으면 입으로 가져가 빨게 되는데 이는 잡기－빨기 협응이다. 1차 순환 반응기는 최초의 도식 간 협응이 나타나는 시기이다.

(3) 2차 순환 반응기(4~8개월)

4개월이 되면 영아들의 관심은 자신의 신체에서 외부세계로 옮겨 간다. 자신의 신체에 관심을 두는 대신 주위 환경에 더욱 관심을 보이고 탐색하기 시작한다. 이러한 탐색은 영아의 운동능력발달로 기기, 앉기, 잡고 서기 등이 가능하기 때문에 가능해진다. 자신의 신체에 대한 행동이 아니라 외부세계에 대한 행동이 반복해서 일어나므로 2차 순환 반응이라 한다.

이전 단계의 신생아는 자신의 신체적 행동에 단순하게 반응하였지만, 이 시기의 영아는 외부 세계의 대상에 흥미를 보이며, 자신의 신체를 이용하여 탐색하게 된다. 영아 자신의 행동으로 인해 일어나는 흥미 있는 사건을 반복적으로 시도한다. 이는 학습을 통해 획득한 행동이다.

예를 들면, 아기가 우연히 딸랑이를 흔들었는데 재미있는 소리가 나면 다시 흔드는 행동을 반복하게 되고, 점차 '흔들기'의 감각운동 도식을 만들게 된다. 하지만 이러한 행동은 아직까지 어떤 의도나 목표를 가지고 행해지는 것은 아니다.

(4) 2차 순환 반응의 협응기(8~12개월)

이 단계의 영아는 여전히 주위 환경에 관심을 두며, 자신의 목표를 달성하기 위해 두 가지 행동을 협응 시키기 때문에 이 단계를 2차 순환 반응의 협응기라고 한다. 이 단계 영아는 의도적 행동과 목표 지향적 행동에 몰두할 수 있고, 단순한 문제를 해결하기 위하여 도식들을 협응시킨다.

예를 들면, 가지고 싶은 장난감을 가로 막고 있는 장애물이 있을 경우 영아는 장난감을 잡기 위해 장애물을 옆으로 '밀기'와 장난감을 '잡기'의 두 가지 도식을 연합하여 장애물을 제거하고 장난감을 잡게 된다. 목표를 획득하기 위해서는 사물이나 타인을 이용할 수도 있다. 서랍 안의 과자를 먹고 싶은데 혼자 서랍을 열 수 없을 때에는 엄마의 손을 서랍으로 이끌어 열어달라고 한다. 손이 닿지 않는 곳에 있는 장난감은 찻상을 딛고 올라서서 가질 수 있다. Piaget에 의하면 이와 같은 영아의 행동은 의도적이며, 수단과 목표를 결합하는 지적 행동으로 볼 수 있다.

이 단계에서 영아들은 인과관계 개념을 이해하게 되어 앞으로 일어날 일을 예측할 수 있다. 어떤 일이 일어나리라 예상되면 영아는 의도된 행동으로 그 일의 발생을 막으려고도 한다. 예를 들어, 10개월 된 아기는 코트를 입으려는 엄마를 보고, 엄마가 외출할 것이라 예측한다. 그리고는 엄마가 밖에 나가지 못 하도록 울먹거리면서 엄마에게 다가간다.

인과관계 개념 획득의 또 다른 예는 영아들이 시야에서 사라진 물체를 찾는 것이다. 이 시기 영아는 눈앞에 있던 장난감이 사라지면 장난감이 없어진 것이 아니고 누군가 치웠다고 생각해서 사라진 장난감을 찾는다. 이는 물체가 시야에서 없어졌을 때도 계속해서 존재한다는 것을 이해하는 대상영속성 개념을 습득하기 시작했다는 의미이기도 하다.

(5) 3차 순환 반응기(12~18개월)

1차 순환 반응기의 영아는 자신의 신체에 관심을 가지며, 2차 순환 반응기의 영아는 외부세계에 관심을 가진다. 3차 순환 반응기의 영아는 실험적 탐색에 관심을 가진다. 자신이 원하는 목표 획득에만 관심을 두지 않고 왜, 어떻게 그런 일이 일어나는가에 관심을 가진다. 따라서 영아들은 새로운 결과를 만들어 내는 다양한 행동들을 반복한다.

예를 들어 영아가 목욕을 하다가 고무로 된 오리 인형을 물밑으로 밀어 넣고 손을 뗐더니 오리가 물위로 쑥 올라온다. 이러한 현상이 재미있다고 생각한 영아는 다시 오리를 거꾸로 하여 물 밑으로 밀어 넣어 본다. 오리가 다시 올라오자 두 손으로 오리를 물밑으로 밀어 넣어 본다. 또 다른 예는 방문을 손으로 두들겨 본다. 소리가 나는 것에 흥미를 느끼면 숟가락으로 방문을 두들겨보기도 하고, 장난감으로 두들겨 보기도 한다.

영아들은 자신이 원하는 목표 달성을 위해 다양한 방법으로 여러 행동을 시도한다. 이런 시도 과정에서 외부세계를 다룰 수 있는 새로운 방법을 찾게 된다. 그럼으로써 자신의 인지적 도식을 발달시켜 나간다.

(6) 정신적 표상(18~24개월)

이 단계의 영아는 대상을 지각하거나 직접 다루지 않고도 사고하는 것이 가능하다. 즉, 정신적 표상이 가능해진다. 정신적 표상(mental representation)이란 눈앞에 없는 것을 정신적으로 상상하거나 그것을 표현하는 것을 말하며, '내적 표상'이라고도 한다.

정신적 표상이 가능한 영아는 어떤 난관에 봉착했을 때 바로 행동하기보다 좀 더 내면적으로 생각해 본 후 행동을 하게 된다. 즉, 문제를 풀어야 하는 경우 시행착오적 시도를 해보기 이전에 단순하지만 의도적인 탐색행동을 먼저 한다. 예를 들면, 모양 맞추기 놀이를 할 때 영아들은 조각들을 먼저 집어 들어 구멍에 끼워 넣기를 하는 것이 아니라 모양과 크기를 잘 관찰하여 이리저리 견주어 보고 구멍에 넣기를 시도하게 된다.

정신적 표상은 지연모방(deferred imitation)을 가능하게 해준다. 지연모방은 관찰한 내용을 그 자리에서 모방하는 것이 아니라, 일정한 시간이 지나서 모델이 없을 때도 그 행동을 기억하여 모방하는 능력이다. 관찰한 내용을 기억하고 있다가 필요한 경우에 사용할 수 있다는 것은 정신적 표상능력이 있기 때문이다.

또한 정신적 표상은 가상놀이(make-believe play)를 가능하게 하여 영아가 매일 연기를 하고 상상 활동을 하도록 해 준다. 감각운동기가 끝날 때 쯤 정신적 표상은 사고의 중요한 도구가 된다.

2) 대상영속성의 발달

대상영속성은 감각운동기에 영아가 획득하는 중요한 개념 중의 하나이다. 대상영속성은 대상이 눈에 보이지 않아도 그 대상이 여전히 존재한다는 것을 아는 것이다. 대상영속성 개념은 타고나는 것이 아니라 감각운동기 동안 영아의 경험을 통해 획득되는 것이다. 감각운동기 6단계에 따라 대상영속성 개념의 발달과정을 살펴보자.

(1) 1단계 : 0~1개월

이 단계에서는 대상영속성 개념이 전혀 없다. 신생아는 눈앞에 장난감이 보이면 쳐다보다가 사라지면 더 이상 관심을 가지지 않고 다른 행동을 한다. 눈앞에서 물체가 사라지면 그 물체는 없는 것이다.

(2) 2단계 : 1~4개월

대상영속성 개념이 다소 형성되는 시기이다. 영아는 눈앞에 있는 장난감이 사라지면 그 장난감이 사라진 곳을 잠시 동안 응시한다. 하지만 곧 관심이 없어진다.

(3) 3단계 : 4~8개월

이 단계의 영아는 눈앞에 있던 장난감이 사라지면 손이나 눈으로 장난감을 찾는 행동을 보인다. 장난감이 눈앞에서는 사라졌지만 어딘가에 있을 거라는 것을 조금은 안다는 의미로 볼 수 있다. 그러나 장난감이 사라지는 과정을 보았음에도 약간의 흔적이 있을 때만 찾는다. 완전히 눈에 보이지 않으면 찾지 않는다. 예를 들면, 영아가 보는 앞에서 장난감을 보자기로 덮는다. 보자기 밖으로 장난감이 약간 보이면 장난감을 찾아내지만 보자기로 완전히 덮어버리면 장난감을 찾지 않는다.

(4) 4단계 : 8~12개월

이 단계의 영아는 눈앞에서 사라진 장난감을 적극적으로 찾으려 하며 완전히 숨겨도 찾을 수 있다. 예를 들면, 눈앞에서 보자기로 완전히 숨겨버린 장난감을 찾아낸다. 그런데 이 시기 영아는 어떤 한 장소에 숨겨진 장난감을 찾아내는 것을 몇 번 반복하고 나면 장난감이 보이지 않을 때마다 그 장소에서만 장난감을 찾으려하는 경향이 있다. 영아가 보는 앞에서 장난감을 다른 곳으로 옮겨도 처음 숨겨져 있던 곳에서 장난감을 찾으려 한다. 이는 아직 대상영속성 개념이 완전하지 않기 때문이다. 이를 AB오류라고 한다.

AB오류는 A라는 장소에서만 대상을 찾으려 하고 장소를 B로 옮기는 것을 보고도 B에서 찾지 못하는 것을 말한다. AB오류는 이 시기 영아의 인지적 한계 때문에 나타나는 현상이다(Piaget, 1960).

(5) 5단계 : 12~18개월

이 단계 영아는 장난감을 여러 곳으로 옮기며 숨겨도 마지막 숨겨진 장소에서 장난감을 찾아낸다. 물론 영아가 장난감이 숨겨지는 경로를 지켜보고 있을 때만 가능하다. 장난감이 숨겨지는 과정을 지켜보지 못한 경우에는 장난감이 숨겨진 경로를 추측할 수 없기 때문에 찾지 못한다.

(6) 6단계 : 18개월~24개월

이 단계에서 영아는 대상영속성 개념이 완전하게 발달한다. 영아는 눈앞에 없는 사물이나 사물의 상에 대한 내적인 정신적 표상이 가능하게 된다. 영아는 숨겨진 경로를 보지 않고도 추측하여 장난감을 찾을 수 있다.

3) 영아기 학습

영아들은 고전적 조건형성과 조작적 조건형성에 의해 기본적인 학습이 가능하다. 뿐만 아니라 영아는 성인의 얼굴 표정과 행동을 모방하기도 하는데 이는 관찰학습이 가능하다는 증거다.

(1) 조건형성에 의한 학습

① 고전적 조건형성에 의한 학습

고전적 조건형성을 통해 영아들은 일상적인 환경에서 일어나는 사건들을 인식하고, 그 다음에 일어날 수 있는 일을 예측할 수 있다. 그러면서 환경을 질서 있고 예측이 가능한 것으로 인식하게 된다. 영아가 젖을 빠는 행동과 같은 반사행동도 고전적 조건형성에 의한 학습으로 이루어진다고 설명할 수 있다.

학습이 일어나기 전에는 무조건 자극인 엄마의 달콤한 젖은 아기의 빨기 행동을 만들어 내었다(무조건 반응). 엄마는 매번 수유를 시작할 때 아기를 안고 토닥이고(중립 자극), 안고 토닥이는 행동은 달콤한 젖의 맛(무조건 자극)과 짝을 이루어 반복된다. 반복된 경험에 의해 조건화가 형성되면 엄마가 아기를 안고 토닥이는 자극(조건 자극)도 빨기 행동(조건 반응)을 만들어낸다. 이때 안고 토닥이는 중립 자극은 조건 자극이 되고 토닥이는 행동으로 인한 아기의 빨기 반응은 조건 반응이 된다.

엄마가 아기에게 수유하는 상황에서 달콤한 젖이라는 자극 때문에 빨기 행동이 일어났지만, 젖이 제공될 때마다 엄마가 아기를 안고 토닥이면, 나중에는 아기를 안고 토닥이기만 해도 빨기 행동을 하게 된다. 조건형성에 의해 학습이 이루어진 것이다.

영아들에게는 생존과 관련된 상황에서 고전적 조건형성이 쉽게 일어난다. 따라서 영아들은 수유상황에서 학습이 잘 이루어진다.

② 조작적 조건형성에 의한 학습

조작적 조건형성 과정에 따르면, 영아는 우연히 한 행동에 따르는 자극이 긍정적이면 그 행동을 다시 할 가능성이 높아진다. 반응을 증가시키는 자극을 강화인(reinforcer)이라 하는데, 우윳병을 빠는 행동을 했을 때 주어지는 달콤한 액체는 강화인이 된다. 신생아가 우연히 우윳병을 빨게 되었는데 달콤한 액체가 나오게 되고 이에 만족하게 되면 아기는 빨기 행동을 잘하게 된다. 우윳병을 빠는 반응은 달콤한 액체라는 강화인에 의해 더욱 강화된다. 만약 우윳병에서 쓴 맛의 액체가 나오게 되면 아기는 우윳병을 거부하게 될 것이다. 엄마 젖을 떼고자 할 때 엄마 젖꼭지에 쓴 약을 바르는 것도 조작적 조건형성의 한 예이다.

음식물 외에도 많은 자극이 강화인으로 제공될 수 있다. 한 실험에서 신생아들이 빨기 반응을 보이면 시각적인 모형을 보여 주기도 하고 음악과 사람 목소리를 들려주었다. 그랬더니 신생아는 시각적인 모형을 보기 위해서 또 음악과 사람 목소리를 듣기 위하여 젖을 더 빨리 빠는 반응을 보였다(Floccia, Christophe, & Bertoncini, 1997).

아기가 성장하면서 조작적 조건형성은 다양하게 이루어진다. 예를 들어, 영아가 발을 차면 요람 위에 있는 모빌이 움직이게 장치를 하고, 생후 2, 3개월 된 영아를 요람에 뉘었다. 영아는 요람을 찰 때마다 모빌이 움직이는 것을 한동안 경험하고는 발을 차면 모빌이 움직인다는 것을 학습하였다(Rovee-Collier, 1987).

조작적 조건형성은 아기와 양육자 간 애착발달에도 기여한다. 즉, 아기들이 성인, 특히 주 양육자의 눈을 응시할 때 양육자는 아기를 쳐다보고 미소를 지어준다. 이때 양육자의 미소는 강화인이 된다. 아기는 미소라는 강화인으로 강화를 받게 되어 양육자의 눈을 응시하는 행동을 더 자주 하게 된다. 따라서 아기와 양육자는 즐거운 상호작용을 지속하게 된다.

(2) 모방에 의한 학습

신생아는 다른 사람의 행동을 따라하는 모방능력을 타고나며, 이를 통한 학습도 가능하다(Barr & Hayne, 1999). 생후 2, 3주 된 영아가 성인의 얼굴 표정을 모방할 수 있는 능력은 여러 문화에서 증명되었다(Meltzoff & Moore, 1994). 하지만 모방능력이 검증되지 않은 연구도 있다(Anisfeld et al., 2001). 신생아보다 2, 3개월 된 영아들의 모방행동을 유도하기가 더 어렵다는 연구결과도 있다. 이러한 연구 결과에 의하면 신생아의 모방능력은 출생 초기 선천적 반사와 같이 연령이 증가함에 따라 사라지는 반사적 행동으로 볼 수 있다.

영아의 모방능력은 생후 2년 동안 크게 향상된다. Piaget는 자신의 딸 루시엔느가 친척 집에서 한 남자아기가 문을 두드리면서 장난감을 던지는 것을 보았다. 다음 날 루시엔느가 그 남자아이와 똑같은 행동을 하는 것을 보고 이를 지연모방이라 설명하였다. 9개월 된 영아는 24시간이 지난 일을 모방하는 지연모방이 가능해진다. 18개월이 지난 영아는 정신적 표상능력이 발달하면서 자신이 경험한 것들을 일정한 시간이 지난 후에도 상세히 재생할 수 있을 만큼 지연모방을 할 수 있게 된다(정옥분, 2006).

4) 기억

(1) 재인기억

재인기억이란 이전에 본 자극을 나중에 알아보는 것을 말한다. 영아가 재인기억을 할 수 있는지에 대한 답을 구하기 위한 가장 보편적인 방법은 습관화연구법이다.

습관화연구법은 영아에게 한 자극을 여러 번 반복하여 제시하면 그 자극에 주의를 기울이거나 반응하는 강도가 감소하는데 이는 자극에 대한 습관화가 이루어진 것이다. 그때 새로운 자극을 제시하여 영아가 주의를 기울인다면 이전 자극과 새로운 자극을 구분할 수 있다는 것이다. 영아가 이전 자극을 알아본다는 것은 재인능력이 있다는 것을 의미한다.

Fantz(1961)는 신생아가 반복적으로 제시된 자극에 대해 습관화를 보인다는 것을 실험을 통해 밝혔다. 습관화는 신생아가 이전에 경험한 사실을 기억하고 있음을 말해준다. 6개월 된 영아에게 얼굴 사진을 몇 분 동안 보여주고 일정 시간이 지난 후 보여주었던 얼굴 사진과 새로운 사진을 보여주면, 영아는 새로운 사진에 더 오랫동안 시선을 고정시킨다(Fagan, 1974). 익숙한 것보다 새로운 자극에 더 관심을 보이는 이러한 행동은 영아가 이전에 보았던 사진을 기억하고 있다는 것을 의미한다(이숙재 외, 2009).

Rovee-Collier(1987)은 영아의 재인기억에 관한 연구를 하였다. 3개월 된 영아의 침대에 모빌을 달아놓고 모빌이 달려있는 틀과 영아의 발을 끈으로 묶었다. 만약 영아가 발을 차면 모빌이 움직이게 되어 있다. 영아가 발을 움직이자 모빌이 따라 움직였다. 그러자 영아는 발을 차면 모빌이 움직이게 된다는 것을 곧 알아차린다. 3주일 후에 영아를 같은 방으로 다시 데리고 와 침대에 눕혔더니 이번에는 발에 끈을 묶지 않았음에도 불구하고 영아는 발을 차는 시늉을 했다. 이는 발로 차면 모빌이 움직인다는 것을 기억한다는 증거이다.

(2) 회상기억

회상(recall)기억은 현재는 존재하지 않는 이전의 경험을 자발적으로 기억해내는 것을 의미한다. 영아를 대상으로 회상기억을 연구하는 것은 재인기억을 연구하기보다 어렵다. 영아는 그림이나 글로 표현할 수도 없고 언어적으로도 반응할 수 없기 때문이다. 앞에서 제시되었던 예를 다시 들면, Piaget의 딸 루시엔느가 친척집에서 남자아이가 장난감을 던지는 행동을 보고 다음 날 집에서 그 남자아이가 했던 행동을 그대로 재연하는 지연모방을 보였다. 이 지연모방은 어제의 경험을 내적으로 기억하고 있다가 시간이 경과된 후 모방하는 것으로 이는 영아가 회상 능력이 있음을 보여주는 결과라 할 수 있다. Piaget는 회상능력이 18~24개월에 나타난다고 했는데 단순한 형태의 회상기억은 영아 초기에도 가능하다.

Mandler(1992)의 연구결과에 의하면 7개월 된 영아는 늘 놓여 있는 위치에 장난감이 없으면 놀란 표정을 보인다. 이는 영아가 그 장소에 있던 장난감을 기억하고 있다는 것을 의미한다. 13개월 된 영아는 자신의 목욕 경험을 회상하여 인형을 욕조에 넣고 스펀지에 비누칠을 해서 인형을 씻기고 수건으로 인형을 닦는 행동을 재연한다(Bauer&Mandler, 1992).

첫돌 무렵이 되면 대부분의 영아는 대상영속성의 개념을 보이기 시작한다. 영아의 눈앞에서 사라진 장난감이나 물건을 찾기 위해 영아는 방해물을 치우게 된다. 이러한 사례들은 영아가 회상기억을 할 수 있다는 것을 증명해주고 있다.

03 유아기 인지발달

인간은 환경에 적응하고 변화시키기 위해 사고에 의존하는데, 사고와 같은 정신능력은 다른 종들과 구별되는 특별한 능력이다. 유아의 인지능력은 개념을 이해하고 생각하는 기술을 습득하여 이를 문제해결에 응용하는 능력을 말한다. 인지발달은 유아의 기억, 상징화, 범주화, 계획, 추론, 문제해결, 창조 등의 모든 정신활동을 포함한다. 유아의 인지발달 특성을 Piaget가 제시한 전조작기 사고, 기억능력, 지능발달, 창의성 중심으로 살펴보고자 한다.

1) 전조작기 사고

감각운동기에서 전조작기로 넘어가는 유아들에게 나타나는 가장 현저한 변화는 정신적 표상능력의 향상이다. 이 시기는 상징적 수준에서 사고할 수 있지만 아직 조작(operation)을 할 수는 없다. 유아기는 문제해결에 있어 논리적 사고 및 조작적 사고를 할 수 없는 시기이므로 전조작기라 부른다. 조작은 과거에 일어났던 사건들을 내면화하여 서로 관계 지을 수 있는 것, 즉 사건들을 논리적으로 관계 지을 수 있는 것을 말한다.

전조작기에는 상징적 사고가 가능하다. 상징적 사고는 연령증가에 따라 급격하게 발달한다. 전조작기의 또 다른 사고의 특징은 자아중심적 사고와 물활론적 사고, 직관적 사고 등이다. Piaget는 전조작기 유아들이 조작적 사고를 할 수 없는 이유를 유아기의 자아중심적 사고와 물활론적 사고의 한계 때문으로 보고 있다. 또한 전조작기 유아들의 자기중심적 사고와 비가역적 사고 특성 때문에 보존개념이 결여되어 있다고 한다(Piaget, 1959).

(1) 상징적 사고

감각운동기 마지막 단계의 영아들은 초보적인 상징을 사용하기 시작한다. 영아들은 자신이 지각할 수 있는 구체적인 대상에 한정하여 상징을 사용하지만 전조작기가 되면 상징 사용능력은 더욱 발달된다. 전조작기 유아는 어떤 단서가 없어도 대상에 대한 상징을 사용할 수 있다. 상징의 발달은 상징놀이를 통해 이루어진다. 상징놀이는 정신적 표상에 의해 어떤 사물이나 행동을 다른 사물이나 행동으로 대치해서 노는 것이다. 즉, 상징놀이는 '마치 ~인 것처럼' 행동을 할 수 있는 정신적인 표상능력(representation abilities)의 표현이다(곽노의 외, 2007).

돌이 지난 영아는 귀에 뭔가를 대고 전화하는 시늉을 하면서 옹알이를 한다. 빈 컵을 들고 물을 마시는 시늉을 한다. 이는 영아들이 구체적인 대상을 가지고 초보적인 상징놀이를 하는 사례이다. 영아기에는 비언어적 상징놀이를 하지만 언어능력이 향상되는 3세 이후에는 언어적 상징놀이가 많이 나타난다. 4세가 되면 사회극 놀이가 가능해진다.

전조작기 유아들은 베개를 아기처럼 업고 다니거나, 막대기를 총이라 하면서 전쟁놀이를 한다. 볼펜을 주사기라고 하며 병원놀이를 한다. 의사선생님과 환자 또는 엄마 아빠가 되어 역할놀이를 하게 된다. 상징놀이를 가상놀이(makebelieve play)라고도 한다. 실제적 대상이나 사물이 없어도 '~인 척' 대상이나 사물로 간주해서 가상놀이를 할 수 있다.

가상놀이는 유아발달에 중요한 의미가 있다. 가상놀이를 통해 가상과 실제를 구분하기 시작하고, 자신과 타인의 정신적 표상활동에 대해 추론할 수 있게 된다. 또한 새로운 어휘를 배우게 되며 새로운 생각을 이야기할 수 있게 된다. 가상놀이는 연령이 증가할수록 복잡해지고 빈번해진다. 3~4세 유아는 가상을 부분적으로 이해하지만, 5세가 되면 거의 완벽한 수준으로 가상을 이해할 수 있게 된다(전명자, 2005).

(2) 자기중심적 사고

자기중심적 사고는 유아자신이 세상을 보고 느끼고 생각하는 것처럼 다른 사람도 자기와 똑같이 인식하고 있다고 믿는 것이다. 전조작기 유아는 자기중심적으로 사고하기 때문에 다른 사람의 관점에서 생각할 수도 없고, 다른 사람의 감정을 이해하기도 어렵다. 자기중심적 사고는 Piaget와 Inhelder(1969)의 세 산 모형실험을 통해 잘 알려져 있다(그림 7-1 참조).

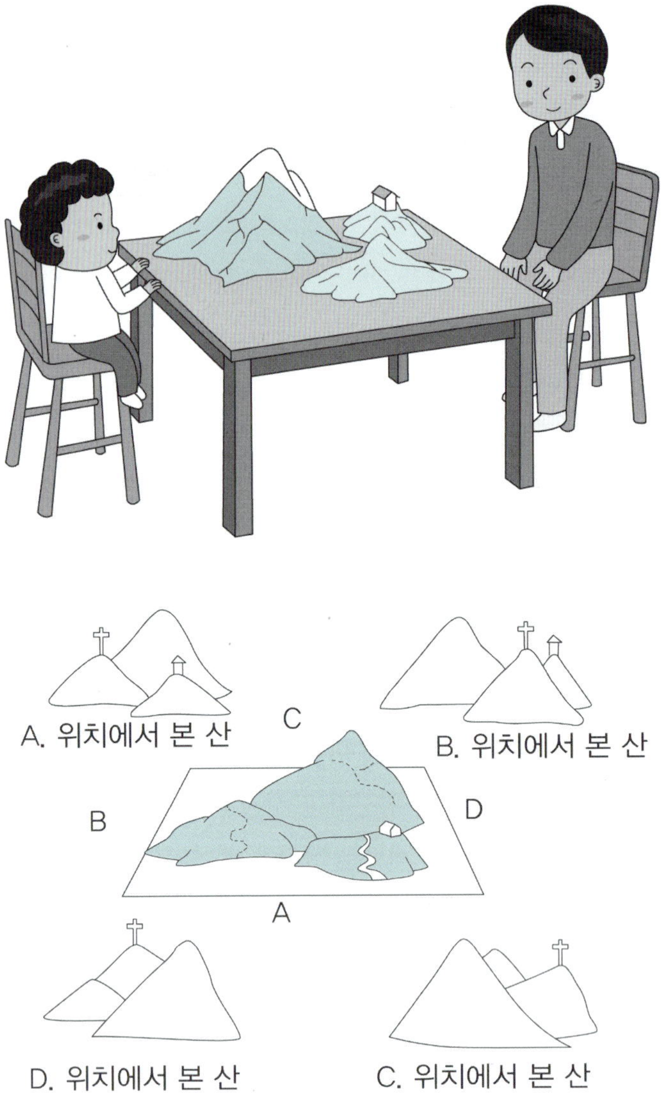

그림 7-1 세 산 모형 실험

그림 7-1을 보면 크기와 높이가 다른 세 개의 산 모형이 테이블 위에 있다. 유아에게 테이블을 한 바퀴 돌아보고 의자에 앉도록 한다. 유아가 바라보는 산들의 모습을 그린 그림을 고르게 하면 유아는 정확하게 자신이 바라보는 산의 그림을 고른다. 그러나 유아의 반대편에 앉아 있는 인형이 바라보는 산을 그린 그림을 고르라고 하면 유아자신이 보고 있는 산의 그림을 고른다. 이 연구결과에 따르면, 유아는 다른 사람은 자기와 다른 관점에서 바라볼 수 있다는 것을 이해하지 못한다.

전조작기 유아는 다른 사람들도 자기처럼 생각하고 느끼고 본다고 믿기 때문에 타인의 관점이나 감정을 이해하지 못한다. 그래서 유아는 어머니의 생일날 뽀로로 인형을 선물한다던지, 숨바꼭질하면서 자기 몸은 다 내놓은 채 얼굴만 커튼 뒤에 숨기게 된다. 유아의 자기중심적 사고는 자기중심적 언어에서도 나타난다. 자기중심적 언어는 다른 사람이 자신의 이야기를 듣는지의 여부에는 상관하지 않고 자기하고 싶은 이야기를 하는 의사소통방식이다. 예를 들면, 다음과 같다.

철이 : 나 어제 기차 탔다.
민수 : 어, 내 로봇 다리가 어디 갔지?
철이 : 기차 엄청 빨리 달린다.
민수 : 아까 여기 있었는데!

여기서 철이와 민수는 같은 공간에서 함께 놀면서 독백과 같이 자기 말만 하고 있다. 자기중심적 사고를 하는 전조자기 유아들은 자기중심적 언어를 사용하게 된다. 자기중심적 언어는 혼잣말 형태의 비사회적인 언어이다.

전조작기 유아가 자기중심적 언어만을 사용한다는 Piaget의 주장에 반대하는 의견도 있다. 자신보다 어린 동생에게는 아기식 말투를 사용하지만 부모나 교사에게는 그리하지 않는 것으로 보아 타인을 배려하여 언어를 사용한다는 것이다. 혼합연령반 유아와 단일연령반 유아의 자아중심적 언어를 비교한 연구(김희지, 2002)를 보면 혼합연령반 유아가 단일연령반 유아보다 자아중심적 언어를 덜 사용한다. 혼합연령반의 나이 많은 유아가 동생들을 이해하고 배려하는 경험을 통해 타인조망수용능력이 좀 더 발달하고, 이로 인해 자아중심적 언어를 적게 사용하였다. 유아가 다른 사람들과 관계 맺기를 하며 다양한 경험을 하게 되면 자아중심적 언어를 덜 사용하게 된다고 볼 수 있다.

(3) 물활론적 사고

전조작기 유아는 생명이 없는 무생물도 생명과 의식이 있다고 여기는 물활론적 사고를 한다. 즉, 사물은 모두 살아 있으며 각자 감정을 가지고 자기 의지대로 움직인다고 생각한다. 물활론적 사고로 인해 유아는 해님은 날이 어두워서 집으로 간다고 생각하고, 강물은 바다로 가고 싶어 흘러가며, 인형도 때리면 아파한다고 생각한다. 의자에 걸려 넘어진 유아가 의자를 "때찌" 하는 것은 의자가 나를 넘어지게 했고, 의자도 맞으면 아플 것이라 믿기 때문이다.

물활론적 사고는 유아 초기의 가장 현저한 특성인데, 4～5세가 되면 감소하기 시작한다(Bllock, 1985). 물활론적 사고는 4단계로 진행된다. 유아기에는 1～2단계까지 발달한다. 1단계는 사람에게 영향을 주는 모든 사물은 살아있다고 생각한다. 2단계는 움직이는 것은 살아 있고 움직이지 않는 것은 죽었다고 생각한다. 구름은 살아 있는 것이다. 뻐꾸기시계도 살아있다. 심지어 자전거도 살아있다고 생각한다. 반면 화분에 심겨져 있는 화초는 죽었다고 생각한다. 3단계는 움직이는 것 가운데서도 스스로 움직이면 살아 있다고 생각한다. 구름은 스스로 움직이니 살아있는 것이고 자전거는 죽은 것이라 생각한다. 4단계는 생물학적 생명관에 근거하여 생물과 무생물의 개념을 파악한다(Piaget & Inhelder, 1956).

(4) 직관적 사고

전조작기 유아는 논리적으로 사고하지 못하고 직관적으로 판단하는 특징이 있다. 직관적 사고는 어떤 사물을 볼 때, 그 사물의 두드러진 속성을 바탕으로 사고하는 것이다. 즉, 직관에 의해 사물을 파악하는 것이다. 사물이나 사건의 여러 측면에 주의를 기울이지 못하고, 외형적으로 보이는 사물의 한 특징에만 집중하는 경향이 있다. 보존개념, 서열화, 범주화에서 직관적 사고의 특징이 잘 나타난다.

① 보존개념

직관적 사고는 보존개념의 획득에 영향을 준다. 보존개념은 사물의 모양이 변해도 그 속성은 변하지 않는다는 것을 이해하는 능력이다. 전조작기 유아는 보존개념을 이해하지 못한다. 유아들의 보존개념을 알아보기 위한 액체의 보존개념 실험은 잘 알려져 있다. 똑같은 두 개의 비커에 똑같은 양의 물을 붓고 유아에게 어느 쪽 비커의 물이 많으냐고 물으면 똑같다고 대답을 한다. 그런 다음 한 비커의 물은 가늘고 긴 컵에 옮겨 붓고, 다른 비커의 물은 넓고 낮은 컵에 옮겨 부었다. 그리고 다시 유아에게 어느 비커의 물이 더 많은지 물었다. 똑같은 양의 물을 두 비커에 옮겨 부었는데, 유아는 대부분 가늘고 긴 비커 물의 양이 많다고 대답한다. 두 컵에 들어 있는 물의 양이 같다는 사실을 알지 못하는 것은 물의 양에 대한 보존개념이 형성되지 않았음을 의미한다.

또 다른 예는 동일한 수의 구슬을 두 무더기 중 한 무더기는 길게 늘어놓고, 다른 무더기는 모아 놓으면 유아는 길게 늘어진 무더기의 구슬이 더 많다고 대답을 한다. 질량 보존의 예에서는 똑같은 점토 덩어리 두 개를 유아에게 보여준다. 유아가 똑같다고 대답한 후 한 점토 덩어리를 피자 도우처럼 넓게 편다. 덩어리 점토와 넓게 펴진 점토 중 어느 쪽 점토 양이 더 많으냐고 물으면, 대부분의 유아는 넓게 펴진 점토 양이 더 많다고 대답한다.

전조작기 유아들은 이처럼 어떤 상황을 판단할 때 한 가지 차원에만 초점을 맞추고 보이는 대로 판단한다. 즉, 물의 높이만 또는 면적의 넓이에만 관심을 두고 판단한다. 보존개념이 획득되는 연령은 과제의 종류에 따라 다르다. 수의 보존개념은 5~6세, 길이 보존개념은 6~7세, 무게, 액체, 질량, 면적의 보존개념은 7~8세, 부피 보존개념은 11~12세에 획득된다.

Piaget는 전조작기 유아가 보존개념을 획득하지 못하는 이유를 다음 네 가지로 설명한다.

첫째, 중심화(centration) 현상 때문이다. 중심화란 두 개 이상의 차원을 동시에 고려하지 못하고, 한 가지 차원에만 집중하는 것을 말한다. 좁고 긴 컵의 물과 넓고 낮은 컵의 물을 비교할 때 물의 높이만을 보고 양의 많음을 판단하는 것이다. 낮은 컵은 바닥 면적이 넓어 양이 많을 수 있다는 사실을 동시에 고려하지 못한다.

둘째, 지각적 특성에 의해 판단하는 직관적 사고 때문이다. 유아는 딱 보기에 컵 높이가 높고 물이 높게 올라와 있는 것만 보고 물의 양이 많다고 본다.

셋째, 지금 현재의 결과 상태만 고려하고 과정에 대해서는 고려하지 못하기 때문이다. 유아는 똑같은 양의 두 비커 물이 다른 모양의 컵으로 옮겨졌다는 사실을 고려하지 못한다. 옮겨지는 과정에서 더하거나 빼지 않았다는 사실도 생각하지 못한다.

넷째, 비가역적인 사고 특성 때문이다. 가역성은 어떤 변화가 생겼을 때 이것을 본래의 상태로 되돌려 놓는 것을 말한다. 비가역성은 본래의 상태로 되돌려 놓을 수 있다는 사실을 모른다는 의미이다(Flavell, 1963). 전조작기 유아는 가역적인 사고를 할 수 없기 때문에 좁고 긴 컵의 물과 넓고 낮은 컵의 물을 본래의 두 비커에 옮겨 부으면 물의 양이 같아진다는 것을 모른다. 구체적 조작기가 되면 가역적 사고도 가능하고 보존개념도 획득된다.

② 범주화

범주화 개념은 전체와 부분의 관계, 즉 상위 범주와 하위 범주 간의 관계를 이해하는 능력을 의미한다. 유아에게 열 송이 흰 장미와 네 송이의 노란 장미를 보여주고, "흰 장미가 많아? 장미가 많아?"라고 물으면 유아는 흰 장미가 더 많다고 대답한다. 유아는 흰 장미와 노란 장미가 모두 장미라는 상위 범주에 포함된다는 사실을 이해하지 못하고 흰 장미와 노란 장미라는 장미꽃의 색깔에만 집중하여 답을 한 것으로 보인다. 이러한 결과에 의해 Piaget는 전조작기 유아가 전체(장미)와 부분(흰 장미와 노란 장미)의 논리적 관계를 모른다고 생각했다.

이후 Neo-Piagetian학파의 학자들이 유아들에게 같은 질문을 다시 해보았다. 유아들은 역시 흰 장미가 많다고 대답을 했다. 학자들이 유아에게 추후 질문을 해보았더니 흰 장미도 노란 장미도 장미라는 상위범주에 포함된다는 사실을 유아들은 알고 있었다. 하지만 유아는 선생님이 "흰 장미가 더 많아, 노란 장미가 더 많아?"라는 질문을 "흰 장미가 많아, 장미가 많아"라고 잘못 말했을 것이라고 판단해서 흰 장미가 많다고 답을 했다는 것이다.

또 다른 연구(Markman, 1978)에서는 장미꽃 두 송이와 백합꽃 한 송이로 꽃 종류를 달리하고 숫자를 줄여서 질문을 했더니, 5～6세 이전의 유아도 범주화 개념을 이해하는 것으로 나타났다. 이러한 실험 결과로 Piaget가 유아들에게 질문을 어렵게 하여 유아들의 능력을 과소평가했다고 비판을 받기도 한다.

③ 서열화

서열화는 사물의 어떤 특징적인 속성에 근거해서 순서대로 배열하는 것을 의미한다. 사물과 사물의 차이를 인식하고 그 차이에 따라 사물을 정리할 수 있는 능력이다. 유아에게 길이가 다른 여러 개의 막대기를 주고, 길이가 긴 것부터 순서대로 줄을 세워보라고 했을 때 유아가 그 과제를 수행하면 서열화 개념이 있는 것이다. 유아에게 **그림 7-2**와 같이 길이가 다른 막대기를 보여주고, 'A는 B보다 크다. 그리고 B는 C보다 커. A가 크니? C가 크니?'라고 질문을 하면 전조작기 유아는 대답을 잘 하지 못한다. 아직 서열화 개념을 획득하지 못했기 때문이다.

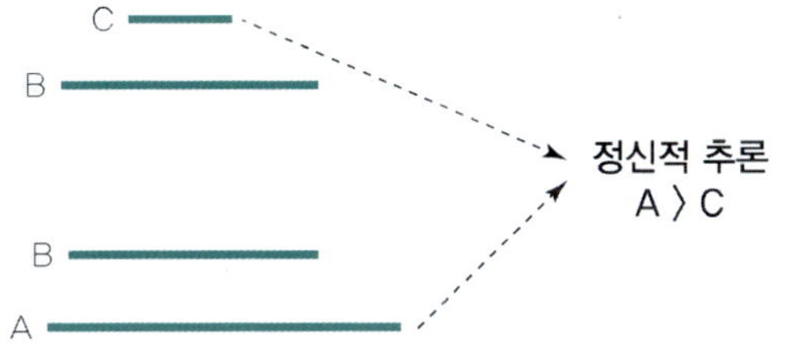

그림 7-2 서열화에 대한 추론

출처: Berk(1991). Child development. Boston: Allyn & Bacocn.

④ 전환적 추론

인과관계 추론은 어떤 현상의 원인과 결과 간의 관계를 추론하는 것을 말한다. 성인은 인과관계를 추론할 때 주로 연역적 추론 또는 귀납적 추론을 한다. 연역적 추론은 일반적인 원리나 법칙을 근거로 특수한 원리를 이끌어내는 방법이고, 귀납적 추론은 관찰된 구체적 사실들을 모아 일반적 원리를 만들어내는 방법이다. 그러나 유아는 사고의 한계로 인해 연역적 추론이나 귀납적 추론을 하지 못하고 전환적 추론을 한다.

전환적 추론은 서로 관련이 없는 두 사건이 근접해서 발생하면 두 사건이 서로 관계가 있다고 생각하고, 한 사건이 다른 사건의 원인이 된다고 보는 것이다. 낮이면 항상 낮잠을 자던 Piaget의 딸 루시엔느가 어느 날 낮잠을 자지 않았다. 루시엔느는 낮잠을 자지 않았으니 아직 낮이 아니라고 생각한다. 낮잠을 자야만 낮이 온다고 믿는 전환적 추론을 하기 때문이다. 예를 들어, '밥투정을 하며 떼를 썼다'는 사실과 '어머니가 아프다'는 두 가지 사건이 동시에 일어났을 경우 유아는 '내가 떼를 써서 어머니가 아프다'라고 추론한다. 전조작기 유아는 두 사건이 시간적으로 근접해서 발생하면 두 사건 간에 아무런 관련성이 없어도 인과적인 관계가 있는 것으로 생각한다.

2) 유아기 기억

유아기에는 영아기에 비해 기억능력이 크게 발달한다. 유아가 영아보다 기억능력이 나은 이유는 두뇌발달과 정보처리능력이 향상되었기 때문이다. 기억과 관련 있는 뇌 부위는 해마이다. 해마는 가까운 과거의 기억을 유지해 줄 뿐만 아니라 최종적으로 기억한 내용을 대뇌피질 측두엽으로 보내 장기기억으로 저장하게 하는 역할을 한다. 해마가 없다면 새로이 경험하거나 학습한 내용을 기억할 수 없다. 해마는 다른 부위에 비해 늦게 성숙하는데, 4세 정도가 되어야 완전히 성숙해 제 역할을 할 수 있다(김유미, 2002).

이 장에서는 정보처리이론에 주로 근거하여 유아기 기억능력발달을 설명하고자 한다. 기억은 감각기관을 통해 받아들인 정보를 저장하고 인출하는 정신기능이다. 유아기 기억능력의 발달은 정보를 저장할 수 있는 기억용량의 증가, 정보를 쉽게 기억할 수 있는 기억전략의 증가, 기억 전반에 관한 지식인 상위기억의 발달, 친숙한 정보를 근거로 새로운 정보를 연결시키는 지식기반 확대로 설명될 수 있다.

(1) 기억용량의 증가

기억용량의 증가는 정보를 저장할 수 있는 공간의 증가를 말한다. 기억 공간은 감각기억, 단기기억, 장기기억으로 나눌 수 있다. 감각기억과 장기기억의 용량은 연령에 따른 변화가 거의 없지만 단기기억의 용량은 증가한다(Bjorklund, 1995). 단기기억의 용량은 기억폭검사(memory span)로 측정할 수 있다. 기억폭 검사는 유아에게 많은 단어나 숫자를 불러 준 다음 단어나 숫자를 정확하게 회상할 수 있는 개수를 세는 것으로 측정한다(Baddeley, 1986). 단기기억의 용량은 성인이 보통 약 7±2개, 즉 5~9개의 단어나 수를 기억한다. 2세 유아의 기억폭은 2개 정도이고, 5세 유아는 4.5개 정도이다(Dempster, 1981).

연령에 따른 기억폭 증가는 Case(1985)의 조작효율성가설로 설명할 수 있다. 이 가설에 따르면, 연령이 증가할수록 정보를 처리하는 속도가 빨라지고 점점 효율적으로 되기 때문에 조작공간을 덜 필요로 하고 그래서 저장공간이 늘어나게 된다는 것이다. 저장공간이 늘어나 작업기억 용량을 증가시켜주는 방법은 세 가지가 있다. 첫째, 대뇌발달로 기억용량이 증가한다. 대뇌발달로 사고의 효율성이 개신되면서 기억용량이 증가된다. 둘째, 정보처리의 자동화로 정보저장 공간을 확장할 수 있다. 셋째, '중심개념구조(central conceptual structures)'를 형성하는 것도 단기기억 용량을 확대시킨다.

(2) 기억전략의 발달

기억전략은 정보를 장기기억 속에 저장하고 그 정보가 필요할 때 인출이 용이하도록 해주는 의도적인 모든 활동이다. 기억전략에는 주의집중, 시연, 조직화, 정교화, 인출전략이 있다. 초보적인 기억전략은 유아기에도 나타나지만 효율적이지 못하고, 아동기가 되어야 기억전략을 효율적으로 활용한다.

① 시연

시연은 기억할 대상을 눈으로 여러 번 보거나 말로 여러 번 반복해서 외우는 전략을 말한다. 유아들이 시를 외우기 위해 반복해서 암송하는 것, 전철 노선도를 외우기 위해서 반복해서 되뇌는 것 모두 시연이라 할 수 있다. 시를 반복해서 여러 번 암송하면 장기기억으로 전환되기 쉽다. 장기기억으로 전환 된 시는 오래토록 기억된다. Keeney와 그의 동료들(1967)의 연구에 의하면 시연을 한 6세 유아들이 시연을 하지 않은 유아보다 기억을 더 잘한다. 자발적으로 시연을 하지 않던 유아들에게 시연을 하도록 지도를 하면, 자발적으로 시연한 유아들의 수준만큼 기억 양이 증가하였다. 3～4세 유아에게 과제를 주면서 기억하라고 지시하면 시연의 전략을 사용하여 기억하고자 했다(Wellman, Ritterr, & Flavell, 1975).

② 조직화

조직화는 기억해야 할 과제 중 서로 관련 있는 것끼리 묶어서 몇 개의 범주로 묶어 기억의 효율성을 높이려는 전략이다. 한 번에 외울 수 있는 정보량의 한계(기억 폭)가 있기 때문에 조직화에 의해 범주화하면 보다 잘 기억할 수 있다. 예를 들어 '장미, 접시, 칼, 국화, 숟가락, 포크, 연필, 진달래, 지우개, 컵, 자, 백합, 볼펜'을 외울 때, 「장미, 국화, 진달래, 백합」, 「접시, 칼, 숟가락, 포크, 컵」, 「연필, 지우개, 자, 볼펜」 즉, 꽃, 문방구류, 식기류로 범주화하여 외우면 효율적으로 암기가 된다.

조직화 전략은 상위개념과 하위개념에 대한 이해를 전제로 하기 때문에 시연보다 늦게 나타나는 기억전략이다. 범주화 개념이 발달하지 않은 유아는 조직화 전략을 사용하는 것이 어려우나, 친숙한 과제에서는 유아도 초보적인 조직화 전략 정도는 가능하다(Deloache & Todd, 1988). 교사의 지도하에 서로 관련 있는 것끼리 범주화해 본 경험이 있거나 교사가 범주화하는 것을 관찰한 경험이 있는 경우, 조직화 전략을 사용할 수 있다(Moely et al., 1992).

③ 정교화

기억해야 할 과제들을 범주화하는 것이 어려운 경우가 있다. 범주화하기 어려운 내용들을 기억해야 할 경우, 서로 관계없는 정보들에 의미적 관계를 부여하는 전략이 정교화이다. 예를 들어, 손수건, 자, 종이배를 외워야 할 경우 **그림 7-3**처럼 종이배에 자와 수건을 '종이배에 돛'처럼 이미지화 하여 외운다면 정교화라는 기억전략을 사용하는 것이다. 정교화는 기억해야 할 과제를 이미지화해야 하고, 과제들 간의 관계설정을 할 수 있어야하기 때문에 다른 전략에 비해 늦게 발달한다. 유아들은 지식의 부족으로 정교화 전략을 효율적으로 사용하는 것이 쉽지 않다. 정교화 전략을 사용할 수만 있다면 장기기억을 하는데 가장 효율적이다.

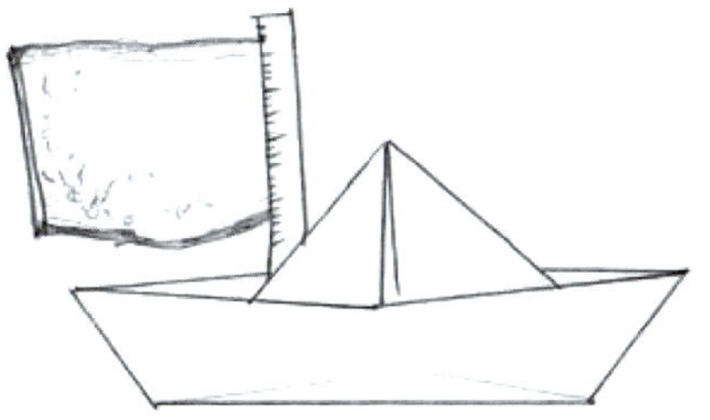

그림 7-3 정교화의 예

④ 인출

인출은 저장된 기억으로부터 필요한 정보를 찾으려할 때 사용하는 방법이다. 최적의 인출전략은 정보를 저장할 때 사용한 전략으로 그대로 사용하는 것이다. 시연으로 저장한 정보는 시연으로 인출하고, 조직화로 저장한 정보는 조직화로 인출한다. 인출하기 위한 또 다른 전략은 기억된 정보를 연상할 수 있게 해주는 인출단서를 이용하는 것이다. 이는 기억해야 할 내용을 그림으로 잠시 보고 나면 더 기억해 낼 수 있다는 이야기이다. 즉, 재인기억이 인출 단서를 이용한 기억이라 할 수 있다. 오선영(1991)의 연구에 따르면 5세 유아도 초보적인 인출단서 활용능력이 있는 것으로 나타났다.

(3) 상위기억의 발달

상위기억이란 기억과 기억과정에 대한 포괄적인 지식을 의미한다. 즉 자신이 기억을 잘하는지의 여부에 대해 아는 것, 과제가 기억하기 쉬운 내용인지 어려운 내용인지 판단할 수 있는 능력, 과제에 따라 어떤 기억전략을 사용하는 것이 효과적인지에 대한 판단, 기억과정을 통제하는 능력 등이 상위기억이다.

상위기억에 대해 정리하면, ① 유아자신이나 타인의 기억능력에 대한 인식, ② 기억해야 할 과제에 대한 지식, ③ 기억전략에 대한 지식, ④ 기억과정을 통제하는 능력 등 기억과 관련한 모든 지식을 상위기억이라 한다.

예를 들어, 유아가 '난 기억력이 좋아', '난 이름을 잘 외워', '아이들 보다 어른이 더 잘 외울 수 있어'라고 한다면 유아자신이나 타인의 기억능력에 대해 인식하고 있는 것이다.

'이 내용은 어려워서 기억하는 데 시간이 많이 걸려', '이 내용은 내가 잘 알고 있는 거라서 쉽게 외울 수 있어', '중요한 것만 외우면 되는 거야' 등은 기억해야 할 과제에 대한 지식이다.

'이 내용들을 외우려면 범주화해서 외우는 것이 좋아', '이 내용들은 머릿속에 그림을 그리면 쉽게 외워져', '동시는 무조건 반복해서 외우는 것이 최고의 방법이야' 등은 기억전략에 대한 지식이다.

유아는 상위기억에 대한 초보적인 지식을 가지고 있다. 2세 유아에게 "엄마가 어디에 숨는지 잘 봐"라고 말하면 엄마가 숨는 과정을 유심히 지켜본다. 이는 숨는 과정을 잘 지켜봐야 기억할 수 있다는 것을 안다는 의미이다. 즉, 초보적 상위기억이 발달했음을 알 수 있다.

3~4세 유아는 짧은 이야기가 긴 이야기보다 기억하기 쉽고, 긴 이야기를 기억하려면 더 많은 노력을 해야 한다는 것을 안다(Yussen & Bird, 1979). 즉, 단순한 것이 기억하기 쉽다는 것은 과제에 대한 지식이며, 이야기를 기억하려면 뭔가 노력을 하여야 한다는 것은 기억전략에 대한 지식이다. 3, 4세가 되면 상위기억이 발달한다는 의미이다.

5~6세가 되면 유아의 상위기억은 좀 더 발달하여 친숙한 내용이 낯선 내용보다 더 기억하기 쉽다는 것, 짧은 목록이 긴 목록보다 학습하기 쉽다는 것, 재인기억이 회상 기억보다 쉽다는 것, 시간이 지연될수록 망각하기 쉽다는 것을 이해하게 된다.

그러나 유아기에는 상위기억능력에 한계가 있다. 기억해야 할 과제에 대한 지식이 부족하고 자신의 기억능력을 과대평가하는 경향이 있다. 따라서 관련 있는 항목들이 관련 없는 항목보다 기억하기 쉽다거나, 이야기의 요점을 기억하는 것이 이야기 전체를 그대로 기억하는 것보다 쉽다는 것을 모른다. 그리고 자기가 실제 기억하는 것 보다 더 잘 기억할 수 있다고 믿는다. 연령이 증가할수록 자신의 기억능력과 한계에 대해 현실적으로 판단할 수 있는 능력이 생긴다. 즉, 연령의 증가에 따라 상위기억능력이 발달한다.

(4) 지식기반의 확대

우리가 새로운 과제를 학습할 때 그 과제에 대해 사전 지식이 있거나 학습한 경험이 있을 때 그 과제내용을 쉽게 기억할 수 있다. 이미 알고 있는 주제에 관한 학습은 기억 속에 저장되어 있는 기존의 지식이나 정보와 연결될 수 있기 때문에 쉽게 기억할 수 있다. 친숙한 정보는 더 쉽게 부호화되고, 더 빨리 처리되어 정보를 조직화하고 저장, 인출하는 데 수월하다. 따라서 기억을 향상시킬 수 있다. 어떤 주제에 대해 아는 것이 많을수록 학습과 기억이 그만큼 쉬워진다. 낯선 정보나 새로운 내용을 학습하는 것은 그와 관련된 정보가 우리 기억 속에 없기 때문에 더 많은 노력을 해야 기억할 수 있다.

동물에 관한 새로운 책을 보게 될 때, 기존에 동물 이름을 많이 알고 있는 유아가 그렇지 않은 유아보다 새로운 동물 이름을 훨씬 잘 외운다. 이는 사전에 가지고 있던 지식을 근거로 하여 새로운 정보를 연결할 수 있기 때문이다. 아동이 유아에 비해 기억을 더 잘하는 것은 아동이 유아보다 좀 더 많은 정보와 지식을 가지고 있기 때문에 새로운 정보도 쉽게 이해하고 기억할 수 있다. 연령증가에 따라 기억을 잘하는 것은 기억전략 발달뿐만 아니라, 지식기반의 확대 때문이라고 볼 수 있다(Schneider & Bjorklund, 1998).

(5) 유아기 기억의 특성

유아의 기억발달에 영향을 미치는 요인은 사건이나 사물에 대한 흥미, 직접적인 경험 유무, 개인적 특성 등이다. 유아는 자신이 좋아하거나 관심 있는 사물 그리고 직접 체험해 본 내용들을 잘 기억한다. 유아들은 일상생활에서 사용하는 사물들을 가지고 놀았던 경험에 대해서는 정확하게 기억하지만, 보형 놀잇감을 가지고 놀았던 경험에 대해서는 기억이 정확하지 않았다(주리분, 1997). 유아들의 기억은 전조작기 사고 특성과 연관이 있다. 유아들의 자기중심적이고 직관적인 사고 특성으로 인해 어떤 일의 세부적인 내용에 집중하면 그 이외의 다른 내용은 기억하지 못한다.

유아는 회상기억보다는 재인기억을 더 잘한다. 즉, 경험한 내용을 재생산해야 하는 회상기억보다 이전에 접했던 대상을 찾는 재인기억을 더 잘한다.

유아의 기억은 Nelson(1993)의 따르면 세 가지 유형으로 구분된다.

첫째, 일반기억으로 2세 무렵에 시작된다. 일반기억은 일상적인 생활 속에서의 습관에 대한 기억이다. 예를 들면, 식사 전에는 반드시 손을 씻고, 식사 후에는 양치를 해야 한다는 것, 유치원에 가기 위해서 시간 맞춰 집을 나서야 한다는 것, 놀이기구를 이용하기 위해서 줄을 서야 하는 것 등은 일반기억이다.

둘째, 삽화기억이다. 이는 특정 시간과 장소에서 발생한 특정 사건에 대한 경험을 기억하는 것이다. 예를 들어, 5세 때 제주도에 잠시 살았던 유아가 바닷가에서 아빠랑 모래집을 지었던 경험을 기억하거나, 놀이동산에서 엄마의 손을 놓아버려 잠시 미아가 되어 무서웠던 경험을 기억하는 것이다.

셋째, 자서전적 기억은 과거의 특정한 사건을 경험한 자기에 대한 기억이다(Fivush, 2011). 자서전적 기억은 과거 경험에 대한 기억을 재구성하여 중요한 삶의 이야기로 통합시키는 기억이다. 자서전적 기억은 유아에게 특별하고 개인적인 의미를 가진 기억을 의미하는데, 이는 오래 지속되는 분명한 기억이다. 4세경에 시작되어 5세 이후 서서히 증가한다. 연령증가에 따라 점진적으로 그리고 특정한 사회 문화적 맥락 내에서 발달한다. 예를 들면, 유아가 부모를 따라 아프리카 여행을 갔다가 어려운 환경에서 힘들게 지내는 아이들과 자원봉사자들의 열정적인 봉사모습에 충격을 받아 이후 성장하면서 내내 그 기억을 되새기면서 사회에 기여하는 자가 되겠다고 다짐하는 것이다.

04 지능

지능에 대한 정의는 학자마다 다르다. 지능은 외현적으로 관찰 가능한 것이 아니라 관찰이 쉽지 않은 정신적인 능력이며, 하나의 단일 요소로 이루어진 것이 아니고 여러 하위능력의 집성체로 구성되어 있기 때문이다. 많은 학자들이 지능의 구성요소와 구조를 밝히고자 노력해 왔다. 하지만 최근에는 신경과학의 발달로 뇌

발달 그 자체로 지능에 접근하려는 시도가 활발하다. 이 장에서는 전통적 지능이론과 대안적 지능이론인 스탠버그의 삼원이론과 Gardner의 다중지능이론에 대해 살펴보자고 한다.

1) 전통적 지능이론

지능은 곧 지적능력을 의미한다. 지능에 관한 연구는 지적능력들이 어떤 특징인지를 밝히고, 개인차를 구별할 수 있도록 그 특성들을 정확하게 측정하는 것이다. 많은 학자들은 표준화된 지능검사를 개발하여 지능을 측정하고, 지적능력의 개인차를 알아보고자 했다.

지능을 단일능력으로 보기보다는 여러 다양한 능력으로 구성되어 있다고 보는 대표적인 학자는 Spearman(1927), Thurston과 Thurston(1941), Guilford(1988), Gattell (1963)이다. Spearman은 지능을 일반지능과 특수지능으로 구분하는 지능양요인설을 주장하였다. 일반지능은 인지과제 수행에 영향을 미치는 일반능력을 평가하는 것이며, 특수지능은 각기 다른 과제에 필요한 능력인 개인 특유의 특수능력을 평가하는 것이다.

Thurston과 Thurston은 다요인설을 주장하였다. 지능은 서로 독립된 7가지 능력으로 구성되어 있다. 7가지 요인은 공간지각력, 추리능력, 지각속도, 수리능력, 언어이해력, 어휘유창성, 기억력이다. 7가지 요인은 상호 독립적이나 하나로 통합되어 개인의 일반적인 지능을 구성한다고 주장했다.

한편 Guilford는 Thurston의 다요인설보다 복잡한 지능의 구조모형을 제시하였다. Guilford의 지능구조모형은 조작, 내용, 산출 세 차원으로 구성되어 있다. 조작 차원은 사고방식으로 다시 하위 6개 요소로 나뉘고, 내용 차원은 사고내용으로 하위 5개 요소로 나뉘고, 산출 차원은 특정 내용에 특정 방식을 적용하여 사고한 결과로 하위 6개 요소로 나뉜다. 이 세 차원의 구성요소들이 상호 결합하여 180개의 상이한 정신능력들로 지능을 구성하고 있다.

Horn과 Gattell(1982)은 유동성 지능과 결정성 지능 두 차원으로 지능이 구성되어 있다고 보았다. 유동성 지능은 유전적인 지적능력으로, 학습한 적도 없고 문화적 영향도 받지 않은 지적능력이다. 유동성 지능에는 언어적 유추능력, 단순암기능력, 추상적 도형 간 관계 이해능력이 해당된다. 결정성 지능은 학교교육이나 경험을 통해 획득된 지식으로 구성된 지적능력이다. 결정성 지능에는 어휘 이해력, 수리력, 일반적 지식이 포함된다.

Spearman, Thurston, Guilford, Gattell 등은 심리측정적 관점에서 지능을 체계적으로 연구한 전통적 지능이론가들이다. 이들은 심리검사를 통해 지능의 개인차를 판별하고, 이를 교육현장에 활용하고자 하였다. 최초의 지능검사는 1904년 프랑스 정부가 학교교육을 받기 어려운 지체아를 선발하기 위해 Alfred Binet에 의뢰하여 만들어졌다. 1916년 스탠포드 대학의 Lewis Terman이 Binet의 지능 검사지를 개조하여 Stanford-Binet 검사지를 개발하였다. 이후 William Stern은 지적능력을 지능지수(IQ)라는 표준화된 점수로 환산하는 공식(정신연령/생활연령×100)을 만들었다(Snowman & Biehler, 2000).

이들 전통적 지능검사는 지능을 하나의 검사지로 양적으로만 측정하고 있다. 그리고 지능을 언어적 지능과 수학적 지능으로만 주로 평가하고 있다. 때문에 전통적 지능검사는 인간의 전체 지적능력을 측정한다고 할 수 없다. 그리고 특정 지역이나 특정 계층의 문화적 편견을 내포하고 있기에 신뢰성이나 타당성이 떨어지는 검사라는 한계를 가지고 있다. Sternberg와 Gardner는 이러한 전통적 지능이론의 한계를 보완하기 위해 대안적 지능을 제안하였다.

2) Sternberg의 삼원이론

전통적인 지능검사는 언어적 지능과 수학적 지능만으로 주로 측정하기 때문에 학업성적과 많이 관련되어 있다. 장래 학업성취를 예측하기 위한 목적으로 실시되는 경우가 많고, 지능검사에 의한 점수로 개인차를 등급으로 매겨 분류한다. 지필검사로 지능을 측정하기 때문에 인간의 지적능력을 이해하기에는 매우 제한적이다. 인간의 능력은 무한하고 다양하기에 IQ 중심의 미시적 지능개념 및 측정을 초월해서 지능을 새롭게 설명할 필요성이 대두되었다.

이에 Sternberg는 전통적 지능개념에 현실적 지능개념을 포함시켜 개인, 행동,

상황 모두를 고려한 삼위일체 지능을 제안했다. 개인, 행동, 상황을 각각 그리고 동시에 고려해야 지능을 제대로 측정할 수 있다고 보았다. Sternberg(1977)는 지능을 구성적 지능, 경험적 지능, 상황적 지능 세 가지 요소로 측정한다.

구성적 지능은 우리가 일반적으로 지능이라고 부르는 개념과 유사한 것으로 정보를 효율적으로 처리하는 능력을 말한다. 구성적 지능은 문제 접근방법, 해결방법 그리고 결과 평가방법을 포함한다. 즉, 새로운 지식을 습득하고 논리적 과제를 해결하고 적용하는 능력을 의미한다. 구성적 지능은 지능의 분석적 측면으로 구성적 지능이 높은 사람은 전통지능검사 점수가 높게 나오며, 관습적인 학교 제도 하에서 수행을 잘하는 모범생들이다. 그들은 판단하고 평가하고 비교하는 능력이 우수하다.

경험적 지능은 새로운 과제와 친숙한 과제를 해결하는 능력이다. 경험적 지능은 이미 알고 있는 정보와 과거 경험을 바탕으로 과제를 해결할 수 있는 능력을 말한다. 친숙한 과제는 기존의 정보를 이용하여 자동적으로 처리한다. 과제를 자동적으로 처리한다는 것은 과제해결 시 지적 자원을 적게 사용한다는 의미이다. 경험적 지능이 높은 사람은 익숙한 문제를 기계적으로 해결할 수 있기 때문에 통찰력과 창의력을 요구하는 새로운 문제에 몰두할 수 있는 정신적 여유가 있다. 그래서 새로운 문제도 신속히 해결할 수 있다. 경험적 지능을 창의적 지능이라고도 한다. 새로운 이론을 개발해 내는 통찰력 있는 학자나, 예술가, 전문 경영인들은 경험적 지능이 높은 사람들이다.

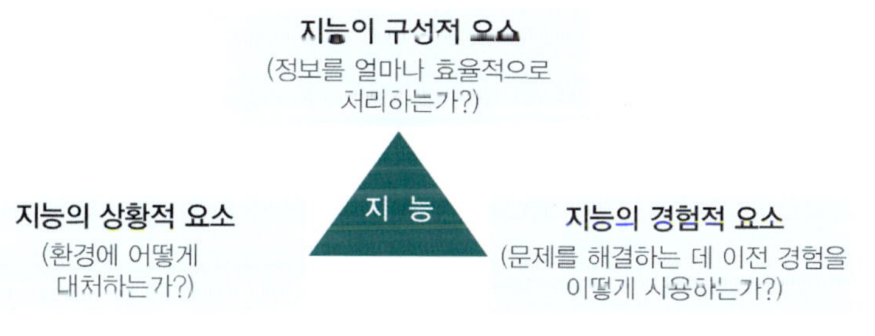

그림 7-4 Sternberg의 삼원이론

상황적 지능은 환경에 대처하는 능력이다. 상황적 지능은 실제적이고 현실적인 지적 능력으로, 실생활에 필요한 중요한 정보를 얻는 능력이다. 이는 학교교육을 통해 길러지는 것이 아니라, 일상적 경험을 통해 습득되고 발달되어 가는 능력, 책으로 배울 수 없는 현장 적응능력이다. 상황적 지능이 높은 사람은 낯선 환경 어디를 가도 잘 적응하면서 살 수 있다. 상황적 지능은 사회적 성공과 관련되어 있다. 즉, 상황적 지능이 높은 사람이 사회적으로 성공할 가능성이 높다.

3) Gardner의 다중지능이론

Gardner(1983)는 지능검사가 언어적 능력과 논리적 능력 두 차원에 의해 측정되는 것에 반대하여 다중지능이론을 제시하였다. Gardner에 따르면 지능은 개인이 속한 문화 집단 내에서 높이 평가될 수 있는 성과나 업적을 창출할 수 있는 능력이다. 지능은 특정 시대와 문화가 제공하는 환경과 유전의 상호작용으로 나타난다. 또한 다양한 분야에서 문제를 해결하고 생산적인 일을 하는 데 필요한 일련의 소질, 재능, 정신적 기능의 조합을 인지능력으로 보며, 이를 지능이라 한다.

Gardner는 우리 뇌의 각기 다른 부분이 다른 종류의 정보를 처리한다는 뇌 발달이론에 근거하여 지능은 단일요인이 아니라 복합요인으로 구성되어 있다고 본다. 과학자 아인슈타인이나 음악가 베토벤, 화가 피카소, 피겨선수 김연아는 각기 다른 분야에서 지능이 높다고 말할 수 있다. Gardner의 다중지능이론은 총 9가지 지능으로 구성되어 있다. 각 지능요소는 가치와 중요성에서 동등하며, 각기 다른 발달과정을 거친다.

Gardner는 인지과학 및 신경과학이론, 뇌손상 환자들에 대한 임상적 자료, 천재와 자폐아 등 특수한 사람들의 지적 능력에 관한 자료들에 근거하여 9가지 지능 모두가 우수한 전지전능한 사람은 없다고 주장했다. 한 영역에서 우수한 사람일지라도 다른 영역에서는 뒤쳐질 수 있다. 또한 정신지체나 자폐아도 모든 영역의 지능 전부가 지체된 것은 아니다. 언어적 능력이 뒤처지는 자폐아도 암기나 예능 영역에서 우수함을 보이는 사례가 있다. 개인에 따라 한두 가지 우위를 보이는 지능을 강점지능이라 한다(Gardner, 1993).

Gardner의 9가지 지능은 다음과 같다.

첫째, 언어지능은 말과 글을 잘 적용하는 능력이다. 모국어와 외국어를 잘 하는 능력, 글을 잘 쓰는 능력이 포함되지만 말 잘하는 능력과 글 잘 쓰는 능력이 연관되어 있지는 않다. 말을 잘한다고 글을 잘 쓰지는 않는다. 언어지능이 높은 아이는 모국어와 외국어를 쉽게 배우고 활용할 수 있다. 나이 많은 어른이나 형제들과 대화를 많이 하는 환경에서 자란 아이들이 언어지능이 높다. 언어지능이 높은 아이는 다양한 어휘를 세련되게 활용할 수 있고, 자신의 생각을 조리 있게 잘 표현한다. 언어지능이 높은 이들은 시인, 언론인, 개그맨, 문학가, 카피라이터 등이다.

둘째, 논리·수학지능은 추상적인 개념을 잘 이해하는 능력이다. 과학과 수학에서 사용하는 기호나 규칙을 쉽게 터득하고 그것을 이용해서 논리를 만들어 낼 수 있다. 논리적이고 체계적인 사고를 통해 과학이나 수학 등의 문제를 잘 해결한다. 호기심이 많다. 수학자, 과학자, 의사들이 논리·수학지능이 높은 이들이다.

셋째, 공간지능은 입체적인 공간에 대한 이해 및 인식능력이다. 공간지능이 높은 이이는 사물의 색깔, 모양, 공간, 형태 등의 관계를 잘 분석하고, 차이를 변별하는 능력이 뛰어나기 때문에 기계 조작을 잘하고, 입체적인 물건을 잘 다룬다. 만들기와 종이접기 같은 활동을 좋아하고 블록이나 퍼즐 맞추기를 잘한다. 공간지능이 높은 이들은 건축가, 조각가, 엔지니어, 치과의사들이다.

넷째, 신체운동지능은 자신의 몸에 대한 감각과 조절능력이다. 신체운동지능이 높은 아이는 몸의 균형을 잘 잡고 유연성이 뛰어나 신체근육을 이용한 다양한 활동을 잘한다. 신체운동지능이 높은 이들은 연극, 스포츠, 댄스 등의 신체활동을 잘한다.

다섯째, 음악지능은 소리, 리듬, 박자, 멜로디 등을 민감하게 감지하고 활용하는 능력이다. 음악지능이 높은 이이는 다양한 소리를 변별할 수 있고, 미세한 변화도 잘 감지한다. 노래를 잘 부르고, 악기를 쉽게 배우고, 악보도 잘 읽는다. 음악지능이 높은 이들은 지휘자, 작곡가, 연주자, 음악공연 연출자 등이 있다.

여섯째, 대인관계지능은 다른 사람의 기분이나 느낌을 잘 이해하고 배려하는 능력이다. 대인관계지능이 높은 아이는 다른 사람과 친밀한 관계를 잘 맺고 편안하게 해주는 능력이 있다. 어디서나 인기 있는 유아가 된다. 정치가, 종교지도자, 상담가, 비서, 펀드매니저 등은 대인관계지능이 높은 이들이다.

일곱째, 자기이해지능은 자신의 욕구에 대한 이해능력이다. 자신에 대한 모든 것을 정확히 파악하고 자기의 인생을 잘 계획하고 조절한다. 자기이해지능이 높은 아이는 자기가 원하는 것, 잘하는 것, 기분 좋게 하는 것을 잘 파악한다. 이들은 자기관리능력이 뛰어나며, 자아존중감이 높고 자기이해가 빠르다. 자기향상 욕구도 강하다. 자기이해지능은 지금 이 시대에 매우 중요한 지능이다. 자기이해지능이 높은 이들은 상담가, 철학자, 예술인, 성직자, 심리학자 등이다.

표 7-1 Gardner의 다중지능

지능영역	내용	적성
언어지능	단어를 이해하는 능력, 새로운 개념을 이해하기 위해 단어를 사용하는 능력, 의미를 전달하기 위해 언어를 사용하는 능력	작가, 번역가, 편집자, 아나운서, 개그맨
논리·수학지능	문제를 논리적으로 분석하는 능력, 수학적으로 조작하고 수행하는 능력, 과학적인 방법으로 문제를 탐구하는 능력	과학자, 의사, 수학자, 통계학자, 회계사
공간지능	입체적 공간 관계를 이해하는 능력, 공간적 세계를 정확히 지각하고, 지각한 내용을 머릿속에서 변형, 회전시켜 볼 수 있는 능력	화가, 조각가, 건축가, 항해사, 엔지니어, 디자이너
신체운동지능	신체를 이용하여 문제를 해결하고, 창조물을 만들어 내는 능력, 운동 신경이 예민하고 신체를 고도로 분화된 방식으로 사용하는 능력, 사물을 섬세하고 능숙하게 다룰 수 있는 능력	무용가, 운동선수, 외과의사, 장인, 카레이서, 등산가, 물리치료사
음악지능	음의 고저, 멜로디, 리듬, 음색의 다양성을 이해하고 만들어 내는 능력	음악가, 지휘자, 작곡가, 연출가
대인관계지능	다른 사람의 기분이나 동기 및 의도를 이해하는 능력	교사, 연극배우, 정치가, 성공한 외판원, 비서, 외교관
개인이해지능	자신을 이해하고 자신의 삶을 효과적으로 감독하는 능력, 자신의 정서를 이해하고 자신의 강점과 약점을 아는 능력	정신과의사, 상담자, 작가, 심리학자, 예술인, 성직자, 철학자
자연주의지능	동식물이나 주변 사물을 자세히 관찰하여 그 차이점이나 공통점을 찾고 분석하는 능력	생물학자, 생태학자, 환경운동가, 천문학자, 원예가, 동물조련사
영적 지능	삶의 의미, 죽음과 인간 존재에 관련된 문제에 대한 예민성	종교가, 성직자, 철학자

여덟째, 자연주의 지능은 동물과 식물 그리고 그들의 성장에 영향을 미치는 요소들 간의 생태관계를 잘 이해하고, 체계적으로 분류하는 능력이다. 자연주의 지능이 높은 아이는 동물도감, 식물도감, 백과사전을 즐겨보며 동식물 이름을 잘 외운다. 동식물 분류체계를 잘 파악하고 이들의 생태환경에도 관심이 많고, 동식물

을 잘 키우기도 한다. 천문학자, 원예가, 환경운동가, 생물학자 등이 자연주의 지능이 높은 이들이다(이명경, 2009).

아홉째, 영적지능은 삶의 의미에 대해 관심을 가지고, 인생의 참된 가치가 무엇이며 어떻게 그 가치를 구현할지 파악하는 능력이다. 영적지능은 인생을 의미 있고 가치 있게 누릴 수 있도록 한다. 이 지능은 어려서부터 가정에서 잘 지도받고 자랄 때 키워진다. 종교가, 성직자, 철학자들이 영적지능이 높은 이들이다.

Gardner 이론에 의하면 누구나 9가지 지능을 가지고 있지만 그 지능들이 동일한 수준은 아니다. 그리고 9가지 지능은 복잡한 방식으로 서로 교류하면서 작용한다. 지능은 현실생활과 유리되어 있는 것이 아니고, 현실생활 속에서 형성되고 발달된다. 풍부한 사회문화적 환경 속에서 다양한 경험을 하면 각각의 지능을 적정 수준까지 개발시킬 수 있다. 따라서 부모나 교사는 유아 각자의 강점을 파악하여 더욱 강화시켜주고, 약점을 보완해주도록 해야 한다. 다중지능이론의 지능검사는 자연 상태에서 관찰, 검사, 포트폴리오 등의 다양한 방법으로 이루어져야 한다는 어려움이 있다.

05 창의성

현대사회는 지식사회로 아주 빠른 속도로 변화하고 있고, 이러한 변화는 이 시대를 살고 있는 우리 모두에게 창의적인 방식으로 사고하고 행동할 것을 요구하고 있다. Steve Jobs, Damien Hirst에게 사람들이 환호하는 것은 그들의 기발한 상상력과 독특함, 다양성 때문이다. 우리 사회도 그 어느 때보다 창의적인 사람을 요구하고 있다. 과학적 문명이 최고로 발달했으며, 아쉬운 게 없는 풍족한 시대이다. 그래서 더욱 다양성과 개성이 존중되고 있다. 현대의 창의성은 소수의 천재에게서만 나타나는 것이 아니라, 모든 인간에게서 나타나는 보편적 특성이며 교육의해 길러질 수 있다(서울대학교교육연구소, 1995). 창의성은 선천적으로 타고나는 것이 아니라 교육으로 가능하기에 더욱 관심을 가지는 개념이다.

1) 창의성의 개념

창의성은 과거 경험에 의존하지 않고, 기존의 방식과는 다르게 문제를 해결하는 방법이나 태도를 말한다. 창의성 개념은 Guilford가 1950년 미국심리학회 기조 강연에서 창의성의 중요성을 주장하면서부터 학계의 관심을 받기 시작하였다. 창의성에 대해서 학자들의 견해는 다양하지만 공통적으로 새로운 것을 생산해내는 사고, 누구나 보편적으로 가질 수 있는 능력으로 보고 있다.

Guilford(1970)는 창의성이란 새롭고 신기한 것을 낳는 힘, 즉 새로운 사고를 생산해 내는 것을 창의성이라 하고, 정도의 차이는 있을지라도 모든 사람이 공유하는 것이라고 했다. Guilford는 인간의 사고를 수렴적 사고와 발산적 사고의 두 양식으로 구분하고, 창의성은 특정한 문제에 대한 발산적 사고와 동일한 것으로 간주하고 있다. 예를 들면, 한정된 시간 내에 벽돌을 활용해서 무엇을 할 수 있는지 가능한 많은 예를 나열해 보도록 하여, 반응의 수가 많고 다양하고 독특한 것일수록 창의적이라 본다. 광의의 개념으로 창의성은 새롭고, 유용한 어떤 것을 생산해 내는 행동 또는 정신과정이다.

Sternberg(1994)도 창의성이란 무엇인가 새롭고, 문제 상황에 적절한 것을 만들어 낼 수 있는 능력으로 보았다. Thurston(1952)은 창의성이란 개념 안에는 새로움(Newness)이라는 개념이 내포되어 있으며, 개인의 자아실현, 자기표현의 욕구에서 시작되는 상상력의 활동이라고 했다. 즉, 자기 나름대로의 참신성을 나타내는 개인적 창의성을 강조하고 있다. 그리고 창의성을 천재만이 가지고 있는 특수한 능력으로 보지 않고 누구에게나 있는 일반적 능력으로 보았다.

Torrance(1958)는 창의성이란 새롭고 독특한 아이디어 그리고 기존과 다른 새로운 시각으로 과제를 해결하려는 것이라고 하였다. 그리고 창의적 사고란 과제를 해결하는 도중에 어려운 문제가 생기면 잘못된 부분과 부족한 정보를 찾아내어, 이를 추측하고 가설을 세워 검증하고, 그런 다음 다시 재수정하고 재검증하여 최종적으로 과제를 해결해 내는 과정이라 하였다. Torrance는 창의성은 훈련하고 교육하면 발달할 수 있다고 보았다.

창의성의 하위 구성요소는 민감성, 유창성, 융통성, 독창성, 정교성이다. 민감성은 주변 환경에 대해 예민한 관심을 보이고 이를 통해 새로운 탐색영역을 넓히려는 것을 의미한다. 유창성은 특정한 문제상황에서 가능한 한 많은 양의 아이디어를 산출해내는 능력이다. 융통성은 고정적인 사고방식이나 시각 자체를 변화시켜 다양한 해결책을 찾아내는 능력이다. 독창성은 기존의 것에서 탈피하여 참신하고 독특한 아이디어를 산출하는 능력이다. 정교성은 다듬어지지 않은 기존의 아이디어보다 치밀한 것으로 발전시키려는 능력이다(Torrance, 1975).

2) 창의성검사

Getsels와 Jackson(1962)이 사용한 창의성 검사는 다음 다섯 가지의 하위 요인으로 이루어져 있다.

- 단어연상검사 : 단어를 제시하고 일정 시간 동안 그 단어에 대해 많은 정의를 내리도록 하는 검사
- 용도검사 : 사물을 제시하고 사물 본래의 용도 이외의 용도를 일정한 시간 내에 생각해보도록 하는 검사
- 도형찾기검사 : 복잡한 도형 속에 감춰진 다른 도형을 찾는 검사
- 이야기완성검사 : 뒷부분이 생략된 이야기를 마무리 짓게 하는 검사
- 문제작성검사 : 수적인 진술이 포함되어 있는 네 개의 문장으로 수리적 문제를 가능한 많이 만들게 하는 검사

그림 7-5와 같은 창의성 검사는 주변에서 흔히 볼 수 있는 사물을 연상할 수 있는 도형들을 제시해주고 유아들에게 제시된 도형이 무엇으로 보이는지 말해보게 하는 검사이다. 유아들의 반응은 평범한 반응과 독특한 반응으로 구분되어지는데, 독특한 반응을 하는 유아를 창의적으로 본다.

Jellen과 Urban(1986)은 창의적 사고그림검사(TCT-DP)를 개발하였다. 창의적 사고그림검사는 여섯 개의 불완전한 도형을 보여주고 자유로운 상상과 해석을 유도하여 창의성을 측정하는 검사이다(그림 7-6 참고). 이 검사는 주변에서 흔히 볼 수 있는 원이나 세모, 평행선이 아닌 불규칙적이고 추상적인 부분 도형을 제시하

여 그림을 완성하도록 한다. 불규칙적이고 추상적인 도형자극을 제시하는 이유는 아이디어를 생산하는데 개입할 수 있는 환경과 교육의 영향력을 배제하겠다는 의도이다. 창의적 사고그림검사(TCT-DP)는 검사와 채점 시간이 짧아서 집단검사가 가능하고 다양한 연령을 대상으로 실시할 수 있는 장점이 있다.

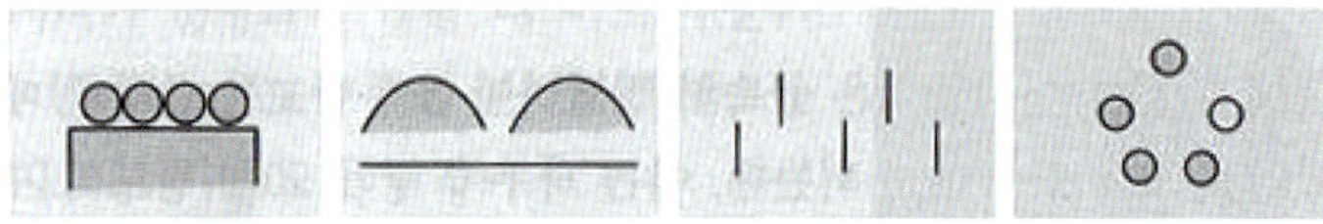

평범한 반응	책상 위에 놓여 있는 물건	두 채의 얼음집	빗방울	꽃
독특한 반응	발과 발가락	하늘을 나는 양탄자 위의 건초 두단	매달려 있는 벌레 5마리	조각조각 흩어진 사탕과자

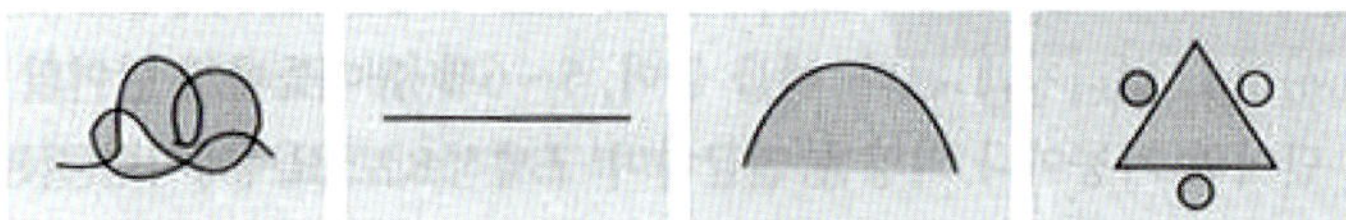

평범한 반응	끈	막대기	떠오르는 태양	테이블 앞에 앉아 있는 세 사람
독특한 반응	짜진 물감	개미의 행렬	고기가 걸려 휘어진 낚시대	치즈조각을 먹고 있는 세 마리의 쥐

그림 7–5 창의성 검사의 예

출처: Shafer & Kipp(2010). Developmental Psychology: Childhood and Adolescence. Wadsworth Cengage Learning.

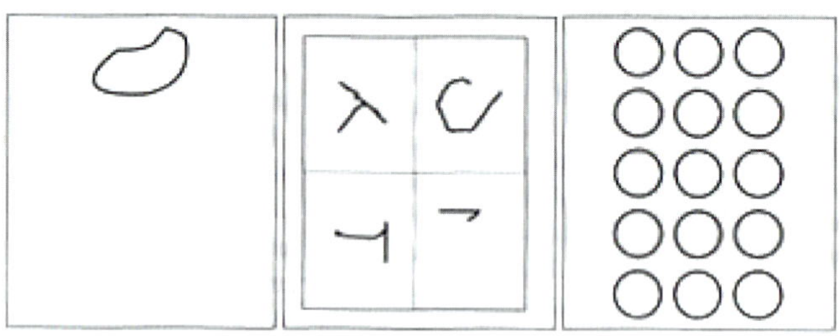

그림 구성하기 그림 완성하기 원

그림 7–6 창의적 사고그림검사

출처: 조연순 외(2008). 창의성 교육: 창의적 문제해결 계발과 교육방법. 이화여자대학교출판부.

국내의 유아용 창의성 측정도구로는 전경원(1999)의 유아 종합 창의성 검사(Korean Comprehensive Creativity Test for Young Children, K-CCTYC)가 있다. K-CCTYC는 4~6세 유아를 대상으로 언어영역, 도형영역, 신체영역과 관련된 창의성을 측정하기 위한 4개 검사로 구성되어 있다. 이 중 처음 두 개 검사(언어검사인 '빨간색 연상하기'와 도형검사인 '도형완성하기')는 유아의 응답을 근거로 상상 능력과 도형에 대한 반응을 측정하고, 나머지 두 개 검사(신체검사인 '동물 상상하기'와 '색다른 나무 치기')는 교사가 유아의 상상력과 동작성을 평가하도록 되어 있다. 이 검사에서 측정하고자 하는 창의성 요인은 유창성, 융통성, 독창성, 상상력이다.

표 7-2 유아 종합 창의성검사 : K-CCTYC(정경원, 1999)

하위요인	검사내용	검사분석
유창성	• 빨간색 연상하기 • 도형 완성하기 • 색다른 나무치기	특정한 상황에서 가능한 많은 수의 아이디어를 산출하는 능력
융통성	• 빨간색 연상하기 • 도형 완성하기 • 색다른 나무치기	고정적인 사고방식을 변환시켜 다양한 영역에서 아이디어를 산출하는 능력
독창성	• 빨간색 연상하기 • 도형 완성하기 • 색다른 나무치기	기존의 사고에서 탈피하여 참신하고 독특한 아이디어를 산출하는 능력
상상력	• 동물 상상하기	과거의 경험을 기초로 앞으로의 새로운 표상을 만드는 능력

3) 유아의 지능과 창의성

유아기의 상징적 사고는 다양한 활동과 경험이 축적되면 더욱 발달하게 된다. 상징적 사고가 발달하면서 유아는 가상놀이를 하게 된다. 가상놀이를 통해 유아들은 독특하고 융통성 있는 창의적 사고를 많이 표현하게 된다. 가상놀이가 창의적 활동을 유발하게 된다.

그런데 유아들이 교육기관에 입학하면 규칙을 지키고 집단에 동조하도록 압력을 받기 때문에 다소 창의성이 감소하는 경향도 있다. 그러나 청소년기가 되면 혁신적이고 자발적인 창의성을 다시 보인다.

창의성은 IQ와 밀접한 관계가 있어 보인다. 지능이론가들은 지능의 하위요인으로 창의성을 언급하고 있고, 그들이 개발한 지능검사 도구에 창의성 개념이 내포되어 있다. 창의적인 사람은 지적일 수 있다. 그러나 IQ가 높은 사람이 창의적인지에 대해서는 의문이다.

창의성 연구는 천재들에 대한 호기심에서 시작되었다. 그래서 창의적인 사람은 지적 능력이 높을 것이라 생각했다(Berker, 1995). 지능과 창의성 간의 관련성에 대한 연구결과 지능이 높다고 창의성이 높은 것은 아니며, 창의적인 행동을 위해서는 평균정도의 지능이 필요하였다(곽원섭·차경호, 2001; Barron & Harrington, 1981).

Meyer(1991)는 창의성은 IQ나 선천적인 능력 또는 기질이라기보다 학습된 습관과 태도라고 보았다. 그래서 창의성은 학습에 의해 발달한다고 주장했다.

지능과 창의성의 높고 낮은 정도에 따라 유아의 행동과 성격에 차이가 있다. 지능과 창의성의 차이에 따른 유아의 행동은 크게 네 가지로 구분된다.

첫째, 창의성과 지능 모두 높은 유아들은 자신감, 독립심, 통찰력이 있다. 또래들과 상호작용할 때 리더와 구성원으로서 역할을 모두 잘 해내며, 자신의 행동과 감정을 잘 조절할 수 있다. 상황에 따라 활발함과 진지함을 적절하게 조절하여 탄력적이고 유연하게 행동한다.

둘째, 창의성은 높으나 지능이 낮은 유아들은 안정적이지 못하고 스트레스가 많으며 자신을 무가치하다고 느낀다. 유아교육기관 같은 구조적인 환경이나 경쟁이 요구되는 상황에서는 자신감을 잃고 자신의 능력을 발휘하지 못한다. 이들은 긴장이 없는 자유로운 환경에서는 자신의 능력을 충분히 발휘한다.

셋째, 지능은 높으나 창의성이 낮은 유아들은 유아교육기관에 잘 적응하며 과제수행력이 높다. 성취 위주의 활동이나 과업에 관심이 많고 부모나 교사의 평가에 의존하는 경향이 있다. 과제 수행에 실패할 경우 상심이 크다. 이들은 성취지향적인 경향이 있어 불안감이 있다.

넷째, 지능과 창의성 모두 낮은 유아들은 매우 불안정하며 다양한 방어기제를 사용한다. 과제 수행에는 소극적이며, 타인의 지시에 의해 수동적으로 행동하는 경향이 있다. 이들은 과업달성이 아닌 사회적 행위를 요구하는 상황에서는 성공적인 수행을 위해 노력한다(김성희 외, 1999).

4) 창의성 증진을 위한 지도

창의성은 타고난 재능이 아니라 학습된 사고 기술이므로 유전의 영향보다 환경의 영향이 크다. 창의성은 연령에 따라 발달하는 것이 아니고 문화적 환경에 의해 키워진다. 창의성을 촉진하는 환경은 새로운 아이디어를 자극할 수 있는 교재교구와 장난감이 많은 교육기관, 지역시설과 같은 물리적 환경이 있다. 그리고 유아의 도전과 모험을 정서적으로 지지하는 또래, 교사, 부모가 만들어주는 심리적 환경도 있다. 쌍생아뿐만 아니라 형제 간에도 창의성 수준이 유사하다는 연구결과는 형제들이 공유하는 가정환경이 창의적 잠재력을 키우는 데 중요한 요소임을 보여준다. 창의성은 부모가 자녀의 특성 그대로를 받아들이며, 지적 호기심을 격려하고, 자녀의 관심과 흥미를 존중할 때 발달한다. 창의성을 발달시키기 위해서는 실생활에서 발생할 수 있는 여러 문제를 다양한 방법으로 해결해보도록 기회를 부여하는 것이 도움이 된다(deBono, 1990).

창의성을 키우기 위해서는 우선 지식 기반을 확대시켜야 한다. Darwin, Edison, Steve Jobs 등 창의적인 사람들의 특징은 오랫동안 지식기반을 축적했다는 것이다. Edison은 이천 번의 연구 끝에 전구를 발명하였고, Darwin은 어린 시절부터 진화에 관심을 가지고 꾸준히 연구한 결과 '종의 기원'이라는 위대한 업적을 낳았다. Steve Jobs 역시 다양한 과학기술들을 결합해 아이폰을 출시했다.

지식이 많을수록 생각의 폭이 넓어져 보다 창의적인 생각을 이끌어낼 수 있다. 새로운 아이디어를 발견하는 것은 지식에 근거하여 기존의 것을 재구성하는 것이다. 폭넓은 지식은 현상이나 문제를 여러 측면에서 이해할 수 있도록 도와주고, 지식과 지식의 관계를 다양하고 유연하게 연결하여 창의적인 사고로 발전시킨다.

창의성을 키울 수 있는 또 다른 중요한 요인은 유아의 개성을 존중하는 양육태도이다. 이는 다름을 허용하는 것과 같다. 기존의 사고방식과 관습에서 벗어난 생각을 수용하고 존중하는 양육태도가 창의적인 아이로 키울 수 있다. 부모의 생각이 항상 옳거나 진실이라고 강요하거나, 기존의 관습대로 행동하지 않는 것을 수용하지 못하는 태도는 지양해야 한다. 또는 문제가 주어졌을 때 한 개의 해결책으로 만족해버리는 단순한 행동들은 유아의 창의성 발현을 막는다. 유아들의 '왜'

라는 질문에 격려하고 함께 해답을 찾아가는 부모의 자세가 유아의 창의성을 자극할 수 있다.

Santrock(2004)는 유아의 창의성 개발을 위해 다음과 같이 제안하고 있다. 첫째, 브레인스토밍을 활용하여 가능한 많은 아이디어를 제안하도록 격려한다. 브레인스토밍은 유아 여러 명을 집단으로 구성하여 아이디어를 생각해보도록 격려하고 생각나는 것은 무엇이든 말하도록 하는 것이다. 그리고 다른 유아들과 아이디어 제출을 경쟁하게 하되 다른 아이의 아이디어를 비판하지 않도록 하는 기법이다. 가정에서도 가족회의 시 브레인스토밍을 할 수 있다. 문제해결방법은 한 가지만 있는 것이 아니고 다양한 방법을 강구할 수 있다는 것을 알려준다.

둘째, 창의력을 자극하는 환경을 제공한다. 창의력을 격려하는 환경과 창의력을 억누르는 환경은 큰 차이가 있다. 유아의 호기심에 대해서 항상 긍정적 반응을 보여야 한다. 호기심과 질문을 무시당하면 감정적 반발이 생긴다. 배운 내용만 기억하게 하면 단순기억 기능만 강화되고 창의력은 없어진다. 부모는 유아가 통찰력을 가지고 문제를 해결하도록 격려하는 환경을 제공해 주어야 한다. 그러기 위해서는 유아 스스로 활동을 선택할 수 있는 기회를 부여해 준다. 유아의 엉뚱한 행동이나 특이한 대답에 대해 수용적이어야 하며, 폐쇄적 질문보다 개방적 질문을 많이 해서 유아들의 확산적 사고를 유도해 준다. 또한 완성품의 교구나 장난감을 제공하기보다 미완성 또는 무형의 재료들을 제공하여 다양한 활동을 유발하도록 돕는다. 유아가 성취감을 느낄 수 있는 과제를 제시해 주어 성취감을 많이 경험하도록 돕는다.

셋째, 과잉보호와 과잉통제를 하지 말아야 한다. 유아에게 지시하고 복종을 요구하게 되면 감정적 충족감도 느끼지 못하고 자발적 판단능력도 생기지 않는다. 부모의 강제성을 띤 명령은 유아의 융통성과 창의성 발달을 제지한다. 창의적인 부모가 자녀의 창의성을 키울 수 있다. 자녀를 과잉보호하기보다 유아 자신의 호기심에 스스로 따르도록 한다. 유아가 즐겁고 행복한 감정을 느끼도록 애정적인 태도와 함께 공감을 많이 해주어야 한다.

넷째, 내적 동기를 유발하도록 한다. 과도한 성의 없는 칭찬은 유아의 창의적인 활동에서 얻는 내적 즐거움을 축소시킨다. 예를 들면, "네가 오늘 성을 멋지게 만들었으니 엄마가 피자 사줄게" 등의 보상은 유아의 창작 활동에 대한 내적 동기를 소멸시킨다. 유아의 동기는 일 자체에서 오는 만족감이다. "네가 만든 종이배는 물위에서 잘 뜰 것 같구나", "네가 만든 멋진 성에서 왕자님이 걸어 나올 것 같아" 등과 같이 유아의 활동에 관심을 가지고 구체적인 칭찬을 해주는 것이 좋다.

다섯째, 창의적인 사람을 소개한다. 작가, 시인, 음악가 등을 유아에게 소개하는 것은 유아의 창의력을 자극하는 좋은 방법이다. 그것이 쉽지 않다면 공연 관람이나 미술관이나 박물관, 전시관을 찾아서 작품들을 통해 작가와 소통하는 경험을 제공해 준다. 독특한 실험정신과 창의성의 극치인 현대 미술을 관람하는 것은 유아들의 상상력과 창의력을 자극할 것이다.

de Bono(1994)는 유아의 창의적 사고능력을 촉진시키기 위한 네 가지 유형의 질문을 제안하였다. 첫째, 재미있는 질문이다. 재미있는 분위기 속에서 심각하지 않은 질문을 한다. 예를 들어, 피카소의 그림처럼 "사람의 코가 머리 뒤에 있으면 무슨 일이 일어날까?" 또는 "교실이 사각형이 아니고 공과 같은 구형으로 생겼으면 어떻게 될까?"라는 질문은 재미있는 질문이다.

둘째, 엉뚱한 질문이다. 현재는 없지만 현실적으로 가능한 질문이다. 예를 들면, "교실 가운데 욕조를 만든다면 어떤 점을 고려해서 만들어야 할까?", "지구가 다 얼어버리면 어떻게 될까?" 등과 같은 질문을 할 수 있다.

셋째, 실생활과 관련된 질문이다. 유아의 실제 생활과 직접 관련된 질문이다. 예를 들면, "친한 친구가 생일 파티에 나만 초대하지 않았다. 나는 어떻게 해야 할까?"라는 질문을 할 수 있다.

넷째, 심각하고 중요한 질문이다. 이는 유아의 실제 생활과 관련이 있는 심각하고 어려운 질문이다. 예를 들면, "무섭게 생긴 아저씨가 내 앞을 막아선다. 어떤 일이 일어날 것 같은가?"라는 질문은 유아들이 고민해 볼 수 있는 문제이다.

08 Chapter

언어발달

언어는 사고발달에 중요한 역할을 한다. 언어를 통해 환경을 탐색하고 이해하게 된다. 언어를 의사소통 매개체로 해서 주변인들과 관계를 맺으며 사회성을 발달시켜간다. 뿐만 아니라 언어를 사용하여 자신의 감정이나 생각을 표현하면서 자아를 인식하고 형성하게 된다.

언어를 습득하기 이전의 아기도 울음이나 몸으로 자신의 욕구를 표현한다. 영아는 한 단어로 자신의 욕구나 의사를 표현하면서 의사소통을 한다. 유아기는 언어를 습득하고 급격히 어휘가 늘어나는 시기이다. 유아기 동안의 어휘력은 상상할 수 없을 정도로 빠르게 발달한다. 옹알이를 하던 아기가 돌이 지나면 첫 단어를 말하게 되고, 2세가 되면 사물을 지칭하는 단어를 말하고, 자신의 욕구와 많은 감정을 한 단어로 표현하게 된다. 3세가 되면 다양한 어휘를 사용하여 문법적으로 완전한 문장을 구사하고 주변사람들과 대화도 할 수 있게 된다.

유아들이 빠른 어휘력 증가를 보이고 복잡한 문법체계를 짧은 시간 내에 습득하는 것이 어떻게 가능한지에 대해 많은 학자들이 관심을 가졌다. 이 장에서는 영유아기 언어발달과정과 언어발달에 영향을 미치는 요인 그리고 언어발달이론에 대해 살펴보고자 한다.

01 영아기 언어발달

1) 언어 이전 단계(출생~1세)

언어 이전 단계는 영아들이 의미 있는 첫 단어를 말하기 이전까지의 시기이다. 이 단계에서 영아는 울음이나 옹알이 등으로 의사표현을 한다. 말이 생성되기 이전 단계이지만 언어습득 과정에서 매우 중요한 의미를 가진다.

(1) 미분화된 울음

울음은 신생아가 태어나서 처음 내뱉는 소리이며, 세상과 의사소통할 수 있는 최초의 수단이다. 생애 첫 울음은 폐로 호흡하면서 일어나는 반사적 반응이다. 신생아에게 울음은 의사전달의 한 형태이며, 자신의 욕구를 표시하면서 양육자와 소통하는 유일한 방법이다. 하지만 생후 1개월 이전의 영아의 울음은 미분화상태여서 배가 고파서 우는지, 아파서 우는지를 구별하기 어렵다.

(2) 분화된 울음

생후 1개월이 지나면 울음소리는 분화되기 시작하여 정확한 의사전달을 할 수 있다. 배고플 때, 아플 때, 졸릴 때, 기저귀가 젖었을 때, 기타 불편함이 있을 때 울음의 패턴과 강도, 고저의 변화가 있다. 고통스러운 울음은 갑자기 크게 불규칙하게 울며, 흐느끼거나 앓는 소리를 낸다. 배가 고플 때에는 울음소리가 점점 커지고, 울다가 입술을 빨기도 한다.

영아의 상태에 따라 울음의 강도와 지속시간이 다르기 때문에 양육자는 울음으로 영아의 욕구나 상태를 알 수 있다(강인언 외, 2010). 울음으로 표현된 영아의 욕구를 파악한 양육자는 즉각 반응을 보임으로써 영아와 의사소통을 하게 된다.

(3) 쿠잉과 옹알이

출생 후 2~3개월 정도가 되었을 때 '우우', '꾸르룩'하는 목 울림소리를 내기 시작한다. 이처럼 옹알이의 가장 초기 형태를 쿠잉(cooing)이라 한다. 쿠잉은 영아의 기쁨이나 즐거움을 발성으로 표현하는 것이다. 쿠잉은 주로 '아아아…', '우우우…'와 같이 모음으로 구성된 소리이다. 주로 'U'자 소리를 내기 때문에 쿠잉이라고 한다. 양육자가 영아의 쿠잉에 반응하여 함께 소리 내어 주기 때문에 쿠잉 단계에서 양육자와 영아 간의 상호교환적 의사소통이 시작되었다고 할 수 있다.

생후 3~6개월경에 영아는 성대 근육의 발달로 소리를 반복적으로 내는 음성놀이를 즐기는데 이를 옹알이라 한다. 옹알이(babbles)는 '마', '다', '디'와 같은 자음과 모음을 결합한 소리를 낸다. 옹알이는 발성 연습의 효과도 갖고 있기 때문에 언어발달에도 중요한 의미가 있다.

생후 6개월 동안, 전 세계 영아들의 옹알이 소리는 거의 비슷하다고 한다. 청각에 장애가 있는 영아도 옹알이를 한다. 부모가 음성적 언어를 사용할 수 없는 경우에도 영아들은 옹알이를 한다. 이는 뇌의 성숙과 발성에 관련된 근육의 성숙에 의해 옹알이가 발생된다는 것을 의미한다.

8개월경에 이르면 주변 환경에서 경험한 소리의 영향을 받게 되어 영아들의 옹알이 억양이 모국어 억양과 비슷해지기 시작한다. 영아의 옹알이 발성은 매우 표현적이고 자신의 욕구, 기분, 정서 등을 나타낸다. 하지만 영아의 옹알이에 양육자가 지속적으로 반응을 하지 않으면 영아는 옹알이를 덜 하게 된다.

생후 9개월부터는 성인의 목소리를 모방하기 시작한다. 메아리처럼 성인의 말을 그대로 모방한다고 해서 이 시기를 '반향어 시기'라고 한다. 반향어 시기 동안 영아는 자신이 들었던 단어들을 선별적으로 내뱉게 되고 이후 점차 낱어를 획득하기 시작한다(강인언 외, 2010).

2) 한 단어 단계(1세~18개월경)

1세가 되면 영아들은 성인들이 알아들을 수 있는 첫 단어를 말한다. 하나의 단어를 말하지만, 그 한 단어가 단순한 단어가 아니라 성인의 문장과 같은 내용을 표현한다. 한 단어가 영아 자신의 생각을 표현하는 수단이 된다. 예를 들어, "엄마"를 말하지만 그 엄마라는 한 단어에는 '엄마, 난 우유가 먹고 싶어', '엄마 나 업어주세요', '엄마 나 아파요' 등의 의미가 내포되어 있다.

한 단어로 표현하지만 그 한 단어 문장에 많은 의미가 들어있기 때문에 영아는 한 단어를 말할 때 얼굴 표정과 몸짓을 함께 사용한다. 양육자는 영아가 말하고자 하는 몸짓, 억양, 얼굴 표정을 참조하여 한 단어의 의미를 파악하여야 한다.

영아가 단어의 의미를 획득하는 과정을 보면, 단어를 들으면서 그 단어가 가리키는 대상이 무엇인가를 한 두 번 보고 바로 단어의 의미를 획득한다. 이 과정을 빠른 도식화(fast mapping)라 한다. 빠른 도식화는 구체적 사물에 대해 보다 정확하고 빠르게 일어난다. 그러나 빠른 도식화로 단어의 의미를 배우는 과정에서 영아는 때로 과잉확대나 과잉축소의 오류를 보이기도 한다.

과잉확대는 영아가 '멍멍이'이라는 단어를 강아지 외에 털이 달린 모든 동물을 가리키며 사용하는 경우이다. 단어의 의미를 원래 범주보다 확대해서 사용하는 것을 과잉확대라 한다. 과잉축소는 '멍멍이'라는 단어를 자기 집 강아지에게만 적용하는 경우이다. 옆집 개는 멍멍이가 될 수 없다. 과잉축소는 단어를 좁은 범주의 사물에만 사용하는 경향성을 말한다.

3) 두 단어 단계(18~24개월)

한 단어 사용 이후 점차 어휘가 증가하여 18~24개월에는 급격히 증가한다. 이 단계에서는 두 단어를 조합하여 위치, 소유 혹은 주어와 대상과의 관계 등을 의미하는 언어사용능력이 생긴다.

전보처럼 기본적인 단어만을 가지고 문장의 수준으로 말하기 때문에, 이 단계를 전보문 시기라고도 한다. 가령, "엄마 과자", "엄마 우유", "저기 공" 등으로 말하는 경우이다. 전보문처럼 중요하다고 생각하는 단어들만 선택하여 사용하고, 형용사, 부사, 조사 등 문법적 기능을 하는 말은 생략해서 말한다.

두 단어로 구성된 유아의 문장은 주축어와 개방어로 이루어져 있다. 주축어는 영아가 자주 사용하며, 그 어휘수가 많지 않으며, 다른 단어가 합쳐지는 축의 역할을 한다. 개방어는 주축어에 속하지 않는 어휘군으로 그 어휘수가 많고 습득 속도가 빠르며, 사용빈도가 적다. '안 가', '안 먹어', '안 예뻐'에서 '안'이 주축어이고, '가', '먹어', '예뻐' 등은 개방어이다.

우리나라 영아들은 감탄사는 9~13개월부터 사용하기 시작해서 17~20개월에는 주로 사용하게 된다. 명사는 9~13개월부터 사용하기 시작해서 21~24개월에는 주로 사용하게 된다. 형용사는 17~20개월에, 조사는 21~24개월에 사용하기 시작한다(김경희, 1999).

02 유아기 언어발달

3세 이후 유아기 동안 유아의 사용 어휘 수가 급속히 증가한다. 문법규칙을 이해하고 습득하여 문법에 맞는 정확한 문장을 사용한다. 그리고 상대방과 의사소통을 할 수 있게 된다. 유아들은 현실보다 가상적인 상황에서 더 높은 수준의 언어를 사용한다. 가상놀이를 할 때 놀이의 역할에 따라 언어의 발달 수준이 다르게 나타난다. 예를 들어, 의사선생님 역할을 맡은 유아는 의사선생님 말을 모방하여 성인 수준의 언어를 사용한다. 유아의 언어능력은 연령, 언어 경험, 환경 등의 차이에서 개인차가 발생한다. 유아는 음성언어 이외에도 읽기, 쓰기 등의 문자언어에서도 발달을 보인다.

1) 음성언어발달

(1) 단어와 의미의 발달

유아기에 유아가 사용하는 단어는 매우 빠른 속도로 증가한다. 2세에 200단어, 3세에 900단어, 4세에 1,600단어, 5세에 2,500단어로 늘어나며, 6세 말이 되면 약 3,000개의 단어를 습득하게 된다.

특히 이해어휘는 표현어휘보다 빨리 발달한다. 유아는 표현어휘의 2배를 이해하므로 5세가 되면 5,000단어를, 6세가 되면 6,000개의 단어를 이해할 수 있다(강인언 외, 2009). 단어에 대한 이해력이 증가하면서 문장에 사용하는 단어의 수도 증가하여 3~4세 유아는 3, 4개의 단어로 문장을 구성하고, 4~5세는 4, 5개의 단어, 5~6세는 6, 7개의 단어로 이루어진 문장을 만든다(조복희 외, 1989).

유아의 급격한 어휘 성장은 빠른 도식화(fast mapping) 가설로 설명된다. 빠른 도식화 가설에 의하면 유아들은 문맥을 통해 단어의 의미를 추측하고 이를 기억 내에 바로 저장하게 된다. 빠른 도식화로 인해 대화중에 한두 번 들은 새로운 단어도 금방 그 의미를 이해하고 습득한다(Hall & Graham, 1999; Heiback & Markman, 1987).

유아가 빠른 도식화 가설에 의해 새로운 단어의 의미를 쉽게 습득하게 되지만 단어를 사용할 때는 오류를 범하기도 한다. 그중 하나는 과잉확대현상이다.

과잉확대는 유아가 단어의 의미를 확장해서 사용하는 것이다. 예를 들면, 유아가 '고구마'라는 단어를 고구마뿐 아니라 고구마와 비슷한 야채인 감자, 순무, 비트 등을 지칭할 때도 사용하는 것이다. 또 하나는 과잉축소현상이다. 과잉축소는 유아가 단어의 의미를 축소해서 사용하는 것이다 예를 들면, '인형'은 자기가 가지고 노는 '곰인형'에게만 적용되는 단어일 뿐 바비인형은 인형이 아니라고 하는 것이다.

한편 유아는 새로운 단어를 창조하기도 하는데, 이는 유아와 매우 친밀한 관계에 있는 사람만이 그 뜻을 이해할 수 있는 용어다. 예를 들면, 유아가 사진기를 사진기라 하지 않고 '공룡'이라고 부른다. 이러한 현상들은 단어 습득을 위한 유아들만의 방식이 있다는 것을 보여준다.

(2) 문장과 문법의 발달

문장은 생각이나 감정을 말이나 글로 표현할 때 완결된 내용을 나타내는 최소의 단위이며, 문법은 단어가 결합하여 큰 단위인 문장을 만드는 규칙을 의미한다. 유아기 동안 유아는 문법적으로 완전한 문장을 구성할 수 있게 된다. 문법적 규칙에 대한 지식을 습득하고 이를 적용할 수 있게 된다. 형태소 규칙을 이해하고 이를 단어나 문장의 의미를 바꾸는 데 적용한다.

2세 유아는 두 단어로 문장을 만들어 사용하는데 이를 전보식 문장이라 한다. 이는 조사나 접미사, 접속사 생략하고, 핵심적인 단어만 나열하여 문장을 만들어 의미를 전달한다. 2～3세 유아는 3～4개 단어를 이용하여 보다 긴 문장을 만든다.

이 시기 유아는 나름대로 문법적 규칙을 적용하여 문장을 만든다. 문법적 규칙을 적용하는 과정에서 과잉일반화라는 문법적 오류를 범한다. 예를 들면, 하나의 특별한 문법 규칙을 배우게 되면 그 규칙을 적용할 수 없는 상황에도 똑같이 적용하는 것이다. 예를 들어, 주격조사 '가'는 앞의 명사가 받침이 없는 경우 사용하며, 받침이 있는 경우는 '이'를 사용한다. 유아가 '가'라는 주격조사를 배우고 나면 받침이 있는 단어와 없는 단어 구분 없이 '선생님가', '인형가' 등을 만들어 사용한다 (조명한, 1982).

만약 부정문을 사용할 경우 동사나 명사 앞에 '안'을 첨가하는 오류를 범한다. '우유 안 마셔', '양치 안 해' 등의 표현을 '안 우유 마셔', '안 양치해' 등으로 부정어를 잘못 표현한다. 이러한 과정을 거치고 난 후 3세부터 제대로 된 부정문을 사용하게 된다. '싫어', '안 해', '안 먹어' 라는 표현은 3세부터 할 수 있다.

의문문 사용은 억양과 물음표만으로 가능하므로 쉽게 배운다. 2세경이 되면 "이게 뭐야?"라는 질문이 많아지고, 문장의 끝을 올려 질문하기도 한다. 4세경이 되면 6하 원칙에 해당되는 "무엇, 어디, 누구, 왜, 어떻게, 언제" 같은 의문사를 사용하여 질문한다.

또한 동사의 시제 사용은 2세 이후부터 가능하다. 2세가 지나면 "했어, 할 거야"와 같은 시제 관련 어휘를 사용하다가, 점차적으로 "어제 했어, 내일 할 거야"와 같이 시제를 일치하여 사용할 수 있게 된다.

5～6세가 되면 기본적인 문법 규칙을 터득하게 되고, 문법에 맞는 문장을 사용하게 된다. 6세가 되면 과거와 미래 시제를 적절하게 사용하게 되고 접속사를 사용한다. 5세 이후 10세까지 성장하는 동안 성인이 사용하는 문법에 근접하게 된다.

(3) 의사소통능력의 발달

의사소통은 말하는 사람과 듣는 사람이 서로의 생각과 감정을 음성언어나 문자언어로 교환하는 과정이다. 의사소통능력은 대화를 원활하게 이끄는 언어능력이라 할 수 있다. 생의 초기에는 울음이나 몸짓으로 자신의 의사를 전달한다. 이후 단어를 이해하고 언어표현능력이 빠르게 발달하면서 언어적 의사소통을 하게 된다.

2세 유아는 질문에 대답을 해야 한다는 것을 안다. 그리고 의사소통 시 화자와 청자가 교대로 말해야 한다는 것과 상대방을 쳐다보며 말해야 한다는 것을 인식한다. 정확하지 않지만 문장을 만들어 말하려 한다. 2세 반이 되면 멀리 있는 사람과 대화를 할 때는 목소리를 크게 하거나 가까이 가서 말해야 한다는 것을 알게 된다.

3세가 되면 마음과 다르게 말할 수 있다는 것을 안다. 미운 마음을 가지고 있지만 밉지 않다고 말할 수 있다. 다른 사람의 대화에 참여하고 또래들의 대화에 끼이고자 한다. 그리고 전화로 대화가 가능해진다.

4세가 되면 자신의 기분이나 느낌을 말로 표현할 수 있게 된다. 의사소통하는 상대를 고려하여 알아듣기 쉽게 말을 바꿔서 할 수 있게 된다. 이러한 능력을 참조적 의사소통 기술이라 한다. 예를 들면, 유아가 자기보다 어린 동생에게 말할 때는 쉬운 단어를 사용하여 문장을 짧게 해서 천천히 말한다. 그리고 선생님에게 말할 때는 존댓말을 사용하여 공손하게 한다(곽노의 외, 2007).

그러나 유아의 의사소통능력에는 몇 가지 한계가 있다. 첫째, 유아는 여러 명과의 동시대화가 어렵다. 둘이서 이야기할 때는 별 문제가 없지만 두 명 이상 여러 명이 이야기할 때는 동시 대화가 어렵다. 언제 이야기를 해야 하는지 판단하지 못한다.

둘째, 청자능력이 부족하다. 상대방의 이야기가 이해하기 어려우면 이해될 때까지 상대방에게 되물어보는 것을 청자능력이라고 하는데 유아는 이런 청자능력이 부족하다. 상대방의 이야기를 듣고 이해되지 않는 부분이 있어도 물어보지 못한다.

셋째, 유아는 자기 관점에서만 이야기한다. 유아기의 자기중심적인 사고 특성으로 인해 자기 관점에서만 이야기하는 경향이 있다.

유아의 의사소통능력 지도를 위해서 부모나 교사는 유아의 이야기를 잘 들어주고, 유아의 이야기가 이해되지 않을 경우 모호한 부분에 대해 질문을 함으로써 청자의 모델 역할을 해주어야 한다.

2) 문자언어발달

(1) 읽기발달

유아의 읽기능력은 책에 대한 가치를 알고 책을 가까이 하려는 태도에서 시작되어, 4단계로 서서히 발달해 간다(Waterland, 1995).

첫째 단계에서 유아는 책을 읽어 주면 귀를 기울이지만, 유아가 책읽기 행동을 하지는 않는다. 성인이 책을 읽어주면 유아는 그 내용에 귀 기울여 집중해서 듣고 그 내용에 대해 성인과 이야기를 나눈다. 이 단계에서는 책을 읽는 것이 무엇이고, 책 속의 글들은 어떤 작용을 하는지를 총체적으로 이해하는 것이 과제이다. 성인은 책을 읽으면서 유아의 눈을 관찰하고 유아가 책 내용에 관심이 있는지, 재미있어 하는지 등 어떤 태도를 보이는지 살펴보아야 한다.

둘째 단계에서 유아는 성인을 따라 함께 책을 읽기 시작한다. 유아는 성인이 읽는 대로 따라 읽기도 하고, 가끔 성인이 읽어주기 전에 다음에 나올 단어나 표현을 예측한다. 이 단계에서 유아는 문어와 구어의 차이를 느낀다. 성인의 책 읽기를 따라 하는 유아는 책 내용과 언어의 형태를 이해하고 있다. 책을 읽은 후 읽은 내용이나 어려운 단어 등에 대해 유아와 토의하면서 책 내용을 이해하도록 도와준다. 또 유아에게 책의 내용이 무엇인지 물어볼 수도 있고, 내용을 다시 말해보게 하거나 소리 내어 읽어보게 할 수도 있다.

셋째 단계에서 유아는 성인으로부터 읽기를 넘겨받는다. 유아가 책의 중요성과 책 속의 언어에 대해 알기 시작하면 유아 혼자 책을 읽을 준비가 된 것이다. 유아는 친숙한 글자를 찾아내고 손으로 그 글자를 짚을 수 있다. 예를 들어, 아는 글자를 이용해 책 제목을 읽기도 한다. 이 시기 유아는 여전히 성인이 읽어주기를 원하기도 하며, 성인과 한쪽씩 읽거나 함께 읽기를 원하기도 한다. 때로 혼자 크게 읽기도 한다.

넷째 단계에서 유아는 성인의 도움 없이 혼자서 읽을 수 있다. 이 단계에서 유아는 문자의 의미를 파악할 수 있다. 책의 내용과 관련하여 이해하고 있는 지식을 모두 동원하여 책읽기를 한다. 이상의 4단계는 점진적으로 축적되는 과정이다(이명조, 2005 재인용).

이기숙 외(1993)의 연구에 따르면, Waterland(1995)가 제시한 단계별로 유아들의 읽기가 발달하는 것을 알 수 있다. 2～3세 유아는 읽기 이전 단계에 해당되는데, 글자에 관심을 갖기 시작하며 책의 글자를 읽는 것임을 알고 나름대로 글자에 의미를 부여한다. 3～4세 유아는 그림책을 볼 때 그림이 아니라 글자를 읽어야 하는 것임을 안다. 그리고 읽기의 목적을 "책을 읽기 위해서, 학교에 가려고, 공부를 잘하려고"로 언급한다.

4～5세의 유아는 책을 읽는 방법을 터득한다. 책을 읽는 방향, 페이지, 제목 등을 인식한다. 소리와 글자를 일대일 대응을 할 수 있다. 이 시기 유아는 맥락을 중심으로 글자를 읽게 된다. 친구 이름을 읽는다던지 과자 포장의 글자를 보면 읽으려 한다.

5～6세의 유아는 아는 글자와 단어를 중심으로 탈맥락적 읽기를 한다. 아는 글자가 맥락과 관계없이 다른 상황에 제시되어 있어도 읽을 수 있다. 주변에서 자주 보는 글자를 읽고 도로변 간판들을 읽는다. 유아들의 연령 증가에 따라 읽기능력은 점진적으로 발달하는데, 먼저 글자를 이해하고, 맥락을 참고로 글자를 읽다가 점차 맥락에 의존하지 않고 읽기를 할 수 있게 된다.

유아의 읽기 지도는 우선 글이 없는 그림책을 이용하여 유아들이 책에 관심을 가지도록 해 준다. 책을 가지고 이야기를 나누면서 책을 좋아하고 책에 대한 가치를 먼저 알게 해야 한다. 책 속에는 무궁무진한 이야깃거리가 있고, 그것을 통해 상상의 세계가 펼쳐진다면 유아는 책을 스스로 읽고 싶은 욕구를 가지게 된다. 도서관에 자주 들리는 것도 책의 가치를 알게 하는 좋은 계기가 될 수 있다.

(2) 쓰기발달

유아의 쓰기 행동은 연필이나 크레용을 잡고 끄적거리기를 하면서 시작된다. 끄적거리기를 하다가 글자와 유사한 형태가 나타나게 되고 점차 발전하여 글자를 쓰게 된다. 쓰기는 대체로 끄적거리기, 획 쓰기, 글자형태로 쓰기 순으로 발달한다. Mason과 Shinha(1993)는 쓰기는 읽기와 함께 발달해 가는 것으로 보고, 쓰기의 발달단계를 4단계로 제시하고 있다.

첫째 단계에서 유아는 철자가 맞지 않은 단어를 자발적으로 쓴다. 보통 성인의 관심을 끌기 위해 쓰기 활동을 하는 경우가 대부분이다.

둘째 단계에서 유아는 부모의 도움을 받아 주변에 보이는 글들을 읽는다. 식품 포장의 글, 이름, 책 제목, 장난감 이름 등을 읽으면서 쓰기를 시도한다. 유아의 쓰기를 격려하면 유아는 더 많이 읽으려 하고 쓰기에도 열정을 보인다.

셋째 단계에서 유아는 글자의 소리에 관심을 가지고 전후 맥락과 단서를 이용해서 글을 읽는다. 새로운 단어를 읽어내면서 읽기와 쓰기를 확장해 간다.

넷째 단계에서 유아는 혼자 글을 읽을 수 있게 되고 동화책을 읽는다. 자신의 활동을 회상하년서 글을 쓰기 시작한다. 일기와 쓰기가 가능해지고 나아가 자신의 목적에 맞는 쓰기를 할 수 있게 된다.

유아의 연령별 쓰기발달을 보면, 2~3세 유아는 연필, 볼펜, 사인펜 등의 필기구를 사용하여 쓴다. 이 시기 유아의 쓰기는 그린 것과 쓴 것을 구분할 정도이다.

3~4세 유아는 쓰라고 요청하면 쓰기는 하지만 끄적거릴 때가 많다. 자기 이름 쓰기를 시도하고 쓴 것을 자랑한다. 간혹 성인들에게 특정 글자를 써 달라고 요구한다.

4~5세 유아는 글자놀이를 즐기며, 자기이름을 쓸 줄 안다. 다양한 목적에 맞게 쓰거나 다른 사람이 쓰도록 불러준다. 성인에게 받아쓰기를 시킬 때 유아는 평소 사용하는 구어체가 아닌 문어체로 불러준다. 다양한 목적의 쓰기 행위를 구별할 줄 안다. 유아 스스로 쓰기를 하며 모르는 글자를 묻는다.

5~6세 유아는 여러 가지 상황에 맞는 글이 있음을 안다. 여러 가지 쓰기도구를 이용하여 쓰기를 하며, 간단한 글을 써보려고 한다(이기숙 외, 1993).

유아기 쓰기의 특징 중 하나는 발명적 철자법이라고도 하는 창안적 글자쓰기이다. 끄적거리기를 시도하다가 4~5세쯤 되면 창안적 글자쓰기가 나타난다. 창안적 글자쓰기는 유아들이 표준적 글자쓰기를 습득하기 이전에 문자언어를 배워가는 초기 과정에서 나타난다. 유아 나름의 소리와 글자 체계의 규칙을 터득하고, 그 규칙을 적용시키면서 창의적으로 글자를 만들어 쓰는 것이다(정상임, 2005).

03 언어발달이론

영유아가 언어를 획득하는 과정에 대해 네 가지 이론으로 설명할 수 있다. 학습이론에 의하면 언어발달은 경험적인 훈련에 의해 학습되는 것이다. 언어가 선천적으로 타고난 능력에 의해 발달한다고 보는 견해는 생득이론이다. 상호작용이론은 언어발달이 선천적인 능력과 환경 간의 상호작용에 의해 이루어진다고 본다. 그리고 언어발달에서 뇌세포발달을 강조하는 뇌과학이론이 있다.

1) 학습이론

학습이론에서 언어 습득은 선천적인 능력에 의한 것이 아니라, 경험적인 훈련과 강화, 모방, 반복 연습에 의해 학습되는 것으로 간주한다.

Skinner의 조작적 조건형성이론에 의하면 영아의 단어 습득은 부모들이 제공하는 강화로 이루어진다. 영아가 옹알이를 하다가 어쩌다 "엄마"와 유사한 발성을 했을 때, 부모는 주의 집중하고 환호하며 칭찬해 주게 된다. 영아의 우연한 발성에 대한 부모의 긍정적인 반응은 강화인이 된다. 이런 강화인에 만족한 영아는 더욱 "엄마"라고 발성하려고 할 것이며, 이 과정을 통해 "엄마"라는 단어를 습득해 나간다.

영아가 옹알이를 할 때는 다양한 음소를 사용한다고 한다. 그런데 부모가 모국어 음소에만 선택적으로 강화하여 주기 때문에 영아는 모국어 음소만 익히게 된다. 옹알이 시기를 지나 영아가 단어를 말할 때 부모나 성인이 칭찬이라는 강화인을 주게 된다. 점차 한 단어, 두 단어, 긴 문장으로 나아가는 과정에서도 영아가 문법에 맞는 언어를 구사할 때도 강화를 준다. 그럼으로써 문법적으로 적절하게 말하는 것을 배우게 된다.

유아가 다양한 어휘를 사용하여 문장을 만들기 시작하면 부모는 유아의 말에 주의 집중하고 반응하며 칭찬해 주게 된다. 칭찬 받은 유아는 더욱 언어로 표현을 하게 된다. 이러한 과정을 통해 유아는 유창하게 말을 배우게 된다. 마찬가지로 유아가 우연히 존댓말을 사용했는데 부모가 기뻐하며 칭찬했다면, 유아는 계속 존댓말을 사용하게 될 것이다. 유아가 말하고자 하는 것을 부모가 정확하게 해석하는 것 자체가 강화가 되기도 한다. 유아가 자신의 의사를 언어적으로 표현하여 부모에게 전달했을 때, 부모는 유아의 요구에 반응하고 요구를 충족시켜준다. 유아의 의사표현에 대한 부모의 반응이 강화가 되어 유아의 의사소통능력이 발달하게 된다. 마찬가지로 유아의 이상한 언어적 표현에 친구나 부모가 반응을 보이면 그것이 강화가 되어 유아는 이상한 언어를 사용하게 된다.

사회학습이론가들(Bandura, 1971)은 모방도 언어학습의 중요한 기제라고 본다. 부모나 주위사람의 언어를 관찰하고 모방하여 언어를 획득하게 된다. 유아들은 읽기능력이 생기기 전에도 주위 사람의 어휘를 듣고 모방하여 어휘를 학습한다. 유아의 의사소통능력발달을 위해 성인이 다양한 대화기법을 사용하면 유아가 모델링하여 배운다. 어떤 상황에서 어떻게 말하는지를 관찰하여 언어를 학습하게 된다. 부모와 교사는 유아에게 언어모델이다. 유아의 화용론적 언어지식은 부모와 교사로부터 보고 배우게 된다. 유아의 청자능력발달을 위해 부모와 교사가 유아의 이야기를 듣고 이해 안 되는 부분을 질문한다. 그러한 경험을 통해 유아가 상대방의 이야기를 이해 못하면 다시 확인해야 하는 것을 모델링할 수 있도록 한다.

(1) 학습이론의 한계점

유아가 강화와 모방으로 문법적 규칙이나 화용론적 지식을 습득해가지만, 실제로는 적절한 강화 없이도 많은 말들을 배우게 되는 것을 볼 수 있다. 자녀가 문법에 맞지 않은 문장을 사용해서 뭔가를 요구할 때도 부모는 자녀의 요구 사항을 이해하고 요구를 들어준다. 부모는 자녀가 항상 체계적으로 문법에 맞는 말을 하도록 일관되게 강화하지 않는다. 그리고 문법에 맞는 말과 문법에 맞지 않은 말을 구분하여 다르게 강화하지도 않는다. 그래도 자녀는 문법에 맞는 말을 배운다. 따라서 강화만으로 유아가 바른 문법을 배워간다고 할 수 없다.

유아는 성인이 사용하지 않는 말을 그래서 들어본 적이 없는 독특한 말들을 사용할 때가 있다. 유아에게 공통적으로 나타나는 문법적 오류는 모방으로 설명할 수 없다. 예를 들어, 머리에 난 털을 머리카락이라고 배운 유아가 다리에 난 털을 다리카락이라고 말한다. 주격 조사 '가'를 배운 유아는 '선생님가' '인형이가'라고 한다. 유아의 언어는 단순히 모방으로 습득되는 것이 아니고 유아들 나름의 규칙을 적용하여 능동적으로 습득된다.

유아기에는 어휘가 급속도로 발달하게 되는데, 이 또한 모방만으로 설명하기 어렵다. 유아가 언어를 모방할 때 유아 수준에 비해 단순하거나 복잡한 문장은 모방하지 않는다. 유아는 익숙한 언어들만 모방한다. 성인의 언어를 자신의 수준에 맞게 압축하여 모방한다. 모방은 유아기 동안 스스로 배워가는 언어발달 과정에서 보강 기능을 해 준다. 강화받지 않아도 그리고 모방하지 않아도 발달하는 언어능력이 있기 때문에 학습이론만으로 언어발달을 설명하기에는 무리가 있다.

2) 생득이론

학습이론의 제한점이 제기되면서 언어발달의 생물학적 요인 그리고 선천적인 능력을 강조하는 생득이론이 대두되었다. Chomsky(1975)는 인간은 언어를 획득할 수 있는 선천적인 능력인 언어획득장치(Language Acquisition Device: LAD)를 갖고 태어난다고 보았다. 선천적으로 언어를 구사하는 능력 덕분에 기본적인 문법원리만 익히면 변화를 주면서 무한한 문장을 만들어낼 수 있다. 선천적 언어획득장치는 언어의 음성적 규칙, 의미적 관계와 문법적 규칙들을 인지하게 해주는 능력이다. 이는 뇌의 특정구조나 부위를 의미하는 것이 아니라, 외부로부터 들어오는 언어자극을 분석하는 인지적 능력을 말한다(김기현 외, 2014).

언어획득장치로 인해서 유아는 주변으로부터 들리는 많은 어휘의 의미를 이해하고, 그 어휘들을 사용하여 문법적으로 정확한 문장을 구사하는 언어능력을 가지게 된다. 유아가 강화나 모방만으로 습득하기 어려운 언어규칙을 터득하고 복잡한 문장구조를 터득하는 것은 언어획득장치를 가지고 있기 때문이다. 언어획득장치의 도움으로 지능이나 환경의 개인차에 관계없이 유아는 모국어를 획득해나가게 된다.

인간이 태어나면서 선천적으로 가지고 있는 언어능력, 즉 언어획득장치에 의해 유아는 한 번도 들어보지 못한 문장을 포함하여 무한히 많은 문장을 만들어 내기도 하고 이해하기도 한다. Chomsky는 언어의 바탕에 있는 원리에 주목하였다. 문법적으로 바른 문장을 만들어 낼 수 있는 언어원리를 명시적으로 형식화하여 변형생성이론이라 하였다(Chomsky, 1975).

Chomsky의 변형생성이론에 따르면 모든 문장은 심층구조와 표층구조로 구성되어 있다. 심층구조는 의미를 관장하는 기저의 문법체계이며, 표층구조는 표현된 언어 그 자체이다. 말하고 싶은 기본 의미를 문장으로 전환시키는 규칙을 변형규칙이라 하는데, 이런 변형규칙을 사용할 수 있는 능력은 언어획득장치에 기인한다.

유아들은 변형규칙을 사용할 수 있는 능력을 통해 충분한 학습과 경험 없이도 무한한 문장을 이해하고 산출해낸다. 예를 들어, 머릿속에 '나는 딸기를 좋아해'와 같은 기본적인 생각을 가진다면 변형규칙을 사용해서 다른 종류의 문장을 만들 수 있다. "나는 딸기를 먹고 싶어" 또는 "나는 딸기가 싫어"라고 말할 수 있다. 변형규칙을 사용하도록 선천적으로 프로그램화되어 있기 때문에 유아들은 한 번도 들은 적이 없는 문장들을 만들어 내는 것이다.

생득이론에 따르면 인간이 특정 시기에, 특정 방식으로 언어를 학습하도록 생물학적으로 프로그램화되어 있다. 세계 여러 나라 영유아들이 문화적 환경의 차이와 사용하는 언어의 차이에도 불구하고 세계 모든 영유아들이 동일한 순서로 동일한 시점에 언어발달 변화를 보이는 것은 언어능력이 선천적인 능력임을 증명하는 것이다.

언어를 학습할 수 있는 민감기가 있다는 사실도 생득이론의 주장을 뒷받침한다. Lenneberg는 언어발달에는 민감기가 있으며, 언어를 산출하고 이해하는 능력은 인간의 선천적인 능력이다. 그리고 뇌에는 언어발달을 관장하는 특정부분이 존재하고 있어 어느 문화권에서든 영유아의 언어발달 과정은 동일하다고 주장하였다. 언어발달을 담당하는 뇌가 발달함에 따라 언어능력이 향상된다.

생득이론에 의하면 2세에서 사춘기까지의 시기를 언어학습의 민감기라 한다. 사춘기 이전에는 2개 이상의 언어를 동시에 쉽게 획득할 수 있으나 사춘기 이후에 제 2외국어를 학습하기 위해서는 집중적인 노력이 필요하다. 5세 이전의 뇌 손상으로 인한 실어증은 대부분 회복되나, 청소년이나 성인기 뇌손상으로 생긴 실어증의 경우 집중적인 치료에도 불구하고 언어능력의 일부만 회복할 수 있다.

언어발달 민감기에 관련된 사례로 지니 이야기가 있다. 1970년 미국 캘리포니아에서 부모에 의해 13년간 감금되어 움직이지도 못하고 말도 할 수 없는 지니라는 아이를 한 복지사가 발견했다. 사춘기가 지난 지니에게 언어치료를 집중적으로 시켰다. 지니는 서툴지만 말을 하기는 했다. 그러나 4년이 지나도 지니가 할 수 있는 언어능력은 두 단어 문장 수준이었다(유효순, 2007). 언어학습의 민감기가 지난 지니가 새로운 언어를 학습하는 것은 아주 힘든 일이었다.

언어발달을 설명하는 생득이론의 가장 큰 한계점은 언어획득장치의 기능, 역할, 진행과정에 대해서는 설명하지 못하는 것이다. 그리고 언어의 유창성이나 문법 능력에서 왜 개인차가 나타나는 지에 대해서도 설명하지 못한다. 성인이 제 2외국어를 배우는 속도가 어린 아동을 능가하는 경우도 있지만 이런 경우는 민감기 가설로 설명하기 어렵다.

3) 상호작용이론

상호작용이론에서는 사회적·언어학적·성숙적·인지적 요인들이 모두 언어발달에 영향을 주며, 이런 요인들이 서로 의존적으로 상호작용하면서 언어가 발달한다고 본다. 즉, 상호작용이론은 학습이론과 생득이론에서 설명하는 언어획득 과정을 부분적으로 수용하면서 아울러 두 이론이 설명하지 못하는 개인의 선천적 능력과 사회적 상호작용의 요소까지 설명하고 있다. 상호작용이론은 인지적 상호작용이론과 사회적 상호작용이론으로 나누어 볼 수 있다.

(1) 인지적 상호작용이론

인지적 상호작용이론가들은 언어발달이 인지적 발달에 의존한다고 주장한다. 언어는 단순한 선천적 능력이라기보다는 인지적 성숙의 결과로 획득되는 여러 능력 중의 하나이다. 그러므로 인지발달의 순서에 따라 언어발달의 순서가 결정된다.

Piaget에 따르면 언어는 사고의 정교화에 필수적이지만, 사고발달이 우선 이루어져야 언어가 발달한다고 보았다. 즉, 인지발달이 언어발달에 선행한다. 유아가 언어적으로 표현하기 위해서는 그와 관련한 지식이 있어야 한다.

Piaget의 인지발달이론에 의하면 상징적 사고가 가능하면서 언어가 발달한다고 한다. 유아는 정신적 표상 혹은 상징을 동작으로 먼저 표현한다. 그런 다음 언어로 표현하게 된다. 예를 들면, 유아가 리모컨을 들고 전화하는 흉내를 먼저 낸다. 그런 다음 "이거를 전화라고 하자"라고 말할 수 있게 된다.

유아들이 자아중심적 언어를 사용하는 것도 전조작기의 자아중심적 사고 때문이다. 또한 인지적 상호작용이론에서는 인지 구조의 수준을 향상시키기 위한 경험을 중요하게 생각한다. 언어의 발달은 유아의 인지 구조 수준과 언어적 환경 간의 계속적인 상호작용의 결과이다.

(2) 사회적 상호작용이론

사회적 상호작용이론은 Vygotsky 이론으로 설명된다. Vygotsky에 의하면 한 사회의 역사와 문화를 포함하고 있는 언어는 사고발달을 위한 중요한 매개체이다. 유아의 언어발달은 유아가 경험하는 문화를 내면화하는데 필요한 도구이다. 따라서 사회적 상호작용주의이론에서는 적절한 언어 경험을 제공해주는 어머니의 역할을 강조하였다. 어머니는 유아와 일상적 대화를 나누기도 하고 직접적인 지시도 내린다. 어머니와의 언어적 상호작용은 유아의 인지구조를 확장시켜 준다. 부모를 비롯한 주변인들과의 언어적 상호작용은 사고발달을 위해 필연적인 것이다.

Vygotsky에 의하면 혼잣말은 자기조절적 또는 자기지시적 목적으로 사용되는 언어이다. 유아는 문제를 해결하거나 중요한 목표를 달성하고자 할 때 혼잣말을 하게 된다. 혼잣말은 자신의 사고과정과 행동을 이끌어가기 위해 사용하는 언어이다. 혼잣말을 많이 하는 유아가 그렇지 않은 유아보다 사회적 능력이나 인지적 능력이 우수하다.

상호작용이론의 또 다른 학자는 Bruner(1997)이다. Bruner도 영유아의 언어발달에 대한 사회문화적 환경의 중요성을 강조한다. 그 역시 영유아의 언어발달에서 부모와 교사의 역할을 강조한다. 영유아의 언어발달에 기여하는 부모의 역할을 언어습득지원체계라 한다. 부모의 언어습득지원체계는 영유아의 언어 표현에 대한 부모의 반응과 아기식 말투 등을 들 수 있다(유효순, 2007). 핵심단어를 강조하면서 천천히 짧고 간단한 말을 고음으로 반복해서 하는 부모의 아기식 말투는 영유아의 언어습득에 도움이 된다.

사회적 상호작용이론이 언어발달을 설명하는 데 있어서 기존 생득이론이나 학습이론과 다른 점은, 선천적인 언어획득장치에 관심을 갖기보다는 일반적 인지발달에 초점을 두는 점과 모방이나 강화보다 사회적 의사소통요인을 강조하는 점이다.

4) 뇌과학이론

인간의 뇌는 기억, 사고, 판단, 감정 등 모든 의식 활동뿐 아니라 언어 기능까지 담당하고 있다. 두뇌 구조와 신경체계는 언어발달에 알맞게 이루어져 있으며, 신체조직도 언어수행에 적합하게 발달되어 있다(정동빈, 1990).

언어능력과 관련된 뇌 부위는 대뇌피질의 전두엽과 측두엽이다. 언어적 경험을 할수록 대뇌피질 내 신경세포들의 연결이 활발히 이루어지며 시냅스가 강화되고 수상돌기나 축색돌기의 가지들이 늘어나며 수초화가 증가한다. 이러한 신경체계의 구조적인 변화는 언어 학습과 관련된 신경회로를 활성화시킨다. 그렇게 되면 언어처리능력이 빨라지게 된다.

뇌과학이론적 관점에서 수집된 증거 자료들은 생득이론, 학습이론, 상호작용이론 각각을 지지하고 있다. 결국 언어발달이란 유전과 환경간의 상호작용에 의해 이루어지는 것으로 볼 수 있다.

뇌과학이론가들은 인간은 언어를 습득하고 구사할 수 있는 신경생리학적 구조를 가지고 태어난다고 본다. 언어능력과 관련된 뇌가 얼마나 제 기능을 발휘하느냐는 관련 뇌 부위의 시냅스 형성으로 인한 신경회로의 효율성에 달려있다. 따라서 영유아의 언어발달을 위해서는 뇌의 신경망이 더욱 활성화되도록 언어 학습 환경을 풍부하게 제공해주어야 한다.

영유아의 언어능력은 그들에게 제공되는 언어 환경의 질에 따라서 차이가 난다. 어머니가 영유아와 의사소통을 많이 하게 되면 언어발달을 관장하는 뇌의 신경세포간의 결합, 즉 시냅스 생성이 촉진된다. 어머니가 영유아에게 다양한 어휘를 사용하여 말을 자주 걸어주고 유아의 언어적 시도에 적극 반응해주면 유아의 언어 사용이 빨라지며, 대뇌 전두엽이 활성화된다. 이로 인해 영유아의 언어가 유창해진다.

뇌과학이론에 의하면 부모가 복잡한 문장과 다양한 어휘로 이야기를 많이 해주면 이는 모두 영유아의 뇌에 각인되어 언어표현을 잘 할 수 있는 뇌로 만들어진다. 따라서 부모가 영유아에게 아기식 말투를 사용하는 것보다 다양한 어휘를 사용한 긴 문장의 이야기를 해주는 것이 유아의 언어발달에 도움이 된다(Erika Hoff, 2014).

04 언어발달에 영향을 미치는 요인

영유아의 언어발달은 선천적인 요인 뿐 아니라 주변 환경의 여러 가지 요인에 의해 영향을 받는다. 언어발달에 영향을 미치는 영유아의 개인적 요인과 환경적 요인으로 구분하여 살펴보면 다음과 같다.

1) 개인적 요인

(1) 성

일반적으로 언어발달은 남아와 여아 간에 차이를 보인다. 말을 시작하는 시기도 여아가 남아보다 빠르다. 남아보다 여아가 말을 더 많이 한다. 어휘습득에서도 성차가 있다. 여아가 남아보다 더 많은 어휘를 습득하였다(장유경 외, 2006). 여아의 읽기능력이 남아보다 높다(조경민, 1998; Barbour, 1987).

신경생물학자들은 남아와 여아의 두뇌에서 이루어지는 언어처리 과정에 차이가 있어서 여아의 언어발달이 빠르다고 주장한다. 이러한 성별차이가 생물학적 차이인지 사회적 환경의 차이인지에 대해서는 논의가 계속되고 있다.

사회적 환경의 영향력을 강조하는 학자들은 부모가 남아보다 여아에게 언어적 자극을 더 많이 주기 때문에 언어습득에서 성별의 차이가 있다고 주장한다. 부모는 남아와는 신체적 활동을 더 많이 한다. 하지만 여아와는 언어적 상호작용을 더 많이 하면서 정서적 교감을 한다. 남아는 바깥놀이를 많이 하지만 여아는 어머니와 언어적 상호작용을 더 오래 한다. 어머니는 남아보다 여아에게 언어에 대한 강화도 많이 해주고 질문도 많이 해준다. 때문에 여아가 남아보다 언어 습득이 빠르다고 설명한다(조경민, 1998).

(2) 신체적 조건

언어습득과 발달은 영유아의 신체조건에 따라 영향을 받는다. 신체조건은 감각기관, 청각기관, 발음기관, 신경근육 조직의 정상 여부를 의미한다. 영아는 보고, 만지고, 듣는 감각경험을 통하여 정보를 수집하고 이를 뇌에 전달하여 의미를 이해한 후 음성 언어나 문자 언어로 표현한다. 따라서 정상적인 언어발달이 이루어지기 위해서는 신체기관이 정상적으로 기능을 발휘해야 한다.

유아기에 언어지체를 일으키는 가장 큰 요인은 청력손상이다. 청각기관의 발달과 수용적 언어발달에는 높은 관련성이 있다(박상희 외, 2003). 선천적인 구강구조의 결함에 의한 구개파열도 유아의 언어발달을 지체시키는 요인이 된다(김효선, 2001).

(3) 사회·정서발달

영유아의 정서발달은 언어발달에 영향을 미친다. 긍정적 정서를 가진 영유아는 사람들에게 더 쉽게 접근하고, 주위 어른들의 관심도 더 많이 받게 되어 말할 기회가 많다. 또한 자아존중감이 높고, 자기 자신에 대해 긍정적인 영유아가 언어적 표현을 더 자유롭게 많이 한다. 부모와 안정 애착을 형성하고 정서적으로 안정된 영유아는 양적으로 질적으로 말을 더 잘한다. 반면에 정서적으로 불안정한 영유아는 말을 더디게 시작하며 말을 많이 하지 않는다.

언어는 사회적 맥락 속에서 발달하게 된다. 가족 간에 대화가 많은 가정에서 말할 기회가 많았던 유아들이 그렇지 않은 유아들에 비해 말을 잘한다. 친구가 없고 고립된 유아보다 사회성이 잘 발달된 유아가 언어발달도 앞선다. 또래와의 관계도 잘 맺고 활발하게 상호작용하기 때문에 언어적 상호작용의 기회가 많다. 따라서 표현 어휘를 더 많이 사용하게 된다(장유경 외, 2006).

(4) 인지발달

언어발달은 인지발달과도 관련이 있다. 유아가 말을 하고 읽고 쓰기 위해서는 기억력, 이해력, 추리력, 사고능력 등의 인지능력이 필요하다. 지적 능력과 언어발달은 상관이 높으며, 지능검사에서 언어적 요인은 중요 하위 요인이다. 기억, 지능 등의 요인은 읽기 이해과정에 영향을 미치는 주요 요인이다(가경신, 2003). 정신지체는 언어장애의 주요 원인이 된다(유정훈, 2004).

Piaget(1959)의 주장에 따르면, 인지능력과 언어능력은 상호의존적이며, 사고가 언어발달에 선행한다고 보았다. 전조작기 유아는 자아중심적 사고를 하기에 자아중심적 언어를 사용한다고 했다. Bruner는 Piaget의 주장과는 달리 언어가 감각운동발달과 상징적 사고를 포함하는 인지적 발달을 자극한다고 본다(Berk, 1985). 결론적으로는 인지발달과 언어발달은 상호의존적으로 영향을 미친다.

2) 환경적 요인

가정환경은 영유아가 언어를 학습하는 데 중요한 역할을 한다. 특히 영유아와 어머니의 언어적 상호작용은 영유아의 언어습득 시기와 어휘량에 영향을 미친다.

(1) 부모

영유아의 언어발달을 위해서는 언어적인 상호작용을 할 수 있는 기회를 많이 제공하는 것이 중요하다. 영유아기에 주로 상호작용하는 대상은 부모이다. 어머니가 자녀에게 말을 자주 걸고, 자녀의 반응에 피드백을 많이 해줄수록 또 자녀의 질문에 대답을 많이 해 줄수록 자녀의 언어능력은 더 발달한다(이경렬, 2005). 부모가 자녀에게 상호교류를 하는 놀이나 함께 어울리는 활동을 많이 제공하여 의사소통의 기회를 부여하는 것이 언어발달에 도움이 된다.

자녀의 언어 표현에 매우 민감하게 반응하는 어머니의 양육태도는 자녀의 언어발달을 돕는다. 자녀가 부정확한 발음을 하거나 부적절한 단어를 사용하면 문법에 맞게 다시 말해주고, 한 단어 문장으로 말을 하면 긴 문장으로 확장해서 다시 유아에게 말을 해준다. 자녀의 언어 표현에 대한 어머니의 수정이나 확장 피드백은 자녀의 주의를 끌어 모델링할 수 있게 한다. 영유아기에는 모델링을 통한 언어 학습이 더욱 효과적이다. 어머니의 수정과 확장 피드백을 통해 영유아들은 어머니 언어를 더 잘 모방하게 되고, 언어능력이 향상될 수 있다.

(2) 형제

형제 수, 출생순위, 형제간 연령차가 언어발달에 영향 미친다는 연구들이 보고되고 있다(May, 1980). 일부 연구는 형제가 많은 아이보다 외동이 언어발달이 빠른 편이라고 주장한다. 외동아는 형제자매가 없어 부모와 상호작용하는 시간이 많고 따라서 부모의 언어를 모델링하게 된다. 같은 이유로 장남, 장녀가 동생들보다 개념습득능력이 우수하고, 언어습득도 빠르며, 긴 문장으로 말하는 경향이 있다. 서로 미숙한 언어를 모델로 하는 쌍생아는 보통 유아보다 언어발달이 뒤떨어지는 경향이 있다. 바로 위 형제와 연령차가 적은 동생이 연령차가 큰 유아보다 언어습득에서 열등하다(May, 1980).

그러나 이와 상반된 연구결과도 제시되고 있다. 형제가 있는 유아의 표현력이 형제가 없는 유아의 표현력보다 우월하다는 연구(김춘희, 1978)도 있으며, 형제 수, 출생순위, 형제 간 연령차가 언어발달에 영향 미치지 않는다는 연구(고순옥, 2004)도 있다.

(3) 물리적 환경

영유아가 생활하는 물리적 환경 또한 언어발달에 영향을 미칠 수 있다. 언어들로 구성되는 일상에서의 생활경험이 영유아에게 언어적 자극이 된다. 다양한 장난감, 교구 그리고 책이 많이 구비된 가정의 영유아가 언어발달, 특히 읽기능력이 우수하다(Lapp & Flood, 1983). 영유아가 관심을 보이는 교구들 또는 책들을 이용하여 어휘력을 확장시키고, 대화를 유도하면 언어발달이 도움이 된다. 가정의 주

택유형, 주거 공간 구성도 언어발달의 주요 요인으로 작용한다. 주거 공간의 크기, 공간 구성, 가구 배치 등도 언어적 상호작용에 영향을 미치는 요인이 된다.

(4) 유아교육기관 환경

교사는 언어를 매체로 유아와 긴밀한 상호작용을 하고 학습활동을 지도한다. 교사의 언어행동은 교사의 경력, 학력수준, 연령, 가치관에 따라 차이가 난다. 교사의 음성, 말투, 어휘 등이 교사의 언어행동의 질을 좌우하게 된다. 이러한 교사의 언어행동은 유아의 정서적 측면에 영향을 미치는 동시에 언어학습의 모델링 역할을 하게 된다. 또한 유아는 자기중심적 사고가 점차 탈중심적 사고로 바뀌면서 또래의 관심에 민감하다. 또래끼리 의사소통을 하게 되면서 서로의 언어발달에 영향을 주고받는다.

09 Chapter

정서발달

정서의 개념에는 정서표현, 정서이해, 정서조절, 정서활용 등이 포함된다. 영유아가 사회적 관계 맺기를 원활하게 하려면 자신의 정서를 표현하고 다른 사람의 정서를 이해하며, 상황에 따라 정서를 조절하고 활용할 줄 알아야 한다. 영유아기에 자기 정서를 잘 조절하는 아이가 또래 간에 인기 있는 영유아가 되며, 성장한 이후에도 사회적응을 잘하게 된다. 최근 정서를 연구하는 학자들은 정서지능이 사회적인 성공가능성을 예측하는 데 중요한 요인이라고 한다. 정서지능이 높을수록 자아존중감도 높으며, 대인관계가 원만하고, 성취수준도 높다. 이 장에서는 영유아기의 정서발달과 정서표현과 정서이해, 정서지능, 정서교육, 정서발달이론 등에 관해 살펴보고자 한다.

01 정서의 정의

정서(emotion)는 감정이나 기분과는 다른 의미다. 감정(feeling)은 특정한 상황과 사건에 대한 일시적이고 개인적인 느낌을 의미한다. 이에 비해 정서는 여러 감정을 포괄하는 상위 개념이다(정미라 외, 1998). 정서는 신체적 요소, 인지적 요소, 표현적 요소까지 포함하는 복합적인 개념이다.

정서의 신체적 요소는 개인이 경험하는 내·외적 사건에 대한 정보를 뇌로 전달하였을 때 발생되는 신체적·생리적 변화를 의미한다. James(1884)는 자극적인 사건을 지각하자마자 신체변화가 나타나며, 이러한 신체변화에 대한 느낌이 바로 정서라고 하였다. 예를 들면, 발표 직전 또는 큰 무대에 설 때, 난감한 상황에 처했을 때, 또는 무서운 개를 만났을 때 손에 땀이 나고, 얼굴이 경직되며, 목이 타고, 심장박동이 빨라진다. 이러한 현상은 정서의 신체적 요소이다.

정서의 인지적 요소라고 하는 것은 상황에 대한 판단, 경험에 대한 지각, 사건에 대한 해석 등을 토대로 타인의 정서를 인지하고, 자신의 정서를 분석하는 것을 의미한다. Lazarus(1991)는 정서는 행동경향성, 심리적 반응, 주관적인 경험 등에 대한 전반적인 평가이며, 이러한 평가에 이어 지는 대응과정까지 포함한다고 정의하였다. 특히 정서에서 평가라는 인지적 과정을 강조하였다. 예를 들면, 예술작품을 보고 정서를 읽어내는 것, 타인의 표정을 보고 그의 감정을 알아채는 것 그리고 타인의 감정에 대응하는 행동 등이 정서의 인지적 요소이다.

정서의 표현적 요소는 미소 짓기, 눈물 흘리기, 얼굴 찡그리기, 손 떨림, 얼굴색 변함 등과 같이 얼굴 표정이나 목소리, 몸의 움직임으로 표현되는 것을 말한다. 학자마다 신체적 변화, 인지적 해석, 반응적 표현이 일어나는 순서에 대해서는 의견이 다르지만, 세 가지 요소가 결합하여 정서가 나타난다는 것에는 일치된 의견을 보인다(Kostelnik et al., 2005).

Parrott(2001)은 정서는 인지적, 신체적, 행동적 증상으로 뚜렷하게 표현되는 지속적인 마음의 상태라고 정의하였다. 예를 들어, 엄마가 자녀를 사랑한다고 하는 정서는 엄마자신이 자녀를 사랑한다는 사실을 인지적으로 지각하고, 자녀를 안았을 때 충만함과 가슴 떨리는 것과 같은 사랑의 감정에 의한 신체적 자극이 있고, 자녀에게 미소를 보내는 등의 행동을 하는 그 모두가 결합하여 나타난다.

정서는 약한 정서와 강한 정서로 구분할 수 있다. 약한 정서는 동기를 유발시키고 과제 수행의 에너지가 될 수 있다. 예를 들면, 좋아하는 사람 앞에서 설레는 것, 발표 직전에 좀 긴장하는 것은 약한 정서 상태이다. 약간의 긴장은 집중할 수 있게 하고 수행 수준을 높여준다. 예를 들면, 평소 때보다 시험 직전에 암기가 더 잘 되는 경우 또는 좋아하는 선생님의 담당교과목을 더 열심히 공부하는 경우가 이에 해당한다.

강한 정서는 아드레날린과 비 아드레날린을 많이 분비시켜 신체의 격렬한 반응을 일으킨다. 예를 들면, 무대발표를 앞두고 너무 긴장하면 연습 때 잘하던 동작들이 기억나지 않을 수 있으며, 신체 움직임이 둔화되기도 한다. 지나친 공포는 근육이 마비되고 호흡곤란을 겪을 수도 있다. 강한 정서는 개인의 수행에 부정적 영향을 미치며, 건강을 해칠 수도 있다.

1) 정서의 특징

정서에는 여러 가지 특성이 있다(Ekman, 1994).

첫째, 특정 정서를 유발하는 공통적인 요소가 있다. 개인적인 경험이나 문화적 차이로 인해 정서가 유발되는 요인이 다를 수 있지만, 대부분 특정한 정서를 유발하는 공통적인 요인이 있다. 예를 들면, 대부분의 사람들은 낭떠러지에서 공포심을 느낀다. 또는 가족의 죽음에 슬픔을 느낀다.

둘째, 정서는 빠르게 생성된다. 정서는 무슨 일이 일어났는지 지각하기도 전에 생성된다. 그리고 지속시간이 짧다. 빠르게 생성된 정서는 오래 지속되지 않고 사라진다.

셋째, 정서는 불수의적으로 생성된다. 어떤 특정 사건을 경험할 때 본인의 의사와는 무관하게 정서가 생성된다. 특정한 정서를 의도적으로 생성하려고 해서 생성되는 것이 아니다.

넷째, 정서에는 생리적 반응이 수반된다. 슬픔, 기쁨, 불안 등 정서마다 특징적인 자율신경계의 변화가 수반된다.

이처럼 정서는 일상생활 속에서 거의 지각도 하지 못하는 빠른 속도로 자동적 평가기제에 의해 생성된다. 정서는 우리가 선택해서 경험하는 것이 아니고 자동적으로 생성된다.

02 영아기 정서발달

영아기 정서는 영아기의 정신능력을 지배하며, 부모와의 관계를 형성하는데 있어 중심 역할을 한다. 인간의 뇌 중 대뇌변연계는 정서를 관장하는 뇌인데, 인지의 뇌인 대뇌피질보다 일찍 성숙하여 기능한다. 그러므로 영아기 정신 작용은 정서의 뇌인 대뇌변연계의 영향을 받는다. 예를 들면, 신생아기에 보이는 반응행동은 쾌와 불쾌라는 정서에 의해 생성된다. 이후 나타나는 대부분의 행동들도 기쁨, 불안, 두려움의 정서적 작용에 의해 일어난다.

영아기에 나타나는 기본 정서는 매우 강렬하게 표현된다. 영아는 작은 일에도 크게 좋아하고 크게 기뻐한다. 기분이 좀 나쁘면 격렬하게 울면서 몸부림을 친다. 그리고 정서 상태가 오래 지속되지 않고 자주 변화한다. 금방 울다가 금방 웃는 등 정서적 반응이 빨리 변화한다.

1) 정서의 기능

영아기 정서는 영아가 세상에 잘 적응하도록 돕는 몇 가지 기능을 가지고 있다.

첫째, 영아의 정서표현은 영아의 상태를 다른 사람, 주로 양육자에게 알림으로써 영아를 보살피게 하는 기능을 한다(Lamb, 1988). 예를 들어, 영아의 불편한 표정이나 울음은 양육자로 하여금 영아의 욕구를 충족시켜주고, 문제를 해결하도록 한다. 영아의 미소는 양육자를 곁에 머물도록 하며 영아를 돌보도록 한다.

둘째, 영아의 정서는 의사전달 기능을 가지고 있다. 영아의 미소는 편안하다는 신호이며, 영아의 울음은 불편하다는 신호이다. 영아는 울음의 강약으로 다양한 욕구 불만과 신체적 불편함을 전달한다.

셋째, 영아의 정서는 사회적 환경을 통제하는 기능도 한다. 정서는 사회적 상호관계에서 일종의 유인 자극으로 작용하게 되는데, 낯선 사람과의 만남에서 미소는 쉽게 접근할 수 있도록 하는 유인 요인이 된다. 타인으로부터의 적대적 행동을 피하기 위해 자발적으로 미소를 띠기도 하고 실수를 저질렀을 때는 이를 무마하기 위한 노력으로 미소를 짓기도 한다. 슬픔과 울음 또한 주변의 관심을 유도하는 정서이다.

2) 영아기 정서표현

학자에 따라 영아들이 태어날 때 이미 다양한 특수한 정서를 가지고 있다고 주장하기도 하고, 연령 증가에 따라 다양한 정서로 분화된다고 주장하기도 한다. 정서발달에 대한 분화이론을 주장하는 학자들은 정서발달도 신체발달이나 언어발달처럼 발달 규준에 따라 순서대로 나타난다고 본다. 정서의 출현 시기를 살펴보고, 정서표현의 발달 특성을 파악하고자 한다.

(1) 정서의 출현 시기

정서를 연구하는 학자들은 영아의 다양한 정서가 언제부터 나타나는지에 관심을 가졌다. 분화이론가들에 의하면 영아의 여러 가지 정서는 각기 다른 시기에 나타난다(Izard & Malatesta, 1987). 출생 시에는 막연한 흥분상태에 있으나 점차 흥미, 불쾌, 혐오 등의 정서로 분화된다.

생후 4~6주경에 기쁨의 정서가 나타나고, 출생에서 3개월 사이에 슬픔, 3~4개월에는 분노, 5~7개월에는 공포의 정서가 나타난다. 10~12개월에는 애정의 정서가 나타난다. 2세경에는 질투심이 생기며 성인에게서 볼 수 있는 다양한 정서표현이 거의 나타난다고 한다(김경희, 2004 재인용). 하지만 학자들에 따라 정서가 시작되는 시기는 다소 차이가 있다.

(2) 일차 정서

일차 정서는 출생 후부터 7개월경까지 나타나는 기본 정서를 말한다. 일차 정서에는 기쁨, 분노, 공포 등의 정서가 있다. 영아의 일차 정서는 모든 문화권에서 비슷한 시기에 나타나므로 선천적인 것으로 간주된다.

① 기쁨

기쁨 정서는 미소나 웃음으로 표현된다. 건강한 영아일수록 기쁨의 표현이 명확하고 빈번하게 나타난다. 출생 직후 미소는 배냇짓으로 선천적이며 반사적 행동이다. 깊은 수면이나 부드러운 감촉 등에 대한 반응으로 보인다.

출생 후 4주경쯤의 영아는 움직이는 물체들과 같은 외부의 자극에 미소를 보이며, 6~10주경에는 사람의 얼굴을 보고 미소를 보인다. 이 미소를 사회적 미소라 한다. 3개월경이 되면 영아는 친숙한 사람과 그렇지 않은 사람에 대해 다른 미소를 보이며, 사회적 상호작용이 이루어질 때 빈번한 미소를 보인다.

웃음은 출생 후 3~4개월경이 되었을 때 강한 자극을 주면 나타난다. 영아의 웃음을 유발하기 위해서는 미소를 유발하는 자극보다 더 강한 자극이 필요하다. 6개월 이후가 되면 '까꿍 놀이' 같은 시각적 자극이나 사회적 자극에 더 잘 웃게 된다.

12개월이 되면 영아는 인지적 발달과 더불어 앞으로 일어날 일을 예측하면서 사소한 행동에도 웃게 된다. 12개월이 지난 영아는 자신이 만든 상황이나 사건에 대해 미소를 지을 수 있게 된다. 1~2세에는 다른 사람과 사회적인 관계를 갖기 위해 의도적인 미소를 짓기도 한다. 그리고 흥미로운 장난감을 다른 사람을 향해 들어 보이는 등 주변사람과 함께 즐거움을 나누려는 행동을 한다(박성연, 2006). 영아는 친숙한 사람과 상호작용할 때 더 자주 더 많이 웃음을 지으며 유대관계를 강화시켜 간다.

② 분노

신생아들은 배가 고프거나, 아프거나, 춥거나, 너무 많은 자극 또는 너무 적은 자극 등에 분노 감정을 드러낸다. 신생아가 욕구불만으로 분노 감정을 보이게 되면 양육자는 아기의 욕구를 즉각 충족시켜주려 한다. 분노는 영아의 욕구를 즉각적으로 해결해주는 하나의 방법이 되므로 영아가 보편적으로 드러내는 정서이다.

출생 초기에는 주로 배고픔이나 고통 등의 자극으로 인해 분노하고, 이때 분노는 울음으로 표현된다. 4~6개월경이 되면 성난 목소리로 소리 지르는 것으로 분노를 표현한다.

1세 이후부터는 자신이 가지고 있는 것을 빼앗기거나 하고 싶은 것을 제지받을 때 생기는 욕구좌절 때문에 분노를 느끼게 된다. 이때 분노 표현은 발을 구르거나 차거나 물건을 던지거나 부수는 행동으로 한다.

2세경에 분노는 최고조에 달하며 양육자가 사랑과 관심으로 공감해주지 않으면 공격성으로 발전할 수 있다(정옥분, 2010).

③ 공포

공포는 신체적 또는 심리적으로 위험을 느낄 때 가지는 정서반응으로 1세 후반부터 주로 나타난다. 출생 초기에는 양육자로부터 철저하게 보호 받기 때문에 공포 감정을 느낄 상황이 많지는 않다. 하지만 갑자기 이동하거나 움직임이 있을 때, 큰소리나 심한 고통을 받게 될 때, 잠 잘 때 주어지는 큰 자극이 공포 반응을 유발한다(강인언 외, 2010).

생후 6개월이면 인지발달로 인해 공포감을 가지게 된다. 인지발달로 친숙한 사람과 낯선 이를 구별하게 되면서 생기는 낯가림이 영아기의 주된 공포감이다. 즉, 영아에게 가장 많이 나타나는 공포는 낯선 이에 대한 공포이다. 그리고 애착이 형성된 사람과 분리 경험이 공포를 유발하는 또 하나의 원인이다. 양육자와 분리불안이 나타나는 12개월경 공포는 극대화된다.

(3) 이차 정서

이차 정서는 2세경에 나타나며 좀 더 복잡한 인지능력을 필요로 한다. 자아의 인식과 자신의 행동을 평가하는 능력이 이차 정서에 필수적이다. 자아를 인식하는 것은 영아가 거울이나 사진 속의 자신을 알아볼 수 있다는 의미이다(정옥분, 2010).

이차 정서는 당황, 수치심, 죄책감, 질투, 자긍심, 부러움과 같은 정서이다. 당황은 눈앞에 있던 장난감이 갑자기 사라지면 의아해 할 때 느끼는 정서이며, 수치심은 부끄러워하는 감정으로 이불에 쉬했을 때 느낄 수 있는 정서이다. 죄책감은 해서는 안 된다고 생각하는 행동을 했을 때 느끼는 정서이다. 자긍심은 어려운 일을 해냈을 때 매우 자랑스러워하는 감정이다. 질투는 부모의 애정을 다른 이에게 빼앗긴다고 생각할 때 나타나는 정서이며, 동생이 생기면 질투의 정서가 강하게 표현된다. 다른 영아가 가지고 있는 장난감을 물끄러미 바라보는 것은 부러움을 나타내는 정서라 할 수 있다.

3) 영아기 정서이해

영아는 다른 사람의 정서를 인지하고 이해하면서 정서조절과 정서표현 방법을 배워간다. 타인의 정서를 이해할 수 있는 능력은 정서지능의 초석이 된다. 영아가 타인의 정서를 인지하고 해석할 수 있게 되면, 타인의 정서를 자신의 행동의 길잡이로 삼는 사회적 참조가 가능해진다.

영아는 생후 6개월이면 다른 사람의 정서를 이해하는 것이 가능해진다. 즉, 어머니의 감정에 따른 얼굴 표정을 구분하기 시작한다. 생후 8～10개월이면 낯선 상황에서 자신의 행동을 결정하기 위해 타인의 정서를 참고하는 사회적 참조를 할 수 있게 된다. 예를 들어, 이웃집에 놀러간 아기가 거실에 놓여 진 낯선 장난감을 만지고 싶을 때 만져도 되는지 판단하기 위해 어머니 눈치를 살핀다. 어머니가 즐거운 표정으로 낯선 장난감을 바라보고 있으면 아기가 그 장난감에 접근하지만, 어머니가 공포의 표정으로 그 장난감을 보고 있으면 아기는 장난감을 만지지 않는다.

첫돌이 지나면서 언어능력이 발달하게 되면 자신의 정서를 언어로 표현하게 되며, 타인의 정서에 대해서도 어휘를 사용하여 표현하게 된다. 영아의 언어 습득은 정서를 표현할 수 있게 하며, 정서 이해의 질을 높이고 타인의 감정을 이해하도록 하는 도구적인 역할을 한다(곽노의 외, 2007). 영아는 어머니와 대화를 나누게 되면서 자신과 타인의 정서를 더 잘 이해하게 된다.

18～24개월이 되면 영아는 대근육 운동기술이 발달하여 신체움직임이 활발해지게 된다. 이때부터 자신의 정서를 신체적으로 표현하기 시작한다. 화가 나면 머리를 찧기도 하고 물기도 한다. 이 시기부터 부모는 영아의 정서를 공감해 주지만 사회적으로 수용되는 감정표현을 하도록 지도해야 한다. 정서를 신체적으로 나타내기보다 언어적으로 표현하도록 가르쳐야 한다. 즉, 영아가 느끼는 감정을 이해하고, 어떤 감정인지 감정을 명명해 주고, 그 감정을 표현하도록 지도해주는 것이 정서표현능력을 키우는 데 도움이 된다. 영아의 감정표현과 감정 조절 학습은 생애 초기의 중요한 사회화이다.

4) 기질

기질(temperament)은 개인의 행동 유형과 정서적 반응 양식이다. 정서적 반응, 활동수준, 집중력 등에서 나타나는 개인적인 특성을 말한다. 기질은 발달 초기에 나타나는 선천적인 특성이며, 비교적 안정적이다. 하지만 기질은 불변하는 것이 아니기에 환경적 조건에 따라서 달라질 수도 있다. 영아기 정서적 반응의 기질적 특성은 성인기 성격형성의 근원이 될 수 있다. 즉, 기질은 성격을 형성하는 기초가 된다.

(1) 기질 유형

Thomas와 Chess(1977, 1991)는 141명의 중산층 자녀, 95명의 저소득층 자녀, 68명의 조산아, 52명의 정박아 등 다양한 부류를 연구대상으로 하여, 생후 2~3개월부터 아동기까지 종단 연구를 실시하였다. 아이와 부모를 대상으로 관찰법, 면접법, 검사법 등을 이용하여 기질을 구성하는 아홉 가지 요인을 발견했다.

Thomas와 Chess는 아홉 가지 구성요소를 기준으로 영아를 순한 영아, 까다로운 영아, 느린 영아의 세 유형으로 구분하였다. 순한 영아(easy infant)는 연구대상의 40%를 차지한다. 이들은 긍정적 정서를 보이며, 식사, 수면 및 배변습관이 규칙적이었다. 낯선 사람들에게도 따뜻하게 접근하며 일반적으로 명랑하고, 환경에 쉽게 적응하는 편이다. 새로운 환경에서도 재빨리 자신의 일상적인 규칙을 만들며, 편안하게 새로운 경험을 받아들인다.

표 9-1 기질의 구성요소

아홉 가지 구성요소	특성
규칙성	식사, 수면, 배설의 규칙성
활동수준	활동, 움직임의 정도
새로운 자극에 대한 회피 접근	새로운 사람이나 사물에 접근할 때 쉬운 정도, 회피하는 정도
적응력	일상생활의 변화를 받아들이기 쉬운 정도
반응 역치	반응을 이끌어내기 위해 필요한 자극량
반응 강도	반응의 강한 정도
전반적 기분	긍정적 또는 부정적 정서의 정도
기분표현의 강도	유쾌, 불쾌, 행복, 슬픔을 표현하는 정도
주의집중력 / 산만성	산만해지는 정도

까다로운 영아(difficult infant)는 연구대상의 약 10%정도를 차지하며, 이들은 일상생활에서 생리적 리듬이 불규칙하고 새로운 상황에 적응하는 데 어려움을 보인다. 또 반응이 대체로 강하고 신경질적이며, 부정적인 경향을 보인다.

느린 영아(slow-to-warm-up infant)는 연구대상의 15%를 차지하며, 환경적 자극에 대하여 활발한 반응을 보이지 않았으며 수동적이다. 새로운 상황에 접하면 늘 불안하고, 서서히 적응해나가기에 적응하는데 시간이 걸리는 편이다.

연구대상의 모든 영아들이 이 세 집단 가운데 하나에 속하는 것은 아니었다. 전체 연구대상자 가운데 약 35%의 영아는 세 가지 기질에 포함시킬 수 없는 매우 개성적인 아기들로 나타났다. 연구대상이었던 영아가 3세, 6세, 9세, 17세가 되었을 때 그들의 심리검사, 학교기록, 행동관찰, 면담 등의 자료를 분석한 결과, 연령의 증가에도 기질은 아동기 동안 비교적 안정적이고 지속적인 특성을 나타내었다.

(2) 기질과 부모양육행동

Thomas와 Chess(1977)는 영아의 기질과 부모의 기질 또는 양육방식이 조화를 이룰 때 가장 적절한 발달이 이루어질 수 있다는 조화의 적합성(goodness of fit) 모델을 제시하였다. 영아와 환경이 서로 잘 조화되는지의 여부, 특히 양육자인 부모와 관계에서 조화는 매우 중요하다. 영아의 기질은 부모의 양육태도에 영향을 미치며, 부모의 양육방식 또한 영아의 기질을 변화시킬 수 있다. 조화의 적합성이란 영아의 기질과 부모의 기질이 조화를 이룰 때 가장 적절한 발달이 이루어질 수 있으며, 조화를 이루지 못할 때 부모나 영아 모두 갈등을 경험하게 된다는 개념이다.

조화의 적합성은 정서적 측면과 행동적 측면으로 구분해 볼 수 있다. 정서적 측면에서 조화의 적합성이란 영아의 정서적 기질과 어머니의 정서적 기질이 조화를 이룬다는 의미이다. 다소 둔감한 어머니가 감정의 결이 고운 예민한 아이를 둔 경우 어머니는 영아의 성격을 이해하기 어렵고, 영아의 감정을 수용해주지도 못한다. 자녀의 예민한 성격을 고쳐보겠다고 부모가 융통성 없이 완고하게 자녀를 다루면 영아는 문제행동을 일으키게 된다. 영아의 개인적인 기질 특성을 존중해 주면서 영아를 이해하고 감정을 수용해주면, 영아는 자신의 개성대로 행동문제를 나타내지 않고 잘 자라게 된다.

행동적인 측면에서 조화의 적합성은 아이의 행동을 부모가 얼마나 수용할 수 있는가에 초점을 둔다. 조용한 분위기를 좋아하는 얌전한 부모는 활발한 영아를 힘들어 할 수 있다. 그래서 활동적인 영아를 지나치게 통제하고 야단치고 억압시키려 할 것이다. 반면 활동적인 부모는 얌전한 영아가 답답하게 느껴질 수도 있다.

부모들이 조화의 적합성에 대한 중요성을 이해하고, 자녀의 타고난 기질을 빨리 파악하여 기질에 따라 양육방식을 조절해야 한다. 그리고 자녀의 기질에 알맞게 환경을 구조화해 준다면 자녀는 개성 있는 아이로 건강하게 자랄 것이다.

영아의 기질과 양육행동과의 관계를 요약하면, 우선 부모는 영아 개개인의 특성에 민감해야 한다. 둘째, 영아의 특성에 대해 융통성 있게 반응해야 한다. 아이의 특성에 맞는 양육태도를 취해야 한다. 셋째, 부모의 기질과 맞지 않다 하여 영아를 부정적으로 명명하는 것은 피해야 한다(유효순, 2006).

03 유아기 정서발달

유아기 정신 작용도 정서의 뇌인 대뇌변연계의 영향을 받는다. 주의집중행동이나 기억 등의 인지적 행동은 정서적 흥미가 동반되어야 가능해진다. 아무리 중요한 내용이라도 즐거움이나 재미가 없으면 주의집중이 일어나지 않고 학습도 잘 이루어지지 않는다(곽노의 외, 2007).

특히 기억은 정서의 영향을 많이 받는다. 아주 재미있었던 기억과 슬프고 놀란 기억은 시간이 많이 지나도 기억에 생생히 남아있다. 흥미 있거나 좋아하는 분야의 내용은 그렇지 않는 내용보다 빨리 기억해 낼 수 있다. 그러나 좋아하지 않거나 불쾌한 내용은 잘 외워지지도 않고 또 쉽게 잊어버린다. 마음이 즐거울 때는 뇌의 신경회로가 막힘없이 잘 흐르게 되어 정보가 쉽게 입력되고 저장된다. 하지만 우울하거나 강압에 의해 과제를 수행할 때는 뇌의 신경회로가 잘 흐르지 않고 자극의 입력이 분산되기 때문에 정보 전달이 잘되지 않고 저장도 어렵다(서유헌, 2010).

1) 정서의 기능

유아기 정서는 유아가 세상에 잘 적응하도록 돕는 몇 가지 기능을 가지고 있다. 첫째, 유아의 정서는 생존 및 적응 가치의 기능이 있다. 정서는 유아가 환경에 잘 적응하도록 도와준다(곽승주, 2008). 공포나 혐오는 위험한 상황에서 탈피하는 행동을 유발한다. 유아가 위험한 곳에 호기심을 보이면 어머니는 유아의 공포 감정을 유발시켜 그곳에서 벗어나게 만든다. 청결하지 않은 것에 대한 혐오감은 세균으로부터 유아를 보호할 수 있다. 밝고 유쾌한 유아가 사랑과 관심을 받을 확률이 높다. 긍정적 정서를 더 많이 표현하는 유아는 또래들 사이에서 인기가 높다.

둘째, 유아의 정서는 특정 행동을 하도록 동기를 부여한다(Lamb, 1988). 분노는 공격행동의 동기를 부여하고, 공포는 회피행동의 동기를 부여한다(Termine & Izard, 1988). 분노는 자기보호 행동을 표출하게 하고, 목표달성을 위한 에너지와 동기를 제공한다. 또래가 장난감을 뺏어 가면 유아는 분노하게 되고, 따라서 장난감을 지키려고 애쓰게 된다. 도로에서 달리는 자동차에 공포감을 느끼는 유아는 어른의 손을 잡으며 자신을 보호하려는 행동을 한다.

셋째, 유아의 정서는 사회적 관계를 형성하는 기능을 한다. 정서는 사회적 상호관계에서 일종의 유인 자극으로 작용한다. 예를 들어, 어린이집에 등원한 유아가 교사에게 환하게 웃는 얼굴로 안기는 애정표현을 하면 교사도 그 유아에게 미소로 화답할 것이다. 유아의 애정표현은 교사와 긍정적인 상호관계를 형성하는 데 도움이 될 것이다. 이불에 실수를 한 유아가 눈웃음으로 애교를 부리면 어머니는 아이를 야단칠 수 없게 된다. 미소는 낯선 사람과 쉽게 관계 맺기를 할 수 있게 해주고, 낯선 이의 적대적 행동을 막아주기도 한다. 슬픔과 울음 또한 주변의 관심을 유도하는 정서이다. 낯선 환경에서는 정서를 사회적 참조로 활용하기도 한다. 집안 분위기나 유치원 분위기를 살펴서 유아는 자신의 행동을 통제한다.

넷째, 유아의 정서는 학습을 도와주는 기능을 한다. 정서는 유아로 하여금 학습에 참여하고 지속하도록 해준다. 흥미로운 주제나 재미있는 활동에는 유아가 적극 참여하고 빠른 속도로 습득하며 쉽게 기억한다(서유헌, 2010). 반면 재미없는 활동에는 주의집중하지 못하고 수행수준도 낮다. 유아가 두발 자전거를 배우기 시작했는데 넘어지지 않고 재미가 있다면 자전거 타기를 계속할 것이다. 만약 넘어지기를 반복하면 힘들고 짜증날 것이고, 그러면 자전거 타기를 포기하게 된다.

다섯째, 유아의 정서는 신체적·정신적 건강을 유지하는 기능을 한다. 부모와 주변인의 사랑을 듬뿍 받고 행복감을 느끼는 유아는 정서적으로 건강하다. 지속적인 스트레스나 긴장감 또는 부모의 애정 결핍으로 행복하지 않은 유아는 이러한 부정적인 정서를 음식물로 대치하고자 많이 먹는다(정옥분, 2004). 그 결과 비만을 초래하게 된다. 과도한 조기교육으로 정신적인 스트레스를 받는 유아가 소화불량, 원형탈모증을 앓게 된다는 사실은 언론에서 자주 접하는 소식이다(문화일보, 2014.07.02.; 서울경제, 2013.05.10.).

2) 유아기 정서표현

유아의 정서표현은 영아의 정서표현과 크게 다르지 않다. 정서의 유발요인과 표현 방법에서 약간의 차이가 있을 뿐이다. 유아의 정서도 매우 강렬하게 표현된다. 작은 일에도 크게 좋아하고 크게 기뻐한다. 기분이 나쁘면 격렬하게 운다. 그리고 정서가 오래 지속되지 않고 자주 급격하게 변화한다. 금방 울다가 금방 웃는 등 정서적 반응이 빨리 변화한다. 정서통제가 미숙하여 화나는 일이 있으면 참지 못하고 즉시 표현한다.

정서표현에서 중요한 것은 사회적으로 수용되는 방식으로 표현할 수 있는 능력이다. 이는 사회화의 중요한 목표 중 하나이다. 타인 정서에 대한 이해가 발달하면 유아는 타인의 행동을 예측하고 자신의 정서표현방식을 결정할 수 있다. 유아의 정서표현에 대한 부모나 교사의 반응에 따라 유아는 상황에 맞는 적절한 정서표현을 배워 갈 수 있다. 정서표현의 연령별 발달을 살펴보면 표 9-2와 같다.

표 9-2 연령별 정서표현발달

연령	정서
영아기	기쁨, 슬픔, 분노, 놀람
2세 말	수치심, 죄책감, 자신감
3세	질투, 호기심, 심한 공포
4세	정서에 대한 표현 어휘 사용

영아기에는 기쁨, 슬픔, 분노, 놀람 등 기본정서가 나타난다. 2세 말경에 수치심, 죄책감, 자신감 등의 자기 의식적 정서가 나타나게 된다. 자신과 타인의 정서를 언어로 표현하기 시작한다. 3세경에는 질투심이 나타난다. 4세가 되면 대부분의 유아는 기쁨, 슬픔, 분노, 놀람 등의 기본 정서에 대해 어휘를 사용하여 표현할 수 있게 된다. 유아의 연령이 높아질수록 상황에 적합하게 세련된 방식으로 정서를 표현하게 된다.

그림 9-1 잠비아의 육아방식
출처: Berk(1991).

정서표현은 문화에 따라 차이가 많이 난다. 아기를 포대기로 업어서 키우는 문화권의 아이들은 감정표현을 강하고 격렬하게 하지 않는다. 아기와 어머니가 밀착되어 있기 때문에 어머니는 아기의 상태와 기분을 쉽게 지각하여 아기의 욕구를 즉각 해결해 준다. 그래서 아기가 감정표현을 크게 할 필요가 없다. 반면 유모차와 아기침대에서 자라는 서구문화권의 아기는 멀리 떨어져 있는 부모에게 자신의 상태를 알리기 위해서는 감정표현을 크게 강하게 해야 한다는 것을 배운다. 정서표현에 대한 문화적 비교 연구를 보면, 3세 유아의 경우 미국 유아가 일본 유아보다 정서적으로 더 표현적이고 더 독립적이다. 일본의 부모는 유아기 자녀에게 관대할 뿐 아니라 자녀가 분노나 슬픔 같은 정서를 덜 경험하도록 배려하고 보호하며, 상대를 배려해 감정표현을 억제하도록 지도한다(Snow, 1998).

(1) 기쁨

기쁨은 출생 초기부터 느낄 수 있는 있는 기본 정서 중 하나이다. 영아기에는 신체적 욕구가 충족되거나 안락하면 기쁨의 미소를 짓는다. 2세경에는 기쁜 감정을 있는 그대로 표현하며, 박수치거나 깡충깡충 뛰면서 즐거워한다. 또한 웃음과 동작으로 기쁨을 표현한다.

유아기가 되면 영아기에 비해 다양한 상황에서 기쁨을 느끼게 된다. 자아인식이 발달하고, 인지능력이 발달하면서 사회적 인간관계나 사건에 의해 기쁨을 느낀다.

TV의 예능프로를 보면서 익살맞은 몸동작이나 특이한 모습에 즐거움을 느낀다. 농담이나 유머를 이해하면서 재미를 즐긴다. 3세경이 되면 언어가 발달함에 따라 기쁨의 정서를 언어로 표현할 수 있게 된다. 기쁨의 감정은 영아기에 비해 세련되게 나타나는데, 미소, 웃음, 언어 등으로 표현된다.

(2) 분노

영아기 분노는 생리적인 욕구 충족이 제때 되지 않을 때 주로 나타난다. 유아기의 분노는 유아가 하고자 하는 일을 방해받거나, 자신의 의지와 무관하게 억압받을 때, 자신의 요구를 거절당했을 때, 자기 소유물을 빼앗겼을 때 나타난다. 분노는 떼쓰기, 고집부리기, 말 안 듣기, 폭발행동으로 표현된다. 떼쓰기는 큰 소리로 울고, 소리 지르고, 발길질하고, 바닥에 누워 뒹굴고, 펄쩍펄쩍 뛰기도 한다.

유아기 분노는 형제자매나 또래관계에서 자주 나타난다. 동생이 태어나 부모의 사랑이 동생에게로 치우치면 질투심을 느껴 공격적 행동이나 퇴행현상을 보이기도 한다. 생활의 중심이 놀이집단으로 옮겨가면서 또래와의 관계 속에서 분노를 경험하게 된다. 특히 친구가 장난감을 뺏어가거나 놀이를 방해할 때, 따돌림을 받을 때 쉽게 분노를 표현한다.

유아기 분노는 3~4세경에 심하게 나타나는 경향이 있는데, 유아의 성격과 연령, 정서발달 수준에 따라 다르게 나타난다. 유아기 분노는 공격적 행동으로 나타나는 경우가 많다. 신체적 폭력, 언어적 공격 등으로 상대방에게 직접적인 분노표현을 하는데, 이를 반복적으로 하게 되면 반사회적 행동 장애아가 될 수도 있다.

분노의 표현은 관찰학습이나 강화에 의해 학습된다. 유아는 부모와 교사의 분노표현을 보고 배우기 때문에 부모나 교사는 분노표현에 대한 바람직한 모델이 되어야 한다. 부모나 교사도 화가 날 수 있다. 화가 날 때는 화를 표현해도 되지만 잘 표현해야 한다. 평소 나-메시지를 이용하여 분노감정을 표현하도록 한다. 예를 들면, "화가 많이 난다. 왜냐하면 내가 좋아하는 물건이 망가졌거든"이라고 말한다.

유아가 강한 분노를 표현할 때 우선 분노하는 그 마음을 읽어주는 것이 좋다. 분노의 원인을 제거하고자 요구를 들어주거나 윽박지르기를 하게 되면 분노의 잘

못된 표현을 강화하게 된다. 그리고 동화책이나 이야기 나누기 등을 통하여 분노 표현을 언어적으로 적절하게 할 수 있도록 지도해야 한다.

(3) 공포

영아는 부모로부터 철저한 보호를 받기 때문에 주변의 위험한 대상물이 거의 차단되기도 하고, 경험 부족과 인지발달의 한계로 인해 공포를 야기하는 대상이 비교적 적다. 그래서 영아들이 느끼는 공포는 낯선 이에 대한 공포가 대부분이다.

하지만 유아는 인지발달로 인해 대상이나 사물들의 잠재적 위험성까지 알게 된다. 즉, 상징적 사고의 발달로 직접 경험하지 않은 대상이나 사건에 대해서도 상상력을 발휘하여 공포를 느끼게 된다. 그리하여 유아기에는 공포의 대상이 다양하다. 어둠, 천둥소리, 혼자 있는 것, 귀신, 도깨비, 괴물, 동물, 곤충, 낯선 공간과 상황 등이 공포의 대상이다.

경험과 학습에 의해 공포가 생기기도 한다. 교통사고를 경험한 유아는 차가 공포의 대상이다. 물에 빠져서 고통을 경험한 유아는 바닷가, 수영장, 욕조 등이 공포의 대상이다. 강아지에게 물린 경험이 있는 유아는 강아지를 비롯한 동물들을 무서워할 수 있다.

부모나 교사는 유아가 어떤 대상에 대해 공포를 표현할 때, 유아가 그 대상과 어떤 특별한 경험을 한 적이 있는지 확인할 필요가 있다. 유아가 공포를 심하게 느낄 때에는 그 원인을 찾아서 체계적 둔감법을 사용하여 도와줄 수 있다.

유아의 공포 감정을 무시해서도 안 되고, 그 감정을 축소시켜도 안 된다. 공포의 감정을 공감해주고 그런 감정이 정상적이라고 말해 준다. 사람들은 각자 무서운 것이 있다고 말해주고, 그것을 극복할 수 있다고 믿음을 주어야 한다(조형숙 외, 2013).

(4) 호기심

호기심은 유아기에 특히 강하게 나타나는 정서이다. 유아기 호기심은 지식 습득이나 문제해결력 향상, 창의력 증진의 원동력이 된다. 새로운 것에 관심을 보이고,

신기한 것을 좋아하며, 모르는 것을 알고 싶어 한다. 성과 출산에 대해서도 궁금해 한다.

3~4세가 되면 주변의 사물이나 사람에 대해 많은 호기심을 보이며 끊임없이 '왜?'라고 질문한다. 부모나 교사는 유아의 질문을 무시하거나 회피하지 말고 진지하게 답해주거나 모르는 경우에는 함께 답을 찾도록 한다. 부모와 함께 답을 찾아가는 탐구적 자세는 성장 이후 학습방법에까지 연결될 수 있다. 때로는 "왜 그럴까?", "너는 어떻게 생각하니?"라고 되물어보며 유아 스스로 생각하고 탐구할 기회를 부여하는 것도 좋다.

(5) 질투

질투는 자신에게 향하던 사랑과 관심이 다른 대상에게 옮겨질 때 느끼는 감정 또는 애정을 상실하게 될 것을 두려워하는 정서이다. 유아가 받고 있던 사랑과 관심의 정도가 강할수록 질투도 강해진다. 내성적인 유아보다 적극적이고 공격적인 유아가 질투심이 강하며, 남아보다 여아가 질투심이 강하다.

유아의 질투는 주로 동생의 탄생에서 시작된다. 부모의 사랑을 나눠가져야 하는 비극이 질투의 원인이다. 동생에 대한 질투는 애정을 갈구하는 욕구가 충족되지 않은 데서 오는 분노와 실망감이 혼합된 정서이다. 화를 내거나, 동생을 때리거나 꼬집기, 응석 피우기, 떼쓰기, 말썽 피우기 그리고 오줌 싸기 같은 퇴행행동 등이 나타난다. 억압된 질투는 피부발진, 원형탈모, 틱 장애, 손가락 빨기, 손가락 물어뜯기 등 신경증적 증상으로 나타나기도 한다.

부모는 새로 태어난 아기에게 지나친 관심을 보이면 안 된다. 동생을 본 형의 스트레스는 왕좌를 찬탈당한 상왕의 스트레스와 비교될 만큼 크다고 한다. 큰 아이가 위축되지 않게 더 많은 배려를 해야 한다. 그리고 질투를 보이지 않는 유아는 억압된 질투가 있을 수 있기 때문에 질투의 감정이 없다고 믿고 편하게 대해서는 안 된다.

3) 유아기 정서이해

정서이해란 얼굴 표정이나 상황적 단서를 이용해서 자신 및 타인의 감정을 있는 그대로 읽고 이해하는 능력이다. 또한 자신 및 타인의 정서뿐 아니라 그림이나 동화 속에 담긴 작가나 등장인물의 정서를 인식하고 표현하는 것도 포함한다.

유아기에는 인지 및 언어발달과 함께 정서이해능력이 급속도로 발달한다. 정서이해능력이 잘 발달된 유아일수록 타인과 잘 어울리며 또래에게 인기가 많다. 유아의 정서적 반응을 수용하고, 인정해주며, 다양한 상황에 놓여 진 사람들의 정서에 관해 이야기 나누는 활동은 정서이해능력을 높이는 방법이다. 유아기 정서이해는 정서지능발달에 영향을 미친다. 그러므로 유아에게 자신과 타인의 정서를 이해하고 조망해볼 기회를 부여해야 한다.

(1) 정서이해능력 발달

정서이해능력은 영아기부터 나타나기 시작한다. Gibson과 walker(1960)의 시각절벽 실험에서 1세 영아는 절벽 끝에서 앞으로 나아갈지 말지를 고민할 때, 어머니의 얼굴 표정을 사회적 참조단서로 이용한다. 어머니가 인상 쓰고 있으면 앞으로 나아가기를 포기하지만, 어머니가 미소를 지으면 앞으로 나아가려 시도한다.

3~4세가 되면 유아는 긍정적 정서를 부정적 정서보다 쉽게 이해하게 된다(Fabes et al., 1994). 슬픔이나 괴로움보다 기쁨, 좋음, 즐거움, 행복함과 같은 정서를 더 잘 이해한다. 3~4세 유아 절반이 '좋다'는 단어를 사용하는 반면 '슬프다'는 단어는 소수만이 사용한다(정옥분, 2006). 3~5세 유아의 정서를 조사한 이승은(2010)의 연구결과에 의하면 70% 이상의 유아가 자주 느끼는 정서는 기쁨이며, 약 10%의 유아만이 슬픔을 느낀다고 한다.

또한 3~4세 유아는 기쁨, 슬픔, 분노, 놀람 등 단순한 정서들을 야기하는 원인에 대해 이해할 수도 있다. 이야기 속의 주인공이 게임에 졌을 때, 꾸중을 들었을 때, 간절히 원하던 선물이 아닌 다른 선물을 받았을 때 등과 같은 상황에서 어떠한 정서를 경험할지를 예측할 수 있다(Stein & Trabasso, 1989).

(2) 정서이해능력 특징

유아의 정서이해능력에는 몇 가지 특징이 있다.

첫째, 유아의 연령 증가에 따라 보다 복잡한 정서 개념을 이해하게 된다. 5~6세경이 되면 쓸쓸함, 뽐냄, 허전, 난치 등의 복합적인 정서를 이해하게 된다.

둘째, 타인의 부정적 정서에 대한 이해가 서툴다. 5~6세가 되면 유아는 부정적인 정서도 이해하게 된다. 하지만 타인의 긍정적 정서를 이해하는 것은 성인과 동일하나 타인의 복잡한 부정적 정서를 이해하는 것은 서툰 편이다.

셋째, 유아기가 되면 상황적 맥락과 정서, 정서와 행동 간의 관련성을 인식할 수 있게 된다(Rusell, 1990). 유아는 어떤 상황에서 타인이 어떤 정서를 유발하게 될지 예측할 수 있다. 그리고 특정 정서를 표현한 다음 어떤 행동이 나타날지도 예측할 수 있다. 예를 들어, 동생이 장난치다가 꽃병을 깨뜨렸을 때 유아는 어머니가 어떤 감정을 표출시킬지 예상할 수 있다. 그리고 이어지는 어머니의 행동에 대해서도 예측을 한다. 나아가 유아는 자신에게 미칠 영향까지도 고려해서 방으로 들어가 책을 읽는다.

넷째, 유아는 타인의 내재적 정서와 외재적 정서를 구별하기 어렵다(Friend & Davis, 1993). 유아는 타인의 기쁜 표정과 화난 표정은 쉽게 구분한다. 그러나 슬퍼야 하는 상황인데 웃고 있거나, 기뻐야 하는 상황에서 슬픈 표정으로 울고 있는 모습을 보면 혼란을 느낀다. 유아들은 주사를 맞으며 웃고 있는 아이, 상을 받으면서 울고 있는 사람을 보면 잘 설명하지 못한다. 이는 사람들이 마음과 다르게 감정을 표현할 수 있다는 사실과 이중적인 감정을 가질 수 있다는 사실을 이해하지 못하기 때문이다. 유아는 동시에 여러 가지 감정을 느낄 수 있다는 것을 잘 이해하지 못한다. 밉지만 사랑한다는 말을 이해하기 어렵다.

다섯째, 유아는 타인의 정서를 완화하고자 효과적인 방법을 생각해서 시도할 수 있다. 어머니가 망치질하다가 다쳐서 아파하면 달려가 '호'하고 불어주면서 안아준다. 또한 동생이 울면 토닥이면서 좋아하는 과자를 내어주고, 친구가 아파하면 위로해주기도 한다.

4) 유아기 정서조절

정서조절이란 분노, 우울, 스트레스 등의 부정적 감정을 관리, 통제하고 이에 대처하는 능력을 의미한다. 정서조절은 직접적인 정서표현을 조절하는 능력뿐만 아니라 극단적인 감정을 느끼는 상황에서 합리적으로 행동할 수 있는 능력까지 포함한다. 정서조절능력은 원만한 대인관계를 유지하며, 목표를 성취하고, 사회에 적응하는 데 필수적이다. 조직사회에 잘 적응하기 위해서는 상황에 따라 표현해야 할 정서와 표현하지 말아야 할 정서를 판단해서 조절할 줄 알아야 하며, 정서의 강도도 조절할 수 있어야 한다.

Gnepp와 Hess(1986)는 정서를 조절하는 개인적 동기를 두 가지로 설명하고 있다. 첫째는 정서표현으로 인해 발생되는 부정적 결과를 회피하고 자존감을 지키려는 자기보호적인 동기이다. 둘째, 타인과의 관계를 보호하고자 하는 친사회적인 동기이다. 과하게 화를 내거나 지나친 흥분은 자기 자신의 정신건강에도 해로울 뿐 아니라 대인관계에서도 좋지 못한 결과를 초래한다. 정서조절능력을 가진 유아는 또래 간에 인기도가 높으며 리더십도 높다. 정서조절능력은 또래 상호작용과 사회성발달에 중요한 기초가 된다(Eisenberg, Pidada, & Liew, 2001).

정서조절능력은 연령 증가와 함께 발달한다. 정서조절의 가장 중요한 측면은 '좌절에 대한 참을성'이다 좌절에 대한 참을성은 2세경에 나타나기 시작해서 유아기에 점차 증가한다(Bridgges & Grolnick, 1995). 바깥놀이를 계속하고 싶은데 멈추어야 할 때, 재미있게 보던 만화영화를 그만 봐야 할 때, 간절히 원했던 놀이기구를 키가 작아서 못 타게 될 때가 유아에게는 좌절상황이다. 좌절상황에 직면하면 나이든 유아가 어린 유아보다 잘 견딘다.

좌절에 대한 참을성은 만족지연과도 연관되어 있다. 만족지연은 지금 보상받는 것보다 기다렸다가 나중에 더 큰 보상을 받기 위해 인내하는 것을 의미한다. 유아기에는 만족지연능력도 증가한다. 만족지연능력에는 자신의 정서를 통제하는 능력과 좌절에 따르는 긴장을 감소시키는 전략습득이 포함된다. 유아가 앉아 있는 책상 위에 카메라를 두고 선생님이 나갔다 올 때까지 만지지 않고 있으면 상을 주겠다고 제시하고, 유아들의 행동을 관찰하는 실험을 했다. 이때 유아들은 카메라를 보지 않으려고 고개를 돌리거나 눈을 감거나 또는 다른 일에 열중하기도 한다. 유아들은 각자 나름의 전략을 사용하여 카메라를 만지고 싶은 유혹이 주는 긴장을 덜고, 그 상황을 좀 더 견디려고 한다(Wolf, 1990).

또한 감정조절능력발달에 필요한 세 요소가 있다. 첫째, 정서통제능력, 둘째, 부정적 정서를 감추어야 할 시점에 대한 지식, 셋째, 정서를 통제하고자 하는 동기이다.

유아 연령별 정서조절능력발달을 살펴보면, 2세경 낯선 사람에 대한 공포반응을 조절하기 시작한다. 낯선 이를 보면 친숙한 사람 뒤에 숨거나 매달린다. 3세가 되면 타인 앞에서 부정적 정서표현을 자제하는 능력이 나타난다(Cole, 1986). 예들 들면, 남들이 보기 때문에 울음을 참아보려 한다. 식사시간에 먹고 싶지 않은 음식이 있지만 선생님께서 먹으라고 하니까 유아는 부정적 정서를 자제하고 먹는다.

3~4세경이면 부정적 정서가 유발되는 긴박한 상황에서 마음을 진정시키고자 능동적인 노력을 할 수 있다. 집에 혼자 있다는 것을 확인한 유아는 '엄마가 곧 오실 거야, 잠시 집을 비운 거야'라고 혼잣말을 하거나, 인형을 안고 혼자가 아니라고 위로하기도 한다.

5세경이 되면 정서의 유발 원인에 대한 이해뿐 아니라 정서조절에 관한 지식을 습득하게 된다. 그리고 여러 가지 정서조절전략을 이해할 수 있다. 다양한 정서조절전략을 이해하고 활용해보면서 효율적인 전략을 찾아간다(장유경 외, 2003).

04 정서지능

1) 정서지능의 발견

이성을 중시하던 고대 스토아학파는 인간발달의 궁극적인 목표는 이성의 발달이며, 인간의 감정은 주관적이고, 자기중심적이며 가변적이어서 인간발달에 긍정적 영향을 미칠 수 없다고 주장했다. 그러한 주장은 18세기까지 이어져 Locke도 이성적 사고발달을 중시했다.

18세기 말쯤 되어서 비로소 정서가 이성적인 논리로는 설명할 수 없는 통찰력을 부여한다는 사실에 관심을 가지기 시작했다. Rousseau는 인간의 본질을 감정으로 보았고, 감정에 충실한 유아를 긍정적으로 생각했다. 19세기 Darwin은 정서의 기능적 가치를 강조하면서, 위험상황에 처했을 때는 인간의 이성보다 정서가 가치 있다고 주장했다.

20세기 들어와서 Freud는 개인의 성격구조에서 원초아를 중시하면서 정서의 중요성을 강조하였다. 인본주의 심리학자들은 자기 자신에 대해 긍정적으로 생각하고, 자신의 정서를 경험하고, 정서적으로 성장하는 것이 가장 중요한 욕구라고 강조하고 있다.

1960년대에는 Piaget의 인지발달이론과 인지를 강조하는 사회적 분위기 때문에 정서연구가 한동안 침체되었다. 하지만 20세기 후반에 정서지능의 중요성이 부각되면서 다시 정서에 관심을 갖기 시작했다. 지능에 정서를 접목시킨 대표적 학자인 Gardner는 9가지 지능 중 자기이해지능과 대인관계지능이 정서지능과 관련이 있음을 보여주고 있다.

최근 들어 신경과학의 발달은 정서와 인지를 관장하는 두뇌체계가 통합적이라는 많은 증거를 보여주고 있다. 사회생물학자는 인간이 위급한 상황에 처하게 되면 이성보다 정서가 우선한다는 사실을 강조하고 있다. 인간은 중대한 과업에 직면했을 때 이성적 판단보다는 감정적으로 옳다고 느끼는 것에 확신을 가진다. 돌발 상황이 발생했을 경우 대뇌변연계가 두뇌 전체의 기능을 제압하며, 대뇌피질의 이성적 판단이 개입할 여지도 없이 신체반응을 유발한다.

이성을 관장하는 대뇌피질과 감정의 뇌인 대뇌변연계가 완전히 분리되어 있는 것이 아니고 대뇌피질과 대뇌변연계는 서로 연결되어 영향을 미친다. 이런 뇌 발달에 근거하면 이성적 사고는 정서의 도움을 받지 않고는 충분히 제 기능을 발휘하지 못한다는 것을 알 수 있다.

이성의 뇌인 대뇌피질은 출생 당시 완전히 발달하지 않은 상태이다. 반면 감성의 뇌인 변연계는 출생 시 거의 완전한 형태를 갖추고 있으며 유아기에 급성장한다. 유아기는 감성을 관장하는 대뇌변연계가 주로 발달하는 시기이므로 오감을 활용한 정서교육을 통해 정서지능을 키워야 한다.

2) 정서지능의 개념

일반적으로 인간의 정신능력은 이성능력과 정서능력으로 구분된다. 이성능력은 합리적 사고능력으로 기억력, 이해력, 추리력, 계산력, 창의력을 말한다. 정서능력은 감정과 느낌을 통제하고 조정할 줄 아는 능력이다. 이성능력은 우리가 이야기하는 일반지능(Intelligence)이며, 정서능력은 정서지능(Emotional Intelligence)이라 할 수 있다.

일반지능과 정서지능의 관련성은 우리가 알고 있는 지능척도에 정서지능이 부분적으로 내포되어 있다는 것에서 찾을 수 있다.

Guilford(1959)의 지능모형은 조작과 내용, 산출이라는 세 가지 요소의 조합으로 이루어져 있다. 내용 요소의 하위요인인 행동적 요소가 정서지능과 유사한 면이 있다. 행동적 요소를 측정하는 방법이 그림을 보여주고 그림에서 느껴지는 정서를 읽어내는 것이다. Gattell(1971)의 유동성 지능과 결정성 지능 모델에서 결정성 지능의 한 부분이 정서지능이라고 말할 수 있다. 결정성 지능은 경험이나 사회적 상호작용의 영향으로 형성되는 것인데, 이는 정서의 평가, 표현, 활용능력과 관련되어 있다.

그리고 Gardner(1983)의 다중지능이론에서 개인이해지능과 대인관계지능은 정서지능과 유사하다. 개인이해지능은 자신의 감정을 명명, 구분, 표현할 수 있는 능력이며, 대인관계지능은 타인의 기분이나 의도, 욕구를 구분할 수 있는 능력이다. 이는 정서지능의 구성요소들이다.

정서지능은 1990년 Mayer와 Salovey에 의해 처음 소개된 개념이다. 정서지능의 개념을 발전시키고 널리 알린 학자는 Goleman(1995)이다. Goleman의 5개 정서지능의 영역은 표 9-3과 같다.

첫째, 자기인식(self-awareness)은 자기의 감정을 있는 그대로 느끼고, 자기의 진정한 감정을 빨리 인식하고 이해하는 능력이다. 즉, 자기의 내면에 주의집중하여 자기감정과 감정에 대한 사고과정을 객관적으로 인식하는 능력이다. 자기인식능력은 자신의 정서 인식뿐 아니라 타인의 감정을 인식하는 것도 포함한다. 즉, 타인의 언어, 행동, 표정, 제스처를 통해 타인의 정서를 인식하는 것과 음악, 미술, 조각, 소설, 시 등 작품 속에서 나타나는 정서를 인식하고 파악하여 표현해내는 능력을 포함한다.

표 9-3 Goleman의 정서지능의 구성요소

자기인식	자신의 느끼는 감정을 빨리 인식하고, 이해하는 능력
자기조절	인식된 자신의 감정을 적절하게 처리하고 변화시키는 능력
자기동기화	자신의 목표성취를 위해 어려움을 견디며 노력할 수 있는 능력
감정이입	타인이 느끼는 감정을 읽어내고 자신의 것처럼 느끼는 능력
대인관계기술	인식한 타인의 감정에 적절하게 대처할 수 있고 관리하는 능력

둘째, 자기조절(self-management)은 인식된 자신의 감정을 적절하게 관리하고 변화시키는 능력을 말한다. 스트레스, 우울, 분노의 감정을 감소시키기 위해 어떤 신나는 활동을 하는 것, 여가생활과 취미활동을 즐기는 것은 자기조절능력에 포함된다. 자기조절능력에는 타인의 정서를 조절하는 것도 포함된다. 선생님의 기분이 좋지 않다는 것을 인식한 유아가 선생님께 초콜릿 과자를 전해주면서 애교를 부린다면 이는 선생님의 감정을 조절하려는 노력이다.

셋째, 자기동기화(self-motivation)는 어려움을 참고 견디며 자신의 성취를 위해 노력할 수 있는 능력이다. 목표달성을 위해 일시적인 만족이나 충동을 억제할 수 있는 능력을 말한다. 만족지연능력, 유혹에 저항하는 능력들이 포함된다.

넷째, 감정이입(empathy)은 타인이 느끼는 감정을 읽어내고 그 감정을 함께 느끼는 능력이다. 타인의 감정에 공감하고 반응하는 능력이며 이는 자기인식능력이 발달해야 가능하다. 영화를 보면서 주인공이 우는 것을 보고 함께 울 수 있다는 것은 감정이입이 되었기 때문이다.

다섯째, 대인관계기술(relationship skills)은 타인의 감정을 인식하고 그에 적절하게 대처할 수 있고 관리하는 능력이다. 대인관계 기술은 자기인식, 자기조절, 자기동기화, 감정이입능력을 근거로 해서 발달한다. 리더십, 대중적 인기, 친사회적 행동 등을 뒷받침하는 능력이다.

3) 정서지능의 중요성

기존의 전통 지능으로는 직업적·사회적 성공을 예측할 수 없다는 의견이 제시되어 왔다. 정서지능이 알려진 이후부터 인지적·사회적 성공의 주된 요인은 정서지능이라는 주장이 제기되고 있다. Goleman(1995)은 일반지능이 학업적 성취나 직업적 지위의 성공 이유를 10~20% 정도 설명한다면, 정서지능은 80%를 설명한다고 주장한다. 사회적 성공을 학업적 성취로만 본다면 IQ로 설명할 수도 있을 것이다. 그러나 사회적 성공을 광범위하게 정의한다면 정서지능으로 예측할 수 있다는 이야기이다.

정서지능이 높은 사람들은 사회적응적인 특성을 많이 가지고 있다. 인성적으로 훌륭하고 자기주장이 확실하다. 열정과 기쁨으로 스스로를 동기화 하고 목표달성에 필요한 방법을 쉽게 찾아내며, 독립적으로 일을 해나가는 과정에서 주도적이다. 이들은 스트레스 상황에서 잘 견디고, 퇴행이나 위축이 적다. 어려움에 봉착했을 때 또는 고통의 감정을 느낄 때도 좌절하지 않고 정면으로 도전하며 자신감이 넘친다.

정서지능은 삶을 성공적으로 살아가는 데 필수적인 요소라 할 수 있다. 자신의 감정을 잘 이해하고 조절하는 유아는 유아교육기관에서 적응을 잘하고, 또래들에게 인기가 높으며, 다른 사람과 상호작용을 잘한다. 감정이 안정되어 있는 아동들은 학업성취도 높고, 창의적이며, 문제해결력이 높다.

05 정서교육

1) 정서교육의 필요성

정서는 인지와 관련성이 높다. 정서적인 문제가 학습능력에 영향을 미친다는 것은 뇌 발달이론에서 언급되었다. 불안이나 분노와 같은 감정적인 문제를 가지고 있는 아이는 인지적 능력에 문제가 없다 하더라도 효율적인 학습이 이루어지기 어렵다. 정서는 인지적 능력을 향상 시켜주는 중요한 요인이다. 정서의 동기적인 측면을 보면, 감정조절능력이 뛰어난 아이는 예상되는 불안까지도 동기부여의 기회로 적절하게 활용하여 학습에서 높은 수행력을 보인다.

정서는 또래 간에 발생하는 문제를 중재 및 예방하는 기능을 한다. 정서조절이 잘 되는 아이는 사회적으로 적절한 행동을 하며, 덜 공격적이고, 친구 사이에 인기도 있다. 긍정적 정서표현이 빈번한 유아는 또래와 잘 어울리며 사회적 위험성에 덜 노출된다. 공격성을 빈번하게 표현하는 유아는 또래들로부터 거부당하기 쉽다. 따라서 정서교육을 통하여 유아가 정서표현을 적절하게 하도록 도와주어야 한다.

일반지능은 유전적 영향이 크다. 하지만 정서지능은 부모의 양육태도에 의해 결정된다. 감정을 잘 다스리는 부모, 긍정적인 태도를 지닌 부모의 자녀는 정서지능이 높다.

2) 가정에서 정서교육

유아의 건전한 정서발달을 위해서는 정서적으로 안정감을 느낄 수 있는 가정환경이 조성되어야 한다. 우선 부모의 양육태도가 중요하다. 부모의 격려를 받으며 자라는 유아는 긍정적인 정서를 많이 경험하게 된다. 긍정적인 정서가 지배적인 유아는 과제 수행에 대해 열정적이고 인내심을 보이며, 좌절감을 덜 경험한다. 그러나 비판적인 부모의 유아는 부정적인 정서를 많이 경험하게 된다. 부정적인 정서가 지배적인 유아는 과제 수행에 대해 무기력함을 보인다.

유아의 정서에 대한 부모의 공감은 유아의 정서조절능력에 크게 영향을 미친다. 유아의 긍정적 정서뿐 아니라 부정적 정서에도 부모가 공감하고 지지적인 반응을 보이면 유아는 보다 자신의 정서를 잘 조절할 수 있다. 대부분의 부모들은 자녀의 긍정적인 정서보다는 부정적인 정서에 보다 민감하게 반응하는 경향이 있다. 자녀의 긍정적 정서표현은 격려하지만, 부정적인 정서표현은 억압하고 축소시키려는 경향이 있다.

부모는 내 아이가 행복하기를 바라기 때문에 아이의 슬픔이나 분노를 인정하려 하지 않는다. 부모는 아이의 부정적인 정서표현을 억제시키고 축소시키는 데만 급급할 뿐, 부정적 정서표현으로 인한 자기감정의 정화효과를 인지하지 못한다.

아이가 부정적인 감정을 강하게 표현할 때 부모는 아이 내부의 불만이나 분노의 원인을 찾아 이해하고 공감해주고, 아이에게 그 감정을 설명해주어야 한다. 그리고 그러한 감정을 어떻게 해결할 수 있는지에 대해서도 가르쳐주어야 한다. 아이의 감정을 있는 그대로 수용하는 것이 바람직하다. 물론 감정표현의 방법은 따로 지도를 해야 할 문제이다. 자신의 감정을 이해받는 경험을 한 유아는 타인의 욕구에 대해서 공감할 수 있는 능력을 키울 수 있다.

유아가 경험하고 있는 정서에 대해 이야기를 나누는 것은 유아의 정서에 대한 이해력을 증진시킬 수 있다. 스트레스 상황에서 유아가 느끼는 정서를 표현하도록 부모가 격려한다면 유아의 정서적 대처능력을 향상시킬 수 있다.

부모로부터 학대 받은 유아는 공격적인 정서조절전략을 자주 사용하며, 스트레스에 대처하기 위해 또래와 관계에서 고립되어 혼자 지내는 것을 선택하는 경향이 있다(Brenner & Salovey, 1997). 부모의 양육행동이 냉정하고 무반응적이고 한계설정이 없을수록, 즉 방임적 양육태도를 가진 부모의 유아는 분노를 많이 표출하고, 순종적이지 않고, 정서조절능력이 부족하다(Gottman & Katz, 1989).

3) 감정코칭 양육법

감정코칭 양육법은 인본주의 심리학자 Haim Ginott(1989)이 『부모와 아이들 사이』에 근거해서 Gottman(1998) 박사가 체계화시킨 양육법이다. 감정코칭 5단계를 간략히 살펴보면 다음과 같다.

첫째 단계는 아이의 감정을 인식하는 단계이다. 아이가 감정을 보일 때 부모는 아이의 감정을 알아차려야 하고, 아이의 행동 이면의 감정까지 관심을 기져야 한다. 평소 아이의 행동을 관심 있게 살피고 아이가 하는 말에 귀를 기울이면, 아이의 말이나 행동의 숨은 뜻을 쉽게 이해할 수 있다.

둘째 단계는 감정적 순간을 좋은 기회로 삼기이다. 감정코칭은 아이가 감정을 보이는 순간에 적용하는 것이 효과적이다. 아이의 감정이 고조될 때까지 기다릴 필요도 없고, 격한 감정일 때만 효과가 있는 것도 아니다. 아이의 작은 감정 변화에도 감정코칭은 가능하다.

셋째 단계는 감정에 공감하고 경청하기이다. 감정을 공감하는 데도 기술이 필요하다. '넌 말하지 않아도 엄마는 네 감정 다 알아'라는 식으로 접근하면 안 된다. 아이의 감정을 진심으로 공감하고 감정의 거울 역할을 해주어야 한다. 아이의 감정이 긍정적이든 부정적이든 공감하고, 공감하고 있다는 것을 피드백 해주어야 한다. 아이들은 자신의 감정을 잘 인지 못할 수도 있고, 양가감정에 대한 이해도 부족하다. 그럴 때에는 부모가 아이의 감정을 정리해주어도 좋다.

넷째 단계는 아이의 감정을 표현하도록 돕는 단계이다. 아이의 마음속에서 일어나는 복잡한 감정에 이름을 붙이는 것은 감정을 표현하는 데 큰 효과가 있다. 감정에 이름을 붙이면 아이는 어떤 감정을 어떻게 처리해야 할지 스스로 판단하게 된다. 아이가 자기감정이 무엇인지 모를 경우 부모가 대신 이름을 붙여주어야 한다. 하지만 아이가 스스로 자기 감정을 표현할 단어를 찾도록 해주는 것이 중요하다.

다섯째 단계는 아이 스스로 문제를 해결하도록 하는 단계이다. 아이의 감정을 읽어주고 공감하고 감정에 이름 붙이기까지만 해도 아이의 감정은 많이 해소될 수 있다. 아이의 감정이 해소된 것으로 모든 것이 마무리되었다고 생각할 수 있지만 중요한 마지막 문제를 해결해야 한다. 아이에게 행동의 한계를 정해주어야 한다. 아이의 감정은 수용하고 공감하지만 행동까지 모두 받아주어서는 안 된다. 행동의 한계를 지어줄 때 아이는 감정이 아닌 행동이 잘못되었다는 것을 깨닫게 된다. 행동의 한계를 정한 뒤 아이가 원하는 목표를 확인하고 함께 해결책을 찾아보고, 스스로 해결책을 선택하도록 도와주어야 한다. 이 마지막 단계가 핵심단계이다.

즉, 마지막으로 해야 하는 일은 아이가 감정을 추스르고 난 뒤 아이가 해야 할 행동을 스스로 선택하도록 하는 것이다. 아이가 최선의 선택을 하지 못했더라도 아이를 믿고, 시행착오를 거쳐 문제해결을 터득하도록 지켜봐 주어야 한다. 많은 부모들이 아이의 감정만 해소되면 모든 문제가 해결되었다고 생각한다. 하지만 아이의 감정과 아이의 행동은 분리해서 해결해야 함을 잊지 말아야 한다.

4) 교육현장에서 정서교육

우리나라에서도 유아와 아동의 정서지능을 향상시키기 위한 교육 프로그램이 개발되어 있다(김기현 외, 1998; 이영자 외, 1999). 프로그램의 구성요인이나 강조하는 측면, 실시 효과에서 다소 차이는 있지만 단기간의 프로그램 실시만으로도 유아의 정서능력을 향상시키는데 효과가 있다고 보고되고 있다. 교과과정을 통해서도 정서교육을 실시할 수 있다. 동화를 활용하여 등장인물이 느끼는 감정, 감정을 갖게 되는 이유와 그런 감정을 대처해 나가는 방법에 대해 이야기 나눌 수 있다. 그 외 미술, 음악, 연극, 무용을 통한 정서교육도 다양하게 실시할 수 있다.

06 정서발달이론

정서가 어떻게 발달하는지를 설명하는 세 가지 접근, 즉 생물학적 성숙, 인지발달적 접근 그리고 학습이론적 접근을 중심으로 살펴보고자 한다.

1) 생물학적 접근

Izard(1978)는 정서발달에 대한 생물학적 요인을 강조하며, 정서가 이미 선천적으로 프로그램화되어 있어 더 이상 분화될 필요가 없다고 주장한다. Izard에 의하면 모든 정서는 출생 시부터 존재하며 단지 표현되지 않았을 뿐이며, 각각의 정서 상태는 영아의 생활에서 필요한 시기에 정해진 순서에 따라 나타난다.

Izard(1971)는 다양한 자극에 대한 영아의 얼굴 표정을 관찰한 연구를 통해 화, 놀람, 슬픔은 3~4개월, 공포는 5~7개월, 수치심과 수줍음은 6~8개월, 모욕감과 죄책감은 2세 이후에 나타난다는 것을 발견하였다. 생후 1개월 영아도 다양한 정서표현을 할 수 있다.

2) 인지발달적 접근

Sroufe(1979)는 정서의 발달에서 인지적 요인을 강조한다. 영아가 대상영속성 개념, 인과관계, 의도 등에 대해 알고 나서야 비로소 기쁨, 화, 두려움 등을 경험할 수 있다고 본다.

즐거움이나 기쁨과 같은 긍정적 정서는 미소로 표현된다. 출생 초기에는 반사적 행동으로 미소를 짓지만, 인지발달과 함께 주위환경에서 발생할 일을 예측하면서 웃게 된다. 까꿍놀이를 즐기며 즐거움을 표현한다.

초기의 분노는 고통이나 실망에 대한 원시적 표현이다. 돌이 지나면 인지발달로 인해 욕구 방해의 원인 또는 고통의 이유를 알게 되고, 분노의 원인을 제공한 대상에게 직접 화를 표현한다.

두려움의 발달 역시 인지발달에 의존한다. 낯가림은 낯선 이와 친숙한 사람을 구별할 수 있는 지각능력이 발달된 생후 6~9개월에 발생한다. 하지만 인지와 정서는 상호의존적이므로 정서가 인지발달에 영향을 줄 수도 있음을 인식할 필요가 있다.

3) 학습이론적 접근

Malatesta(1985)는 정서발달에 대한 사회적 경험의 역할을 강조한다. 정서발달은 모방과 강화 또는 사회나 문화의 영향을 받아 이루어진다. 영아들은 어머니의 긍정적인 정서, 즉 행복이나 기쁨의 얼굴 표정을 보고 모방해서 자신도 같은 표정을 짓는다(Haviland & Lelwica, 1987). 반면 우울한 어머니의 슬픈 표정을 자주 본 영아들은 어머니의 슬픈 표정을 모방하게 된다(Pickens & Field, 1993).

여아의 정서발달은 모방 뿐 아니라 강화에 의해서도 이루어진다. 어머니들은 영아의 미소에 미소로 반응함으로써 영아에게 즐거움을 가져다주므로 미소가 강화된다. 이러한 강화의 과정은 모방과 함께 영아의 부정적인 정서는 감소시키고 긍정적 정서는 증가시키게 된다(Malatesta et al., 1989).

10 Chapter

사회성발달

영아의 사회성발달의 근간은 부모와의 애착관계 형성이다. 영아는 부모와의 기본적인 신뢰감형성과 안정적인 애착관계를 기반으로 주변 환경을 탐색하고 환경과 끊임없는 상호작용을 확대해 나간다. 사회성은 평생 발달하지만 영아기는 사회성발달의 민감기이다. 영아기에 맺는 사회적 관계와 사회적 행동의 발달은 성장기를 거쳐 성인이 된 이후까지 영향을 미치게 된다.

유아기는 영아기보다 대인관계가 확대되고 다양해지게 된다. 가족에서 확대되어 또래와 교사와 관계 맺기를 하며 이러한 관계 맺기가 자아개념, 자아존중감 발달에도 영향을 미친다. 다른 사람과의 원만한 관계를 형성하고 유지해나가기 위해서 자아인식 뿐 아니라 도덕성, 성 역할 발달 등이 필요하다. 이 장에서는 영아기의 애착발달, 자아발달, 유아기의 자기이해 발달, 마음이론, 성 역할, 도덕성에 대해 살펴보고자 한다.

01 영아기 사회성발달

영아기에 가장 중요한 사회성발달은 애착이다. 영아기에 형성된 애착은 전 생애 동안 대인관계 그리고 사회적 활동에 영향을 미친다. 안정애착을 형성한 영아가 자기에 대한 지식뿐 아니라 타인에 대해서도 더 많이 안다. 이는 안정애착이 자기인식을 발달시킬 뿐 아니라 다른 사람에 대한 이해에도 중요한 영향을 미친다는 것을 의미한다. 자아개념의 발달은 자기인식에서 시작된다. 자기인식은 영아가 자신을 어머니와는 구분되는 독립된 개체라는 것을 깨닫게 되면서 발달한다. 자기인식은 인지가 발달해야 가능하지만 사회적 경험 또한 매우 중요하다. 영아기 자기인식에 영향을 미치는 사회적 경험은 양육자의 일관된 태도와 안정적인 상호작용으로 인한 애착형성이다.

1) 애착발달

영아기 사회정서발달에서 가장 중요한 것은 영아가 양육자와 안정적인 애착을 형성하는 것이다. 애착(attachment)이란 영아와 특정 개인 사이에 형성되는 긍정적·정서적 유대관계를 말한다. 애착관계에 있는 두 사람은 자주 상호작용을 하며 서로가 거리상으로나 심리적으로 가까이 지내려고 노력한다(Bowlby, 1969). 출생 초기부터 영아는 울음이나 미소, 옹알이를 통해 주 양육자인 어머니를 부르며, 어머니가 영아 주변에 머물도록 한다.

Bowlby는 애착행동은 선천적인 특성으로 간주하지만 애착을 누구에게 형성할 것인지, 얼마나 강한 애착을 형성할 것인지는 경험과 상황에 따라 결정된다고 보았다. 영아는 대부분 생물학적인 부모와 애착을 형성하지만 부모가 돌보지 않고 조부모나 다른 친지가 양육했을 때는 그들에게 애착을 형성하게 된다.

영아는 주 양육자인 어머니와 애착을 형성하기 위해 매달리거나, 따라다니거나, 안기는 등의 신체적 접근을 먼저 시도한다. 때로는 미소 짓기, 울기, 부르기 등의 행동으로 어머니를 영아 곁으로 다가오게 하는 행동도 한다. 영아는 애착을 형성한 대상자인 어머니와 함께 있을 때 안정감을 느끼고 덜 불안해한다. 안정적인 애착을 형성한 영아는 이후 아동기에도 또래관계에서 인기 아동이 되며, 성인이 되어서도 원만한 대인관계를 형성하여 주변인과 많은 교류를 할 수 있게 된다.

(1) 애착발달이론

애착발달에 대해 정신분석이론, 학습이론, 동물행동학이론 그리고 인지발달이론으로 설명하면 다음과 같다.

① 정신분석이론

Freud의 정신분석이론에 의하면 구강기에 만족을 주는 대상, 즉 수유대상에게 애착을 형성한다. 일반적으로 양육자인 어머니가 젖을 주면 영아는 구강의 만족과 배고픔이 해소되는 만족을 느끼며, 어머니에게 애착을 형성하게 된다. 애착을 형성한 영아는 어머니를 자신의 안전과 애정의 대상으로 삼게 된다.

Erikson은 어머니의 수유방식이 영아의 애착과 안전기반을 형성하는 데 강하게 영향을 미치는 것으로 보았다. 즉, 영아의 배고픈 욕구에 대한 어머니의 일관된 반응이 수유 그 자체보다 더 중요하다. 영아는 자신의 욕구에 일관성 있고 민감하게 반응하는 어머니에게 기본적인 신뢰감을 형성한다. 정신분석학에서는 애착이라는 개념을 사용하지 않았지만 기본적인 신뢰감을 안정애착으로 볼 수 있다. 영아의 요구에 반응하지 않거나 일관성 없는 어머니는 영아에게 불신감을 심어 주게 된다. 어머니에게 신뢰감을 형성하게 된 영아는 이후 성인이 되어서도 원만한 대인관계를 유지해 나갈 것이다.

② 학습이론

학습이론에서는 애착행동을 강화와 조건형성에 의한 학습의 결과로 본다. 학습이론에서도 수유가 애착형성의 중요한 기제이다. 어머니의 수유가 영아에게 만족감을 제공하므로 영아는 어머니에게 긍정적 감정을 가지게 된다. 수유라는 강화인이 영아에게 만족감을 준다. 나아가 수유라는 강화인을 제공하는 어머니에게 좋은 감정을 가지고 애착을 형성하게 된다. 다시말해 수유과정에서 어머니는 영아의 일차적인 욕구 해소뿐 아니라 영아에게 눈을 맞추고 신체접촉을 하며 청각적 자극과 촉각적 자극을 끊임없이 제공하며 포근하고 행복한 감정을 제공해준다. 수유는 배고픔을 해결해주는 욕구 충족으로 일차적인 강화인이다. 이런 욕구 충족을 시켜주는 어머니는 이차적 강화인이 된다.

이차적 강화인은 처음에는 중립적인 자극이었던 것이 일차적 강화인과 반복적으로 짝지어짐으로써 강화인이 되는 것이다. 배고플 때 수유 자체가 강화인이 되지만 수유를 해주는 어머니의 따뜻한 보살핌이 이차적 강화인으로 작용하여 영아는 어머니가 곁에 있는 것만으로도 만족감과 행복감을 느끼며 애착을 형성하게 된다.

애착기제가 수유만이 아니고 수유와 함께 제공되는 어머니의 포근한 보살핌이라는, 즉 이차적 강화인의 중요성을 지지하는 연구가 있다. Harlow와 Zimmerman(1959)는 수유와 접촉이 애착에 미치는 영향을 알아보기 위해 새끼 원숭이들을 데리고 실험을 했다. 새끼 원숭이들은 두 대리모와 생활을 하게 되는데 한 대리모는 원숭이에게 수유를 하는 철사로 만들어진 대리모이며, 다른 한 대리모는 부드럽고 포근한 벨벳 천으로 몸을 감싸고 있는 대리모였다. 원숭이는 철사대리모에게서 수유를 하지만 벨벳대리모에게서 많은 시간을 보내며, 심지어 수유 중에도 공포스런 상황이 유발되면 벨벳대리모에게 달려가 안겼다. 이 실험 결과는 수유자체가 애착기제라기보다는 접촉이 애착발달의 주요기제라는 것을 시사하고 있다.

③ 동물행동학이론

동물행동학에서는 인간을 포함한 모든 종은 진화과정 속에서 생존에 기여할 수 있는 선천적인 행동 경향성을 갖고 태어난다는 것을 가정하고 있다. 그러므로 동물행동학에서는 애착형성을 종족보존과 생존에 중요한 의미를 가지는 선천적인 기제로 본다.

Lorenz의 각인이론에서 각인은 타고난 본능적인 생존기제이다. 갓 태어난 새끼 오리들이 자신들을 보살펴주는 어미에게 각인되어 어미오리 뒤를 따라다닌다. 이는 어미오리를 따라다니면서 음식과 보호를 받아 생존하려는 적응적 반응이다. 이러한 견해를 부모와 영아 간의 정서적 유대에 처음 적용한 이는 Bowlby이다.

Bowlby에 의하면 다른 종의 동물과 마찬가지로 영아는 위험으로부터 자신을 보호하고 환경을 탐색하며, 적응하는 데 필요한 지원을 얻기 위하여 부모를 가까이에 두고자 하는 행동을 타고난다. 이러한 행동은 애착이며, 애착은 모든 인간에게 사전 프로그램화된 행동체계이다. 어머니의 보살핌과 보호를 이끌어내는 영아들의 선천적인 행동특성은 울음, 미소 짓기, 매달리기, 안기기, 옹알이 등이다.

어머니들도 영아들의 이러한 행동에 민감하게 반응하도록 생물학적으로 프로그램화 되어 있다. 수유 중에 있는 직장 여성의 경우, 집에 있는 아기가 배가 고파서 울게 되면 직장에서 근무 중인 어머니의 젖이 도는 경우가 그 예이다. 잠귀가 어두운 어머니가 자신의 아기가 우는 소리에는 민감하게 반응하는 예도 있다.

애착형성 과정에서 영아는 단순히 보살핌을 받는 수동적인 존재가 아니라 스스로 자신의 생존을 위해 어머니에게 애착을 형성하게 되며, 어머니 또한 민감하게 반응하는 기제를 생득적으로 가지고 있다. 영아와 어머니 모두 선천적으로 서로에게 긍정적으로 반응하도록 되어 있다. 하지만 정서적으로 안정된 애착은 영아와 어머니 모두 서로에게 적절하게 반응하는 것을 학습해야 형성될 수 있다.

④ 인지발달이론

인지발달이론에 의하면 애착형성능력이 정서적 측면보다는 영아의 지적 발달수준에 의존한다. 영아의 애착형성은 낯가림, 대상영속성, 정신적 표상과 같은 인지적 발달이 선행되어야 가능하다.

영아가 낯가림을 한다는 것은 애착대상인 어머니와 타인을 구별하는 지각적 변별력이 생겼다는 의미이다. 낯선 이에게는 거부감을 나타내며 어머니에게 나가가려 하고 안기려 하는 것은 어머니에게 애착을 형성한 것으로 볼 수 있다.

안정된 애착을 형성하기 위해서는 애착대상인 어머니가 시야에 없을 때라도 어딘가에 존재한다는 것을 아는 대상영속성 개념을 획득해야 한다. 영아들이 대상영속성 개념을 획득하기 시작하는 7~9개월쯤에 강한 애착행동이 나타나는 것은 인지발달적 접근을 지지하는 예이다.

영아가 정신적 표상이 가능할 때 애착행동을 보인다. 정신적 표상이 가능한 영아는 어머니가 곁에 없어도 어머니와 상호작용에 대한 기대를 할 수 있다. 어머니가 보이지 않고 어머니가 어디에 있는 지 알 수 없을 때 영아들은 높은 분리 불안을 보인다. 어머니를 애타고 찾고 칭얼거린다. 그러다가 아기의 울음소리를 들은 어머니가 멀리서 아기를 달래는 소리를 내면 아기는 어머니가 곧 돌아와서 안아줄 것이라는 생각을 하게 되고, 울음을 멈추게 된다.

(2) 애착발달단계

Bowlby(1969)는 애착행동이 단계적으로 발달한다고 보고, 영아가 어머니와 애착을 형성해가는 과정을 애착 전 단계, 애착형성 단계, 애착 단계, 상호관계의 형성단계로 구분하여 설명했다.

① 애착 전 단계(출생에서 6주)

영아는 잡기, 미소 짓기, 울기, 응시하기 등 다양한 선천적 행동을 통해 어머니나 주 양육자와 관계를 유지한다. 그러나 이 단계 영아는 사람에 대해 반응을 보이기는 하나 진정한 애착이 형성되지 않아 대다수의 사람에게 같은 반응을 보인다. 이 단계 동안 영아는 주 양육자 없이 낯선 사람에게 혼자 남겨져도 별로 개의치 않는다.

② 애착형성 단계(6주에서 6~7개월)

영아는 친숙한 사람과 낯선 사람을 구분하기 시작하고 각기 다른 반응을 보이기 시작한다. 영아는 어머니와 상호작용에서 더 많이 웃고, 미소 짓고, 옹알이도 더 자주 한다. 낯선 이 보다 어머니가 달랠 때 울음도 더 잘 그친다.

영아는 자신의 행동이 다른 사람에게 영향을 미친다는 것을 이해하고, 자신이 필요로 할 때 엄마가 반응할 것을 알고 신뢰감을 발달시키기 시작한다. 이 단계의 영아는 낯선 얼굴을 구별할 수 있지만 어머니가 자리를 떠날 때 분리불안을 보이지는 않는다. 특정인을 구별하지 않고 대부분의 사람들을 좋아하기 때문에 무분별 애착형성 단계라고도 한다.

③ 애착 단계(7개월에서 18개월)

양육자에 대한 애착이 형성되는 단계이다. 이 단계에 접어들면 영아는 애착 대상자에게 적극적으로 접근하고자 한다.

애착 단계의 영아는 기어 다닐 수 있게 되면서 부터 애착이 형성된 어머니에게 적극적으로 다가가려한다. 애착대상인 어머니가 곁을 떠나면 영아는 분리불안을 보인다. 분리불안은 애착대상이 옆에 없을 때 보이는 불안 증세이다. 분리불안은 애착대상이 보이지 않을 때에도 언제나 존재한다는 대상영속성 개념을 획득했기 때문에 나타나는 것이다. 영아가 대상영속성 개념을 획득하지 못했다면 애착대상자가 떠나도 불안해하지 않는다(Lester, Kotelchunk, Spelke, Sellers, & Klein, 1974). 분리불안은 돌 전후로 나타나기 시작해서 15개월까지 증가한다.

이 시기에 양육자와 영아는 진정한 의미의 애착을 형성하게 된다. 강하게 애착이 형성된 양육자는 영아에게 안전기지(secure base)의 역할을 하게 된다. 애착대상인 양육자, 즉 어머니는 아기에게 정서적 안정감을 제공해주고 위험으로부터 지켜줄 것이라는 신뢰감을 제공한다. 안전기지를 확보한 영아는 자유롭게 환경을 탐색하며, 다른 여러 사람에게도 관심을 가지게 된다. 불안하면 안전기지로 돌아가면 되기 때문이다. 영아가 낯선 장남감이나 낯선 이에게 접근을 시도하다가 어머니를 돌아보는 것은 안전기지를 확인하고 격려받는 것이다.

④ 상호관계의 형성 단계(18개월에서 2세)

2세경이 되면 영아는 정신적 표상과 언어발달로 인해 애착이 형성된 사람의 행동을 예측할 수 있게 된다. 즉, 어머니가 언제 돌아올지 예측할 수 있으면 분리불안이 감소한다. 이 단계에서 영아는 어머니와 협상하고 자신이 원하는 대로 어머니의 행동을 수정하려고 시도한다. 가령, 어머니가 잠깐 쓰레기를 버리러 밖에 나갈 때 영아는 기꺼이 어머니가 자신의 곁을 떠나는 것을 허용하고 기다린다. 그러면서 영아는 어머니에게 빨리 다녀와서 자신과 놀아달라고 부탁한다.

(3) 애착 유형

① 낯선 상황 실험

Ainsworth와 동료들(1978)은 1～2세 영아들의 애착의 유형과 질을 측정하기 위해 실험 절차를 고안하고, 이 실험절차를 낯선 상황(strange situation)이라 명명했다. 낯선 상항 실험은 영아가 어머니와 짧은 분리와 재결합을 경험하는 8가지 장면으로 진행된다.

낯선 상황은 **표 10-1**과 같이 진행되었고 Ainsworth 등은 8가지 상황이 진행되는 동안 영아들의 반응을 관찰하여 네 가지 애착 유형으로 분류하였다.

표 10-1 낯선 상황 실험절차

단계	참석자	시간	상황 내용
1	어머니, 영아, 관찰자	30초	관찰자가 엄마와 영아를 실험실로 안내한 후 나간다.
2	어머니, 영아	3분	어머니는 영아를 혼자서 놀게 한 후, 영아가 먼저 상호작용을 원할 때만 반응하다가 2분이 경과한 후 영아에게 장난감을 제시하며 적극적으로 놀아준다.
3	낯선 이, 어머니, 영아	3분	낯선 이가 들어와서 처음 1분 동안 가만히 앉아 있다가 1분이 지나면 어머니에게 말을 건넨다. 마지막 1분 동안 낯선 이가 영아에게 장난감을 주면서 놀아준다. 3분이 되면 어머니는 혼자 조용히 밖으로 나간다.
4	낯선 이, 영아	3분 이하	첫 번째 분리 단계 : 낯선 이는 영아에게 먼저 상호작용을 시도하지 않고 영아가 원할 때만 응해 준다.
5	어머니, 영아	3분 이상	첫 번째 재결합 단계 : 어머니가 영아의 이름을 부르며 방으로 들어온다. 영아가 접촉을 원하면 편안하게 해 준 뒤 다시 장난감을 가지고 놀게 한다. 3분이 되면 어머니는 영아에게 '안녕' 혹은 '잠깐 화장실 다녀올게' 등을 말한 후 방 밖으로 나간다.
6	영아	3분 이하	두 번째 분리 단계 : 영아가 혼자 방에 있게 된다.
7	낯선 이, 영아	3분 이하	두 번째 분리의 계속 : 낯선 이가 들어와서 4단계와 같이 행동한다.
8	어머니, 영아	3분	두 번째 재결합 단계 : 어머니가 영아의 이름을 부르며 들어와서 영아가 원하면 안아준다.

② 애착 유형

Ainsworth(1978)는 낯선 상황 실험을 통해 애착 유형을 안정애착, 저항애착, 회피애착, 혼란애착 네 가지로 분류했다.

• **안정애착** secure attachment

연구대상의 영아 약 65%가 이 유형에 속한다. 안정애착의 영아들은 어머니를 안전 기지로 삼고, 함께 있을 때 활발한 탐색활동을 한다. 어머니와 분리되었을 때 눈에 띄게 괴로워하지만 곧 다른 위안을 찾으려 노력한다. 또 어머니와 재결합했을 때 어머니를 매우 반기면서 달려가 신체적 접촉을 시도한다. 안정애착의 영아는 어머니와 신뢰감을 형성하여 긍정적이고 건강한 상호관계를 유지하게 된다.

• **저항애착** resistant attachment

연구대상 영아의 약 10~15%가 이 유형에 속한다. 저항애착의 영아들은 어머니와 떨어지지 않으려 하며, 늘 가까이 있으려 하고, 주변을 탐색하려 하지 않는다. 어머니와 분리 전에도 불안해하며, 어머니가 방을 나가면 심한 분리불안을 보인다. 어머니가 다시 돌아오면 화를 내며 접촉을 시도하지만 어머니가 안아주면 또 거부하는 양가적 반응을 나타낸다. 어머니를 원하지만 어머니로부터 안정감을 얻지 못하는 양상을 보인다.

• **회피애착** avoidant attachment

연구대상 영아의 약 20%가 이 유형에 해당한다. 이 유형의 영아들은 어머니와 방을 나가도 거의 울지 않으며, 어머니를 다시 만나도 회피하거나 무시한다. 어머니에 대해 별로 신경 쓰지 않는다. 어머니와 낯선 이에 대한 반응이 유사하며, 낯선 사람에 대해 낯가림을 보이지 않는다. 어머니와 관계에서 신뢰감과 친밀감을 형성하지 못했기에 낯선 사람이나 어머니에게 그다지 차이가 없는 반응을 보이게 된다.

• **혼란애착** disoriented attachment

연구 대상 영아의 약 5~10%가 이 유형으로 분류된다. 혼란애착은 불안정한 애착 유형 중 가장 심한 유형으로, 회피애착과 저항애착이 결합되어 있다. 애착유형 분류가 불가능한 비정형적인 영아들이 여기 해당한다. 어머니와 분리될 때도 영아들은 반응이 없거나 심한 불안을 보이며, 어머니와 다시 만나도 멍한 상태를 보인다. 어머니가 다가가 안아줘도 반응이 없거나 갑자기 피하는 반응을 보인다. 혼란애착 유형의 영아들은 어머니를 보고 두려워하기도 하고, 놀라기도 하고, 고개를 숙이거나, 이상한 자세로 앉아 있거나, 꼼짝하지 않거나, 느린 움직임 등을 보인다. 이 유형의 영아는 양육자로부터 수용과 학대의 경험을 되풀이해서 받았기 때문에, 부모에게 접근해야 할지 회피해야 될지 혼란스러워 이런 행동을 보이는 것이다.

③ 애착 유형과 양육태도

대부분 애착은 어머니와 영아 간의 관계에서 형성된다. 어머니의 양육행동이나 어머니의 성격, 기질, 신념 등이 영아와 어머니 간의 애착에 영향을 미친다. 애착 유형별 어머니의 양육태도에 대해 살펴보자.

• **안정애착의 양육태도**

안정애착을 형성한 영아의 어머니는 신생아기부터 영아의 사회적 신호에 대해 매우 민감하게 반응한다. 어머니는 영아들과의 신체적 접촉을 즐기면서 정서적인 표현을 자주 하며, 자녀 양육에 중요한 가치를 두고 있다. 영아의 기질과 성격을 잘 파악하고, 영아의 기질과 성격에 맞추어 반응해준다. 영아들은 양육자와의 상호작용에서 편안함과 즐거움을 얻을 수 있고, 이러한 과정에서 안정애착이 형성된다.

• **저항애착의 양육태도**

저항애착을 형성한 영아의 부모들은 일관성 없이 자신의 기분에 따라 영아에게 반응하기도 하고 반응을 아예 하지 않는 경우가 많다. 영아들은 매달리고, 미소 짓기도 하고, 울기도 하고 또는 다른 애착행동을 하면서 어머니의 정서적 지원과 애정을 얻으려고 노력하지만 어머니는 무반응이거나 가끔 반응을 한다. 어머니의 일관성 없는 반응에 부딪히게 되면 영아는 자신의 노력이 소용없다는 것을 느끼고 절망하며, 슬퍼하고, 원망스러워한다. 그러면서도 영아는 또 어머니의 애정을 지속적으로 갈구하면서 어머니와의 분리를 염려하고 걱정하며 불안해한다.

• **회피애착의 양육태도**

회피애착 유형의 어머니는 영아들이 보내는 신호에 즉각적으로 반응하지 않는다. 이 유형의 어머니는 영아들에게 부정적 감정을 표현하며 영아들과의 신체적 접촉으로부터 즐거움을 느끼지 못한다. 그리고 경직되어 있고 자녀를 거부하는 자기중심적 특성을 지니는 편이다. 또 어떤 어머니들은 지나치게 열성적이어서 끊임없이 영아에게 말을 하거나 영아들이 원하지 않을 때도 많은 자극을 준다. 영아들은 자신과 상호작용을 싫어하는 어머니 또는 영아 자신이 감당할 수 없을 정도로 많은 자극을 퍼붓는 어머니를 회피하려 한다. 이때 적응전략으로 학습된 것이 회피애착이다.

• **혼란애착의 양육태도**

혼란애착 유형의 어머니는 과거에 자신의 주 양육자로부터 무시나 버림을 받았거나 학대받은 경험을 갖고 있는 경우가 많다. 과거의 아픈 상처 또는 부모로부터 버림받은 경험이 트라우마로 남아 있어 부모로서 역할을 하는데 영향을 받는 것이다. 이 유형의 어머니는 임신 중에 알코올을 섭취하기도 하며 우울증을 겪는 경우도 있다.

2) 자아발달

자기이해는 자아인식(self-recognition)에서 출발한다. 자아인식은 자신이 다른 사람과 구분되는 독립된 존재라는 것을 알게 되면서 발달한다. 자아인식을 통해 자아개념이 발달하게 된다.

(1) 자아인식

자아개념의 발달은 자아인식에서 시작된다. 자아인식은 영아가 자신을 어머니와는 구분되는 독립된 개체라는 것을 깨닫게 되면서 발달한다.

자아인식은 인지가 발달해야 가능하지만 사회적 경험 또한 매우 중요하다(정옥분, 2006). 영아기 자아인식에 영향을 미치는 사회적 경험은 양육자와의 안정적인 상호작용으로 인한 애착형성이다(Pipp, Eastbrooks, & Harman, 1992).

① 신생아 자아인식

신생아들은 자신이 주위 환경으로부터 물리적으로 구별된다는 것을 조금은 지각한다. 예를 들면, 신생아들은 자신의 뺨에 자기 손이 닿을 때보다 다른 사람의 손이 닿을 때 더욱 강한 찾기 반사를 보인다(Rochat & Heopos, 1997). 신생아가 감각기관을 통해 사물을 지각하는 것은 자아인식의 출현을 의미한다. 즉, 신생아는 촉감을 느끼고, 손발을 움직이면서, 사물을 바라보며, 소리를 들으면서 주변 사람과 물체로부터 자신을 구별하게 된다.

② 영아 자아인식

영아들은 생후 2개월 동안 손에 닿는 사물이면 뭐든 입으로 가져가 빠는 행동을 한다. 잡기 – 빨기, 잡기 – 보기 등과 같은 협응 도식을 발달시키면서 자신의 신체에 관심을 가지고 반복된 활동을 한다. 이 과정에서 영아는 외적 세계로부터 신체자아를 분화시켜 간다.

2개월 이후 영아는 모빌에 달린 줄을 당기기 위해 팔을 내밀거나 다리를 차는 등의 반응으로 자신에게 흥미로운 볼거리와 소리를 만들고 즐거워한다. 이때 영아는 낮은 수준이기는 하지만 자신이 뭔가를 할 수 있다고 생각한다. 미미하게 자신의 힘에 대한 의식이 싹트기 시작한다.

4개월이 지나면 영아는 자신의 신체에서 외부세계로 관심을 옮기게 된다. 주변을 탐색하게 되고, 자신이 환경과 분리된 존재라는 것을 이해하고 또 자신이 외부사물을 통제하고, 환경에 영향을 줄 수 있다는 것을 인식하면서 자아개념이 발달하기 시작한다.

영아기 자아인식은 자신의 신체에 대한 인식을 먼저 형성한다. 9～24개월 된 영아들을 대상으로 한 자아인식 발달에 대한 연구(Lewis & Brooks-Gunn, 1979)에서 영아 모르게 영아의 코에 립스틱을 발라놓고, 영아를 거울 앞에 앉혀 거울 속의 자기 모습을 보도록 하였다. 어린 영아들은 코에 있는 립스틱 자국이 자신과는 아무런 관련이 없다는 듯 거울을 만졌다. 10개월 전후 영아는 거울 속에 비치는 자기 모습을 조금 이해하기 시작한다. 12～15개월경 영아는 거울 속에 있는 아기 코의 빨간 점을 단서로 자신의 코에 빨간 점이 있는 것을 알게 된다. 15～18개월 된 소수의 영아가 자기 신체에 대한 상을 알고, 자아인지를 나타내기 시작했다. 18～24개월 된 영아 대부분은 자신의 코를 만지며 자기 얼굴에 이상한 것이 묻어 있다는 것을 알았다.

위의 실험을 거울을 본 경험이 없는 종족의 영아들에게 실시해 본 결과, 그들도 도시 영아들과 거의 같은 시기에 자기를 알아보기 시작하였다(Priel & Schonen, 1986).

영아기의 또 다른 자아인식은 소유의 개념으로 표현된다. 즉, 영아들은 사진 속의 자신을 지적하고, 자신을 가리키기 위해 자기이름이나 '내가', '나를'과 같은 인칭대명사를 이용한다. 또래와 놀이를 할 때 "내꺼야"라고 말하는 것은 사회적 환경 속에서 자기 자신을 정의하고 있음을 나타내는 것이다. 자아인식을 하는 영아가 자아인식을 못하는 영아보다 "내꺼야"라는 말을 더 많이 한다.

영아기 자아인식은 인지발달과 관련이 있다. 자신을 다른 사람 및 주변환경과 구분하여 지각할 수 있게 되면서부터 자아가 발달하기 시작한다. 타인의 존재를 인식하면서 자신이 누구인지 알게 된다. 자신의 얼굴에 대한 도식을 내재화하는 것으로 자아인식이 가능하므로 자아인식을 위해서는 인지발달이 필요하다.

자아인식을 위해서는 인지발달뿐 아니라 사회적 경험도 중요하다. 안정애착을 형성한 2세 영아가 불안정애착을 형성한 또래보다 자기에 대한 지식뿐 아니라 자신들의 어머니에 대해서도 더 많이 알고 있었다. 이는 안정애착이 자기인식을 발달시킬 뿐 아니라 다른 사람에 대한 이해에도 중요한 영향을 미친다는 것을 시사한다.

침팬지를 대상으로 한 실험에서 정상적인 환경에서 자란 침팬지는 거울 속 자신을 쉽게 알아본 반면 사회적으로 격리된 상태에서 자란 침팬지는 거울 속에 비친 자기 모습을 보고 다른 동물을 보고 있는 것처럼 반응하였다. 정상적 환경에서 사회생활을 하면서 서로가 어울리는 동안에 자신이 남에게 어떻게 비추어졌는지를 경험한 침팬지는 자아인식을 잘 발달시켰지만, 사회적으로 자기를 남에게 비추어본 경험이 없는 침팬지는 명확한 자기상을 획득할 수 없었다(Harlow & Zimmerman, 1959).

자아인식은 영아의 정서발달을 촉진시킨다. 자아인식은 죄의식, 수치심, 당혹감 및 자부심 등 자기의식 정서와 관련되어 있다. 또한 자아인식은 타인에 대한 인식에서 비롯되므로 사회적 맥락정서로 볼 수 있다. 반항, 질투, 감정이입, 애정 등의 정서는 다른 사람과의 관계 속에서 발생하는 타인 지향적 정서이다. 타인 지향적 정서도 자아인식이 발달하면서 야기된다.

(2) 영아기 자아개념

갓 태어난 아기는 자신과 환경을 구분할 수 없다. 이때는 자아에 대한 인식이 없다. 자신을 환경과 분리된 존재로 인식하게 되면서 자신의 존재를 깨닫고, 타인의 존재를 인식하게 되면서 서서히 자아개념이 발달하게 된다.

자아개념은 공생관계와 분리-개별화라는 두 가지 발달과정을 거치면서 형성된다(Mahler, Pine & Bergman, 1975). 생후 2개월경 영아는 자신이 생리적 욕구를 표현할 때마다 바로 달려와서 해결해주는 어머니와 공생관계에 있다. 어머니와 자신을 하나의 공생관계로 인식하는 영아는 자신이 어머니와 분리된 독립체라는 것을 알지 못한다. 또한 자신과 주위 환경을 거의 구분하지 못한다. 영아는 자신의 모든 욕구가 어머니에 의해 즉각적으로 충족되기 때문에 어머니로부터 자신을 분화시킬 필요를 느끼지 않는다. 어머니를 자신의 연장선상에 있는 존재로 지각한다. 그래서 자아에 대한 개념이 형성되지 않는다. 이러한 공생관계, 즉 영아가 보내는 신체적, 정서적 요구 신호에 대한 어머니의 즉각적인 반응은 자아발달의 기초가 된다.

분리-개별화 과정은 4~5개월경부터 시작되는데, 이때 영아는 자신을 주위 환경과 분리된 독립된 개체로 이해하기 시작한다(박성연, 2006 재인용). 분리-개별화 과정에서 자아에 대한 개념이 출현하기 시작한다고 볼 수 있다. Piaget에 의하면 영아들이 어머니로부터 자신을 분리시키는 과정은 이차순환반응기부터 시작된다고 한다. 이때 영아는 자신의 신체와 신체주변에 있는 대상에 관심을 갖는다. 손가락을 빨기도 하고 딸랑이를 흔들기도 하는 행동을 반복하게 된다. 이 과정에서 영아는 신체의 한계를 지각하고 누군가가 도와주어야 한다는 것을 알게 된다. 그러면서 외부세계와 자아의 분리를 경험하게 된다.

영아가 기거나 걷게 되면서 어머니로부터 분리를 연습하게 된다. 영아가 자기의지로 이동이 가능하게 되면 자기가 하고 싶은 일을 하고자 한다. 영아의 의지를 어머니가 제지할 때, 영아는 어머니와 자기가 다른 존재라는 것을 알게 되고 개별화가 이루어진다. 개별화를 경험하게 되면서 자아개념이 생기기 시작한다.

2세가 되면 영아는 어머니와 분리되어 개별화를 경험하게 되는데, 이때 어머니는 영아의 분리-개별화를 적절하게 지원하는 지지자로서 역할을 해야 한다. 어머니가 영아의 분리–개별화를 도와주면 영아는 점점 독립된 개체로 발달하며, 아울러 자아개념이 발달하게 된다.

Mahler에 의하면 16~24개월의 영아는 공생관계에 머무르고 싶은 감정과 개별화된 자기로서 자율성을 얻고자 하는 감정 사이에서 갈등하는 양가감정을 보이다가 독립된 자아로 성장하게 된다.

2세경이 되면 영아는 자신이 다른 사람과 분리된 실체라는 것을 깨닫기는 하지만 이때의 자아개념은 아직 완전하지 않다. Mahler, Pine과 Bergman(1975)의 연구에 의하면 2세경에 나타나는 자아개념은 유아와 어머니 간의 형성된 애착관계의 질에 의해 영향을 받는다. 즉, 안정적인 애착이 영아의 자아발달에 도움이 된다.

02 유아기 사회성발달

유아기는 신체활동이 활발해지면서 대인관계 폭도 넓어지고 다양해진다. 부모와 또래, 교사들이 주요 타인으로서 유아들의 사회성발달에 영향을 미친다. 사회성발달에서 가장 기초가 되는 특성은 자아개념이다. 유아기 자아개념은 자신이 남들과 다르다는 것을 자각하면서 자신의 외모, 능력, 행동, 사고 등을 알게 되는 것이다. 자아존중감이 높은 유아들은 자신에 대해 호의적이고 긍정적인 감정을 가진다. 높은 자아존중감은 유아가 능력을 발휘하고 환경에 잘 적응하는데 도움이 된다. 유아기 자아통제력은 성인기의 직업적 성공과 전반적인 생의 만족과 관련된다.

마음이론은 유아가 타인을 이해하고 타인과 상호작용하기 위한 중요한 사회성 발달영역이다. 마음이론이 발달한 유아일수록 타인조망수용능력, 공감능력, 배려, 감정이입능력이 발달했을 가능성이 높다.

유아기에는 남녀 성구분과 관련한 인지가 발달하며, 성 역할 학습이 이루어지는 시기이다. 그러므로 유아가 자신이 속한 사회나 문화에 적합한 성 역할 특성을 습득하는 것은 유아의 사회화 과정에서 매우 중요하다.

도덕성은 사회질서를 유지하며 친사회적 행동과도 연관되어 있어 유아기 사회성발달과정에서 획득되어야 할 특성이다. 유아가 이타적인 자아개념을 형성하게 되면 그에 부합되는 행동을 하고자 하므로 친사회적 행동을 더 많이 하게 된다. 즉, 유아 자신을 친사회적인 사람이라고 생각하도록 고취시켜주는 것이 친사회적 행동을 증진시키는 방법이다

유아기 사회성발달은 자아개념발달, 마음이론발달, 성 역할발달, 도덕성발달로 설명할 수 있다.

1) 자기이해의 발달

자기이해는 자아인식에서 시작된다. 자아인식을 통해 자아개념이 발달하게 된다. 자신이 외모나 신체적 능력, 행동, 사고가 독특하고 남들과 다르다는 것을 알게 되면서 자기 자신의 가치에 대해 평가하기 시작한다.

자기 존재에 대한 긍정적 또는 부정적 평가가 자아존중감이다. 자아개념이 자아에 대한 인지적 측면이면, 자아존중감은 감정적 측면이다. 자신에게 주어진 과제를 성공적으로 수행할 수 있는지에 대한 신념이나 기대는 자기효능감이다. 높은 자기효능감은 긍정적 자아개념을 촉진하게 된다. 긍정적 자아개념은 자아존중감과 관련성이 높다.

자아와 관련된 또 하나의 개념은 자아통제감이다. 자아통제감은 자신이 추구하는 목표를 달성하기 위해 순간의 유혹이나 충동을 억제할 수 있는 능력이다. 자아통제능력은 미래 직업적 성공과 대인관계 성공을 예측할 수 있는 특성이다. 자아통제능력은 자아의 중요한 구성요소이다.

(1) 유아기 자아개념self-concept

자아개념은 신체적 특징, 개인적 능력, 특성, 가치관, 역할, 사회적 신분 등을 포함하여 나는 누구이며, 무엇인가를 깨닫는 것을 의미한다. 자아개념은 자신이 독특하고 타인과 분리되는 실체라고 인식하면서 발달하기 시작한다(전남련 외, 2010). 유아기 자아개념은 자신이 남들과 다르다는 것을 자각하면서 자신의 외모,

신체적 능력, 행동, 사고 등을 알게 되는 것이다.

유아기 자아개념의 특징은 개인내적 자아 그리고 범주자아이다. 유아는 자신을 관찰가능하고 구체적인 특징으로 표현하며, 자신을 과대평가하는 경향이 있다. 구체적으로 살펴보면 다음과 같다.

유아기 자아개념은 우선 개인내적 자아라는 특징이 있다. 개인내적 자아는 다른 사람은 볼 수 없는 자신만이 알고 있는 자아이다(Lewis & Brooks-Gunn, 1979). 개인내적 자아는 남들은 모르고 자신만이 알고 있다는 것을 이해할 때 형성된다. 자신의 잘못을 감추기 위해 거짓말을 하거나 위장하는 것은 개인내적 자아가 형성되었음을 의미한다(Pillow, 1988).

유아기 자아는 범주자아라 할 수 있다. 범주자아는 사람들 간의 차이를 범주화하여 지각하는 것이다. 즉, 연령, 성, 신분 등으로 지각하는 자아이다. 유아에게 너는 누구냐고 물으면 대부분의 유아가 "나는 5살이야", "나는 성화유치원에 다녀요", "나는 남자야", "나 진달래반이야"라고 자신을 나이, 성별, 학급 등의 범주로 표현한다(Lewis & Brooks-Gunn, 1979).

유아 초기 자아개념은 피상적이다. 자라면서 보다 확장되고 세분화되며 복잡해진다. 유아는 자신을 신체적 특징, 좋아하는 것, 자신의 능력 등 관찰 가능하고 구체적인 특징으로 표현한다(Keller, Ford, Meacham, 1978; Montemayor & Eisen, 1977). 예를 들어, "나는 키 커요", "난 머리가 길어" 등 신체적 특징으로 자신을 묘사할 줄 안다. 그리고 "난 딸기 좋아해", "난 뽀로로 좋아" 등 자신이 좋아하는 것으로 자아를 표현한다. "난 잘 달려", "~도 할 수 있어", "10까지 셀 수 있어" 등 자신의 능력 등으로도 자신을 표현한다.

유아기 자아의 또 다른 특징은 유아 대부분이 자신을 과대평가하는 경향이 있다는 것이다. 유아는 자기가 할 수 있는 실제의 능력보다 더 잘 할 수 있는 것처럼 이야기한다(유효순, 2007). Flavell과 동료들(1970)의 유아의 기억능력 연구에서 4세 유아들은 자신의 기억능력을 과대평가해서 10개를 기억할 수 있다고 대답했지만, 실제로는 3~4개밖에 기억하지 못했다. 이는 인지 능력의 부족으로 나타난 현상으로 볼 수 있다.

(2) 자아존중감

① 자아존중감의 정의

자아존중감(self-esteem)은 자기 자신의 가치에 대한 스스로의 판단이나 감정을 말한다. 자기 존재에 대한 긍정적 또는 부정적 견해이기도 하다. 자아개념이 자아에 대한 인지적 측면이라면 자아존중감은 감정적 측면이다. 자기 자신을 유능하고 중요하며 성공적이고 가치 있다고 판단하는 느낌 또는 감정이 자아존중감이다.

Marion(2006)은 가치, 유능감, 통제감 세 요인으로 자아존중감을 설명한다. 가치는 자신을 의미 있는 존재로 여기며, 타인도 자신을 가치 있게 여기며 좋아한다고 생각하는 것을 의미한다. 유능감은 목표를 성취할 수 있다는 신념이다. 통제감은 자신이 세상에서 일어나는 일들과 사건에 영향을 미칠 수 있다고 느끼는 정도이다. 자신을 가치 있고 유능하고 주변을 통제할 수 있다고 평가하면 자아존중감이 높은 것이다.

자아존중감은 긍정적인 자아개념으로 볼 수 있다. 유아 스스로 자신이 능력 있다고 생각하고 주위 사람들이 인정해주면 자아존중감이 높게 형성된다. 자아존중감이 높은 유아들은 자신에 대해 호의적이고 긍정적인 감정을 가진다. 높은 자아존중감은 유아가 능력을 발휘하고 환경에 잘 적응하는 데 도움이 되는 특성이 있다. 자신이 무능하다고 느끼거나 주위의 비난을 받으면 부정적 자아개념이 형성되고, 자아존중감이 낮아진다. 낮은 자아존중감을 가진 유아는 자신이 불행하다고 느낄 것이다. 그리고 불안수준이 높고, 교육기관에 잘 적응하지 못하며, 성취수준도 낮다.

② 자아존중감의 발달

자아존중감이 형성되기 위해서는 자신에 대한 묘사인 자아개념이 형성되어야 하며, 자신의 존재에 대한 인식 없이는 자신에 대한 묘사를 할 수 없다. 즉, 자아인식이 이루어져야 자아개념이 형성되며, 자아개념이 형성되어야 자아존중감이 발달할 수 있다.

감각운동기 동안 영아는 자신의 신체가 외부대상과 분리됨을 깨닫게 되면서 신체적 자아를 인식하게 된다. 신체적 자아는 2세경에 형성된다(Lewis & Brook-Gunn,

1979). 신체적 자아를 형성하고 나면 심리적 자아도 형성된다. 심리적 자아는 3세경에 형성된다(Flavell, Shipstead, & Croft, 1978).

유아기에 형성되기 시작하여 아동기에 안정적으로 되는 자아개념의 발달과정에서 은연중에 내린 자기 자신에 대한 평가가 모여 자아존중감으로 형성된다. 유아기에는 일반적으로 자아존중감이 높다. 유아는 자율성 발달로 인해 무엇이든 스스로 하고자 한다. 스스로 할 수 있다는 힘을 과시하려 하고, 그렇게 할 수 있는 능력과 기술이 생기면서 자신에 대해 긍정적으로 평가하게 된다. 자신을 매우 긍정적으로 보는 경향성 때문에 유아기에는 자아존중감이 높다.

2세경부터 자조기술의 발달과 더불어 자아존중감이 발달하기 시작한다. 대소변 가리기, 밥 먹기, 세수하기, 옷 입기 등의 과업을 수행하게 되면서 유아는 많은 칭찬을 받게 된다. 이러한 칭찬은 자아존중감 발달의 근거가 된다. 3~4세경이 되면 유아는 운동능력 및 인지기능의 발달로 스스로 문제를 해결하면서 성취감을 획득하게 되고, 이는 자아존중감 발달로 연결된다.

유아기에 형성되는 자아존중감은 전 생애에 걸쳐 자신감을 부여하고, 자기효능감 유지에 영향을 준다. 자아존중감이 높은 유아는 자신을 중요하고 가치 있는 사람으로 평가하고 자신이 하고 있는 일에 자신감을 가지고 잘 해낼 수 있다고 믿으며 적극적으로 참여한다. 또래 친구들과 잘 어울리며 집단생활에도 잘 적응한다(정선희, 1984).

유아기는 운동능력과 자조기술이 발달해 가는 과정이다. 그러므로 유아는 때로는 실패도 경험 하게 된다. 그래서 자아개념이 안정적이지 않다. 따라서 유아의 자아존중감도 수시로 변하고 안정적이지 않다. 유아기 동안 과도하게 높았던 자아존중감은 아동기가 되면 현실적인 수준으로 조정되고 안정적으로 된다(Nottelmann, 1987).

③ 자아존중감에 영향을 미치는 요인

자아존중감은 유아 주변의 중요한 타인과의 상호작용에 의해 형성된다. 특히 유아자신이 중요하다고 생각하는 부모나 교사 그리고 또래들의 인정이나 존중, 관심, 지지, 평가에 의해 형성된다. 부모의 애정 있는 보살핌 그리고 칭찬과 격려는 자아존중감 형성에 영향을 미치는 주요 요인이다. 그리고 교사의 격려와 정서적 지지와 또래의 인정이 자아존중감에 영향을 미치는 중요한 요인이다. 또래의 지지는 나이가 들어가면서 중요도의 비중이 높아지는 요인이다. 자아존중감에 영향을 미치는 또 다른 요인으로는 사회적 비교, 성취동기, 성공 경험 등이 있다.

부모의 양육태도는 자아존중감에 영향을 미치는 첫 번째 요인이다. 자녀를 수용하고 애정적인 양육태도를 지닌 부모의 자녀는 자아존중감이 높다. 자녀에게 행동기준을 제시하고, 행동기준 내에서는 자유롭게 의견을 표현하도록 하고, 가족활동과 의사결정 과정에 참여시키는 가정환경에서 자란 유아들은 자아존중감이 높다(김경연, 1987; 송인섭, 1978). 자녀가 필요로 할 때 부모가 유능하고 조직적인 도움을 제공하면 자녀의 자아존중감이 높아진다. 반면 위협적이고 거부적인 양육태도를 지닌 부모의 자녀는 자아존중감이 낮다.

둘째, 중요 타인의 평가와 지지도 자아존중감에 영향을 미치는 요인이다. 유아에게 중요 타인은 부모, 교사, 또래이다. 부모의 정서적 지지와 인정은 유아의 자아존중감을 높여준다. 자라면서 대인관계가 확대되어 가면 타인의 수용과 거부를 경험하게 되는데, 교사의 격려와 칭찬 그리고 또래의 수용과 인정 경험을 통해 높은 자아존중감을 형성할 수 있다. 유아 스스로가 교사와 또래로부터 지지받고 인정받는다고 지각하는 유아가 그렇지 않은 유아보다 자아존중감이 높다.

셋째, 사회적 비교에 의해 자신이 우월하다고 생각되면 자아존중감이 높아진다. 유아가 또래와 관계를 맺기를 시작하면 또래와 비교가 빈번해진다. 5~6세부터 유아는 또래와 자신을 비교하면서 자신을 평가하기 시작한다. 유아들은 또래 중에 누가 가장 힘이 센지, 누가 제일 예쁜지, 누가 달리기를 잘하는지에 관심이 많다. 또래와의 비교에서 자기가 또래보다 우월하다고 생각하면 자아존중감이 높아진다(Ruble et al., 1980).

넷째, 성취동기와 성공경험도 자아존중감과 관련성이 있다. 성취동기가 높은 유아가 그렇지 않은 유아보다 자아존중감이 높다. 자아존중감이 낮은 유아는 과제수행을 쉽게 포기하는 경향이 있다. 성공경험을 많이 한 유아가 실패경험을 많이 한 유아보다 자아존중감이 높다. 과제 수행을 성공했을 때 성공의 원인을 자신의 능력이나 노력과 같은 개인 내적 요인으로 돌리는 유아가 자아존중감이 높고, 외적 요인으로 돌리는 유아는 자아존중감이 낮다(Rholes et al., 1980).

(3) 자아통제

① 자아통제 개념

자아통제는 자기의 말이나 행동을 억제할 수 있고 규제할 수 있는 능력을 의미한다. 다른 사람의 요구나 지시에 따르거나 혹은 특정 목적을 달성하기 위해 자신의 행동을 규제할 수 있는 능력이다. 충동을 억제하는 것을 배우지 못한 유아는 다른 사람의 권리를 침해하거나 규칙을 위반하게 되어 다른 아이들과 마찰을 일으키게 될 뿐 아니라 목표 달성을 위해 참고 인내하는 것이 어렵다. 미래 성취를 위해서는 현재의 욕구나 충동을 억제할 수 있어야 한다. 성장기 동안 욕구나 충동을 억제할 수 있는 자아통제력을 키워나가는 일은 성취지향적인 사회에서 필수적이다. 자아통제력은 도덕적 행동을 형성하는 데도 중요하다.

자아통제발달에 대한 이론들(Bandura, 1986; Kopp, 1987)에 의하면 유아기 자아통제는 외적 통제에서 내적 통제로 발달해 간다. 외적 통제는 부모의 지시나 금지 또는 요청에 의해 통제가 이루어지는 것을 말한다. 내적 통제는 부모의 지시나 금지 사항을 내면화하여 유아가 스스로 통제하는 것을 의미한다.

자아통제는 유혹에 대한 저항능력, 만족을 지연하는 능력, 충동을 억제하는 능력으로 구성되어 있다.

② 자아통제의 하위능력

- **유혹에 대한 저항능력**

유혹에 대한 저항능력은 유아가 해야 할 일 또는 바람직한 수행을 하기 위해 일시적인 즐거움을 가져다주는 유혹을 뿌리칠 수 있는 능력이다. 유혹에 대한 저항능력은 3~4세경에 발달하기 시작하여 유아기 동안 계속 발달한다(Vaughn, Kopp & Krakow, 1984).

5~6세의 유아는 유혹에 저항하기 위해 두 가지 전략을 사용한다. 두 가지 전략은 자기이탈전략과 언어적 자기지시전략이다. 자기이탈전략은 유혹을 이겨내기 위해 유혹에서 자신을 분리시키는 것이다. 예를 들면, 유혹의 대상을 보지 않으려고 눈을 감거나 다른 곳을 쳐다보는 것이다. 언어적 자기지시전략은 스스로 자신에게 소리 내어 "하지마라", "먹지마라" 등과 같이 타이르는 것이다.

멋진 자동차 모형을 유아 앞에 두고 “잠깐 나갔다 올 테니 절대 만지지 마라”고 지시한 후 선생님이 자리를 잠시 비운 동안 아이들이 자동차 모형을 만지고 싶은 유혹을 어떻게 이기는지 지켜보는 실험을 했다. 실험에서 자기이탈전략을 사용하는 유아는 눈을 감는다던지 고개를 돌려 다른 일에 관심을 두었다. 언어적 자기지시전략을 사용하는 유아는 “이거는 만지면 안 돼”, “선생님이 오실 때까지 만지면 안 되는 거야”하고 중얼거리고 있었다.

• 만족지연능력

만족지연능력은 나중에 보다 큰 만족과 보상을 얻기 위해 지금 이 순간의 즐거움에 대한 욕구를 억제하거나, 자신이 원하는 행동을 통제하고 지연시키는 능력을 말한다. 일상에서 유아의 만족지연행동은 지금 당장의 욕구 충족을 선택하기보다 그 욕구를 지연시켜 나중에 보다 큰 만족을 얻겠다는 욕구 만족을 지연하는 선택을 우선해야 한다.

유아들의 만족지연능력을 알아보는 1960년대 스탠포드 대학의 머시멜로우 실험은 유명하다. 실험은 유아들에게 앞에 있는 머시멜로우를 지금 바로 먹으면 한 개만 먹지만, 15분을 기다리면 한 개를 더 먹을 수 있다고 말해주고 유아들이 기다릴 수 있는지 지켜보는 것으로 진행된다.

만족지연을 일단 선택하게 되면 나중의 더 큰 만족을 위해 견뎌내야 하는 인내심이 필요하다. 만족지연능력은 비교적 일찍 나타나 2~3세 유아들도 상당한 시간을 인내할 수 있다. 더 바람직한 보상을 위해 만족지연을 선택하는 능력은 아동 중기에 이르기까지 서서히 발달해서 10~12세경에 최고로 발달한다(Vaughn, Kopp & Krakow, 1984).

이러한 만족지연능력은 약속이 지켜진다는 신뢰, 만족의 상대적 가치, 지연시간 등에 영향을 받게 된다. 기다리면 정말 큰 보상을 줄 것이라는 믿음이 있어야 지연선택을 하게 된다. 또 기다렸다가 받는 보상이 지금 선택하는 보상보다 충분히 커야 지연선택이 가능하다. 기다려야 하는 시간이 인내할 만해야 한다. 인내할 수 없는 긴 시간을 기다려야 한다면 지연선택을 할 수가 없다(Rosenberg, 1979).

• **충동억제능력**

충동억제능력은 성급한 감정, 정서, 행동, 판단, 선택 등을 자제하고 자신을 통제하는 능력이다. 충동억제능력은 유아기부터 발달하기 시작하여 아동기 동안 계속 발달한다. 충동억제능력에는 행동억제능력, 정서억제능력, 결론억제능력, 선택억제능력으로 네 가지가 있다.

첫째, 행동억제능력은 하던 행동을 중단하거나 행동을 멈추라는 지시를 따르는 능력이다. 신나게 모래놀이를 하고 있는데 선생님이 "그만 하세요" 한다면 행동억제능력이 있는 유아는 놀이를 중단하지만 그렇지 않은 유아는 힘들어 한다.

둘째, 정서억제능력은 격렬한 분노를 참는 등 감정이나 정서의 강도를 통제하는 능력이다. 정시억제능력은 전 생애에 걸쳐 발달하는 능력이다. 울다가 울음을 그친다거나, 화가 나지만 참을 수 있는 유아는 정서억제능력이 있는 것이다.

셋째, 결론억제능력은 충동적인 판단을 삼가고 신중하게 숙고하는 능력이다. 결론억제능력은 인지적 사고와 판단을 요구하기 때문에 다른 충동억제능력에 비해 늦게 발달한다.

넷째, 선택억제능력은 보상의 크기가 작은 단기보상을 포기하고 일정 시간을 기다려 보다 큰 만족을 가져다주는 장기보상을 선택하는 능력이다. 이는 만족지연능력과 밀접한 관련이 있다. 선택억제능력은 12세부터 발달한다(Berk, 1991).

③ 자아통제의 발달

자아통제를 할 수 있으려면 독립적인 개체로서 자기인식이 우선 형성되어야 한다. 그리고 부모나 양육자의 지시를 회상할 수 있는 인지적 표상능력과 기억능력이 발달해야 한다.

영아기는 초보적 수준의 자아통제를 한다. 영아기에 나타나는 자아통제력의 개인적 차이는 유아기, 아동기, 청소년기까지 지속되는 경향이 있다(Toner, Moore, & Emmons, 1980).

2세경이 되면 자아통제력의 개인차가 뚜렷하다. 즉, 어떤 유아는 다른 유아에 비해 자제력이 있고 규칙이나 지시를 잘 따른다. 2세 유아는 자아통제력의 일차적 표현인 외적 통제를 한다. 즉, 부모나 교사의 지시나 요구에 순종하는 행동을 한다. 2세 유아들은 부모의 지시나 부탁을 단순히 따르는데 이는 그렇게 하는 것이 즐겁기 때문이다.

지시에 의한 외적 통제는 점차 외적 언어에 의한 자기통제로 바뀌게 된다. 부모가 금지하는 행동을 유아가 하게 될 때 유아는 부모의 '안 돼', '하지 말라 했으니까 하면 안되는 거야' 하는 소리를 유아 자신이 되뇌면서 행동을 그만두게 된다. 이를 외적 언어에 의한 자기통제라 한다. 자아통제발달에서 언어는 중요한 역할을 한다. 언어는 자아통제의 강력한 도구가 되며, 자기지시를 통해 자기행동을 효율적으로 규제한다(Kuczynski et al., 1987).

3세경부터 본격적인 자아통제가 시작된다. 이 시기에는 부모가 가하는 언어적 지시나 통제와 같은 외적 통제를 내면화하여 내적 통제로 변화시킬 수 있다. 즉, 부모의 지시나 금지를 기억해서 유아 자신의 사고나 생각으로 통제하는 자기내적 통제가 가능하다(Luria, 1961). 3세 중반 유아는 자기의 충동을 통제하는 능력이 뚜렷이 나타난다.

많은 연구들(Hater, 1990; Hunter & Hunter, 1984; Caspi, Moffitt, & Silva, 1907)에서 자아통제력은 안정적이고 지속적인 특성임을 보여주고 있다. 유아기에 통제력이 부족한 유아는 이후 아동기를 거쳐 청년기에서도 부적응적인 행동을 보이는 경향이 있다. 유아기 자아통제력은 성인기의 직업적 성공과 전반적인 생의 만족과도 관련이 있다. 그리고 자아통제감은 청소년기의 자아존중감을 예측해주는 인지적 능력, 사회적 기술 및 자신감 등의 특성과 관련성이 있다. 따라서 자아통제능력은 자아의 중요한 구성요소이다(Weisz, 1978).

④ 자아통제발달에 영향을 미치는 요인

유아는 연령 증가에 따른 인지적 성숙으로 자신의 사고와 행동을 통제할 수 있는 효율적인 전략을 사용할 수 있다. 부모나 교사가 유아에게 자기이탈전략이나 언어적 자기지시전략을 활용할 수 있도록 알려 주거나 그러한 전략을 사용하는 모델을 제공해주는 것도 유아의 자아통제에 도움이 된다(Bussey & Perry, 1977).

지금의 욕구를 억제하고 나중의 만족을 위한 지연선택은 자아통제와 상관이 높다. 보상물의 가치나 지연시간 대비 가치의 효용성, 보상에 대한 믿음은 지연선택을 할 수 있게 한다. 기다릴만한 가치가 있는 보상이 주어진다면 지연선택을 할 것이다. 또 기다려서 더 큰 보상을 받을 수 있다는 믿음이 있어야 지연선택을 할 수 있다. 그러나 기다려야 하는 시간이 견딜만한 정도라야 한다. 지연선택을 할 수 있다는 것은 자아통제가 된다는 의미로 볼 수 있다.

또한 사려성도 자아통제와 관련성이 있다. 사려성이 높은 유아가 자아통제도 더 잘한다(이경님, 2001). 사려성은 상황을 신중히 검토해서 심사숙고하여 대응하고 적절히 행동하는 인지양식이다. 사려성은 자아통제력을 높이는 중요한 요인이다.

어머니의 양육태도는 유아의 자아통제와 관련이 높다. 어머니가 반응적이고 지지적인 경우 유아의 자아통제력은 높다. 어머니가 권위주의적이고 통제를 많이 할수록 자아통제는 낮아진다. 부모의 애정적인 태도, 합리적인 요구, 부드럽지만 단호한 지시 등을 통해 규칙을 지키도록 하는 양육행동이 자녀의 자아통제력을 키우는 데 도움이 된다. 부모가 미리 정해진 규칙은 반드시 지키도록 하는 일관성 있는 훈육은 유아의 자아통제력을 향상시킨다(Kuczynski, 1983). 반면 어머니의 지나친 통제적 양육태도는 자녀의 자아통제력과 부적인 상관관계를 보인다. 어머니의 지나친 통제는 자녀가 스스로 규준을 내면화하여 내적 통제하는 것을 방해한다.

친구들과 관계가 원만한 아이들이 자아통제도 잘한다. 자아통제를 잘 하기 때문에 대인관계를 잘 맺이기는 것이다. 자아통제력은 안정적인 발달 특성이므로 유아기에 자아통제를 잘 했던 아이가 친구나 교사들에게 인기 있는 사람으로 성장해 사회성이나 대인관계가 좋아진다(Mischel et al., 1988). 안전, 소유물, 타인 배려에 필요한 여러 규칙들을 습득하도록 해서 유아의 자아통제력을 키워주는 것은 유아기 자녀를 둔 부모의 주요 과제 중의 하나이다.

2) 마음이론

사람들은 자신의 경험과 지식을 바탕으로 다른 사람을 이해하고 해석하며 안다고 생각한다. 그런데 그 사람에 관한 모든 정보를 가지고 있지 않기 때문에 잘못 알 수도 있다. 따라서 우리가 어떤 사람에 대해 알고 있는 것이 실제 모습과 다를 수 있다. 예를 들면, 내 친구는 배려심이 많다고 생각한다. 그런데 그 친구는 배려심이 있는 사람일 수도 있고 아닐 수도 있다. 친구가 배려심이 많다는 것은 내가 친구에 대해 가지고 있는 표상이다. 배려심이 있는 친구라는 나의 표상, 즉 친구에 대한 믿음이 친구의 실제 특성과 일치할 수도 있고 그렇지 않을 수도 있다. 만약 배려심이 있다고 믿고 있던 친구가 배려 없는 행동을 하는 것을 경험하고 나면 '내가 잘못 알고 있었구나'하면서 친구에 대한 생각을 바꾸게 된다.

여기서 '생각하다', '안다', '느끼다' 등의 언어로 표현되는 정신 상태를 마음(mind)이라 한다. 마음은 정신적인 경험이므로 관찰할 수는 없지만 인간의 행동을 설명하고 이해할 때 반드시 필요한 개념이다. 이와 같이 마음에 대한 이해를 바탕으로 사람의 행동을 예측하고 이해하는 것을 Woodruff(1978)는 마음이론(theory of mind)이라고 명명하였다.

(1) 마음이론의 정의

마음이론은 경험과 행동 간의 관계를 이해하는 유아의 사고 체계를 의미한다. 사람들은 대체로 경험을 바탕으로 행동하게 된다. 경험 속에서 신념, 동기, 정서, 의도 등의 내재적 상태가 형성된다. 내재적 상태를 마음이라 한다. 이러한 마음이 행동을 매개하고 결정하게 된다. 다시 말하면, 경험에 대한 믿음, 정서, 의도 즉 마음에 의해 행동이 생성된다. 마음이 행동을 매개하고 결정한다는 것을 이해하는 사고체계를 마음이론이라 한다. 마음이론은 사람들이 자기 마음속으로 믿거나 바라거나 의도하는 대로 행동한다는 것을 이해하는 능력이다.

마음이론(theory of mind)은 자신과 타인의 정신작용을 이해하는 인지능력이다. 마음이론은 유아가 타인의 생각, 의도, 정서 등을 정확하게 추론하는 능력과 이러한 추론을 근거로 특정 상황에서 타인의 행동을 정확하게 예언하는 능력으로 발달한다.

마음이론은 유아가 타인을 이해하고 타인과 상호작용하기 위한 중요한 사회성 발달 영역이다. 유아가 마음의 특성을 언제부터 이해하게 되는가에 대해서는 두 가지 입장이 있다. 하나는 가상놀이를 시작할 때 타인의 마음을 이해한다고 보는 것이다. 또 하나는 어떤 사건에 대한 사람의 생각은 사실과 일치하지 않는다는 개념을 이해하게 될 때부터라고 보는 견해이다.

유아들은 마음상태가 행동에 어떻게 반영되는지에 대한 선천적인 민감성을 가지고 태어난다. 때문에 타인과 상호작용하며 살아가는 과정에서 마음이 어떻게 행동에 영향을 미치는지에 대해 학습하지 않아도 알게 된다. 유아가 마음이론을 습득하게 되면 다른 사람을 보다 잘 이해할 수 있고, 상호작용을 잘 할 수 있다. 다른 사람의 행위를 설명하고 예측할 수 있다면 사회적 관계에서 발생하는 다양한 문제를 성공적으로 해결할 수도 있다.

(2) 마음이론발달

Piaget는 유아가 타인을 이해하는 능력은 유아의 인지발달 수준에 의해 결정된다고 하였다. 전조작기 유아는 사물의 지각적 특성에 의존하여 사물을 인지하는 직관적 사고를 한다. 타인을 관찰할 때도 눈에 띄는 모습이나 행동, 그가 가지고 있는 소유물을 중심으로 인지한다. 유아는 타인조망수용능력이 아직 덜 발달되어 자신과 타인의 사고와 감정이 다를 수 있다는 것을 잘 구별하지 못한다.

4세경이 되면 다른 사람은 다른 생각을 가질 수도 있다고 깨닫기 시작한다. 그러나 왜 그런지는 잘 이해하지 못한다. 7세경이 되어야 타인의 입장에서 자신을 바라볼 수도 있고, 타인도 그럴 수 있다는 것을 안다(Selman, 1981).

유아의 마음이론발달은 인지, 타인조망수용능력, 사회성발달 등과 상관이 있다. 인지발달과 타인조망수용능력 발달과 아울러 유아의 마음이론도 연령 증가에 따라 발달하게 된다(김영심 외, 2003). 연구에 의하면 2~5세 시기에 유아들은 자신과 타인의 정신작용에 대한 지식이 폭발적으로 증가한다(Wellman, et. al, 2001; 이영 외 2009).

2~3세경 유아는 타인의 욕구나 내재적 상태를 언급하기 시작한다. 2세 유아는

마음이 행동으로 나타난다는 것을 아직 잘 이해하지 못한다. 믿음이나 생각과 같은 개념도 알지 못한다.

3세 정도가 되어야 '기억하다', '생각하다', '믿다', '안다' 등 욕구나 정서, 정신 상태를 나타내는 단어를 사용한다(Wellman, 1990). 타인의 기분이 좋은지, 나쁜지 구분할 수 있다. 타인의 행동과 정서를 예측하기는 하나 생각이나 신념을 예측할 수는 없다. 이 시기 유아는 어머니가 물건을 떨어뜨려 발을 찧게 되면 엄마에게 다가와 "아파요?"하고 물어본다. 밖에서 몸을 움츠리고 들어오는 언니를 보고 "추워?"하고 물어본다. 유아는 상대방의 감정을 유추하여 언급할 수 있다.

3~4세 유아는 타인의 생각과 신념을 구분할 수 있다. 내재적 상태(생각, 신념, 감정)와 실제를 구분할 수 있다. 이 시기 유아는 사람들이 욕구에 따라 행동한다는 것은 이해하지만, 신념, 믿음, 생각 등이 행동에 영향을 준다는 것은 이해하지 못한다. 그리고 자신의 믿음이 틀릴 수 있다는 것을 이해하는 데 어려움이 있다. 뿐만 아니라 실제와 외양이 다르다는 것을 이해하지 못한다(이영 외, 2009).

3세 유아에게 연필이 들어있는 수저통을 보여주고 이 안에 무엇이 있냐고 물어보면 수저가 있다고 답한다. "정말 수저가 있을까요?"하고 수저통을 열어 보여준다. 유아는 수저통에 수저가 아니라 연필들이 들어있는 것을 보게 된다. 그런 다음 선생님이 다시 유아에 질문을 던진다. "수저통을 열어보지 않은 친구들은 이 안에 뭐가 들어 있다고 생각할까요?"라고 질문하면 유아들은 "연필"이라고 답한다. 그리고 유아는 자신도 본래 연필이 들어 있는 것을 알고 있었다고 답한다. 이 시기 유아는 믿음이 행동에 영향을 미치는 것을 이해하지 못한다(Berk, 2006).

이 시기의 유아가 외양과 실제를 구분하지 못하는 경향이 있다는 것을 알아보기 위해 Falvell과 동료들(1986)이 유아를 대상으로 선글라스 실험을 하였다. 유아에게 흰 우유를 보여주고 난 다음 초록색 선글라스를 쓰게 했다. 유아에게 우유 색깔이 뭐냐고 물으면 직전에 흰 우유를 보았지만 유아는 초록색이라고 답한다. 이는 전조작기 유아의 직관적 사고 때문이라 할 수 있다. 즉, 시각적인 한 측면만 보고 사물을 판단한 것이다.

4~5세가 되면 초보적 마음이론이 나타난다. 유아는 신념이 행동을 주도하는 것을 이해하게 된다. 타인의 믿음과 생각을 고려해서 타인의 행동을 설명하고

예측할 수 있게 된다. 타인이 생각하는 내용과 실제 내용은 다를 수 있다는 것을 이해하게 된다(Wellman, Cross, Watson, 2001). 학자들은 4세가 마음이론발달의 결정적 시기라고 보기도 한다(신은수, 2005; 이옥형 외, 2004).

5세 유아는 사람들이 사실과는 다른 잘못된 신념을 가지고 행동할 수 있다는 것을 안다. 그리고 사람들 마음속에는 여러 가지 생각이 있고, 직접 보지 않아도 알 수 있다는 것을 안다.

형은 사탕단지가 찬장 안에 있는 것을 보고 밖으로 놀러 나갔다. 형이 밖에 있는 동안 유아가 보는 앞에서 엄마가 사탕단지를 냉장고로 옮겼다. 그리고 나서 "형이 돌아와서 사탕을 어디에서 찾겠니?"하고 유아에게 물으면 3세 유아는 형이 냉장고에서 사탕을 찾을 것이라고 말한다. 그러나 4～5세 유아는 형이 찬장에서 사탕을 찾을 것이라고 말한다. 형은 사탕이 찬장에 있다고 생각한다는 것을 유아가 알고 있나.

이 실험에서 4～5세 유아는 형의 생각이 형의 행동을 결정한다는 것을 이해하고 있음을 보여준다. 이 시기의 유아는 실제로 보이는 외양에 의존하는 것이 아니라 믿음이 행위를 결정할 수 있다는 것을 알고 믿음과 행동 간의 관련성까지 이해하게 된다(Berk, 2006). 마음이론이 발달한 유아일수록 타인조망수용능력, 공감능력, 배려, 감정이입능력이 발달했을 가능성이 높다.

(3) 마음이론 연구에서 활용되는 과제

유아의 마음이론발달 수준을 알아보기 위해 내용교체 과제, 위치이동 과제, 틀림믿음 과제를 사용한다. 마음이론을 보다 잘 이해하기 위해 이러한 과제들을 살펴보고자 한다.

첫째, 내용교체 과제이다(Pener et al., 1987). 외양과 그 속의 내용물이 다른 것을 보여준다. 예를 들어, 쿠키가 그려진 과자상자 안에 들어있는 구슬을 유아에게 보여준다. 그리고 유아에게 "친구는 그 과자 상자 안에 무엇이 들어있다고 생각하겠니?" 하고 질문을 한다. 3세 유아는 '구슬'이라 답할 것이다. 4세 이상의 유아는 '과자'라고 답한다. '과자'라고 답한 유아가 '구슬'이라고 답한 유아보다 마음이론이 발달한 유아이다.

둘째, 위치이동 과제이다(Wimmer & Perner, 1983). 물건의 위치나 장소를 옮기는 과제이다. 빨간색 단지와 초록색 단지를 유아와 친구에게 보여 준다. 그리고 빨간색 단지에 사탕을 넣는 것을 보여 준 후 친구를 밖으로 나가게 한다. 친구가 없는 동안 사탕을 초록색 단지에 옮기는 것을 유아에게 보여준다. 그리고 유아에게 "친구는 사탕이 어느 단지에 있다고 생각할까?"라고 질문을 한다. '초록색 단지'라고 대답하는 유아보다 '빨간색 단지'라고 답하는 유아가 마음이론이 발달한 유아이다.

셋째, 틀린 믿음 과제이다. 사람의 믿음이 사실과 다를 수 있음을 아는지 알아보는 과제이다. 철수는 바구니를 가지고 있고, 영희는 상자를 가지고 있다. 철수가 자신의 바구니에 공을 넣어 두고 밖으로 나간다. 그 사이에 영희가 바구니에서 공을 꺼내어 영희의 상자로 옮겨 넣는다. 이후 밖에서 돌아온 철수는 공을 어디에서 찾을 것인지를 유아에게 질문하면 대부분의 3세 유아들은 철수가 상자 속에서 공을 찾을 것이라고 답한다. 4세 이상의 유아는 철수가 자신이 없는 동안 영희가 공을 상자로 숨긴 것을 모르기 때문에 마지막으로 공을 보았던 바구니에서 공을 찾을 것이라고 답한다. 유아가 질문에 대한 정답과 그 이유를 정확히 이야기할수록 마음이론의 발달 수준이 높다.

03 성 역할

성 역할이란 남성이나 여성에 대한 문화적 인습과 관련된 태도 및 행동을 말한다. 문화권마다 남녀 성별에 적합하다고 여겨지는 태도와 행동을 규정하고 있다. 유아들은 성장하면서 주변의 영향을 받으며 남성다움과 여성다움을 배워간다. 그리고 여성과 남성에 적합한 행동과 태도를 내면화시켜 간다. 여아는 따뜻하고 친절하며 타인의 요구에 민감하다. 그리고 배려하고 다독거리는 표현적 역할을 배우며 자란다. 남아는 경쟁적이며 독립적이고 리더십이 있다. 그리고 보호하고 책임지는 도구적 역할을 배우며 성장한다. 그러나 오늘날은 전통적인 성 역할 구분보다는 상황에 따라 도구적 역할과 표현적 역할을 수행할 수 있는 융통성 있는 성 역할을 강조하고 있다.

유아기에는 남녀 성구분과 관련한 인지가 발달하며 성 역할 학습이 이루어지는 시기이다. 그러므로 유아가 자신이 속한 사회나 문화에 적합한 성 역할 특성을 습득하는 것은 유아의 사회화 과정에서 매우 중요하다.

1) 성 역할 개념

성 역할이란 사회에서 여아와 남아에게 각각 기대하는 신념, 태도, 행동을 말한다. 유아는 그가 속한 집단 문화의 사회화 과정을 통하여 성에 적합하다고 규정하는 신념, 태도, 행동, 정서 등을 습득하게 된다. 유아가 자신이 속한 사회나 문화에 적합한 성 역할의 특성을 발달시켜 가는 과정을 성 유형화(gender typing)라 한다. 유아가 자신에게 기대되는 성 역할을 이해하기 위해서는 자신의 성에 대한 정확한 이해가 선행되어야 한다. Slaby와 Frey(1975)는 성 정체성, 성 안정성, 성 항상성, 성 일관성 4단계를 통하여 유아가 성 개념을 획득하게 된다고 하였다.

(1) 성 정체성

성 정체성이란 개인의 성에 대해 깨닫게 되는 개념이다. 자신이 남아인지 여아인지 인식하는 것이다. 즉, 남과 여 중 한쪽 성에 속해 있고, 다른 쪽 성에 속해 있지 않다는 것을 인식하는 것이다. 유아는 2세경부터 자아인식을 하게 되면서 자신과 타인을 구별할 수 있다. 이때부터 남여의 차이점을 인식하면서 자기와 유사한 성을 인식하기 시작한다.

3세가 되면 유아는 성 동일시를 할 수 있다. 3세 유아는 자신의 성을 정확히 명명할 수 있고, 주변사람들을 남녀로 정확히 구별할 수 있는 능력이 생긴다. 머리모양, 옷차림, 하는 일로 성별을 구분한다. 사회적 규범에 따라 성에 맞는 옷차림, 놀잇감을 선택한다. 하지만 유아기의 자기중심적 성향 때문에 전통적인 성 역할에 맞는 행동과 태도를 취하지는 않는다. 이 시기의 유아는 외형이 바뀌더라도 성이 바뀌지 않는다는 사실을 잘 모른다. 예를 들면, 3세 유아는 남자가 긴 머리 가발을 쓰고 나타나면 여자라고 생각한다.

(2) 성 안정성

성 안정성은 시간이 흘러도 성이 변하지 않는다는 것을 아는 것이다. 유아는 4세경이면 성 안정성을 인식하기 시작한다. 성 안정성을 인식한 유아는 시간이 지나도 성은 불변한다는 것을 알게 된다. 어른이 되어도 지금의 성을 유지하게 된다는 것을 알기에 여아는 나중에 엄마가 될 수 있으며, 남아는 아빠가 될 수 있다는 것을 안다. "너는 자라서 엄마가 될래? 아빠가 될래?"라는 질문으로 성 안정성을 측정한다.

4세가 되면 유아는 성에 대한 선호도가 명확해지고, 따라서 자신과 동일한 성에 대해 호감을 분명하게 표시한다. 유아들은 자신이 좋아하는 것과 긍정적인 것은 자신의 성에 관련시키고, 싫어하는 것과 부정적인 것은 다른 성에 속하는 것으로 분류하는 경향이 있다. 이런 경향은 나이가 들면 줄어들게 된다. 그리고 사회적으로 자신에게 어떠한 성 역할을 기대하는지를 인식하고 따르려고 한다. 또한 사회적인 성 역할 기대를 위반하면 비난이나 벌을 받는다고 생각한다. 그리하여 사회적 규범에 순응하는 성 역할의 태도와 행동을 습득하게 된다(이숙재 외, 2013).

(3) 성 항상성

성 항상성은 개인이 원한다고 해서 성이 바뀌는 것이 아니라는 의미이다. 5세가 되면 유아는 한 번 타고난 성은 개인이 원한다고 하더라도 평생 바뀌지 않고 지속된다는 사실을 깨닫는다. 여아에게 "만약 네가 원한다면 남자가 될 수 있니?"라는 질문으로 성 항상성을 측정한다.

(4) 성 일관성

성 일관성은 시간과 상황이 아무리 변해도 성은 변하지 않는다는 인식이다. 즉, 한 개인의 성은 외모와 상관없이 일정하게 유지된다는 개념이다. 6~7세경이 되면 유아는 성인과 다름없는 성 개념을 가지게 된다. 6세 유아는 머리모양이나 옷, 행동이 바뀌어도 성은 바뀌지 않는다는 것을 안다. 이 시기의 유아들은 외모만으로 성을 구별하지 않는다. "네가 여자 아이들처럼 머리를 기르면 여자가 될 수 있니?", "네가 콧수염을 붙인다고 남자가 되니?" 등의 질문으로 성 일관성을 측정한다.

2) 성 역할 고정관념

성 역할 고정관념은 남녀 성별에 따른 신체적·심리적·정서적 또는 사회적 특성이 명확한 것으로 단정 지어버리는 것을 의미한다. 즉, 이런 것은 남자의 특성, 저런 것은 여자의 특성으로 획일적으로 규정해 버리는 태도나 신념을 말한다. 성 역할 고정관념은 같은 성 간의 개인차를 허용하지 않는다. 어떤 개인에 대한 정보가 그다지 없을 경우에 우리는 남성과 여성이라는 각 성의 생물학적인 동일성에 근거해서 개인을 이해하려한다.

대부분의 사람들은 성에 대한 고정관념을 어느 정도 가지고 있다. 성 역할 고정관념은 교육과 문화에 의해 형성되는 것이다. 즉, 사회화 과정을 통해 형성된다. 성장기 동안 주로 부모를 모델링 하거나 동일시 과정을 통하여 학습된다. 학습된 고정관념은 또래나 교사 등 주변인으로부터 지지를 받으면서 더욱 강화되어 간다.

(1) 성 역할 고정관념 발달

성 역할 고정관념은 특정 활동이나 행동이 남자 또는 여자 한 성에만 적용되는 것으로 생각하는 개념이다. 유아들은 남아나 여아로서 기본 성정체감을 형성해가면서 동시에 성 역할 고정관념을 획득하기 시작한다.

2세 유아도 성 역할 고정관념의 지식을 가지고 있으며, 외모, 말씨, 행동양식, 감정표현 양식이 성에 따라 다르다고 인식한다(Kuhn, Nash, & Brucken, 1978).

3세 정도가 되면 더욱 고정화되어 유아들은 장난감, 의상, 놀이, 색깔 등을 선택할 때 자신의 성과 관련시킨다. 자동차는 남자 것, 인형은 여자 것, 파란색은 남자 색, 분홍색은 여자 색으로 구분한다(Weinraub & Brown, 1983; Picariello et al., 1990). 상상놀이에서도 남아는 싸움에 관한 놀이를, 여아는 가정생활에 관한 놀이를 많이 한다(Pulaski, 1973).

3～8세 유아들을 대상으로 성 개념을 알아본 유미숙(1986)의 연구에서는 3～4세

유아는 직업에 대한 성 역할 고정관념을 가지고 있다. 남아는 경찰이나 의사를 선호하고, 여아는 간호사나 선생님을 선호하는 경향이 있다(박선영, 2001).

5~6세가 되면 유아의 고정관념은 현저히 견고해졌다. 그러다가 7~8세가 되면 고정관념이 다소 감소하는 경향을 보인다. 유아의 성 역할 고정관념은 주로 직업, 성격특성, 행동특성, 놀이를 중심으로 형성된다. 남아가 여아보다 더 강한 고정관념을 가지고 있다(조성원, 1987).

성격특성에 대한 성 역할 고정관념 연구를 보면 5세경부터 유아는 여성은 부드럽고 애정적인 성격 특성을 가지고 있고, 남성은 강하고 지배적이고 공격적인 성격 특성을 지닌다고 지각한다. 이러한 성격특성에 대한 고정관념은 11세까지 계속 증가한다(Williams, Best, & Davis, 1977).

많은 연구결과들에서 성 역할 고정관념이 유아기에 형성된다는 것을 알 수 있다. 유아가 자신의 성별을 인지하게 되는 성 정체감 획득을 시작으로 성 일관성을 이해하게 되는 마지막 단계까지의 과정 속에서 성 역할 고정관념도 함께 형성하게 된다. 성에 적합한 성 정체성을 확립하는 것은 바람직하나 지나친 성 역할 고정관념을 가지지 않도록 가정에서나 유아교육기관에서 유의하여 지도할 필요가 있다.

(2) 성 유형화된 행동발달

유아가 동성의 놀이친구를 선호하는 것은 일찍부터 시작된다. 남아는 남아끼리 여아는 여아끼리 성별로 분리되어 놀이를 하는 경향성은 연령증가에 따라 더욱 강해진다. 성별 분리의 가장 큰 원인은 놀이양식의 차이에 있다. 남아들의 놀이양식은 거칠고 지배적이며 전쟁놀이와 싸움놀이를 많이 한다. 여아들의 놀이양식은 정적이고, 학교 놀이, 소꿉놀이를 많이 하며, 갈등 시 협상으로 해결하고자 하는 경향이 있다. 이러한 놀이의 선호도 때문에 성별 분리가 강해진다.

성 유형화 행동의 성차를 비교해보면 남아들이 여아보다 성에 맞는 행동을 하도록 사회적 압력을 더 많이 받는다. 이는 많은 문화권에서 남성의 성 역할에 더 높은 사회적 지위를 부여하기 때문으로 보인다.

2세 남아는 장난감 선택에서 남성적인 장난감을 선호하는 경향이 뚜렷하며, 또래

선택에서 성별을 구별하지는 않는다. 반면 2세 여아들은 여성적인 장난감을 선호하는 경향성이 크게 두드러지지 않는다. 그러나 여아들은 동성인 여아들과 놀기를 선호한다.

3세경이 되면 남아들이 여아들보다 동성인 남아들과 놀기를 더 선호하게 된다. 3~5세경 남아들은 성에 적합한 장난감을 선호하려는 경향이 강해진다. 반대 성에 어울리는 장난감을 싫어하는 강도가 여아보다 남아가 크다(Willams et al., 1975). 특이한 점은 여아는 남아처럼 장난감 선택에 있어서는 성별 구분을 그다지 보이지 않는다. 남아보다 반대 성의 장난감이나 게임과 활동을 지속할 가능성이 높다.

6세 반경이 되면 유아는 이미 반대 성의 또래와 지내는 시간의 10배 이상을 동성 또래와 보낸다. 4~10세경에는 남녀 모두 자신에게 기대되는 성 역할을 알고, 그가 속한 집단의 성 역할 규정을 따르고자 하는 경향성이 나타난다(Kelly & Smail, 1986). 10~11세가 되면 성별 분리를 강하게 주장하고, 이를 지키는 이가 인기아가 될 정도이다(Berk, 1991).

3) 성 역할발달의 이론

성 역할발달은 유아기 동안 자연스럽게 이루어진다. 생물학자들은 성 역할발달이 유전적, 해부학적인 영향을 받는다고 보며, 정신분석이론에서는 부모와의 동일시를 통해 성 역할을 배우게 된다고 한다. 학습이론은 모델링과 강화를 통해 성 역할을 학습한다고 보며, 인지발달에서는 성에 대한 인지적 지각이 형성되어야 성 역할을 습득한다고 설명한다. 성도식이론은 사회학습이론과 인지발달이론을 결합하여 성 역할발달을 설명한다.

(1) 생물학적 이론

생물학적 관점에 의하면 성 역할발달과 성 유형화는 남녀 간 유전적, 해부학적, 호르몬의 차이에 기인한다. 생물학적으로 남아는 골격과 근육이 많으며 활동적이고, 여아는 남아에 비해 작고 부드럽다. 이러한 남녀의 유전적인 신체 구조적 차이가 성 역할과 일치하는 특정 활동을 하도록 결정한다.

남아는 출생 시부터 체중과 신장이 여아보다 크다. 근육과 골격도 더 크다. 이러한 신체적 특성은 거칠고 신체활동적인 놀이로 연결되고, 공격적이고, 자기주장이 강한 특징과도 연관된다. 여아는 남아보다 빨리 성장하고, 어휘 습득도 빠르고, 고통에 더 민감하다. 유순하고 수다스러우며 애정적이다. 이러한 특성은 협동적인 행동에 적합하고 소꿉놀이와 같은 협동놀이로 연결된다.

성과 관련된 생물학적 특성은 환경과 상호작용하여 성 유형화 된 행동을 유발할 가능성이 높다. 부모나 교사는 활동적인 남아에게 더 거칠고 공격적인 활동을 격려하며, 여아에게는 언어적 상호작용을 많이 해주고 여성적인 놀이를 하도록 유도한다.

(2) 정신분석이론

Freud 정신분석이론에 의하면 성 역할발달은 심리성적 발달단계의 세 번째 단계인 남근기에서 시작된다. 즉, 남근기의 동일시 과정을 통해 성 역할을 배우게 된다. 남근기의 남아는 오이디푸스 콤플렉스를, 여아는 엘렉트라 콤플렉스 경험하게 되는데, 이를 해결하기 위해 성 역할 동일시를 하게 된다.

유아는 이성부모에 대한 근친상간적 성적 욕망을 가지나 현실적으로 실현될 수 없음을 깨닫고, 동성 부모의 보복을 두려워하게 된다. 남아는 거세불안을 감소시키기 위해 사용하는 방어기제가 아버지와 동일시한다. 아버지를 동일시하면서 아버지의 남성성을 배우고 성 역할을 습득하여 내면화하게 된다. 남근기에 아버지가 부재하거나 모델로서 적절하지 않을 때, 남아는 부적절한 성 역할을 형성하거나 성정체감 형성에 혼란을 겪을 수 있다.

여아의 경우는 남근선망을 한다. 선망한다는 것은 열등감을 가졌다는 의미이고 여아는 이를 극복하고자 온몸을 남근과 대치한다고 Freud는 설명한다. 그래서 여성은 전신을 꾸미고 치장한다는 게 Freud의 주장이다. 어머니의 애정을 잃을까봐 근친상간적 욕망을 억압하고 어머니를 동일시하여 여성성을 습득하지만 동일시 동기가 약하다고 보는 견해(정옥분, 2009)도 있다.

(3) 학습이론

학습이론에서는 성 역할은 강화와 벌을 통한 직접학습과 관찰을 통한 간접학습에 의해 발달한다고 본다(Mischel, 1970). 부모와 교사 그리고 또래는 유아가 성에 적합한 행동을 하고, 옷을 입고, 놀이를 할 때 강화를 한다. 성에 적합하지 않은 행동을 하거나 놀이를 하게 되면 비웃거나 놀린다. 남아가 분홍색 옷을 입고 어린이집에 등원을 하면 또래들이 놀린다. 남아의 자기주장적이고 경쟁적인 행동을 격려하며, 자동차와 로봇에 관심을 가지면 더 많은 자동차와 로봇을 선물해주면서 강화해 준다. 그러나 남아가 인형을 가지고 놀면 관심을 주지 않거나 야단치기도 한다. 여아에게는 인형을 가지고 놀거나 그림을 그리면서 얌전하게 놀도록 강화한다.

또한 유아는 부모, 또래, 교사, 미디어 등장인물 등을 관찰하여 성 역할을 학습한다. 유아는 자신과 같은 성의 모델에 주의 집중하게 된다. 성 동일시를 확고히 형성하면 동성의 모델이 자신과 유사하다고 지각하기 때문에 더 관심을 가지고 관찰하게 된다.

(4) 인지발달이론

Kohlberg(1966)는 성 역할 동일시에서 가장 중요한 요인은 유아 자신에 대한 인지판단이라고 한다. 즉, 성 역할 동일시에는 자신이 남자 또는 여자라는 성에 대한 인식이 선행요소라고 주장한다. Kohlberg에 따르면, 유아는 성 동일시, 성 안정성, 성 항상성의 세 단계를 거치면서 성에 대해 이해하고 성이 의미하는 바를 알게 된다. 남아의 경우 자신이 남성임을 깨달은 남아는 남성의 속성과 남성적인 역할에 가치를 두게 된다. 남아는 남성모델을 찾으며 남성을 모방한다. 성공적으로 모방했을 때 받은 강화는 남성적 자아개념을 더욱 강화시켜준다. 여아의 경우도 마찬가지이다.

(5) 성 도식이론

Bem(1985)의 성 도식이론은 사회학습이론과 인지발달이론을 결합한 이론이다.

즉, 성 도식이론은 성 역할 개념의 습득과정을 설명하는 정보처리이론이다. 유아의 성 유형화는 인지발달과 사회문화적 요인의 영향을 받지만 동시에 성 도식화 과정을 통해 형성된다. 성 도식은 성에 따라 형성되는 행동양식, 역할, 태도 그리고 남녀에 대한 사회구성원들의 기대나 믿음의 총체를 말한다. 유아는 우선 사물, 행동, 역할이 남성에 적합한지 여성에 적합한지 분류해서 성 도식을 구성한다. 그리고 자신이 가지고 있는 성 도식에 일치하는 새로운 정보를 선택적으로 선호하고 기억하며, 일치하지 않은 정보는 회피한다. 유아는 자신의 성 도식에 근거하여 자신이 인지한 성과 부합되는 성 역할을 습득하여 발달시켜 나간다.

예를 들면, 자신의 성정체감을 이해하는 여아는 인형과 요리는 여아에게 적합한 활동이고, 자동차를 조립하는 것은 남아에게 적합한 활동이라는 것을 학습한다. 즉, 여아에 적합한 놀이도구, 활동, 역할의 도식을 형성한다. 그리고 난 후 자신은 여아이기 때문에 성 도식과 일치되게 행동하기를 원한다. 따라서 요리에 관한 많은 정보들을 수집하고 자신의 성 도식에 요리를 포함시킨다. 자동차를 조립하는 것은 남아에게 적합한 활동이라 보고 그와 관련된 정보는 다 무시해버린다. 자신이 가지고 있는 성 도식에 맞는 정보만 선택하고 기억하여 성 역할을 발달시켜간다.

4) 성 역할발달과 영향 요인

성 역할발달에 영향을 미치는 요인은 생물학적 요인, 가정적 환경 요인, 사회문화적 요인 등이 있다.

(1) 생물학적 요인

성 역할발달은 염색체나 호르몬과 같은 생물학적 요인의 영향을 받는다. 사람의 체세포에는 23쌍의 염색체가 들어 있으며, 이 중 22쌍은 상염색체이고, 1쌍은 성염색체이다. 23번째 성 염색체가 XX이면 여아가 되고, XY이면 남아가 된다. X염색체는 비교적 크며, 아기의 성장과 기능에 관여하는 많은 유전자를 가지고 있다. Y염색체는 X염색체의 1/4 정도의 크기이며, 유전적 인자를 적게 가지고 있다. XX염색체를 가진 여아가 XY염색체를 가진 남아보다 생명력이 강하다.

태아의 고환과 난소가 형성되면 고환과 난소에서 배출되는 호르몬에 의해 남녀 성차가 발생하게 된다. 고환의 내분비선에서 안드로겐이라는 호르몬을 분비하여 남성의 내부 성 기관을 성장시킨다. 안드로겐이 분비되지 않으면 여성으로 발달한다. 난소에서 배출되는 에스트로겐과 프로게스테론이라는 여성호르몬은 성 기관 형성에는 작용하지 않으나 사춘기의 2차 성징과 같은 차이를 유발한다.

(2) 가정적 요인

부모는 성 역할 발달을 위한 훈육을 담당하지만, 성 역할 모델로서도 중요한 존재이다. 부모는 자녀에게 성에 맞는 놀잇감을 선정해주고, 성에 적합한 행동을 강화하기도 한다. 또한 부모 스스로 성에 적합한 행동을 보여주어 자녀의 성 역할 모델링이 되기도 한다.

어머니가 직업을 가지고 있는 경우 자녀들은 성 역할 고정관념을 덜 가진다. 취업모의 영향은 남아보다 여아에게서 더 뚜렷하게 나타난다. 직장을 가지고 있는 어머니의 아들보다 딸의 경우가 보다 활동적이며, 리더십이 있고 성에 대한 고정관념도 덜 가진다.

성 역할 발달에는 아버지의 역할도 중요하다. 어머니는 아들과 딸을 구별하지 않고 대하는데, 아버지는 아들과 딸을 구별하여 다른 상호작용 양식을 발달시킨다(Johnson, 1977). 아버지 부재는 자녀의 성 역할 발달에 영향을 미친다. 유아기 동안 아버지와 떨어져 자란 남아는 일반 가정의 남아보다 정서적으로 의존적이고, 덜 공격적이고, 성취 지향적이지 않고, 여성적인 놀이를 좋아하는 것으로 보고된다(Santrock & Warshak, 1979).

형제자매 역시 성 역할발달에 영향을 미친다. 남자형제를 가진 여아는 자매만 있는 경우보다 더 남성적이다. 이는 모방의 효과로 볼 수 있다. 동성의 형제자매만 있는 경우 성 역할 발달이 빨리 이루어진다(Santrock, 1970). 같은 성끼리 있으면 성에 적합한 행동을 빨리 습득할 수 있기 때문이다. 다른 연구(Tauber, 1979)는 동성의 형제만 있으면 성 역할 발달이 더디다고 주장하기도 한다. 그 이유는 각기 독립된 정체감을 형성하기 위해 같은 성의 형제가 갖지 않은 면을 발달시키려고 애쓰기 때문이다.

(3) 또래와 교사

또래는 성 역할 발달에 모델로서뿐 아니라 강화자 또는 처벌자로서의 역할을 한다. 또래의 영향은 특히 유아기에 두드러진다. 남아가 성에 적합하지 않은 놀이를 했을 때 또래들로부터 더 거칠게 놀림을 당하거나 무시를 당한다. 교사도 유아가 성에 적합한 놀이를 할 때에는 보상을 한다. 반면 성에 적합하지 않은 놀이는 못하도록 한다.

하지만 많은 교사들은 남녀 유아 모두에게 여성적인 특성을 강요하는 경향 있다. 이유는 여성적 특성을 강화하는 것이 유아들을 통제하는 데 효과적이라는 것을 경험으로 알기 때문이다. 남아의 경우 또래집단에서는 남자로서 성 역할을 강조하는데, 교사는 여성적 특성을 강화한다. 이런 유치원의 분위기는 남아에게 모순을 제공하며 혼란을 경험하게 한다. 우리나라 유아교육기관은 여선생님이 거의 대부분이기에 남아들의 성 역할 모델링에 문제가 있다는 지적도 할 수 있다.

04 도덕성

도덕성은 선과 악을 구별하고, 옳고 그름을 판단할 수 있는 내면화된 규범이다. 이 규범에 따라 행동했을 때 자부심을 느끼고, 규범을 어기게 되면 죄책감과 수치심을 느끼게 된다. 유아는 가정과 사회에 의한 사회화를 통해 규범들을 내면화하고, 이 규범에 따라 자신의 사고나 행동을 통제하면서 도덕성을 발달시켜 간다. 도덕성은 유아가 타인과 상호작용할 때 지켜야 하는 규칙이나 관습과 관련되어 있다. 도덕성은 사회질서를 유지하며 친사회적 행동과도 연관되어 있어 유아기 사회성발달과정에서 획득되어야 할 특성이다.

도덕성발달은 세 가지 측면으로 구성된다. 첫째, 어떤 행동에 대해 옳고 그름을 판단할 수 있는 도덕적 사고이다. 도덕적 사고는 도덕의 인지적인 면에 초점을 두고, 상황에 대한 분별력, 공정한 평가, 유혹에 대한 통제 등을 포함한다.

둘째, 자신의 생각이나 행동에 대해 부끄럽게 여기거나 죄책감을 느끼는 등의 정서적 반응이다. 이는 도덕의 정서적 측면으로 타인의 고통에 대해 동정심을 가지거나 타인을 고통스럽게 한 원인이 자신일 경우에 죄책감을 느끼는 정서 등이 포함된다.

셋째, 옳거나 또는 옳지 않다는 판단과는 상관없이 도덕적인 행동을 할 수도 있고 하지 않을 수도 있다. 이는 도덕의 행동적 측면으로 어떤 행동에 대해 옳고 그름을 판단할 수 있다고 해서 반드시 그렇게 행동하는 것은 아니므로 실제로 어떻게 행동하느냐에 초점을 맞추고 있다.

도덕성은 인간관계 속에서 옳고 그른 것을 구별할 수 있고, 옳은 것을 자기 것으로 내면화하여 행동으로 실천할 수 있어야 하며, 옳은 행동에 대해 만족감과 위안을 느낄 수 있어야 한다. 도덕성은 인지적·정서적·행동적 차원으로 설명되는 인성의 복합적 요소라고 할 수 있다.

도덕성의 인지적 측면은 인지발달이론가들에 의해 연구되었다. 유아들에게 가상적인 갈등상황을 이야기해 주고 유아들이 어떻게 반응하는지의 여부에 따라 도덕적 사고 수준을 평가한다.

도덕성의 정서적 측면은 정신분석이론으로 설명할 수 있다. 정신분석에서는 개인의 자아이상과 양심으로 구성된 초자아 발달을 도덕성으로 보고 있다. 부모의 보상과 처벌에 의해 유아는 양심과 죄책감을 경험하게 되고 이는 곧 초자아 발달로 이어진다.

사회학습이론가들은 조건형성과 모방에 의해 도덕적 행동을 학습한다고 설명하고 있다.

1) 인지발달이론

인지발달이론에 의하면 사람들은 어떤 행위에 대해 도덕적 판단을 내릴 때 타당한 근거에 대해 생각해 본다. 그리고 도덕 판단에 대한 근거나 이유를 제시하면서, 그 판단이 옳다고 주장하기도 한다. 인지발달이론에서 도덕성은 도덕적 갈등 상황에서 옳고 그름을 판단하는 인지구조이며, 이는 유아의 인지발달단계에 따라

질적으로 변화한다. 도덕성의 인지적 측면은 Piaget에 의해 처음 제시되었으며, 이후 Kohlberg가 Piaget 이론을 근거로 도덕성발달이론을 정립하였다.

(1) Piaget의 도덕이론

Piaget는 5~12세까지의 아동들의 구슬게임을 관찰하면서 규칙 준수에 대한 과제를 연구하였다. Piaget는 아동들에게 윤리적인 규칙에 대한 질문과 더불어 "게임의 규칙을 누가 만들었나?", "모든 사람이 규칙을 지켜야 하나?", "이 규칙은 바꿀 수 있나?" 등의 질문을 하였다. 또한 사회적 정의에 대한 개념을 알아보기 위해 Piaget가 만든 갈등상황을 들려주고 어떤 아이가 더 나쁜지 그리고 왜 나쁜지를 물었다.

> 민이는 엄마의 설거지를 도와주다가 실수해서 접시 10개를 깨버렸다. 영진이는 엄마가 외출하고 안 계시는 동안 엄마 몰래 사탕을 꺼내 먹으려다 옆에 있는 접시 1개를 떨어뜨려 깨버렸다.

질문에 대한 응답 자료를 기초로 아동들의 규칙, 정의, 의도성에 대한 이해와 벌에 대한 생각 등을 정리하였다. 그 결과 도덕성발달 단계를 두 단계로 구분하였다. 자기중심적 사고를 하는 전조작기 유아는 다른 사람의 관점을 조망하는 능력이 없으며, 다른 이의 의도나 동기를 이해할 수 없다. 그래서 유아는 외부의 규칙에 근거한 도덕적 판단을 한다. 이 단계를 타율적 도덕성 단계라 한다. 구체적 조작기가 되면 자기중심적 사고에서 벗어나 다른 사람의 관점을 이해하고, 외적 규제를 벗어나 내적인 판단 기준에 의해 도덕적 판단을 하는 자율적 도덕성 단계에 도달하게 된다.

- **Piaget의 도덕발달 단계**

첫째, 전도덕성 단계(2~4세)이다. 2~4세 유아는 규칙이나 질서에 관심이 없거나, '규칙이 있다' 또는 '질서를 지켜야 한다'는 등의 의식이 없다. 이 시기 유아는 규칙이 서로의 합의에 의해 정해진다는 사실도 알지 못한다. 도덕적 사고가 어려운 단계이다.

둘째, 타율적 도덕성 단계(5～7세)이다. 타율적 도덕성 단계에 있는 5～7세 유아는 부모와 같은 권위자가 제시하는 도덕적 규범이나 판단의 기준을 무조건 받아들인다. 규칙은 신이나 부모가 만드는 것으로 변경할 수 없는 절대적이고 불변의 것이다. 새로운 규칙을 가르쳐 주어도 기존의 규칙을 그대로 지켜야 한다고 생각하는 도덕적 절대성을 가지고 있다.

또한 이 시기의 유아는 행동의 옳고 그름에 대한 판단을 할 때 행동의 결과에만 관심을 두고 판단한다. 앞에서 제시된 갈등상황을 유아에게 들려주었을 경우, 행동의 의도는 전혀 고려하지 않고 오로지 행동의 결과만 보고 판단하기 때문에 엄마의 설거지를 대신 하려다 접시를 10개 깬 민이가 사탕을 몰래 꺼내먹다가 1개 깬 영진이보다 더 나쁘다고 생각한다.

이 단계의 또 다른 특성은 규칙을 어기면 부모나 교사 등 누구든지 반드시 처벌할 것이고, 잘못을 한 사람은 그 처벌을 받아야 한다는 내재적 정의에 대한 믿음이다. 유아는 접시를 깨뜨린 사람은 반드시 벌을 받아야 한다고 생각한다.

셋째, 과도기적 단계(8～10세)이다. 8～10세까지는 과도기적 단계로 타율적 도덕성과 자율적 도덕성이 함께 나타나는 시기이다.

넷째, 자율적 도덕성 단계(10세경)이다. 10세경이면 대부분의 아동은 규칙은 사람이 만드는 것이고, 규칙은 합의에 의해 변경 가능함을 인식할 수 있게 된다. 모두의 안녕이나 복지를 위해서는 규칙을 위반할 수 있다는 것을 알게 된다. 즉, 상황적 요인을 고려하여 옳고 그름을 판단하는 융통성을 보인다. 환자를 실은 응급차는 신호위반을 할 수 있다고 생각할 줄 안다.

옳고 그름에 대한 판단도 행위의 결과가 아닌 행위자의 의도에 비중을 두고 판단할 수 있다. 실수로 접시를 깬 것인지, 몰래 훔쳐 먹는 부정적 행위로 인해 접시를 깬 것인지 그 의도를 우선 고려하게 된다.

또한 규칙을 위반하더라도 항상 벌이 따르는 것은 아니라는 것을 경험에 의해 알게 된다. 따라서 잘못에는 반드시 처벌이 있다는 내재적 정의를 믿지 않는다. 부모와 권위자의 도덕적 판단 기준을 그대로 받아들이지 않고, 점차 또래의 판단기준에 부합하려 한다.

• Piaget의 도덕이론의 평가

Piaget는 인지적 측면에서 도덕성발달을 설명하고 있다. 도덕적 갈등상황을 제시하여 규칙, 정의, 의도성, 벌에 대한 유아와 아동들의 생각을 정리하여 도덕발달단계이론을 제시하였다.

Piaget의 도덕이론은 유아의 도덕적 판단능력을 과소평가했다는 비판도 받고 있다. 첫째, Piaget의 도덕적 갈등 이야기의 문제점은 나쁜 의도로 생긴 작은 손상과 좋은 의도로 생긴 큰 손상을 비교하도록 하는데 있다. 즉, 이야기 속에는 의도와 결과가 혼합되어 있어 유아에게 혼란을 주었다는 지적이다.

둘째, 도덕적 갈등 이야기에는 행동결과에 대한 정보가 의도에 대한 정보보다 명확하게 제시되어 있다는 것이다. 어른에게 반말을 사용하는 것보다 친구를 때리는 것이 도덕적으로 더 나쁘다는 것을 안다. 하지만 도덕적 갈등 이야기에서는 접시 10개를 깬 경우와 접시 1개를 깬 경우를 비교하는 것이 두드러져 유아가 행동의 동기를 읽지 못했을 뿐이다.

셋째, Piaget는 2~3세 유아들은 규칙이나 질서에 대한 의식이 없다고 하였으나, 2세반이 지난 유아는 도덕적 규칙의 필요성이나 중요성을 이해한다는 연구들이 보고되고 있다(Yuill & Perner, 1988; Karniol, 1978).

(2) Kohlberg의 도덕발달이론

Kohlberg는 Piaget의 도덕발달이론을 보다 정교화시켰으며, 발달시기를 청소년기와 성인기로 확대했다. 그는 30년간 도덕성발달을 연구하였다. Kohlberg는 유명한 도덕적 갈등상황인 '하인츠의 딜레마'와 그 외 여러 가상적인 도덕적 갈등 상황을 사람들에게 제시하고 그와 관련된 질문에 답하도록 하여 반응을 수집해서 분석하였다. 사람들의 대답 보다 대답 뒤에 숨어 있는 논리 또는 사고 구조에 관심을 두고 도덕성발달수준을 구분하였다. 그 결과 도덕성발달을 3수준 6단계로 제시하였다.

Kohlberg의 도덕성발달이론의 핵심은 인지발달이다. 인지능력의 향상에 따라 도덕성이 발달한다. 전인습적 수준의 도덕적 판단은 자기중심적 사고의 영향을 받는다. 인습적 수준의 도덕적 판단은 타인의 입장을 이해할 수 있는 타인조망수용능력이 필요하다. 그리고 후인습적 수준의 도덕적 추론을 위해서는 형식적 조작사고가 필요하다(Walker, 1980).

읽어보기 **하인츠의 딜레마 사례**

하인츠의 부인이 암으로 죽어가고 있었다. 그런데 마을 약제사가 그녀를 살릴 수 있는 약을 발명했다. 약제사는 약을 발명하기까지 오랜 기간 연구한 노고도 있고, 약의 원료 값도 비싸고 해서 약값을 원료의 10배인 2천 달러로 책정하여 팔았다. 하인츠는 부인에게 그 약을 사주고 싶어 여기저기 돈을 구했으나 약값의 반만 마련할 수 있었다. 하인츠는 약제사에게 부인이 죽어가고 있으니 약을 싸게 팔거나 외상으로 달라고 부탁했다. 그러나 약제사는 약 개발에 든 노력의 대가로 부자가 되고 싶어 하인츠의 제안을 거절했다. 하인츠는 실의에 빠져 고민하다가 부인을 구하기 위해 약국 문을 부수고 들어가서 약을 훔쳤다.

[질문내용]
- 하인츠는 약을 훔쳐야 했나?
- 훔지는 것이 옳은가? 잘못인가?
- 왜 잘못된 일인가?
- 좋은 남편이라면 약을 훔쳐야 하나?
- 아내를 사랑하지 않아도 약을 훔쳐야 하나?
- 약제사는 약값을 비싸게 받아도 되나? 등

- **Kohlberg의 도덕발달단계**

가. 전인습적 수준

인습이란 관습, 사회규범, 권위에 순응하는 것을 의미한다. 전 인습단계에 있는 사람은 사회규범이나 관습을 잘 이해하지 못한다. 유아는 전인습 단계에 해당한다고 볼 수 있다. 이 수준에 있는 유아나 아동은 도덕적 가치가 내면화되어 있지 않고, 외적 보상이나 처벌에 의해 도덕적 판단을 한다. 도덕성발달의 최하위 수준이며 10세 이하의 아동이나 일부 청소년 및 성인범죄자가 이 수준에 해당된다.

- 1단계 : 처벌 및 복종 지향의 도덕

결과만으로 행동을 판단한다. 보상과 처벌에 의해서만 행동의 옳고 그름을 판단하기 때문에 보상을 받는 행동은 좋은 것이고 벌을 받는 행동은 나쁜 것으로 생각한다. 어른이 시키는 대로 하려는 경향이 있다. 그래야 벌을 받지 않기 때문이다. 어른이 복종하라고 하니까 복종한다. 예를 들어, 선생님이 야단치니까 의자에 앉아 있다. 규칙에 대한 개념이 없다.

• 2단계 : 목적과 상호거래 지향의 도덕

자신의 욕구 만족을 위해 규범을 준수한다. 자신에게 도움이 되거나 만족을 주면 옳은 행동이라고 판단한다. 다른 이의 입장을 고려하기도 하지만 대부분 자신이 원하는 것을 얻기 위해서 규범을 지킨다. 판단의 근거에 공평성이 포함되지만, 정의가 우선 되지 않는다. 서로 이익을 주고받음으로써 상호 만족하면 옳다고 판단하는 단계이다. 쾌락주의 단계라고도 한다. 예를 들면, 상을 준다고 하니까 상을 받기 위해 선생님이 시키는 것을 한다.

나. 인습적 수준

사회 관습에 맞는 행동을 도덕적 행동이라 생각한다. 도덕적 가치와 기준을 내면화하지만 권력자가 정한 기준이나 사회적 규칙 등 외적 기준에 준하여 판단한다. 타인을 기쁘게 하거나 사회적 질서를 지키기 위해 도덕적 행동을 한다. 10세 이후가 되면 인습적 수준에 도달하나 대부분 청소년과 일부 성인이 이 수준에 속한다.

• 3단계 : 착한아이 지향의 도덕

다른 사람의 기대에 부응하거나 또는 인정을 받기 위해 착한 아이로 행동한다. 동기나 의도를 중요하게 생각하며, 신뢰나 배려, 충성, 존경, 감사를 기준으로 도덕적 판단을 한다. 부모의 도덕적 규범을 수용하나 이는 부모로부터 착한아이로 인정받고 싶기 때문이다.

• 4단계 : 법과 질서의 지향단계

도덕적 판단이 사회질서, 법, 정의, 의무 등에 근거하여 이루어진다. 자신을 사회조직의 구성원이라 생각하고 사회적 기준에 따라 행동하고 평가한다. 사회질서를 위해 법을 준수하는 행동이 도덕적 행동이라고 생각한다. 예를 들면, 법과 질서를 준수하기 위해 보는 사람이 없어도 교통신호를 잘 지킨다.

다. 후인습적 수준

도덕성이 완전히 내면화된 도덕성발달의 최상위 수준이다. 사회규범을 이해하고 기본적으로 인정하지만, 관습이나 법, 규범보다는 인권, 인간의 가치를 우선으로 한다. 20세 이상의 성인들 중 소수만이 이 수준에 도달한다.

• 5단계 : 사회계약 지향의 도덕

법과 계약이 '최대다수의 최대행복'이라는 전제하에 만들어졌다는 것을 이해하고 모든 사람의 복지와 권리를 보호하기 위해 법을 준수한다. 그러나 가치나 법이란 상대적이며 규범이 개인마다 다르다는 것을 알게 된다. 법적 견해와 도덕적 견해가 모순된다는 것을 깨닫고 갈등한다.

• 6단계 : 보편적 윤리지향의 도덕

보편적 원리란 인간의 존엄성, 인간의 평등성, 정의와 같은 것을 말한다. 법이나 사회계약은 보편적 윤리에 입각한 것이기 때문에 정당하다고 믿는다. 만일 이러한 원칙에 위배될 될 때는 관습이나 법보다 보편적 원리에 따라 행동한다. 법과 양심 사이에 갈등이 생겼을 때 개인적 위험을 초래하더라도 자기의 양심을 따른다.

• Kohlberg 이론의 평가

Kohlberg의 도덕성발달단계는 순서대로 진행되며 단계는 불변한다. 이는 항상 동일한 순서로 전개되는 Piaget의 인지발달이론에 근거로 형성된 이론이기 때문이다. 그러나 모든 사람의 도덕적 사고가 6단계까지 도달하지는 못하며, 일부 소수만 6단계 도덕을 내면화할 수 있다고 했다. 10세 이전의 아동은 1~2단계, 즉 전인습적 수준에 도달한다. 또래와의 상호작용이 도덕적 성장을 자극할 수 있다. 그리고 도덕적 추론을 해볼 수 있는 사회적 경험이 도덕적 사고능력을 촉진시킨다.

Kohlberg의 도덕성발달이론의 한계는 Kohlberg 도덕이론을 모든 문화권에 보편적으로 적용할 수 없다는 것이다. 저개발국가나 민주주의를 채택하지 않은 사회에서는 높은 단계의 도덕까지 도달하는 사람이 거의 없다.

또한 Kohlberg의 이론은 여성에 대한 편견이 있다. Kohlberg는 대부분의 남성은

4, 5단계 수준에 그리고 여성은 3단계 수준에 도달한다고 한다(Holstein, 1976). 성차가 발견되지 않는다는 Walker와 DeVries(1985)의 연구는 Kohlberg의 주장이 성에 대한 편견임을 입증하고 있다. 또한 Kohlberg 이론은 도덕적 사고를 지나치게 강조하고 있으며 도덕적 행동이나 도덕적 정서를 무시하고 있다고 비판받는다(Turiel, 1997).

2) 사회학습이론

도덕적 행동이란 유아가 내재적 규칙에 따라 행동하는 것이다. 예를 들어, 가게에서 사탕을 훔치면 안 된다는 규칙을 알지만, 사탕을 훔치고 싶은 유혹을 유아가 이길 수 있냐는 것이 도덕적 행동을 연구하는 학자들의 관심이다. 옳고 그름에 대한 판단능력이 뛰어나고, 높은 도덕적 사고를 하더라도 거짓말을 하거나 범죄를 저지르는 행동을 한다면 의미가 없다. 도덕의 사회화는 유아로 하여금 올바른 행동을 하고 친사회적 행동을 하도록 하는 데 그 목적이 있다.

도덕적 행동은 주로 사회학습이론가들의 의해 설명되고 있으며, 도덕적 행동도 다른 행동과 마찬가지로 강화, 처벌, 모방 등으로 학습된다.

규범이나 사회관습에 일치하는 유아의 도덕적 행동에 칭찬, 승인, 애정, 그 밖의 보상 등의 정적 강화를 제공하면 도덕적 행동을 지속하도록 할 수 있다. 반면 비도덕적인 행동에 대해서는 무시, 특권 박탈 등의 벌을 제공하여 행동을 감소시킬 수 있다.

예를 들어, 유아가 친구의 장난감을 뺏을 때마다 벌을 받게 되면 기분이 나쁘게 된다. 이러한 경험이 반복되면 처벌로 인한 불쾌한 감정과 물건을 빼앗는 행위 간에 조건형성이 이루어진다. 이후 남의 물건을 빼앗으려는 경우 벌에 대한 두려움이나 불쾌감이 연상되어 남의 물건을 뺏는 행위를 억제하게 된다.

처벌이 도덕적 통제력을 발달시키는데 효과가 있는지 알아본 연구(Parke, 1978)에 의하면 벌 그 자체보다 벌주는 시기, 벌의 강도, 일관성, 처벌자와 처벌받는 이 간의 관계가 중요하다. 바람직하지 않은 행동이 일어난 즉시 주어지는 벌, 일관성 있게 처벌하는 것, 유아와 신뢰가 형성된 사람이 주는 벌이 효과가 있는 것으로 나타났다.

유아는 부모와 교사, 주변 사람들의 행동을 관찰하고 모방하면서 도덕적 행동을 배워간다. 도와주기, 위로하기, 인내하기, 협력하기 등의 도덕적 행동을 학습하기 위해서는 그런 행동을 하는 모델과 자주 접촉할 필요가 있다. 부모가 항상 도덕적인 행동을 보일 수만은 없다. 때로는 규칙을 어기기도 한다. 유아 입장에서 부모는 말과 행동에 일관성이 없으며, 때와 장소에 따라 불일치한 모습을 보게 된다. 따라서 자녀의 도덕적 행동도 상황에 따라 다를 수 있다. 아이가 물건을 훔칠 것인지 말 것인지는 주변상황에 따라 달라진다. 보는 이가 있느냐, 잡힐 가능성이 있느냐에 따라 달라진다(Bandura, 1977).

이러한 도덕적 행동의 모방은 7세 이전의 유아에게 가장 많이 일어난다. 이 때 모델의 특성이 모방학습에 영향을 미친다. 모델이 온정적이고 반응적일 때, 매력적일 때, 힘과 능력을 갖추고 있을 때 유아는 모델의 행동에 주의를 집중하게 된다(Berk, 1991).

또한 유아가 학습과 모델링으로 규칙을 준수하는 것을 배웠다면 규칙을 위반하고자 하는 유혹에 직면했을 때 그 유혹을 이겨낼 수 있어야 한다. 외적인 통제나 보상 또는 처벌이 없어도 사회의 규칙을 지킬 수 있어야 제대로 사회화가 이루어진 것이다. 사회학습이론가들은 외적 감독이나 통제가 없어도 유혹을 이겨내는 것을 자기통제능력이라 부른다. 자기통제능력이 있는 유아는 자신의 도덕기준을 설정하고 스스로 자기평가할 수 있는 능력을 가진다. 도덕기준에 부합되게 행동하면 자기 자신을 보상하고, 기준에 미달되면 스스로 벌하게 되는데, 이것이 자기통제의 과정이다(Bandura, 1977).

3) 정신분석이론

도덕적 감정과 관련된 이론은 정신분석이론이다. 도덕적 감정이란 유아가 거짓말을 하거나 물건을 훔치는 등 비도덕적인 행동을 했을 때 어떻게 느끼는가 하는 부분이다. 유아가 비도덕적인 행위를 하고 난 후 느끼는 공통된 정서가 죄의식이다. 죄의식을 느낀다는 것은 도덕성이 발달한다는 증거가 된다.

Freud에 의하면 도덕성발달은 초자아의 발현과 함께 죄의식을 느끼게 되면서 이루어진다. 남근기가 되면 유아는 이성부모에 대한 사랑과 동성부모에 대한 경쟁심을 가지게 된다. 이러한 근친상간의 사랑은 거세불안 및 남근선망을 유발시키기 때문에 유아를 불안하게 만든다. 그리고 부모의 사랑을 상실할까 두려워하게 된다. 이러한 불안을 해결하고 처벌을 피하고 부모의 애정을 유지하기 위해 방어기제를 사용하게 된다. 이때 사용하는 방어기제가 동일시이다.

부모를 동일시한다는 것은 부모의 가치관, 태도, 규범, 행동을 내면화하는 것이다. 사회기준에 대한 부모의 규범을 내면화하여 초자아가 형성된다. 초자아는 자아이상과 양심으로 구성된다. 초자아가 발달함에 따라 유아는 자신의 바람직한 행동에 자부심을 느끼며, 비도덕적인 행동에 대해서는 죄책감을 느끼게 된다. 죄책감이라는 불쾌한 감정을 회피하기 위해 사회적 규범에 순응하게 되고 도덕적으로 행동하게 된다.

남근기 남아들은 거세불안을 해소하기 위해 아버지를 동일시하여 아버지의 가치기준이나 사회의 규범을 내면화하면서 도덕성발달이 이루어진다. 여아는 어머니를 동일시하여 어머니의 사회규범을 내면화하기 때문에 도덕성도 덜 발달한다고 Freud는 주장했다. Freud는 여성들의 사회규범 수준이 낮다고 보았던 것이다. 하지만 이러한 설명은 Freud의 문화적 성적 편견일 뿐이라고 비판할 수 있다.

이에 대한 근거를 Hoffman(1980)의 연구에서 찾을 수 있다. Hoffman에 의하면 비도덕적인 행동에 대해 여성은 죄책감을 느끼지만, 남성은 탄로 날까 또는 처벌받을까 두려워한다. 때문에 남성보다 여성이 도덕적 원리를 더 잘 내면화한다고 할 수 있다.

4) 도덕성발달에 영향을 주는 요인

(1) 환경적 요인

부모의 양육태도는 유아의 도덕성발달에 영향을 미친다. 부모가 애정적이고 수용적인 양육태도를 취할 때 유아는 부모의 도덕적 기준을 잘 내면화하고, 타인에게 배려를 더 잘 한다. 부모가 지나치게 엄격하고 통제적인 양육태도를 취할 때 그리고 체벌을 통한 통제적 훈육을 한다면 자녀의 내적 통제능력을 길러 주지 못한다. 부모가 비일관적인 양육태도를 취하거나 언행 불일치를 보여주면 자녀는 부모에게 적의를 가지거나 복종하지 않으려 한다(Hower & Edward, 1979).

귀납적 양육방식은 상황이나 사건에 대해 논리적으로 설명해주는 양육방식이다. 부모의 귀납적 양육방식은 자녀가 도덕적 기준을 내면화하는 데 도움이 된다. 상황에 대한 논리적인 설명은 자녀의 행동이 다른 사람에게 어떤 결과를 초래했는지를 알게 해주며, 무엇이 나빴는지, 그렇게 하면 왜 안 되는지 이유를 알게 해준다. 부모의 애정철회나 권력행사는 자녀에게 주는 충격이 커서 도덕적 내면화에 도움이 되지 않는다(Hoffman, 1988).

유아의 도덕성발달에는 대중매체의 영향도 크다. 특히 TV는 부모나 교사와 동일한 영향력을 지닌 사회화 요인이다. 유아는 대중매체에 나오는 역할 모델을 관찰하여 태도, 가치, 정서적 반응, 새로운 행동을 학습하게 되며, 도덕적 판단이나 도덕적 행동도 배울 수도 있다. 이타적 행동을 하는 모델을 본 유아는 이타적이 되고, 공격적 행동을 하는 모델을 본 유아는 공격적으로 된다.

(2) 개인적 요인

유아의 도덕성은 지능, 역할수행능력과 같은 인지발달과 관련이 있다는 연구가 보고되고 있다(Lapsley, 1996). 인지적 미성숙으로 타율적 도덕성 단계에 있는 유아는 도덕적으로 타당한 이유가 있다 하더라도 도둑질과 거짓말은 항상 나쁘다고 이야기하는 경향이 있다. 그러나 유아의 도덕적 이해력이 발달함에 따라 규칙의 목적, 인간의 의도, 지식, 신념 그리고 행동에 영향을 미친 다양한 환경적 요인을 고려해서 도덕적 판단을 할 수 있게 된다(Lourenco, 2003).

유아의 사회적 경험은 융통성 있고 자율적인 도덕성발달에 도움이 된다(정옥분, 2006). 사회적 경험은 또래들과 대등한 지위에서 이루어지는 상호작용을 말한다. 공동의 목표달성을 위해 협동하기도 하고, 다른 사람의 입장에서 생각도 해보고, 갈등이 있을 때는 서로 이득을 얻을 수 있는 방법으로 문제를 해결해보는 경험을 통해 도덕성을 발달시킬 수 있다. 사회적 활동에 자주 참여하는 유아는 좀 더 성숙한 도덕적 판단을 하는 것으로 나타났다.

유아의 도덕성발달은 사회적 관습과 도덕성을 구별하는 능력과 관련이 있다(Berk, 2006). 3~4세 유아는 사회적 관습과 도덕성을 구별할 수 있다. 그들은 사회적 관습을 지키지 않는 것보다 비도덕적인 행동을 하는 것이 더 나쁘다는 것을 안다. 즉, 손으로 반찬을 집는 일보다 남의 물건을 훔치는 일이 더 나쁘다는 것을 판단할 수 있다.

유아들의 분배 공정성이 발달하는 것은 도덕성발달과 관련된다(Berk, 2006). 4세 유아는 공유의 중요성을 인식하지만 자기 자신을 위해 공유한다. '내가 나눠주지 않으면 친구가 나와 놀아주지 않기 때문에 나눠주는 것'이라고 생각한다.

5~6세 유아는 엄정한 동등함을 강조한다. 돈이나 음식, 게임의 순서 등 자원들을 모두 똑같이 나눠 가져야 한다고 생각한다. 상황이나 여건 구분 없이 누구나 똑같이 나누는 것이 공평하다고 생각한다. 6~7세가 되면 유아는 이득의 원리로 분배하는 것이 공정하다고 생각한다. 남은 것은 열심히 일했거나 혹은 특별하게 일을 수행한 사람이 가져야 한다는 것이다. 즉, 기여한 것이 많은 사람이 더 가져가야 한다고 생각한다. 8세가 되면 동등과 자선의 원리로 분배하는 것이 공정하다고 생각한다. 혜택을 받지 못한 사람에게 남은 양을 주어야 공평하다고 생각한다. 자선의 의미를 이해하고 어려운 사람을 배려하는 것이 공평하다고 생각할 수 있다.

참고문헌

가경신(2003). 읽기 이해과정의 관련변인 연구. 독서연구, 9, 1-32.

간호학대사전(1996). 한국사전연구사.

강인언 외(2009). 최신아동발달. 서울: 학지사.

고순옥(2004). 영유아 정상아동의 언어발달과 사회정서 발달 및 환경요인과의 상관관계. 아주대학교 대학원 석사학위 청구논문.

곽금주, 박혜원, 김청택(2001). K-WISC-Ⅲ(한국웩슬러 아동지능검사) 지침서. 서울: 도서출판 특수교육.

곽노의, 김경철, 김유미, 박대근(2007). 영유아발달. 경기: 양서원.

곽승주(2008). 가정과 어린이집에서 나타나는 영아의 부정적 정서에 관한 문화기술적 탐구. 성신여자대학교 대학원 박사학위 청구논문.

권민균 외(2005). 아동발달. 서울: 창지사.

김경연(1987). 부모의 아동평가 자아존중·양육태도와 아동의 자아존중과의 관계. 부산대학교 대학원 박사학위 청구논문.

김경희(1999). 아동심리학. 서울: 박영사.

______(2004). 정서심리학. 서울: 박영사.

김기현, 이영환, 박성옥, 한종혜(1998). 마음의 힘 키우기(학생용). 서울: 학지사.

김미영(2014). 유아발달. 경기: 정민사.

김유미(2002). 두뇌기반 교수-학습의 원리와 적용 방안 탐색. 교육학연구, 40(3), 247-270

김춘희(1978). 유아의 표현력과 측정된 지능과의 관계. 연세대학교 대학원 석사학위 청구논문.

김태련 외(2004). 발달심리학. 서울: 학지사.

김효선(2001). 구개파열 영유아의 초기 언어발달 특성에 관한 연구. 이화여자대학교 대학원 석사학위 청구논문.

김희자(2002). 혼합연령반과 단일연령반 만 5세 유아의 조망수용능력과 자기중심언어 비교분석. 울산대학교 교육대학원 석사학위논문.

대한소아과학회(2007). 기본접종 및 권장 접종.

____________(2007). 한국 소아의 정상치.

박상희, 권영주(2003). 청각장애 아동의 청능발달과 언어발달 간의 상관관계 연구. 음성과학, 10(4), 255-261.

박선영(2001). 유아의 성인식과 성 역할 고정관념에 관한 문화기술적 연구. 중앙대학교 대학원 석사학위논문.

박성연, 도현심(2006). 아동발달. 서울: 동문사.

박주연(2010). 우리나라 소아의 과체중 및 비만 유병률: 소아-청소년 코호트 연구결과를 중심으로. http;//cdc.go.kr/CDC/cms/content/81/22181_view.html에서 2015년 6월 1일 인출.

배상률(2015). 아동·청소년 대상 연구 윤리 가이드라인 개발 연구: 해외사례중심으로. NYPI 청소년정책리포트 vol. 59. 한국정책연구원.

보건복지부(2007). 소아·청소년 표준성장도표. 보건복지부질병관리본부.

_________(2011). 보육사업안내.

_________(2011). 선생님, 우리 아이들 잘 크고 있나요?, '발달이 늦은 영유아' 조기발견을 위한 어린이집 보육교사 안내서.

_________(2014). 영유아건강검진. http://momplus.mw.go.kr/link.do?menu=01060500에서 2015. 6월 2일 인출.

서울대학교교육연구소(1995). 교육용어학사전. 서울: 하우.

서유헌(2010). 엄마표 뇌교육. 서울: 아이트리.

_____(2014). 뇌의 비밀(eBook). 서울: 살림.

송인섭(1978). 가정환경의 지위변인과 작용변인이 아동의 자아개념 형성에 미치는 영향. 고려대학교 대학원 석사학위 청구논문.

신은수(2005). 3, 4, 5세 유아의 마음이론 발달과 가장놀이, 언어의 표상능력, 실행 기능, 그리고 중앙통합능력과의 관계. 유아교육연구, 25(1), 65-90.

연진영, 김선애(1991). 아동의 자기-지식의 발달. 아동학회지, 12(2), 18-36.

유경, 민경환(2003). 학령전기 아동의 정서 이해의 발달: 정서 원인과 정서 조절에 대한 이해. 심리과학, 12(1), 13-29.

유미숙(1986). 직업에 대한 아동의 성별고정관념의 인식. 아동학회지, 7(2), 17-32.

유정훈(2004). 소아 언어장애 원인에 대한 고찰. 충남대학교 대학원 석사학위 청구논문.

유효순(2007). 아동발달. 서울: 창지사.

이경님(2001). 아동의 자기통제와 관련 변인과의 인과관계 -아동의 사려성, 자아개념 및 어머니의 양육행동을 중심으로-. 대한가정학회지, 38(2), 97-110.

이경렬(2005). 저소득층 가정 어머니-유아의 그림책읽기 상호작용과 유아의 언어능력. 연세대학교 대학원 박사학위 청구논문.

이경옥(2001). 지역사회 환경과 유아 사회화 특성 분석. 우석대학교 교육대학원 석사학위 청구논문.
이기숙, 김영실, 현은자(1993). 유아의 문자 언어교육을 위한 통합적 접근법에 관한 연구. 청삼아동문제연구소 학술연구보고서, 5.
이명순, 곽승주, 전영희(2010). 영아보유과정. 경기: 정민사.
이명조(2005). 영유아발달과 교육. 경기: 양서원.
이숙재, 이봉선(2009). 영유아발달과 교육. 서울: 창지사.
이승은(2010). 유아의 정서에 관한 연구: 정서 이해, 정서유발 원인, 표현방식, 연령차를 중심으로. 유아교육연구, 30(6), 67-94.
이영, 이정희, 김온기, 이미한, 조성연, 이정림, 유명미, 이재선, 신혜원, 나종혜, 김수연, 정지나(2009). 영유아발달. 서울: 학지사.
이영자(1994). 유아언어교육. 경기: 양서원.
이영자, 이기숙, 이정욱(1999). 유아 교수·학습 방법. 서울: 창지사.
이옥형(1997). 아동발달. 서울: 집문당.
이옥형, 유은정(2004). 유아의 우정과 마음이론 발달의 관련성 연구. 교육학연구, 42(3), 89-104.
이재용(2006). 어린이 비만관리를 위한 부모·교사 지침서. 서울: 국민건강보험공단.
장유경, 이근영(2006). 영아의 기질과 초기 언어습득과의 관계. 아동학회지, 27(6), 263-276.
장휘숙(1995). 아동심리학. 서울: 박영사.
전남련 외(2010). 아동발달. 서울: 형설출판사.
전명자(2005). 유아의 정신적 표상능력의 발달 : 가상과 틀린 믿음을 중심으로. 국민대학교 교육대학원 석사학위논문.
정상임(2005). 5-6세 아동의 창안적 글씨쓰기 발달단계에 따른 오류 유형 분석. 이화여자대학교 대학원 석사학위논문.
정석환(2011). 교육철학 및 교육사. 서울: 동문사.
정옥분(2004). 영유아발달의 이해. 서울: 학지사.
______(2006). 아동발달의 이해. 서울: 학지사.
조경민 (1998). 책읽기 활동에서의 어머니-유아의 상호작용과 유아 읽기 능력 간의 관계: 사회인구학적 변인과의 관련성을 중심으로. 성신여자대학교 대학원 석사학위 청구논문.
조명한(1982). 한국아동의 언어획득 연구: 책략 모형. 서울: 학지사.
조복희(1996). 아동발달. 서울: 교육과학사.
조복희, 정옥분, 유가효(1989). 인간발달: 발달심리적 접근. 경기: 교문사.
조성연 외(2005). 아동발달의 이해. 서울: 신정.
조성원(1987). 직업 및 활동에서의 성 역할 고정관념 발달에 관한 연구. 이화여자대학교

대학원 석사학위 청구논문.

조주연(2001). 두뇌과학에 기초한 초등학교 감성교육 수업모형 개발연구, 한국초등교육, 12(2), 369-390.

조형숙, 박은주, 강현경, 김태인, 배정호(2013). 유아발달. 서울: 학지사.

조희숙(1994). 아동발달심리. 서울: 학지사.

존 가트맨, 조벽, 최성애(2011). 존 가트맨과 최성애 박사의 내 아이를 위한 감정코칭. 서울: 한국경제신문사.

주리분(1997). 상징놀이에서 놀잇감 유형이 유아의 기억에 미치는 효과. 유아교육학논집, 1(2), 364 PART 01 영유아발달의 이해 217-238.

채서일(2006). 마케팅조사론. 서울: 비엔엠북스.

최경숙(2006). 발달심리학. 경기: 교문사.

한국영양학회(2005). 한국인 영양섭취 기준 영유아 1일 권장량.

현온강 외(2001). 한국아동 발달의 현황. 2001년도 한국아동학회 추계학술대회 자료집, 107-136.

현정환(2005). 아동발달의 이해. 서울: 창지사.

Hidoc, 2014. 01. 09.「모유 수유의 장점추가, '류마티스 관절염' 발생 낮아」

Adams, G. R., & Schvaneveldt, J. D.(1991). *Understanding research methods*(2nd). New York : Longman.

Adams, R. J.(1989). Newborns' discrimination among mid-and long-wavelength stimuli. *Journal of Experimental Child Psychology*, 47. 130-141.

Ainsworth, M. D. S., Blehar, M. C., Waters, E., & Walls, S.(1978). *Patterns of attachment*. Hillsdale, NJ: Erlbaum.

Ainsworth, M.(1979). Infant-mother attachment. *American Psychologist*, 34, 932-937.

Anisfeld, M., Turkewitz, G., Rose, S. A., Rosenberg, F. R., Sheiber, F. J., Deborah A. Couturier Fagan, Joseph S. G., Sommer,I.(2001). No Compelling Evidence That Newborns Imitate Oral Gestures. infancy Vol. 2 No. 1., pp. 111-122

Apgar, V.(1953). A proposal for a new method of evaluation in the newborn infant. *Current Research and Analgesia*, 32, 260.

Aslin, R. N., Pisoni, D. B., & Jusczyk, P. W.(1983). Auditory development and speech perception in infancy. In M. M. Haith & J. J. Campos(Eds.), *Handbook of child psychology*(Vol.2). Infancy and developmental psychobiology. New York: Wiley.

Atkinson, R. C., & Shiffrin, R. M.(1968). Human memory : A proposed system and its control process. In K. W. Spence & J. T. Spence(Eds.), *The psychology of*

Learning and moutivation : Advance in research and theory(vol. 2). Orland, FL: Academic Press.

Baddeley, A. D.(1986). *Working memory: Theory and practice.* London, UK: Oxford University Press.

Baltes, P. B.(1987). Theoretical propositions life-span developmental psychology: On the dynamics between growth and decline. *Developmental Psychology, 23*, 611-626.

Bandura, A.(1971). *Social Learning Theory.* NJ: Prentice-Hall.

__________(1977). *Social learning theory.* Englewood Cliffs, NJ: Prentice-Hall.

__________(1986). Social foundations of thought and action: *A social cognitive theory.* Englewood Cliffs, NJ; Prentice-Hall.

__________(1981). Self-referent thought: A developmental analysis of self-efficacy. In J. H. Flavell & L. Ross(Eds.), *Social cognitive development: Frontiers and possible futures.* New York: Cambridge University Press.

Barbour, N.(1987). Learng to read. In C. Seefeldt(ed.), *The early childhood curriculum: a review of current research*, NY: Teachers College, (pp. 107-140).

Barranti, C. C. R.(1985). The grandparent/grandchild relationship: Family resource in era of voluntary bonds. *Family Relations, 34*, 343-352.

Bauer, P. J. & Mandler, J. M.(1992). Putting the horse before the cart : The use of temporal order in recall of event by one-year-old children. *Developmental Psychology*, 28, 441-452.

Baumrind, D.(1973). The development of instrumental competence through socialization. In A. Pick(Ed.), Minnesota Symposium on child psychology(Vol. 7). Minneapolis: University of Minnesota Press.

Bayley, N.(1963). *Bayley Scales of Infant Development.* New York: Psychological Corporation

Bellisle, C. H.(2004). *Effects of diet on behavior and cognition in children. British Journal of Nutrition.* 92(2), s227-s232.

Bem, S. L.(1985). Androgyny and gender schema theory : A conceptual and empirical nvestigation. In T. B. Sonderegger(Ed.), *Nebraska Symposium on motivation*, 1984; Psychology and gender. Lincoln: University of Nebraska Press.

Berk, L. E.(1991). *Child Development.* Boston: Allyn & Bacon.

__________(2001). *Infants And Children.* Boston: Allyn & Bacon.

Bernstein, B.(1961). Elaborated and restricted code: The social origins and some consequences. *The Ethnography of Communication: American Anthropologist Special*

Publication, 66, 55-69.

Bernstein, D. K., & Tiegerman, F.(1985). *Language and Communication Disorders in Children*. Published by Pearson

Bjorklund, D. F.(1995). *Children's thinking: Developmental function and individual difference*(2nd ed). Pacific Grove, CA: Brooks/Cole.

______________(2012). *Children's thinking: Cognitive development and individual differences*(fifth edition). Belmont, CA: Wadsworth.

Bjorklund, G. & Burger, C.(1987). Making conference work for, Teacher and Children, *Young child, 42*(2), 26-31.

Bower, B.(1999). The mental butler did it. *Science News*. 156, 280-282.

Bowlby, J.(1969). *Attachment and loss*(Vol. 1) : Attachment. NY: Basic Books. 366.

________(1980). Attachment and loss(Vol. 3) : Loss. New York: Basic Books.

Brenner, E. M., & Salovey, P.(1997). Emotion regulation during childhood: Developmental, interpersonal, and individual considerations. *Emotional development and emotional intelligence: Educational implications*, 168-195.

Bridges, L. J. & Grolnick, W. S.(1995). The development of emotional self-regulation in infancy and early childhood. In N. Eisenberg(Eds.), *Review of Personality and Social Psychology*, 15, New York: Sage.

Bronfenbrenner, U.(1979). *The ecology of development*. Cambridge, MA: Harvard University Press.

Bruner, J. S.(1997). Discussant on symposium, Social foundations of language development. *Society for Research in Child Development*, Washington, DC.

Bullock, M.(1985). Animism in childhood thinking: A new look at an old question. *Developmental Psychology, 21*, 217-226.

Bunge, S. A., Klingberg, T., Jacobsen, R. B., Gabrieli, J. D.,(2000). A resource model of the neural basis of executive working memory. Proc. Natl. Acad. Sci. U.S.A. 97, 3573-3578.

Buss, A. H., & Plomin, P.(1987). *Temperament: Early developing personality traits*. Hillsdale, NJ: Erlbaum

Byrnes, J. P.(2001). *Minds, Brains, and Learning*. NY: Guilford Publications.

Cambridge University Press.

Case, R.(1985). *Intellectual development: Birth to adulthood*. Orando, Fl: Academic Press.
Campos, J. J., Langer, A., & Krowitz, A.(1970). Cardiac responses on the visual cliff in prelocomotor human infants. Science, 170, 196-197.

Caspi, A. Moffitt, T. E. & Silva, P. A.(1996). Behavioral observations at age 3 years predict adult psychiatric disorders. Longitudinal evidence from a birth cohort. *Arch Gen Psychiatry. Nov; 53*(11) : 1033-91907

Cattell, R. B.(1971). *Abilities: Their structure, growth, and action*, Boston: Houghton Mifflin.

____________(1963). Theory of fluid and crystallized intelligence: A critical experiment. *Journal of Educational Psychology, 54*, 1-22.

Chistakis, D. A., Zimmerman, F. J., DiGiuseppe. D. L., & McCarty, C. A.(2004). *Early television exposure and subsequent attentional problems in children. Pediatrics, 113*(4). 708-713.

Choi, S., & Gopnik, A.(1995). Early acquistion of verbs in korea: A cross-linguistic study. *Journal of Child Language, 22*, 497-530.

Chomsky, N.(1975) *Reflections on language*. New York: Pantheon.

Cole, P. M.(1986). Children's spontaneous control of facial expression. *Child Development, 57,* 1309-1321. 367

Coopersmith, S.(1967). *The antecedents of self-esteem*. San Francisco: W. H. Freeman & Co.

deBono, E.(1994). *Teach your child how to think*. NY: Penguin Books.

Deloache, J. S., & Todd, C. M.(1988). Young children's use of spatial categorization as a mnemonic strategy. *Journal of Experimental Child Psychology, 46*, 1-20.

Dempster, F. N.(1981). Memory span: Sources of individual and developmental differences. *Psychological Bulletin, 89*, 63-100.

Eisenberg, N., Pidada, S., & Liew, J.(2001). The relations of regulation and negative emotionality to Indonesian children's social functioning. *Child Development, 72,* 1747-1763.

Eisenberg-Berg, N.(1979). Development of children's prosocial moral judgment. *Developmental Psychology, 15*, 128-137.

Ekman, P.(1994). Affective science: A research agenda. In P. Ekman & R. Davidson(Eds.), The nature of emotion: Fundamental questions(pp. 411-430). New York: Oxford University Press.

Fabes, R. Eisenberg, N., Karbon, M., Bernzwieg, J.,Speer, A., & Carlo, G.(1994). Socialization of children's vicarious emotional responding and prosocial behavior. *Developmental Psychology, 30*, 44-55.

Fagan, J. F.(1974). Infant recognition memory: The effects of length of familiarization and type of discrimination task. *Child Development*, 45, 351 356.

Fantz, R. L.(1963). Pattern vision in newborn infants. *Science*, 140, 296-297.

Field, T. M.(1995). Massage therapy for infants and children, *Journal of Developmental and Behavioral Pediatrics*, 16, 105-111.

Field, T., & Widmayer, S.(1980). Developmental follow up of infants delivered by Caesarean section and general anesthesia. *Infant Behavior and Development*, 3, 253-264.

Fine E. J, Ionita C. C., Lohr L.(2002). The history of the development of the cerebellar examination. Semin. *Neurol, 22*(4), 375-84.

Fiske, J.(1999). *Introduction to communication studies*. London: Routledge.

Fivush, R.(2011). The development of autobigrophical memory. *Annual Review of Psychology*, 62, 559-582.

Flavell, J. H., Friedrichs, A., & Hoyt, J.(1970). Developmental changes in memorization processes. *Cognitive Psychology, 1*, 324-340.

Flavell, J. H., Green, F. L., Flavell, E. R.(1986) Development of knowledge about the appearance-reality distinction. *Monogr Soc Res Child Development. 51*(1), i-v, 1-7. 368.

Flavell, J. H., Shipstead, S. G., & Croft, K.(1978). Young children's knowledge about visual perception: Hiding objects from others. *Child Development, 49*, 1208-1211.

Floccia, C., Christophe, A. & Bertoncini, J.(1997) High-Amplitude Sucking and newborns: The quest for underlying mechanisms. *Journal of Experimental Child Psychology*, 64, 175-198.

Fox, N. A., Henderson, H. A., Marshall, P. J., Nichols, K. E., & Ghera, M. M.(2005). Behavioral inhibition: Linking Biology and behavior within a developmental framework. *Annual Review of Psychology, 56*, 235-262.

Francis, P L., Self, P. A., & Horowitz, F. D.(1987). The behavoiral assessment of the neonate: An overview. In J. D. Osofsky(Ed.), *Handbook of infant development*(2nd ed.). New York: Wiley.

Freud, A.(1996). *Introductory Lecture on Psychoanalysis*. NY: Norton.

Friend, M., & Davis, T.(1993). Appearance-reality distinction: Children's understanding of the physical and affective domains. *Developmental Psychology*, 29, 907-913.

Gall, M. D., Gall, J. P., & Borg, W.R.(2003). *Educational Research : An Introduction*. Boston. MA: Allyn & Bacon.

Gallahue, M. D. & Ozmun, J.(2002). *Understanding motordevelopment: Infants, children, adolescents, adults*(5th ed.). London: McGraw-Hill Humanities.

Gardner, H.(1983). *Frames of mind: The theory of multiple intelligences*. New York: Basic Books.

__________(1993). *Multiple intelligence: The theory in practice*. New York: Basic Books.

Gaser, C., & Schlaug, G.(2003) Brain Structures Differ between Musicians and Non-Musicians. *The Journal of Neuroscience, 8,* October, 2003, 23(27), 9240-9245.

Gazzaniga, S.(1970). *The bisected brain*, New York: Appleton Century Crofts.

Getsels, J. W., & Jackson. P. W.(1962). *Creativity and intelligence*. New York: Wiley.

Gibson, E. J., & Walker, R. D.(1960). The "visul cliff", *Scientific American, 202*, 64-71.

Giele, Janet Z. and Glen H. Elder, Jr.(Eds)(1998). Methods of Life Course Research. *Qualitative and Quantitative Approaches*. Thousand Oaks, CA: Sage.

Glen H. Elder Jr.(1974). *Children of the Great Depression: Social Change in Life Experience*. Chicago: University of Chicago Press.

Gnepp, J., & Hess, D. L. R.(1986). Children's understanding of display rules for expressive behavior. *Developmental Psychology, 22*, 103-108.

Goleman, D.(1995). *Emotional intelligence*, New York: Basic Books.

Goodman, C. S., & Tesseier-Lavingne, M.(1997). Molecular mechanisms of axon guidance and target recognition. In W. M. Cowan, T. M. Jessell, & S. L. Zipursky(Eds.), *Molecular and cellular approaches to neural development*(pp. 108-137). New York: Oxford University Press.

Gottesman, I. I.(1963). Genetic aspects of intelligent behavior. In N. Ellis(Ed.), *Handbook of mental deficiency* (pp. 253-296). New York: McGraw-Hill.

Gottman, J. M. & Katz, L. F.(1989). Effects of marital discord on young children's peer interaction and health. *Developmental Psychology, 25*, 373-381.

Guardo, C. J., & Bohan, J. B.(1971). Development of a sense of self-indentity in children. *Child Development, 42*, 1909-1921.

Guilford, J. P.(1970). *The nature of human intelligence*. New York: McGraw-Hill.

____________(1985). The structure-of-intellect model. In B. B. Wolman(Ed), *Handbook of intelligence* (pp. 225-266). New York. Wiley.

_____ (1988). Some changes in the structure-of-the-intellect model. *Educational and Psychological Measurement, 40*, 1-4.

Haier, R. J., Siegel, B. V., Tang, C., Abel, L., Buchsbaum, M. S.,(1992). Intelligence and changes in regional cerebral glucose metabolic rate following learning.

Intelligence 16, 415-426.

Harlow, H. F., & Zimmerman, R. R.(1959). Affectional responses in the infants monkey. *Science*, 130, 421-432

Hart, B., & Risley, T.(1995). *Meaningful difference in the everyday experience of young american children*. Published by University of Kansas.

Harter, S.(1983). Developmental perspectivees on the self-system. In E. M. Hetherington(Ed), *Handbook of child psychology, 4*, Socialization, personality, and social development (4th ed., pp. 275-385). New York: Wiley.

________(1990). Issue in the assessment of the self-concept of children and adolescents. In A. LaGreca(Ed.), T*hrough the eyes of a child*(pp. 292-325). Boston: Allyn and Bacon.

Haviland, J., & Lelwica, M.(1987). The induced affect response: 10-week-old infant's responses to three emotion expressions. *Developmental Psychology, 23*, 97-104.

Heiback, T., & Markman, E. M.(1987). World learning in children: An examination of fast mapping. *Child Development, 58*, 1021-1034.

Hoffman, L. M.(1980). The effects of maternal employment on the academic attitudes and performance of school-aged children. *School Psychology Review*, 9, 319-336.

Hoffman, M. L.(1987). The contribution of empathy to justice and moral judgment. In N. Eisenberg & J. Strayer(Eds.), *Empathy and its development. Cambridge*, UK: Cambridge University Press.

____________(1988). Moral development. In M.H. Bornstein & M. E. Lamb(Eds.), *Developmental psychology: An advanced textbook*(2nd ed., pp. 497-548). Hillsdale. NJ: Erlbaum.

Holstein, C. B.(1976). Irreversible, stepwise sequence in the development of moral judgment: A longitudinal study of males and females. *Child Development, 47*, 51-61.

Horn, J. L. & Cattell, R. B.(1982) Whimsey and misunderstandings of Gf-Gc theory. *Psychological Bulletin, 91*, 623-633.

Hower, W. J., & Edward, K. J.(1979). The relationship between moral character and adolescent's perception of parental behavior. *Journal of Genetic Psychology, 135*(1), 23-32.

Hunter, J. E., & Hunter, R. F.(1984). Validity and utility of alternative predictors of job performance. *Psychological Bulletin*, 96, 72-98.

Hurlock, E. B.(1978) *Child Development.* New Jersey: McGraw-Hill.

Izard, C. E.(1971). *The face of emotion.* New York: Appleton-Century-Crofts.

__________(1978). On the ontogenesis of emotions and emotion-cognition relationships in infancy. In M. Lewis & L. A. Rosenblum(Eds.), *The development of affect.* New York: Plenum Press.

Jacobs, B., Schall, M., & Scheibel, A. B.(1993). A quantitative dendritic analysis of Wernicke's area in humans: Gender, hemispheric, and environmental factors. *Journal of Comparative Neurology, 327*(1), 91-111.

James, W.(1884). What is an emotion?, Mind, 9, 188-205.

Jellen, H., & Urban, K. K.(1986). The TCT-DP(Test for Creative Thinking- Drawing Production): An instrument that can be applied to most age and ability groups. *Creative Child and Adult Quarterly, 11*, 138-155.

Jensen, A. R.(1969). How much we boost I.Q. and scholastic achievement. *Harvard Educational Review, 39*, 1-23.

Jensen, E.(1998). How Julie's brain learns. *Educational Leadership*, 56, 41-45.

________(2000). Moving with the Brain in Mind. *Educational Leadership*, November, 58, No. 3, 34-38, ASCD. Alexandria, VA.

________(2007). *Introduction to Brain-Compatible Learning*(2nd.). CA: Corwin Publishers.

Johnson, M. M.(1977). Fathers, mothers, and sex typing. In E. M. Hetherington & R. D. Parke(Eds.), *Contemporary Readings in child Psychology.* New York: McGraw-Hill.

Kail, R. V.(2001). *Children and Their Development,* (Second Edition). Prentice-Hall.

Karniol, R.(1978). Children's use of intention cues in evaluating behavior. *Psychological Bulletin, 85*, 76-85.

Keeney, T. J., Canizzo, S. R., & Flavell, J. H.(1967). Spontaneous and induced verbal rehearsal in a recall task. *Child Development, 38*, 953-966.

Keller, A., Ford, L., & Meacham, J.(1978). Dimensions of self-concept in preschool children. *Developmental Psychology, 14(5)*, 483-489.

Kellogg, R.(1970). *Analyzing Children's Art.* Palo Alto, CA: Mayfield.

Kelly, A., & Smail, B.(1986). Sex stereotypes and attitudes to science among eleven-year-old children. *British Journal of Educational Psychology, 56*, 158-168.

Kerlinger, F. N., & Lee, H. B.(2000). *Foundations of behavioral research.* Harcourt College Publishers.

Kivnick, H. Q.(1982). Grandparenthood: An overview of meaning and mental health. *The Gerontologist, 22*, 66-72.

Koenen, K. C., Moffitt, T. E., Caspi, A., Taylor, A., & Purcell, S. M.(2003). Domestic violence is associated with environmental suppression of IQ in young children. *Development & Psychopathology, 15*, 297-311.

Kohlberg, L.(1966). A cognitive-development analysis of children's sex-role concepts and attitudes. In E. E. Maccoby(Ed.). *The development of sex difference.* Stanford: Stanford University Press.

Kopp, C. B.(1987). The growth of self regulation: Caregivers and children. In N. Eisenberg(Ed.), *Contemporary topics in developmental psychology*. New York: Wiley.

Kostelnik, M., Whiren, A., Soderman, A., Stein, L., & Gregory, K.(2005). 유아를 위한 사회 정서지도. (박경자 · 김송이 · 권영희 공역). 경기: 교문사(원저는 2002년 출판).

Kotre, J.(1984). *Outliving the self: Generativity and the interpretation of lives*. Baltimore: The Johns Hopkins University Press.

Kuczynski, L.(1983). Reasoning, prohibitions and motivations for compliance. *Developmental Psychology, 19*, 126-134.

Kuczynski, L., Zahn-Waxler, C., & Radke-Yarrow, M. R.(1987). Development and content of imitation in the second and third year of life: A socialization perpective. *Developmental Psychology, 23*, 276-282.

Kuhn, D., Nash, S. C., & Brucken, L.(1978). Sex role concept of two-and three-year-olds, *Child Development, 49*, 445-451.

Lamb, M. E.(1988). Scoial and emotional development in infancy. In M. H. Bornstein & M. E. Lamb(Eds.), *Social, emotional and personality development* (pp. 359-411). Hillsdale, NJ: Erlbaum.

Lapp, D., & Flood, J.(1983). *Teaching reading to every child.* New York: Macmillan.

Lapsley, D. K.(1996). *Moral psychology*. Boulder, CO: Westview.

Lazarus.(1991). *Emotion and adaptation*. New York: Oxford University Press.

Leboyer, F.(1975). *Birth without violence*. New York: Knopf.

Lester, B. M., Kotelchuck, M., Spelke, E., Sellers, M. J., & Klein, R. E.(1974). Separation protest in Guatemalan infants: Cross-cultural and cognitive findings. *Developmental Psychology*, 10, 79-85.

Lewis, M., & Brook-Gunn, J.(1979). *Social cognition and the acquisition of self.* New York: Plenum.

Lorenz, K. Z.(1965). *Evolution and the modification of behavior*. Chicago: University of Chicago Press.

Lowrey, G. H.(1978). *Growth and Development of children*(7th ed.). Chicago: Year Book.

Mahler, M., S. Pine, & Bergman, A.(1975). *The psychological birth of the human infant.* New York: Basic Books, Inc, Publishers.

Malatesta, C. Z.(1985). Development course of emotion expression in the human infant. In G. Zivin(Ed), *The development of expressive behavior: Biology-environment interactions.* Orlando, FL: Academic Press.

Malatesta, C. Z., Culver, C., Tesman, J. R., & Shepard, B.(1989). The development of emotion expression during the first two years of life. *Monographs of the Society for Research in Child Development, 54*(1-2, Serial No. 219).

Markman, E. M.(1978). Empirical versus logical solutions to part-whole comparison problems concerning classed and collections. *Child Development. 49*, 168-177.

Marsh, H. W.(1990). The structure of academic self-concept: The Marsh/Shavelson model. *Journal of Educational Psychology, 82*, 623-636.

May, F. B.(1980). *To help children communicate: Mastery performance models for language arts teachers*. Columbus, Ohio: Charles E. Merrill.

Mayer, J. D., & Salovey, P.(1997). What is emotional intelligence? In P. Salovey & D. Sluyter (Eds). *Emotional development and emotional intelligence: Implications for educators*(pp. 3-31). New York: Basic Books.

Mayer, J.(1980). The best diet is exercise. in P. J. Collipp(ed.). *Childhood obestiy*(2nd ed). Littleton. MA: OSG Oublishing.

Meaney, M. J., Sapolsky, R. M., & McEwen, B. S.(1985). The development of the glucocorticoid receptor system in the rat limbic brain: II. An autoradiographic study. *Developmental Brain Research, 18*, 159-164.

Meltzoff, A. N. and Moore, M. K.(1994). Imitation, memory, and the representation of persons. *Infant Behavior and development*, 17, 83-99.

Melzoff, A. N., & Borton, R. W.(1979). Intermodal matching by human neonates. *Nature*, 282, 403-404.

Mendelson, B. K., & White, D. R.(1985). Development of self-body-esteem in overweight youngsters. *Developmental Psychology, 21*, 90-97.

Meredith, H. V.(1978). Research between 1960 and 1970 on the standing height of young children in different parts of the world. In H. W. Reese & L. P. Lipsitt(Eds.). *Advances in child development and behavior, 12*, New York: Academic Press.

Miller, G. A.(1956). The magical number seven, plus-or-minus two: Some limits on ourcapacity for processing information. *Psychological Review*, 63, 81-97

Mischel, W.(1970). Sex typing and socialization. in P. H. Mussen(Ed.), *Carmichael's manual of child psychology, 2*, New York: Wiley.

Moely, B. E., Hart, S. S., Leal, L., Santulli, K. A., Rao, N., Johnson, T., & Hamilton, L. B.(1992). The teacher's role in facilitating memory and study strategy development in the elementary school classroom. *Child Development, 63*, 653-672.

Montemayor, R., & Eisen, M.(1977). The development of self-conceptions from childhood to adolescence. *Developmental Psychology, 13*, 314-319.

Moyer, K. E.(1980). *Neuroanatomy*. New York: Harper & Row.

Nelson, K.(1993). The psychological and social origins of autobiographical memory. *Psychological Science, 4*, 1-8.

Nottelmann, E. D.(1987). Competence and self-esteem during transition from childhood to adolescence. *Developmental Psychology, 23*, 441-450.

Osborn, A. F.(1953). *Applied imagination*(Revised Ed.). New York: Scribners.

Parke, R. D.(1977). Some effects of punishment on children's behavior-revisited. In E. M. Hetherington & R. D. Parke(Eds.), *Contemporary readings in child psychology*, New York: McGraw-Hill.

Pener, S. G.(1987). Parental responses to grammatical and ungrammatical child utterances. *Child Development*, 58, 376-384.

Piaget, J. & Inhelder, B.(1956). *The Child's conception of space*. London: Routledge & Kegan Paul.

Piaget, J.(1926). *The language and thought of the child.* New York: Harcourt, Brace & World.(Original work published 1923).

________(1952). *The origins of intelligence in children.* New york: International universities Press.

________(1960). *Psychology of intelligence.* Paterson, NJ: Littlefield, Adams.

________(1965). *The moral judgement of child.* New York: Free Prees. (Original published, 1932)

Picariello, M. L., Greenberg, D. N., & Pillemer, D. B.(1990). Children's sex-related stereo-typing of colors. *Child Development, 61*, 1453-1460.

Pickens, J., & Field, T.(1993). Facial expressivity in infants of depressed mothers. *Developmental Psychology, 29*. 986-988.

Pillow, B. H.(1988). The development of children's beliefs about the mental world. *Merrill-Palmer Quarterly, 34*, 1-32.

Pipp, S. Eastbrooks, M. A., & Harman, R. J.(1992). The relation between attachment and knowledge of self and mother in one-year-old infants to three-year-old infants. child Development. 63, 738-750.

Plomin, R.(1993). Nature and Nurture: Perspective and prospective. In Plomin, R., and McClearn, G. E.(Eds.), Nature, Nurture, and Psychology, *American Psychological Association*, Washington, D. C.(pp. 457-483)

Premack, D. and G. Woodruff.(1978). Does the chimpanzcc have a theory of mind?, *Behavioral and Brain Sciences, 1*, 515-526.

Priel, B., & de Schonen, S.(1986). Self-recognition: A study of a population without mirrors. *Journal of Experimental Child Psychology*, 41, 237 250.

Rallison, M. L.(1986). *Growth disorders in infants, children, and adolescents*, New York: Wiley.

Ramey, C. T., & Ramey, S. L.(1990). Intensive educational intervention for children of poverty. *Intelligence, 14*, 1-9.

Rholes, W. S., Blackwell, J., Jordan, C., & Walters, C.(1980). A developmental study of learned helplessness. *Developmental Psychology, 16*, 616-624.

Rochat, P., & Heopos.(1997). Object Representation Guides Infants' Reaching in the Dark. Journal of Experimental Psychology: Human Perception and Performance Vol. 21, No. 2, 323-329

Rosenberg, M.(1979). *Conceiving the self.* New York: Basic Books.

Rothbart, M. K.(2003). Temperament in childhood: A framework. in G. A. Kohnstamm, J. E. Bates, & M. K. Rothbart(Eds.). *Temperament in childhood.* New York: Wiley

Rovee-Collier, C. K.(1987). Learning and memory. In J. D. Osofsky(Ed.), *Handbook of infant development*(2nd ed). New York: Wiley.

Ruble, D. N., Boggiano, A. K., Feidman, N. S., & Loebl, J. H.(1980). Developmental analysis of the role of social comparison in self-evaluation. *Developmental Psychology*, 16, 105-115.

Salkind, N. J.(1985). *Theories of human development*. New York. John Wiley & Sons.

____________(2003). Study Guide to Accompany Neil J. *Salkind's Statistics for People Who(Think They) Hate Statistics*, CA. Sage Publications.

Sample, R. E.(1975). *Learning with the whole brain, Human Behavior*. New York: Plenum.

Santrock J. W.(1970). Paternal absence, sex typing, and identification. *Developmental Psychology*, 2, 264-272.

____________(1995) *Adolescence*(6th ed.). New York: McGraw-Hill.

Santrock, J. W.(2004). *Child development*: An introduction(10th ed.). New York:

McGraw-Hill.

Santrock, J. W. & Warshak, R. A.(1979). Father custody and social development in boys and girls. *Journal of Social Issues*, 35, 112-125.

Sattler, J. M.(1974). *Assessment of children's intelligence*. Philadelphia: Saunders.

Scarr, S. & McCartney, K.(1983). How people make their own environments: A theory of genotype-environment effects. *Child Development, 54*, 424-435.

Schaie, K. W.(1965). Age changes and age differences. In Age changes in cognitive functioning: Conceptual models. *Symposium conducted at the annual meeting of the Gerontological Society*, Los Angeles, CA.

Schaie, K. W.(1965). Alternative models for age change in behavior. *Paper presented at the annual meeting of the Gerontological Society*, Los Angeles, CA.

Schneider, W., & Bjorklund, D. F.(1998). Memory. In W. Damon(Series Ed.), D. Kuhn, and R. S. Siegler(Vol. Eds.), *Handbook of child psychology*, 2, Cognition, perception, and language(5th ed., pp. 467-521). New York: Wiley.

Selman, R.(1980). *The growth of interpersonal understanding*. New York: Academic Press.

Shafer, D. R., & Kipp, K.(2010). *Developmental Psychology: Childhood and Adolescence*. Wadsworth, Cengage Learning.

Shaffer, D. R.(1990). 송길련 외 공역. 발달심리학(2002). 서울: 시그마프레스.

____________(1999). *Developmental psychology: Childhood and adolescence*(5th ed.). California: Brooks/Cole.

Siegler, R. S. & Ellis(1996). *Piaget on childhood. Psychological Science (Wiley-Blackwell)*, 7(4), 211-215.

Slaby, R. G. & Frey, K. S.(1975). Development of gender constancy and selective attention to same-sex models. *Child Development, 46*, 846-856.

Snow, C. W.(1998). *Infant Development*(2nd ed.), Englewood Cliffs, NJ: Prentice-Hall, Inc.

Spearman, C. E.(1927). *The abilities of man*, New York: Macmillan.

Sperry, R. W.(1980). "Mind-brain interaction: Mentalism, yes; dualism, no". *Neuroscience, 5(2)*, 195-206.

Spreen, O., Tupper, D., Risser, A. Tuokko, H. & Edgell, D.(1984). *Human developmental neuropsychology*. New York: Oxford University Press.

Sroufe, L. A.(1979). Socioemotional development. In J. D. Osofsky(Ed.), *Handbook of infant development*(pp. 462-516). New York: Wiley.

Stein, N. L., & Trabasso, T.(1989). Children's understanding of changing emotional state.

In C. Saarni & P.L. Harris(Eds.), *Children's understanding of emotion*. Cambridge: University Press.

Sternberg, R. J.(1985). Beyond IQ: *a triarchic theory of human intelligence*. New York: Cambridge University Press.

_____________(1994). *Successful intelligence*. New York: Plume.

Suomi, S.(1982). Biological foundations and developmental psychobiology. In C. B. Kopp & J. B. Krakow(Eds.), *The child: Development in a social context*(pp. 42-91). MA: Addison-Wesley.

Suransky, V. P.(1992). 아동기의 실종(윤종희, 이재연 공역). 서울: 교보문고(원저는 1982에 출판).

Tanner, J. M.(1990). *Fetus into man: physical growth from conception to maturity*(2nd ed.). Cambridge, MA: Harvard University Press.

Tauber, M. A.(1979). Sex difference in parent-child interaction styles during a free-play session. *Child Development, 50*, 981-988.

Termine, N., & Izard, C. E.(1988). Infant's responses to their mother's expressions of joy and sadness. *Development Psychology, 24*, 223-230.

Thomas, A., & Chess, S.(1977). *Temperament and development*. New York: Brunner/Mazel.

Thurston, L. L. & Thurston, T. G.(1941). Factorial studies of intelligence. *Psychometric Monographs, 2*.

Toner, I. J., Moore, L. P., & Emmons, B. A.(1980). The effect of being labeled on subsequent self control in children. *Child Development, 51*, 618-621.

Torrance, E. P.(1962). *Guiding creative talent*. Englewood Cliffs, NJ: Prentice Hall.

_____________(1974). *Torrance tests of creative thinking*. Lexington, MA: Personnel Press.

_____________(1975). Creativity research in education: Still alice. In I.A. Taylor & J. W. Getzels(Eds.), *Perspectives in creativity*. Chicago: Aldine-Altherton.

Turiel, E.(1997). The development of morality. In N Eisenberg(Ed.), *Handbook of child psychology* (vol. 3, 5th ed) New York: Wiley.

Turkewitz, G., Gorden, E & Birch.(1963). A Head turning in the human neonate: S pontaneus patterns. *Journal of Cenele Psychology, 107*. (pp. 143-158).

Vaughn, B. E., Kopp, C. B. & Krakow, J. B.(1984). The emergence and consolidation of self-control from eighteen to thirty months of age: Normative trends and individual differences. *Child Development*, 55, 990-1004.

Vygotsky, L. S.(1978). *Mind in society: The development of high mental process*. Cambridge, MA: Harvard University Press.

Waddington, C. H.(1966). *Principles of development and differentiation.* New York: Macmillan Company.

Walker, L. J.(1980). Cognitive and perspective tasking prerequisities of moral development. *Child development, 51*, 131-139.

Walker, L. J., deVries, B., & Trevethan, S. D.(1987). Moral stages and moral orientations in real-life and hypothetical dilemmas. *Child Development, 58*, 842-858.

Watson, J.(1928). *Psychological care of infant and child.* New York : Norton.

Weinraub, M., & Brown, L. M.(1983). The development of sex-role stereotypes in children: Crushing realities. In V. Franks, & E. D. Rothblum(Eds.). *The stereotyping of women: Its effects on mental health.* New York: Springer Publishing Company.

Weisz, J. R.(1978). Choosing problem-solving rewards and Halloween prizes: Delay of gratification and preference for symbolic reward as a function of development, motivation, and personal investment. *Developmental Psychology, 14*, 66-78.

Wellman, H. M., Cross, D., & Watson, J.(2001). Meter-analysis of theory-of-mind development: The truth about false belief. *Child development, 72*, 655-684.

Wellman, H. M., Cross, D., & Watson, J.(2001). Meter-analysis of theory-of-mind development: the truth about false belief. *Child Development.* Prentice-Hall Inc., Englewood Cliffs, N. J. 07632.

Wellman, H. M., Ritterr, K., & Flavell, J. H.(1975). Deliberate memory behavior in the delayed reactions of very young children. *Developmental Psychology, 11*, 780-787.

Wellman, H.(1990). *The Child's Theory of mind. Cambridge*, MA: MIT Press.

Williams, J. E., Best, D. I., & Davis, S. W.(1977). Sex Stereotype Measure(SSM), (Techn. Rep.). Winston-Salem, NC: *Development of Psychology*, Wake Forest University.

Williams, K. G., & Goulet, L. R.(1975). The effects of curing and constraint instructions on children's free recall performance. *Journal of Experimental Child Psychology, 15*, 169-186.

Wimmer, H., & Perner, J.(1983). Beliefs about beliefs: Representation and constraining function of wrong beliefs in young children's understanding of deception. *Cognition, 13*, 103-128.

Wolf, D.(1990). Being of several minds: Voices and versions of the self in early childhood. In D. Cicchetti and M. Beeghly(Eds.), *The self in transition: Infancy to childhood* (pp. 183-212). Chicago: University of Chicago Press.

Yakovler, P. I., & Lecours, A. R.(1967). The myelogenetic cycles of regional development of the brain. In A, Minkowski(Ed.), *Regional development of the brain in early life: Symposium*. Oxford: Blackwell.

Yuill, N., & Penner, J.(1988). Intertionality and knowledge in children's judgements of actor's responsibility and recipient's emotional reaction. *Developmental Psychology, 24*, 358-365.

Yussen, S. R., & Bird, J. E.(1979). The Development of matacognitive awareness in memory, communication, and attention. *Journal of Experimental Child Psychology, 28*, 300-313.

〈신문기사〉

문화일보(2014.07.02.). 원형탈모, 모낭 면역력 떨어져 발생… 과도한 스트레스가 주범

서울경제(2013.05.10.). '원형탈모' 긍정의 힘이 중요하다

시사뉴스라인(2015.07.30.). 독일, 보육시설에 맡겨지는 유아 증가 추세

조선일보(2003.02.12.). 생후 나른 가성서 39년간 자란 쌍둥이

_______(2011.11.21.). 美입양 한국아동 수, 17년 만에 다시 부끄러운 세계 1위… 왜?

_______(2013.04.02.). 한국계 쌍둥이 자매, 25년 만에 화상채팅으로 재회

_______(2018.02.13.). 난임 22만 명 이들만 도와도 신생아 年40만 명 가능

찾아보기

ㅇ

0~9

저자소개

■ **신은영**

부산대학교 가정관리학과 졸업
부산대학교 대학원 가정관리학 석사
부산대학교 대학원 이학박사(아동학 전공)
오차노미즈대학교 아동학과 연구원
현) 동의과학대학교 유아교육과 교수

개정판 **영유아발달**

초 판 1쇄 발행 / 2017년 2월 25일
개정판 1쇄 발행 / 2019년 2월 20일

•

저 자 / 신 은 영
발행인 / 이 중 수
발행처 / **동 문 사**

•

서울특별시 서대문구 홍제원 1길 12
(홍제동 137-8)
Tel : 02)736-3718(대), 736-3710, 3720
Fax : 02)736-3719
등록번호 : 제9-17호
등록일자 : 1974년 4월 27일
가격 : 20,000원

•

ISBN : 979-11-6328-069-9(93370)
E-mail : dong736@naver.com
Homepage : www.dongmunsa.com